档案文献·甲

重庆大轰炸档案文献

财产损失
（文教卫生部分）

编委会名单

主 任 委 员：况由志　陆大钺

副主任委员：郑永明　潘　樱

委　　　员：况由志　陆大钺　陈治平　李旭东　李玳明
　　　　　　郑永明　潘　樱　唐润明　胡　懿

主　　　审：况由志　郑永明

主　　　编：唐润明

副　主　编：罗永华

编　　　辑：唐润明　胡　懿　冯丽霞　罗永华　高　阳

图书在版编目(CIP)数据

重庆大轰炸档案文献:财产损失(文教卫生部分)/唐润明主编.
—重庆:重庆出版社,2012.12
ISBN 978-7-229-05860-9

Ⅰ.重… Ⅱ.唐… Ⅲ.日本—侵华事件—档案资料—重庆市
Ⅳ.K265.606.3

中国版本图书馆 CIP 数据核字(2012)第 264998 号

重庆大轰炸档案文献·财产损失(文教卫生部分)
CHONGQING DA HONGZHA DANG'AN WENXIAN·CAICHAN SUNSHI(WENJIAO WEISHENG BUFEN)

主编 唐润明　　副主编 罗永华

出 版 人:罗小卫
责任编辑:苏晓岚
责任校对:郑　葱
装帧设计:重庆出版集团艺术设计有限公司　陈　永　吴庆渝

重庆出版集团
重庆出版社　出版

重庆长江二路 205 号　邮政编码:400016　http://www.cqph.com
重庆出版集团艺术设计有限公司制版
重庆华林天美印务有限公司印刷
重庆出版集团图书发行有限公司发行
E-MAIL:fxchu@cqph.com　邮购电话:023-68809452
全国新华书店经销

开本:740mm×1 030mm　1/16　印张:32　字数:470 千
2012 年 12 月第 1 版　2012 年 12 月第 1 次印刷
ISBN 978-7-229-05860-9
定价:63.50 元

如有印装质量问题,请向本集团图书发行有限公司调换:023-68706683

版权所有　侵权必究

《中国抗战大后方历史文化丛书》

编纂委员会

总 主 编：章开沅
副总主编：周　勇

编　　委：(以姓氏笔画为序)
山田辰雄　日本庆应义塾大学教授
马 振 犊　中国第二历史档案馆副馆长、研究馆员
王 川 平　重庆中国三峡博物馆名誉馆长、研究员
王 建 朗　中国社科院近代史研究所副所长、研究员
方 德 万　英国剑桥大学东亚研究中心主任、教授
巴 斯 蒂　法国国家科学研究中心教授
西村成雄　日本放送大学教授
朱 汉 国　北京师范大学历史学院教授
任　　竞　重庆图书馆馆长、研究馆员
任 贵 祥　中共中央党史研究室研究员、《中共党史研究》主编
齐 世 荣　首都师范大学历史学院教授
刘 庭 华　中国人民解放军军事科学院研究员
汤 重 南　中国社科院世界历史研究所研究员
步　　平　中国社科院近代史研究所所长、研究员
何　　理　中国抗日战争史学会会长、国防大学教授
麦 金 农　美国亚利桑那州立大学教授

玛玛耶娃	俄罗斯科学院东方研究所教授
陆 大 钺	重庆市档案馆原馆长、中国档案学会常务理事
李 红 岩	中国社会科学杂志社研究员、《历史研究》副主编
李 忠 杰	中共中央党史研究室副主任、研究员
李 学 通	中国社会科学院近代史研究所研究员、《近代史资料》主编
杨 天 石	中国社科院学部委员、近代史研究所研究员
杨 天 宏	四川大学历史文化学院教授
杨 奎 松	华东师范大学历史系教授
杨 瑞 广	中共中央文献研究室研究员
吴 景 平	复旦大学历史系教授
汪 朝 光	中国社科院近代史研究所副所长、研究员
张 国 祚	国家社科基金规划办公室原主任、教授
张 宪 文	南京大学中华民国史研究中心主任、教授
张 海 鹏	中国史学会会长、中国社科院学部委员,近代史研究所研究员
陈 晋	中共中央文献研究室副主任、研究员
陈 廷 湘	四川大学历史文化学院教授
陈 兴 芜	重庆出版集团总编辑、编审
陈 谦 平	南京大学中华民国史研究中心副主任、教授
陈 鹏 仁	台湾中正文教基金会董事长、中国文化大学教授
邵 铭 煌	中国国民党文化传播委员会党史馆主任
罗 小 卫	重庆出版集团董事长、编审
周 永 林	重庆市政协原副秘书长、重庆市地方史研究会名誉会长
金 冲 及	中共中央文献研究室原常务副主任、研究员
荣 维 木	《抗日战争研究》主编、中国社科院近代史研究所研究员
徐 勇	北京大学历史系教授
徐 秀 丽	《近代史研究》主编、中国社科院近代史研究所研究员
郭 德 宏	中国现代史学会会长、中共中央党校教授
章 百 家	中共中央党史研究室副主任、研究员
彭 南 生	华中师范大学历史文化学院教授

傅 高 义	美国哈佛大学费正清东亚研究中心前主任、教授
温 贤 美	四川省社科院研究员
谢 本 书	云南民族大学人文学院教授
简 笙 簧	台湾国史馆纂修
廖 心 文	中共中央文献研究室研究员
熊 宗 仁	贵州省社科院研究员
潘　　洵	西南大学历史文化学院教授
魏 宏 运	南开大学历史学院教授

编辑部成员(按姓氏笔画为序)

朱高建　刘志平　吴　畏　别必亮　何　林　黄晓东　曾海龙　曾维伦

总　序

章开沅

我对四川、对重庆常怀感恩之心，那里是我的第二故乡。因为从1937年冬到1946年夏前后将近9年的时间里，我在重庆江津国立九中学习5年，在铜梁201师603团当兵一年半，其间曾在川江木船上打工，最远到过今天四川的泸州，而启程与陆上栖息地则是重庆的朝天门码头。

回想在那国破家亡之际，是当地老百姓满腔热情接纳了我们这批流离失所的小难民，他们把最尊贵的宗祠建筑提供给我们作为校舍，他们从来没有与沦陷区学生争夺升学机会，并且把最优秀的教学骨干稳定在国立中学。这是多么宽阔的胸怀，多么真挚的爱心！2006年暮春，我在57年后重访江津德感坝国立九中旧址，附近居民闻风聚集，纷纷前来看望我这个"安徽学生"（当年民间昵称），执手畅叙半个世纪以前往事情缘。我也是在川江的水、巴蜀的粮和四川、重庆老百姓大爱的哺育下长大的啊！这是我终生难忘的回忆。

当然，这八九年更为重要的回忆是抗战，抗战是这个历史时期出现频率最高的词语。抗战涵盖一切，渗透到社会生活的各个层面。记得在重庆大轰炸最频繁的那些岁月，连许多餐馆都不失"川味幽默"，推出一道"炸弹汤"，即榨菜鸡蛋汤。……历史是记忆组成的，个人的记忆汇聚成为群体的记忆，群体的记忆汇聚成为民族的乃至人类的记忆。记忆不仅由文字语言承载，也保存于各种有形的与无形的、物质的与非物质的文化遗产之中。历史学者应该是文化遗产的守望者，但这绝非是历史学者单独承担的责任，而应是全社会的共同责任。因此，我对《中国抗战大后方历史文化丛书》编纂出版寄予厚望。

抗日战争是整个中华民族（包括海外侨胞与华人）反抗日本侵略的正义战争。自从19世纪30年代以来，中国历次反侵略战争都是政府主导的片面战争，由于反动统治者的软弱媚外，不敢也不能充分发动广大人民群众，所以每次都惨遭失败的结局。只有1937年到1945年的抗日战争，由于在抗日民族统一战线的旗帜下，长期内战的国共两大政党终于经由反复协商达成第二次合作，这才能够实现史无前例的全民抗战，既有正面战场的坚守严拒，又有敌后抗日根据地的英勇杀敌，经过长达8年艰苦卓绝的壮烈抗争，终于赢得近代中国第一次胜利的民族解放战争。我完全同意《中国抗战大后方历史文化丛书》的评价："抗日战争的胜利成为了中华民族由衰败走向振兴的重大转折点，为国家的独立，民族的解放奠定了基础。"

中国的抗战，不仅是反抗日本侵华战争，而且还是世界反法西斯战争的重要组成部分。

日本明治维新以后，在"脱亚入欧"方针的误导下，逐步走上军国主义侵略道路，而首当其冲的便是中国。经过甲午战争，日本首先占领中国的台湾省，随后又于1931年根据其既定国策，侵占中国东北三省，野心勃勃地以"满蒙"为政治军事基地妄图灭亡中国，独霸亚洲，并且与德、意法西斯共同征服世界。日本是法西斯国家中最早在亚洲发起大规模侵略的战端，而中国则是最早投入反法西斯战争的先驱。及至1935年日本军国主义通过政变正式成为法西斯国家，两年以后更疯狂发动全面侵华战争。由于日本已经与德、意法西斯建立"柏林—罗马—东京"轴心，所以中国的全面抗战实际上揭开了世界反法西斯战争（第二次世界大战）的序幕，并且曾经是亚洲主战场的唯一主力军。正如1938年7月中共中央《致西班牙人民电》所说："我们与你们都是站在全世界反法西斯的最前线上。"即使在"二战"全面爆发以后，反法西斯战争延展形成东西两大战场，中国依然是亚洲的主要战场，依然是长期有效抗击日本侵略的主力军之一，并且为世界反法西斯战争的胜利作出极其重要的贡献。2002年夏天，我在巴黎凯旋门正好碰见"二战"老兵举行盛大游行庆祝法国光复。经过接待人员介绍，他们知道我也曾在1944年志愿从军，便热情邀请我与他们合影，因为大家都曾是反法西斯的战士。我虽感光荣，但却受之有愧，因为作为现役军人，未能决胜于疆场，日本就宣布投降了。但是法国老兵非常尊重中国，这是由于他们曾经投降并且亡国，而中国则始终坚持英勇抗战，主要是依靠自己的力量赢得最后胜利。尽管都是"二战"的主要战胜国，毕竟分量与地位有所区别，我们千万不可低估自己的抗战。

重庆在抗战期间是中国的战时首都，也是中共中央南方局与第二次国共合作的所在地，"二战"全面爆发以后更成为世界反法西斯战争远东指挥中心，因而具有多方面的重要贡献与历史地位。然而由于大家都能理解的原因，对于抗战期间重庆与大后方的历史研究长期存在许多不足之处，至少是难以客观公正地反映当时完整的社会历史原貌。现在经由重庆学术界倡议，并且与全国各地学者密切合作，同时还有日本、美国、英国、法国、俄罗斯等外国学者的关怀与支持，共同编辑出版《中国抗战大后方历史文化丛书》，堪称学术研究与图书出版的盛事壮举。我为此感到极大欣慰，并且期望有更多中外学者投入此项大型文化工程，以求无愧于当年的历史辉煌，也无愧于后世对于我们这代人的期盼。

在民族自卫战争期间，作为现役军人而未能亲赴战场，是我的终生遗憾，因此一直不好意思说曾经是抗战老兵。然而，我毕竟是这段历史的参与者、亲历者、见证者，仍愿追随众多中外才俊之士，为《中国抗战大后方历史文化丛书》的编纂略尽绵薄并乐观其成。如果说当年守土有责未能如愿，而晚年却能躬逢抗战修史大成，岂非塞翁失马，未必非福？

2010年已经是抗战胜利65周年，我仍然难忘1945年8月15日山城狂欢之夜，数十万人涌上街头，那鞭炮焰火，那欢声笑语，还有许多人心头默诵的杜老夫子那首著名的诗："剑外忽传收蓟北，初闻涕泪满衣裳！却看妻子愁何在？漫卷诗书喜欲狂。白日放歌须纵酒，青春作伴好还乡。即从巴峡穿巫峡，便下襄阳向洛阳。"

即以此为序。

庚寅盛暑于实斋

（章开沅，著名历史学家、教育家，现任华中师范大学东西方文化交流研究中心主任）

序

　　中国的抗日战争,是中国人民反对日本帝国主义侵略、争取民族独立和解放所进行的正义战争。抗日战争时期,重庆是中国国民政府的战时首都,是世界反法西斯战争在远东战场的指挥中心。重庆在中国人民抗日战争和世界反法西斯战争中建立了巨大的历史功绩,具有重要的历史地位。

　　抗战爆发后,特别是抗战进入相持阶段以后,日军集中其陆军和海军的主要航空兵力,从1938年2月至1944年12月,对重庆进行长达7年的战略轰炸,妄图以此彻底"摧毁中国的抗战意志",达到"迅速结束中国事变"的目的。

　　近年来,随着国际形势的变化,在中国人民抗日战争和世界反法西斯战争历史的研究和评价方面,国内外出现了一些值得注意的动向。这就要求中国学术界进一步挖掘史料,拿出成果,澄清疑虑,更好地为推动人类进步事业和祖国统一大业服务。这就要求我们既要加强对近代以来中华民族遭受侵略和奴役历史的研究,以进一步增强忧患意识和加快发展的紧迫感,又要深入研究日本侵略中国和亚太各国的历史,揭露日本军国主义的残暴罪行,戳穿日本右翼势力歪曲历史、美化侵略的谎言。

　　"重庆大轰炸"历时之长,范围之广,所造成的灾难之深重,在二战期间和整个人类战争史上创下了新纪录。重庆大轰炸与七七卢沟桥事变、南京大屠杀、旅顺大屠杀、七三一部队细菌战等一样,给中华民族造成了惨痛的牺牲和巨大损失。这是日本军国主义发动侵华战争对中华民族犯下的滔天罪行和不容抵赖的铁证。但是时至今日,日军轰炸重庆的罪行并未受到法律的清算,这对深受战争侵害的重庆人民来说是极不公正的。随着时间的推移,文物资料的散失,幸存者和见证人的辞世将不可避免,特别是当前日本政府对其战争罪行的恶劣态度,因此,抢救文物资料,清算日本军国主义罪行,已经时不我待。否则,造成的损失将难以弥补。

抗日战争爆发70多年来,中外学者一直在对重庆大轰炸进行艰苦的研究。但是与对南京大屠杀、旅顺大屠杀、七三一细菌部队等日军罪行的研究相比,中外学术界对重庆大轰炸的研究相当滞后,研究基础薄弱,研究成果不多,基本上还处于分散自发研究、民间自发索赔的阶段。因此,日军轰炸重庆的情况不清,重庆人民伤亡和财产损失的数字不准,与"重庆大轰炸"的历史影响相比,我们的研究成果影响不大,特别是未能进入西方主流社会。为此,中外学术界都希望重庆学界对此高度重视,拿出一批研究成果,加入到揭露日军侵华暴行的行列之中。

正是基于这样的认识,我们重庆历史学界、档案学界的同仁,秉承"中国立场,国际视野,学术标准"的基本原则,从基础的档案文献史料的搜集整理入手,开始了对重庆大轰炸的深入研究。经过几年的努力,我们从大陆中国第二历史档案馆、重庆市档案馆、重庆市图书馆、四川省档案馆和台湾国史馆、中央研究院近代史研究所、国民党党史馆等单位搜集到一大批档案文献史料,采访并搜集了几百位受害者的证人证言,整理编辑成《重庆大轰炸档案文献史料丛书》出版。

《重庆大轰炸档案文献史料丛书》,主要分为馆藏的档案文献、日志和证人证言三类。

馆藏的档案文献主要内容包括:重庆市档案馆、四川省档案馆、中国第二历史档案馆等和台湾国史馆、中央研究院近代史研究所、国民党党史馆等单位收藏的有关抗战时期日机轰炸重庆经过、人口伤亡、财产损失以及反空袭的档案史料,抗战时期有关区县档案馆所藏的日机轰炸档案史料。

证人证言主要内容包括:经调查采访征集到的有关重庆大轰炸受害者、见证人的证言证词等文字和图片资料等。

重庆大轰炸日志主要内容来自国内外公开出版发行和内部发行的有关重庆大轰炸历史的报、刊、图书文献资料。

我们希望以此为重庆大轰炸的研究提供最基础的史料,作出最实在的贡献。

　　我们相信,开展"重庆大轰炸"调查与研究工作,具有重大历史和现实意义,有助于揭露日本军国主义的残暴罪行,戳穿日本右翼势力歪曲历史、美化侵略的谎言,防止历史悲剧重演;有助于弘扬以爱国主义为核心的伟大民族精神,增强爱国主义情感;有助于深化中国抗战及世界反法西斯战争的研究,充分发挥历史研究"资政育人"的作用。

周　勇
2010年9月3日
抗日战争胜利纪念日

编 辑 说 明

1. 所辑档案资料,一般以一件为一题,其标题以"1.×××(题名+时间)"表示之,且其标题为编者重新拟定;同属一事,且彼此间有紧密联系者,以一事为一题,下属各单项内容,以"1)×××"表示之,且一般用原标题和时间。换言之,本档案资料的标题级数为三级:"一";"1.";"1)"。

2. 所辑档案资料,不论其原档案文本有无标点,均由编者另行标点;如沿用原有标点者,均加注说明。说明统一采用脚注形式。

3. 所有文稿中,编者如遇有其他问题或需要向读者解释和说明的地方,也一律采用脚注方式。

4. 所有文稿中,年份的使用尊重原文,如原文中为公元纪年的,采用公元纪年并用阿拉伯数字表示(如 1939 年 5 月 3 日);原文中为民国纪年的,采用民国纪年并用汉字表示(如民国二十八年五月三日);表格中的年份,虽原文为民国纪年且为汉字,但为排版方便计,一律改为其对应的公元纪年且改用阿拉伯数字。

5. 所有文稿中的数字(无论其原文中为阿拉伯数字"12345"或为汉字数字"一二三四五"),按照出版物的有关规定,均一律改为阿拉伯数字(12345);多位数字(如 123456789)之间,不用分隔符。

6. 所辑档案资料,凡遇残缺、脱落、污损的字,经考证确认者,加□并在□内填写确认的字;无法确认者,则以□代之。错别字的校勘用〔 〕标明之。增补漏字用[ ]标明之。修正衍文用( )标明,内注明是衍文。改正颠倒字句用( )标明,内注明是颠倒。整段删节者,以〈上略〉、〈中略〉、〈下略〉标明之;段内部分内容删节者,以〈……〉标明之;文件附件删略者,以〈略〉标明之。

7. 原稿中的如左如右，在左、右后面一律加〈〉，并在〈〉内加上"下、上"字，如原稿中的"如左"，改为"如左〈下〉"，"如右"改为"如右〈上〉"。

8. 鉴于种种原因，原稿中的一些统计数字，其各分项之和与总数并不相符，为保持档案的原貌，未作改动。

目 录

总序 1

序 1

编辑说明 1

一、重庆市各公私立中小学（中等职业学校）被炸损失部分

（一）重庆市私立小学校长联谊会汇报战时财产直接损失统计表（1947年1月） 1

1. 重庆市私立广益小学财产直接损失汇报表（1947年1月5日）...... 2

2. 重庆市私立启明小学财产直接损失汇报表 3

3. 重庆市私立慈幼小学财产直接损失汇报表 3

4. 重庆市私立培善小学财产直接损失汇报表（1947年1月14日）...... 4

5. 重庆市私立培智小学财产直接损失汇报表（1947年1月18日）...... 4

6. 新生活运动促进总会、陪都新运模范区私立新范小学财产直接损失汇报表 5

7. 重庆市私立昭武小学财产直接损失汇报表（1947年1月）.......... 5

8. 重庆市私立新村小学校财产直接损失汇报表（1947年1月7日） 6

9. 重庆市私立诚善小学财产直接损失汇报表（1947年1月6日） 7

10. 重庆市私立幼幼小学校财产直接损失汇报表（1946年10月5日） 7

11. 重庆市私立体心小学财产直接损失汇报表（1947年1月5日） 8

12. 重庆市私立树人小学财产直接损失汇报表
（1947年1月7日）·················· 8

13. 重庆市私立钱氏达人小学财产直接损失汇报表
（1947年1月）····················· 9

14. 重庆市私立东山小学财产直接损失汇报表
（1947年1月9日）·················· 9

15. 重庆市私立明笃小学财产直接损失汇报表
（1947年1月6日）·················· 10

16. 重庆市私立青年小学校财产直接损失汇报表
（1947年1月7日）·················· 11

17. 重庆市私立复兴初级小学校财产直接损失汇报表
（1947年1月9日）·················· 11

18. 重庆市私立广业小学财产直接损失汇报表
（1947年1月6日）·················· 12

19. 重庆市私立济福小学财产直接损失汇报表
（1947年1月20日）················· 13

20. 重庆市私立精益小学财产直接损失汇报表
（1947年1月7日）·················· 13

21. 重庆市私立文德小学财产直接损失汇报表
（1947年4月14日）················· 14

22. 重庆市私立西南小学财产直接损失汇报表
（1947年2月）····················· 15

(二)重庆市私立小学校长联谊会汇报战时财产间接损失统计表
（1947年4月）····················· 16

1. 重庆市私立广益小学财产间接损失汇报表
（1947年1月5日）·················· 17

2. 重庆市私立启明小学财产间接损失汇报表 ········· 17

3. 重庆市私立慈幼小学财产间接损失汇报表 ········· 18

4. 重庆市私立培善小学财产间接损失汇报表
（1947年1月14日）················· 18

5. 重庆市私立培智小学财产间接损失汇报表(1947年1月18日) …… 18
6. 新生活运动促进总会、陪都新运模范区私立新范小学财产间接
   损失汇报表 …………………………………………………… 19
7. 重庆市私立昭武小学财产间接损失汇报表
   (1947年1月6日) …………………………………………… 19
8. 重庆市私立新村小学校财产间接损失汇报表
   (1947年1月7日) …………………………………………… 20
9. 重庆市私立诚善小学校财产间接损失汇报表
   (1947年1月6日) …………………………………………… 20
10. 重庆市私立幼幼小学校财产间接损失汇报表
    (1946年11月5日) …………………………………………… 20
11. 重庆市私立钱氏达人小学校财产间接损失汇报表 ………… 21
12. 重庆市私立青年小学校财产间接损失汇报表
    (1947年1月7日) …………………………………………… 21
13. 重庆市私立复兴初级小学校财产间接损失汇报表
    (1947年1月9日) …………………………………………… 22
14. 重庆市私立广业小学校财产间接损失汇报表
    (1947年1月6日) …………………………………………… 22
15. 重庆市私立济福小学校财产间接损失汇报表
    (1947年1月20日) …………………………………………… 22
16. 重庆市私立精益小学校财产间接损失汇报表
    (1947年1月7日) …………………………………………… 23
17. 重庆市私立培才小学校财产间接损失汇报表
    (1947年1月) ………………………………………………… 23
18. 重庆市私立文德小学财产间接损失汇报表
    (1947年4月14日) …………………………………………… 24
19. 重庆市私立西南小学财产间接损失汇报表(1947年2月) …… 24
(三)重庆市私立小学校长联谊会为遵令改正补报战时损失请予转报
    由呈重庆市教育局文(1947年9月) ………………………… 25
1. 重庆市私立笃行小学财产直接损失汇报表(1947年9月) …… 27

2. 重庆市私立启明小学财产直接损失汇报表
   （1947年8月15日）·················· 27

3. 重庆市私立广业小学财产直接损失汇报表
   （1947年8月1日）··················· 28

4. 重庆市私立复兴初级小学校财产直接损失汇报表
   （1947年8月）····················· 29

5. 重庆市私立临江小学财产直接损失汇报表
   （1947年8月14日）·················· 29

6. 重庆市私立诚善小学财产直接损失汇报表
   （1947年8月10日）·················· 30

7. 重庆市私立幼幼小学校财产直接损失汇报表
   （1947年8月13日）·················· 31

8. 重庆市私立依仁小学财产直接损失汇报表
   （1947年8月15日）·················· 31

9. 重庆市私立新村小学校财产直接损失汇报表
   （1947年8月15日）·················· 32

10. 重庆市私立平儿院财产直接损失汇报表
    （1947年8月15日）················· 32

11. 重庆市私立钱氏达人初级小学财产直接损失汇报表
    （1947年8月14日）················· 33

12. 重庆市私立东山小学财产直接损失汇报表
    （1947年8月14日）················· 34

13. 重庆市私立明德小学财产直接损失汇报表
    （1947年8月14日）················· 34

14. 重庆市私立精益小学财产直接损失汇报表
    （1947年8月14日）················· 35

15. 重庆市私立开智小学财产直接损失汇报表
    （1947年8月）···················· 36

16. 重庆市私立泰邑小学校财产直接损失汇报表
    （1947年8月9日）·················· 36

17. 重庆市私立广益小学财产直接损失汇报表
　　（1947年8月14日） ································· 37
18. 重庆市私立明达小学财产直接损失汇报表
　　（1947年8月13日） ································· 38
19. 重庆市私立培善小学财产直接损失汇报表
　　（1947年8月14日） ································· 38
20. 重庆市私立培智小学财产直接损失汇报表
　　（1947年8月25日） ································· 39
21. 重庆市私立青年小学财产直接损失汇报表
　　（1947年8月15日） ································· 40
22. 重庆市私立体心小学财产直接损失汇报表
　　（1947年8月11日） ································· 40
23. 重庆市私立慈幼小学财产直接损失汇报表
　　（1947年8月18日） ································· 41
24. 重庆市私立明笃小学财产直接损失汇报表
　　（1947年8月14日） ································· 42

（四）重庆市私立小学校长联谊会呈报财产损失报告单
　　（1947年8月） ······································ 43

1. 重庆市私立笃行小学财产损失报告单（原缺） ············ 43
2. 重庆市私立启明小学财产损失报告单（1947年8月15日）······ 43
3. 重庆市私立广业小学财产损失报告单（1947年8月1日） ········ 44
4. 重庆市私立复兴初级小学校财产损失报告单（1947年8月） ······ 44
5. 重庆市私立临江小学财产损失报告单（1947年8月1日） ········ 45
6. 重庆市私立诚善小学校财产损失报告单
　　（1947年8月10日） ································· 46
7. 重庆市私立幼幼小学财产损失报告单（1947年8月13日）········ 46
8. 重庆市私立依仁小学财产损失报告单（原缺） ················ 47
9. 重庆市私立新村小学财产损失报告单（1947年8月15日）········ 47
10. 重庆市私立平儿院财产损失报告单（原缺） ················ 48

11. 重庆市私立钱氏达人小学财产损失报告单
　　（1947年8月14日）………………………………………… 48
12. 重庆市私立东山小学财产损失报告单(1947年8月14日)……… 48
13. 重庆市私立明德小学校财产损失报告单(1947年8月14日)…… 50
14. 重庆市私立精益小学校财产损失报告单
　　（1947年8月14日）………………………………………… 51
15. 重庆市私立开智小学财产损失报告单(1947年8月)…………… 52
16. 重庆市私立泰邑小学财产损失报告单(原缺)………………… 53
17. 重庆市私立广益小学财产损失报告单(1947年8月14日)…… 53
18. 重庆市私立明达小学财产损失报告单(1947年8月13日)…… 54
19. 重庆市私立培善小学财产损失报告单(1947年8月14日)…… 54
20. 重庆市私立培智小学财产损失报告单(1947年8月25日)…… 55
21. 重庆市私立青年小学财产损失报告单(原缺)………………… 56
22. 重庆市私立体心小学校财产损失报告单
　　（1947年8月11日）………………………………………… 57
23. 重庆市私立慈幼小学校财产损失报告单(1947年8月18日)…… 57
24. 重庆市私立明笃小学财产损失报告单(1947年8月)…………… 58

(五)重庆市私立小学校长联谊会呈报财产间接损失汇报表
　　（1947年8—9月）…………………………………………… 59
1. 重庆市私立笃行小学财产间接损失汇报表(1947年9月)…… 59
2. 重庆市私立启明小学财产间接损失汇报表
　　（1947年8月15日）………………………………………… 59
3. 重庆市私立广业小学财产间接损失汇报表
　　（1947年8月1日）………………………………………… 60
4. 重庆市私立复兴初级小学财产间接损失汇报表
　　（1947年8月）………………………………………………… 60
5. 重庆市私立临江小学财产间接损失汇报表(1947年8月14日)… 61
6. 重庆市私立诚善小学财产间接损失汇报表(1947年8月10日)… 61
7. 重庆市私立幼幼小学财产间接损失汇报表(1947年8月13日)… 62

8. 重庆市私立依仁小学财产间接损失汇报表
（1947年8月15日）·· 62

9. 重庆市私立新村小学财产间接损失汇报表
（1947年8月15日）·· 63

10. 重庆市私立平儿院财产间接损失报告表
（1947年8月15日）·· 63

11. 重庆市私立钱氏达人小学校财产间接损失报告表
（1947年8月14日）·· 64

12. 重庆市私立东山小学财产间接损失汇报表
（1947年8月14日）·· 64

13. 重庆市私立明德小学校财产间接损失汇报表
（1947年8月14日）·· 65

14. 重庆市私立精益小学财产间接损失汇报表
（1947年8月14日）·· 65

15. 重庆市私立开智小学财产间接损失汇报表（1947年8月）······ 66

16. 重庆市私立泰邑小学校财产间接损失汇报表
（1947年8月）·· 66

17. 重庆市私立广益小学财产间接损失汇报表
（1947年8月14日）·· 67

18. 重庆市私立明达小学校财产间接损失汇报表
（1947年8月13日）·· 67

19. 重庆市私立培善小学校财产间接损失报告表
（1947年8月14日）·· 68

20. 重庆市私立培智小学财产间接损失报告表
（1947年8月25日）·· 68

21. 重庆市私立青年小学财产间接损失汇报表（原缺）············· 68

22. 重庆市私立体心小学财产间接损失汇报表
（1947年8月11日）·· 69

23. 重庆市私立慈幼小学财产间接损失汇报表
（1947年8月18日）·· 69

24. 重庆市私立明笃小学财产间接损失汇报表（原缺） ………… 69

(六)重庆市中等学校校长联谊会为填报战时损失表呈重庆市教育局文
（1947年8月15日） ……………………………………………… 70

1. 重庆市私立沪童初级中学财产损失报告(1947年8月14日) …… 72

2. 重庆市私立适存高级商业职业学校财产损失报告
（1947年8月10日） ……………………………………………… 73

3. 重庆市私立东方中学财产损失报告(1947年8月9日) ………… 75

4. 重庆市私立治平中学财产损失报告(1947年8月9日) ………… 78

5. 重庆私立武汉高级护士职业学校财产损失报告
（1947年8月8日） ………………………………………………… 79

6. 重庆市私立实商高级商业职业学校财产损失报告
（1947年8月） …………………………………………………… 81

7. 重庆市私立立行中学财产损失报告(1947年8月10日) ………… 83

8. 重庆市私立赣江中学财产损失报告(1947年8月9日) ………… 84

9. 重庆市私立明诚中学校财产损失报告(1947年8月9日) ……… 86

10. 重庆市私立宽仁高级护士职业学校财产损失报告
（1947年8月8日） ………………………………………………… 88

11. 重庆市私立英才中学校财产损失报告(1947年8月8日) ……… 90

12. 四川省立重庆高级工业职业学校财产损失报告
（1947年8月10日） ……………………………………………… 91

13. 重庆市私立中国中学财产间接损失报告表
（1947年8月8日） ………………………………………………… 92

14. 重庆市私立文德女中财产间接损失报告表
（1947年8月11日） ……………………………………………… 93

15. 四川省立重庆女子职业学校财产损失报告
（1947年8月9日） ………………………………………………… 93

16. 重庆市私立立人中学财产损失报告(1947年8月8日) ……… 114

17. 重庆市私立大夏中学(前大夏大学附设中学)财产损失报告
（1947年8月10日） ……………………………………………… 115

18. 重庆市私立蜀都中学财产损失报告（1947年8月10日）⋯⋯ 117
19. 四川省私立建人中学财产损失报告（1947年8月10日）⋯⋯ 119
20. 重庆市私立大中中学财产损失报告（1947年8月10日）⋯⋯ 120
21. 重庆中正学校财产损失报告（1947年8月10日）⋯⋯⋯⋯⋯ 121
22. 重庆市私立南山中学财产损失报告（1947年8月14日）⋯⋯ 124
23. 重庆市私立敬善中学财产损失报告（1947年8月12日）⋯⋯ 125
24. 重庆市私立达德高级会计职业学校财产损失报告
　　（1947年8月10日）⋯⋯⋯⋯⋯⋯⋯⋯⋯⋯⋯⋯⋯⋯⋯⋯ 127
25. 重庆市私立清华中学财产损失报告（1947年8月13日）⋯⋯ 128
26. 重庆市私立嘉励中学财产间接损失报告表
　　（1947年8月8日）⋯⋯⋯⋯⋯⋯⋯⋯⋯⋯⋯⋯⋯⋯⋯⋯⋯ 129
27. 重庆市私立建川中学财产损失报告（1947年8月8日）⋯⋯ 130
28. 重庆市私立大公职业学校财产损失报告
　　（1947年8月6日）⋯⋯⋯⋯⋯⋯⋯⋯⋯⋯⋯⋯⋯⋯⋯⋯⋯ 131
29. 重庆市私立民建中学战时财产间接损失报表
　　（1947年8月10日）⋯⋯⋯⋯⋯⋯⋯⋯⋯⋯⋯⋯⋯⋯⋯⋯ 132
30. 重庆市私立初级九经中学校财产损失报告
　　（1947年8月8日）⋯⋯⋯⋯⋯⋯⋯⋯⋯⋯⋯⋯⋯⋯⋯⋯⋯ 133
31. 重庆市私立西南美术专科学校、西南实用美术职业学校财产损失
　　报告（1947年8月14日）⋯⋯⋯⋯⋯⋯⋯⋯⋯⋯⋯⋯⋯⋯ 134
32. 重庆市私立文苑中学财产损失报告（1947年8月15日）⋯⋯ 135
33. 重庆市私立复兴补习学校财产损失报告
　　（1947年8月15日）⋯⋯⋯⋯⋯⋯⋯⋯⋯⋯⋯⋯⋯⋯⋯⋯ 137
34. 重庆市私立实验补习学校财产损失报告
　　（1947年8月15日）⋯⋯⋯⋯⋯⋯⋯⋯⋯⋯⋯⋯⋯⋯⋯⋯ 138

（七）重庆市公私立各中小学校财产损失汇报总清册
　　（1947年9月）⋯⋯⋯⋯⋯⋯⋯⋯⋯⋯⋯⋯⋯⋯⋯⋯⋯⋯ 140

（八）重庆市公私立各中小学为遭受日机轰炸损失呈文及报表 ⋯⋯ 142

1. 重庆市私立复旦中学为呈报1939年9月3日夜被炸情形致教
　育部、重庆市社会局、四川省政府文（1939年9月4日）⋯⋯ 142

2. 重庆市私立复旦中学校遵令造具1939年9月3日敌机夜袭被炸
损坏房舍及器具等件、预计修复应需数目清册
（1939年9月）·· 142

3. 重庆市私立复旦中学造报1939年9月4日被炸损失情形
（1939年9月）·· 144

4. 重庆市私立复旦中学为报该校1940年5月26日被炸情形等呈
重庆市社会局文(1940年5月26日)······················· 146

5. 重庆市私立复旦中学编制抗战损失财产目录表
（1942年10月）··· 147

6. 重庆市私立复旦中学1939年9月3日至1940年5月26日被炸
损失情形(1945年7月22日)································· 149

7. 重庆市私立复旦中学遵令造具该校抗战期间被炸损失清册
（1945年7月）·· 150

8. 重庆市私立复旦中学为遵令重报战时财产损失呈重庆市教育
局文(1947年12月1日)······································· 151

9. 重庆市私立复旦中学为该校抗战期中被炸损毁请求资助给联合
国文教委员会奥勒罗先生的报告书(1948年6月5日)········ 158

10. 重庆市私立大公职业学校财产直接损失汇报表
（1939年11月16日）··· 159

11. 重庆市社会局为转报私立西南实用艺术职业学校校舍被炸损失
情形呈重庆市政府文(1941年8月21日)·················· 160

12. 重庆市私立树人小学校为遵令造报抗战期内被日机轰炸损失各
表呈教育部、重庆市社会局文(1941年10月)············· 160

13. 重庆市教育局为转呈树人中学战时财产损失表呈市政府文
（1947年9月23日）·· 167

14. 重庆市立女子中学为遵令造报战时直间接损失表呈重庆市教育
局文(1947年3月7日)·· 169

15. 重庆市私立开智小学为改正造报战时损失表呈重庆市教育局文
（1947年5月7日）··· 170

16. 重庆市私立兴华小学校为该校办理经过暨填报抗战财产损失报
告表呈重庆市教育局文(1947年5月)······················ 171

17. 重庆市私立兴华小学校为奉令填报战时财产损失报告单呈重庆市教育局文(1947年8月26日) …………………………………… 173

18. 重庆市私立临江小学为报1939年5月3日该校所受轰炸损失情形呈重庆市教育局文(1947年6月10日) ………………… 174

19. 重庆市私立临江小学为遵令另送战时损失表呈重庆市教育局文(1947年8月9日) ……………………………………………… 175

20. 重庆市私立泰邑小学校为填报抗战财产损失报告表呈重庆市教育局文(1947年6月18日) …………………………………… 176

21. 重庆市私立树德小学为填报抗战财产损失报告表呈重庆市教育局文(1947年7月28日) …………………………………… 177

22. 重庆市私立育英中学财产损失报告(1947年) ………… 179

23. 重庆市私立东华中学财产损失报告单(1947年7月31日) ………………………………………………………… 180

24. 重庆市私立东华中学为遵令改报战时损失表册呈重庆市教育局文(1947年8月) ……………………………………………… 180

25. 重庆市私立东华中学为重报战时损失呈重庆市教育局文(1947年12月) ……………………………………………………… 182

26. 重庆市第八区复兴关中心国民学校为遵令填报战时财产损失报告表呈重庆市教育局文(1947年8月10日) …………… 183

27. 重庆市私立蜀都中学财产损失报告(1947年8月10日) …… 185

28. 重庆市私立立行中学财产损失报告(1947年8月10日) …… 187

29. 重庆市私立清华中学财产损失报告(1947年8月13日) …… 188

30. 重庆市私立巴蜀中学为填送战时财产损失报表呈重庆市教育局文(1947年8月14日) ……………………………………… 189

31. 重庆市私立巴蜀学校为遵令填报战时直接间接损失呈重庆市教育局文(1947年12月15日) …………………………… 191

32. 重庆市私立巴蜀学校为填报战时损失报表呈行政院赔偿委员会文(1947年12月29日) …………………………………… 194

33. 重庆市私立南开中学财产损失报告(1947年8月15日) …… 197

34. 重庆市私立英才中学财产损失报告(1947年11月) ………… 198

35. 重庆市私立嘉励中学财产损失报告(1947年12月24日) …… 199
36. 南京私立钟南中学为报该校战时财产损失致重庆市教育局电
 (1947年12月31日) ………………………………………… 200
37. 重庆市教育局关于抗战时期重庆文教事业遭受损失的统计
 (1947年8月26日) ………………………………………… 210

二、战时重庆各大学遭受轰炸损失情形

(一)重庆大学 ……………………………………………… 211
1. 重庆大学为报该校铁工厂等处建筑设备于1939年9月4日被炸
 呈四川省政府文稿(1939年9月16日) …………………… 211
2. 重庆大学朱祖晦教授自报该宅1939年5月24日被炸损失清单
 (1939年11月) …………………………………………… 213
3. 重庆大学校警队队长华复为该校1940年5月29日被炸情形给
 校长叶元龙的报告(1940年5月30日) …………………… 213
4. 四川省立重庆大学校长叶元龙为报该校1940年5月29日被日
 机轰炸损失情形致四川省教育厅厅长郭子杰电
 (1940年6月7日) ………………………………………… 215
5. 重庆大学校长叶元龙为1940年5月29日该校被炸公私损失情
 形及善后办法呈教育部部长陈立夫文(1940年6月) ……… 216
6. 四川省立重庆大学校长叶元龙为该校1940年7月4日第二次被
 炸情形致国民政府军事委员会委员长蒋介石代电
 (1940年7月5日) ………………………………………… 217
7. 四川省立重庆大学为该校1940年5月29日被炸经过及损失详
 情复中日战事史料征辑委员会签函(1940年7月11日) …… 218
8. 四川省立重庆大学校警队兼队长华复为1940年7月4日、8月
 20日自家被炸损失情形并请救济事给校长叶元龙的报告
 (1940年8月21日) ………………………………………… 219
9. 重庆大学教授罗冕为1940年8月19日自家被炸损失情形及请
 求救济事呈校长叶元龙文(1940年9月9日) ……………… 220
10. 四川省政府秘书长贺国光为拨款救助重庆大学致该校校长
 叶元龙函(1940年9月26日) ……………………………… 221

11. 四川省立重庆大学王克仁上报自家两次被炸损失清单
　　（1940年10月）………………………………………………… 221
12. 程登科为自家1940年7月4日被炸损失事给校长叶元龙的签呈
　　（1940年11月5日）……………………………………………… 222
13. 范增澄为报1940年7月4日自家被炸损失事致重庆大学
　　教务长文（1940年11月18日）…………………………………… 223
14. 洪寿祖为1940年5月29日、7月4日自家被炸损失并请救济
　　事给重庆大学总务长签函（1940年11月30日）………………… 223
15. 校工朱仁山为1940年7月4日被炸损失并请恤事给重庆大学
　　总务长的报告（1940年12月4日）……………………………… 224
16. 解士杰为1940年7月4日自家被炸损失事呈重庆大学校长
　　叶元龙文（1940年12月5日）…………………………………… 225
17. 汪民令为1940年5月29日、7月4日自家被炸损失并请救济
　　事呈重庆大学总务处文（1940年12月5日）…………………… 226
18. 李召惠报1940年5月29日自家被炸损失清单
　　（1940年12月9日）……………………………………………… 227
19. 杨德翘报1940年7月4日自家被炸损失清单
　　（1940年12月14日）……………………………………………… 227
20. 韩先奎为1940年5月29日、7月4日自家被炸损失并请救济
　　事呈重庆大学总务长文（1940年12月14日）…………………… 228
21. 朱代侯为1940年7月4日自家被炸损失事致轰炸救济委员
　　会函（1940年12月20日）………………………………………… 228
22. 江宜渡为1940年5月28日自家被炸损失事呈重庆大学校长
　　叶元龙文（1940年12月25日）…………………………………… 229
23. 四川省立重庆大学机械系教授曹国惠报1940年暑期自家被炸
　　损失物品清单（1940年12月25日）……………………………… 230
24. 四川省立重庆大学机械系教授金锡如为1940年夏季自家被炸
　　损失情形致校长叶元龙函（1940年12月25日）………………… 231
25. 高诒善为1940年7月4日自家被炸请恤事致重庆大学校长叶元龙
　　函（1940年12月25日）…………………………………………… 232

26. 毛鹤年为1940年7月4日自家被炸损失情形致重庆大学总务长
    函(1940年12月26日) ·················· 232
27. 陈福皋为1940年5月29日自家被炸情形给重庆大学校长叶元龙
    签呈(1940年12月28日) ·················· 233
28. 许道生为1940年7月4日自家被炸损失情形致重庆大学总务长
    函(1940年12月29日) ·················· 234
29. 姚汉源为1940年7月4日自家被炸情形致重庆大学校长叶元龙函
    (1940年12月) ·················· 235
30. 程熹如为1940年第二次被炸自家损失情形给重庆大学校长
    叶元龙的签呈(1940年12月) ·················· 236
31. 重庆大学教员倪亮关于1940年5月29日暨7月4日敌机轰炸
    住宅损失报告单(1940年12月) ·················· 237
32. 四川省立重庆大学教务长段子燮上报1940年自家被炸损失
    清单(1940年) ·················· 238
33. 段德煌上报1940年8月20日自家被炸损失清单
    (1940年) ·················· 239
34. 王电烨上报1940年7月4日自家被炸损失清单
    (1940年) ·················· 240
35. 梁树权上报1940年自家被炸损失清单(1940年) ·················· 241
36. 四川省立重庆大学教授蒋梅笙上报1940年7月4日自家被炸
    损失清单(1940年) ·················· 241
37. 重大、中大教职员子弟小学教导处为该校被炸请求拨款修缮事
    呈重庆大学校长叶元龙文(1941年8月14日) ·················· 242
38. 四川省立重庆大学俞国辉为1941年8月10日、22日该校被炸
    情形给学校的签呈(1941年8月23日) ·················· 242
39. 四川省立重庆大学为1941年8月10日、22日该校被炸情形致
    教育部、四川省政府、陪都空袭救济委员会代电稿
    (1941年8月24日) ·················· 243
40. 四川省立重庆大学欧阳鼎铭为该校公物被炸毁报请审查事给该校
    校长兼军训总队长的报告(1941年8月25日) ·················· 243

41. 伍正继为1941年8月23日自家被炸损失呈重庆大学文
（1941年8月24日） ··· 244

42. 杨承礼上报1941年8月23日自家被轰损失清单
（1941年8月26日） ··· 244

43. 四川省立重庆大学驻城办事处雇员许英等为1941年8月20日
被炸损失请恤事给校长叶元龙的报告
（1941年8月24日） ··· 245

44. 四川省立重庆大学驻城办事处雇员许英等为1941年8月20日
被炸损失请恤事再次给校长叶元龙的报告
（1941年10月4日） ··· 247

45. 四川省立重庆大学监理委员会为该校职员蒋梅笙等9人因空袭
受损所具报告5件暨损失单10份请查收核办事咨该校整理
委员会文（1941年10月7日） ······································ 247

46. 四川省立重庆大学为该校1941年8月10日、21日被炸请恤事
呈教育部部长陈立夫文（1941年10月27日） ··················· 249

47. 朱英为1941年8月22日自家被炸损失情形呈重庆大学总务长文
（1941年11月18日） ··· 253

48. 晏正鹤为1941年8月10日、22日自家被炸损失情形致重庆
大学文书课函（1941年11月20日） ······························· 254

49. 四川省立重庆大学校工何英、陈绍□为被炸损失未领到津贴事
呈该校总务长文（1941年11月） ···································· 254

50. 四川省立重庆大学教职员工役遭受空袭损害清册
（1941年12月） ·· 255

51. 国立重庆大学抗战期间财产损失汇报表
（1945年9月25日） ·· 257

52. 重庆大学教职人员财产损失汇报表（1943—1946年） ········· 258

53. 国立重庆大学为抗战时期该校所受各项损失清册呈教育部文
（1946年3月16日） ··· 283

（二）四川省立教育学院 ·· 284

1. 四川省立教育学院为1940年5月29日该校被炸死伤损失情形
并请照章抚恤呈四川省政府文（1940年5月31日） ············ 284

2. 四川省立教育学院1940年5月29日被炸后全院大事记
（1940年6月）.. 285

3. 四川省立教育学院抗战损失财产目录表(1941年9月1日)...... 287

4. 四川省立教育学院抗战损失财产目录表(1941年9月)............ 291

5. 四川省立教育学院员工被炸损失统计表(1941年)................. 293

6. 四川省立教育学院教职员工役私物被炸损失一览表(1941年)...... 294

7. 四川省立教育学院教职员工役被炸损失汇总表(1941年)......... 295

8. 陪都空袭救护委员会为四川省立教育学院1941年8月11日、30日
两次被炸开具空袭损害证明书给该院的公函(1941年12月17日) 313

9. 四川省立教育学院为抗战时期该院直接财产损失、教育人员财
产损失、教育人员伤亡调查表等呈教育部文(1945年9月16日) 314

（三）国立女子师范学院 316

1. 国立女子师范学院为补报抗战期间该校间接损失呈教育部部长
陈立夫文(1942年7月28日).. 316

2. 国立女子师范学院教职员工战时财产损失报告表
（1942—1944年）... 317

（四）国立中央工业职业学校 335

1. 国立中央工业职业学校为1939年5月29日该校被炸损毁情形
呈教育部部长陈立夫文(1939年6月8日)............................ 335

2. 国立中央工业职业学校为1939年8月28日该校被炸损失情形
呈教育部部长陈立夫文(1939年8月31日).......................... 335

3. 国立中央工业职业学校为修缮该校被炸建筑需款数额等呈教育
部文(1939年9月9日)... 336

4. 国立中央工业职业学校为呈报该校自抗战起至1939年6月底止
损失表呈教育部部长陈立夫文(1939年11月24日)............. 339

5. 国立中央工业职业学校为1940年6月27日该校被炸情形致
教育部代电(1940年6月27日).. 340

6. 国立中央工业职业学校为1940年6月29日该校被炸情形致
教育部代电(1940年6月30日).. 340

7. 国立中央工业职业学校机训班缪祖桐个人损失清册
   （1940年6月27日）·· 341
8. 国立中央工业职业学校王冠英个人损失清册
   （1940年6月29日）·· 342
9. 国立中央工业职业学校电机工程科空袭损失物品清册
   （1940年7月1日）··· 343
10. 国立中央工业职业学校为该校1940年6月27日、29日被炸
    损失情形呈教育部部长陈立夫文（1940年7月9日）············ 346
11. 国立中央工业职业学校为送达该校1940年6月27日、29日被
    炸机械科机工厂部分损失清册致中英庚款董事会公函
    （1940年7月30日）·· 350
12. 国立中央工业职业学校造报1940年6月27日、29日该校被炸
    员役损失详表（1940年7月）····································· 368
13. 国立中央工业职业学校化工科为该校1940年6月被炸公物、仪器
    等损失情形报告（1940年7月5日）······························ 375
14. 国立中央工业职业学校土木科工程部为该校1940年6月被炸
    建筑物损失情形报告（1940年7月）······························ 383
15. 国立中央工业职业学校造报该校图书馆1940年6月27日、29日
    被炸图书损失清册（1940年7月）································ 384
16. 国立中央工业职业学校为1940年6月27日、29日该校被炸损失
    并请求救济呈教育部部长陈立夫文（1940年10月21日）······ 384
17. 国立中央工业职业学校抗战以来被炸损失报告（1940年）······ 387
18. 国立中央工业职业学校抗战时期损失及战后复员所需费用统计表
    （1943年）··· 387
19. 国立中央工业职业学校为造送该校抗战期间空袭损失调查表复
    重庆市政府统计室公函（1946年1月24日）····················· 389
20. 国立中央工业专科职业学校抗战时期损失表
    （1946年2月）·· 390
21. 国立中央工业专科职业学校重庆校舍暨财产损失情形报告表
    （1948年）··· 392

22. 国立中央工业专科职业学校南京校舍战时损失表
    （1948 年）·· 392
23. 国立中央工业职业学校有关抗战时期财产损失报告单
    （1948 年）·· 393
24. 国立中央工业专科职业学校机械工程科抗战时期被炸损失对
    照表（1948 年）··· 410
25. 国立中央工业职业学校机械工程科抗战时期空袭损失物品清册
    （1948 年）·· 432

三、文化部分——重庆市立图书馆被炸损失

1. 重庆市立图书馆造报 1939 年 5 月 25 日该馆被炸器具什物损失
   清册（1939 年 6 月 8 日）··· 436
2. 重庆市立图书馆造报 1939 年 5 月 25 日该馆被炸财产直接损失汇
   报表（1939 年 11 月 9 日）··· 437
3. 重庆市立图书馆造报该馆财产间接损失汇报表
   （1939 年 11 月 9 日）··· 438
4. 重庆市立图书馆造报 1939 年 5 月 25 日该馆被炸财产损失报告单
   （1939 年 11 月 9 日）··· 438
5. 重庆市立图书馆为报 1939 年 5 月 25 日该馆被炸图书损失情形
   呈重庆市社会局文（1939 年 11 月 13 日）······································ 440
6. 重庆市立图书馆为 1940 年 10 月 25 日该馆被炸损失情形及处理
   善后经过等呈重庆市社会局文（1940 年 10 月 27 日）····················· 441
7. 重庆市立图书馆为送该馆 1940 年 10 月 25 日被炸损失报告单呈
   重庆市社会局文（1940 年 10 月 27 日）··· 442
8. 重庆市立图书馆为报该馆员役 1940 年 10 月 25 日空袭私人损失
   呈重庆市社会局文（1940 年 10 月 27 日）····································· 444
9. 重庆市立图书馆沈连海、黄俊成、张作清等为 1940 年 10 月 25 日
   被炸自家私物损失情形给馆长赵友培的报告
   （1940 年 10 月 27 日）··· 445
10. 重庆市立图书馆职员余德坤为造报该馆被炸图书损失清册给馆长
    赵友培的报告（1940 年 12 月 6 日）·· 446

11. 重庆市立图书馆为补具该馆员役空袭损失私物报告表呈重庆市社会局文(1940年12月17日) ………………………………… 449

12. 重庆市立通俗图书馆总务主任刘福堂空袭损失私物报告表(1940年12月) ……………………………………………… 451

13. 重庆市立通俗图书馆馆丁黄俊成空袭损失私物报告表(1940年12月) ……………………………………………… 451

14. 重庆市立通俗图书馆馆员胡晓林空袭损失私物报告表(1940年12月) ……………………………………………… 451

15. 重庆市立图书馆为垫发本馆员役空袭损失救济费造具清册呈重庆市社会局文(1941年1月3日) …………………………… 452

16. 重庆市立图书馆为该馆职员张启宇被炸损失请派员调查事给重庆市警察局的通知书(1941年8月16日) ……………… 453

四、卫生部分

1. 重庆市卫生局局长梅贻琳为报该市第一诊疗所1939年5月3日被炸情形呈重庆市市长蒋志澄文(1939年5月6日) ………… 455

2. 重庆市卫生局局长梅贻琳为转报市民医院被炸情形呈重庆市市长蒋志澄文(1939年5月9日) ……………………………… 456

3. 重庆市卫生局局长梅贻琳为报第五诊疗所被炸情形呈重庆市市长吴国桢文(1940年6月11日) ………………………… 456

4. 重庆市市立第六诊疗所1940年5月29日被炸财产直接损失汇报表(1940年6月11日) ………………………………… 457

5. 重庆市卫生局局长梅贻琳为报江北第四诊疗所被炸情形呈重庆市市长吴国桢文(1940年6月12日) ……………………… 457

6. 重庆市卫生局局长梅贻琳为报第五诊疗所职员宿舍被炸情形呈重庆市市长吴国桢文(1940年6月12日) ……………… 458

7. 重庆市卫生局局长梅贻琳为报第五诊疗所1940年6月11日、12日被炸药品器械财产损失表呈重庆市市长吴国桢文(1940年7月12日) ………………………………………………… 458

8. 重庆市卫生局局长梅贻琳为报第三诊疗所空袭损失公物清单呈重庆市市长吴国桢文(1940年9月21日) …………………… 465

9. 重庆市卫生局局长梅贻琳为报第五诊疗所抗战财产损失报告单呈
   重庆市市长吴国桢文（1940 年 10 月 9 日）·················· 466

10. 重庆市卫生局局长梅贻琳为 1941 年 6 月 2 日市民医院被炸情
    形给重庆市市长吴国桢的报告（1941 年 6 月 2 日）············ 471

11. 重庆市卫生局局长梅贻琳为 1941 年 6 月 7 日市民医院被炸给
    重庆市市长吴国桢的报告（1941 年 6 月 7 日）················ 472

12. 重庆市卫生局局长梅贻琳为 1941 年 6 月 7 日市民医院被炸药房、
    药库及食堂等处被震塌损毁情形呈重庆市市长吴国桢文
    （1941 年 6 月 12 日）······································ 472

13. 重庆市卫生局局长梅贻琳为报 1941 年 6 月 30 日第五诊疗所及
    江北卫生所被炸各情呈重庆市市长吴国桢文
    （1941 年 7 月 2 日）······································· 473

14. 重庆市卫生局局长梅贻琳为 1941 年 7 月 7 日该局及市民医院
    被炸情形呈重庆市市长吴国桢文（1941 年 7 月 7 日）·········· 473

15. 重庆市卫生局局长梅贻琳为报 1941 年 7 月 7 日第五诊疗所被
    炸损毁情形呈重庆市市长吴国桢文（1941 年 7 月 8 日）········ 474

16. 重庆市警察局为 1941 年 6 月 7 日该局医务所房屋被炸并请拨
    款修复事呈重庆市市长吴国桢文（1941 年 6 月 21 日）········· 474

后记 ·· 476

一、重庆市各公私立中小学(中等职业学校)被炸损失部分

(一)重庆市私立小学校长联谊会汇报战时财产直接损失统计表(1947年1月)[①]

序号	学校名称	直接损失总金额	备考
1	广益小学	175000000	附表3份
2	启明小学	200000000	附表3份
3	慈幼小学	29300000	附表3份
4	培善小学	17550000	附表3份
5	培智小学	27732070	附表3份
6	新范小学	12200000	附表3份
7	昭武小学	10988000	附表3份
8	新村小学	113500	附表3份
9	诚善小学	71500000	附表3份
10	幼幼小学	38000000	附表3份
11	体心小学	75500000	附表3份
12	树人小学	29000000	附表3份
13	达人小学	5200000	附表3份
14	东山小学	1265000	附表3份
15	明笃小学	11790000	附表3份
16	青年小学	16900000	附表3份
17	复兴小学	2900	附表3份
18	广业小学	13000	附表3份

---

① 此表系沿用原标题。

续表

序号	学校名称	直接损失总金额	备考
19	济福小学	700000	附表3份
20	精益小学	202600	附表3份
21	文德小学	23920000	附表3份
22	西南小学	50000000	附表3份
	合计	796876870①	

1. 重庆市私立广益小学财产直接损失汇报表(1947年1月5日)

事件:炸毁

日期:民国二十八年八月二十日

地点:朝阳街与苍坪街

民国三十六年一月五日填送

分类	价值(国币元)
共计	175000000②
建筑物	砖房4幢 160000000
器具	2000000
现款	
图书	1000000
仪器	1000000
文卷	
医药用品	500000
原料	
产品	
其他	
报告者:校长杨国屏(章)	

---

① 此统计数字有误,实应为796877670,原文如此。
② 此统计数字有误,实应为164500000,原文如此。

2. 重庆市私立启明小学财产直接损失汇报表

事件：日机轰炸

日期：民国二十七年五月四日

地点：保安路214号

分类	价值（国币元）
共计	200000000
建筑物	160000000
器具	20000000
现款	
图书	8000000
仪器	4000000
文卷	
医药用品	3000000
原料	
产品	
其他	5000000
报告者：校长蒋经营（章）	

3. 重庆市私立慈幼小学财产直接损失汇报表

事件：战时损失

日期：民国三十六年一月六日

地点：南岸玄坛庙双朝门

分类	价值（国币元）
共计	29300000
建筑物	27100000
器具	2000000
现款	
图书	200000
仪器	
文卷	
医药用品	
原料	
产品	
其他	
报告者：校长王瑞麟（章）	

4. 重庆市私立培善小学财产直接损失汇报表(1947年1月14日)

填送日期:民国三十六年元月十四日

分类	价值(国币元)
共计	17550000
建筑物	12500000
器具	1800000
现款	
图书	400000
仪器	250000
文卷	
医药用品	500000
原料	1250000
产品	850000
其他	

报告者:校长侯复光(章)

5. 重庆市私立培智小学财产直接损失汇报表(1947年1月18日)

事件:被烧被炸

日期:民国三十二年七月八日

地点:百子巷96号

填送日期:民国三十六年一月十八日

分类	价值(国币元)
共计	27732070
建筑物	21733512
器具	5674122
现款	
图书	324436
仪器	
文卷	
医药用品	
原料	
产品	
其他	

报告者:校长刘洵(章)

6. 新生活运动促进总会、陪都新运模范区私立新范小学财产直接损失汇报表

事件:敌机轰炸

日期:民国二十九年至三十一年

地点:本校及附校区域

分类	价值(国币元)
共计	12200000[①]
建筑物	800000
器具	400000
现款	2000000
图书	1000000
仪器	500000
文卷	100000
医药用品	2000000
原料	2000000
产品	3000000
其他	400000

报告者:校长赵祥初(章)

7. 重庆市私立昭武小学财产直接损失汇报表(1947年1月)

填送日期:民国三十六年一月

事项	日机疲劳轰炸
日期	1939.5.4
地点	林森路赣江街 民族路觐阳巷口
分类	价值
共计	10988000元
建筑物	(一)校舍全部,约值当时市价币5200000元 (二)校产销房一连三间,约值市价币3600000元
器具	课桌凳200余套,员工寝室、办公室、厨房用具,全部共约值800000元
现款	国币253000元

---

① 此处原文无统计数字。

续表

事项	日机疲劳轰炸
图书	各种书籍图表共 500 余件,约值国币 400000 元
仪器	应用自然图表,其他验器 32 种,约值国币 250000 元
文卷	新旧文卷 40 余宗,无从估计
医药用品	中西医药用具 35 件,约值市价币 150000 元
原料	西药原料 20 余种,约值币 85000 元
产品	中西成药 34 种,约值币 50000 元
其他	历期学生成绩刺绣雕刻作品 100 余件,约值币 200000 元
报告者:校长郑宗智(章)	

8. 重庆市私立新村小学校财产直接损失汇报表(1947 年 1 月 7 日)

事件:轰炸

日期:民国二十九年七月十九日

地点:新村

填送日期:民国三十六年一月七日

分类	价值(国币元)
共计	113300
建筑物	55000
器具	18000
现款	
图书	9000
仪器	18500
文卷	4000
医药用品	8800
原料	
产品	
其他	
报告者:校长黄玉华(章)	

9. 重庆市私立诚善小学财产直接损失汇报表(1947年1月6日)

填送日期:民国三十六年元月六日

分类	价值(国币元)
共计	71500000
建筑物	65500000
器具	3000000
现款	
图书	1500000
仪器	1500000
文卷	
医药用品	
原料	
产品	
其他	
报告者:校长赵琢之(章)	

10. 重庆市私立幼幼小学校财产直接损失汇报表（1946年10月5日）

填送日期:民国三十五年十月五日

分类	价值(国币元)
共计	38000000
建筑物	25000000
器具	5000000
现款	
图书	800000
仪器	1200000
文卷	300000
医药用品	200000
原料	3500000
产品	
其他	2000000
报告者:校长周车正(章)	

11. 重庆市私立体心小学财产直接损失汇报表(1947年1月5日)

事件:被敌机轰炸

日期:民国三十年五月及三十一年六月①

地点:体心堂街 12 号内

填送日期:民国三十六年元月五日

分类	价值(国币元)
共计	75500000
教室 14 间、宿舍 8 间	60000000
教具 28 件	3000000
校具 224 套	5000000
图书仪器	3000000
其他设备(防空)	4500000
报告者:校长王治隆(章)	

12. 重庆市私立树人小学财产直接损失汇报表(1947年1月7日)

事件:遭敌轰炸

日期:民国三十年八月

地点:重庆市小龙坎渝成、渝磁及中央电台之间

填送日期:民国三十六年元月七日

分类	价值(国币元)
共计	29000000
建筑物	26000000
器具	3000000
现款	
图书	
仪器	
文卷	
医药用品	
原料	
产品	
其他	
报告者:校长漆永忠(章)	

① 根据史实,1942 年日机没有轰炸重庆,故此处的三十一年六月有误,但原文如此。

13. 重庆市私立钱氏达人小学财产直接损失汇报表（1947年1月）

事件：敌机轰炸

日期：民国二十九年七月

地点：重庆□□路 89 号

填送日期：民国三十六年元月

分类	价值（国币元）
共计	5200000
建筑物	3200000
器具	2000000
现款	
图书	
仪器	
文卷	
医药用品	
原料	
产品	
其他	

报告者：校长钱位初（章）

14. 重庆市私立东山小学财产直接损失汇报表（1947年1月9日）

事件：轰炸

日期：民国二十九年八月十二日

地点：弹子石大佛段

填送日期：民国三十六年元月九日

分类	价值（国币元）
共计	1265000
建筑物	50000
器具	15000
现款	
图书	12000
仪器	20000
文卷	7000

续表

分类	价值(国币元)
医药用品	2500
原料	
产品	
其他	20000
报告者:校长胥伯容(章)	

15. 重庆市私立明笃小学财产直接损失汇报表(1947年1月6日)

日期:民国三十六年一月六日(填送日期)

地点:黄桷堡街40号明笃小学

分类	价值(国币元)
共计	11790000
建筑物	9000000
器具	540000
现款	150000
图书	500000
仪器	700000
文卷	
医药用品	400000
原料	200000
产品	
其他	300000
报告者:校长王笃钦(章)	

一、重庆市各公私立中小学(中等职业学校)被炸损失部分　　11

16. 重庆市私立青年小学校财产直接损失汇报表（1947年1月7日）

事件:被敌机轰炸

日期:民国二十九年六月二十六日、七月八日、八月十一日，民国三十五①年五月十一日、十六日

地点:重庆菜园坝徐家坡

填送日期:民国三十六年元月七日

分类	价值（国币元）
共计	16900000
建筑物	12000000
器具	1700000
现款	400000
图书	900000
仪器	1200000
文卷	30000
医药用品	200000
原料	100000
产品	70000
其他	300000
报告者:校长俞辉(章)	

17. 重庆市私立复兴初级小学校财产直接损失汇报表（1947年1月9日）

事件:敌机轰炸

日期:民国二十八年五月三日及四日

地点:林森路顺城街16号

填送日期:民国三十六年一月九日

分类	价值（国币元）
共计	4230
建筑物	2900

---

① 民国三十五年重庆大轰炸已结束,原文如此。

续表

分类	价值(国币元)
器具	1100
现款	
图书	150
仪器	
文卷	50
医药用品	30
原料	
产品	
其他	
报告者:校长李天禄(章)	

18. 重庆市私立广业小学财产直接损失汇报表(1947年1月6日)

事件:轰炸及拆火巷

日期:民国二十八年五月二十日及八月六日

地点:重庆市下黉学巷广东会馆

填送日期:民国三十六年一月六日

分类	价值(国币元)
共计	13600
建筑物	12000
器具	1250
现款	
图书	350
仪器	
文卷	
医药用品	
原料	
产品	
其他	
报告者:校长袁兴孝(章)	

19. 重庆市私立济福小学财产直接损失汇报表（1947年1月20日）

事件：轰炸

日期：民国二十九年八月二十日

地点：中央公园外

填送日期：民国三十六年一月二十日

分类	价值（国币元）
共计	700000
建筑物	
器具	200000
现款	
图书	80000
仪器	
文卷	
医药用品	
原料	
产品	
教室	200000
宿舍	200000
其他设备	20000

报告者：校长冯仿苏（章）

20. 重庆市私立精益小学财产直接损失汇报表（1947年1月7日）

事件：被炸

日期：民国三十年六月

地点：弹子石

填送日期：民国三十六年元月七日

分类	价值（国币元）
共计	202600
建筑物	58600
器具	29400

续表

分类	价值(国币元)
现款	2600
图书	26000
仪器	28900
文卷	800
医药用品	4300
原料	14000
产品	23000
其他设备	15000
报告者:校长萧中一(章)	

21. 重庆市私立文德小学财产直接损失汇报表（1947年4月14日）

事件:轰炸

地点:民族路筷子街□号

填送日期:民国三十六年四月十四日

分类	价值(国币元)
共计	23920000
建筑物	10000000
器具	10970000
现款	600000
图书	200000
仪器	150000
文卷	300000
医药用品	700000
原料	400000
产品	
其他设备	600000
报告者:校长李如瑶(章)	

一、重庆市各公私立中小学(中等职业学校)被炸损失部分

22. 重庆市私立西南小学财产直接损失汇报表(1947年2月)

填送日期:民国三十六年二月

分类	价值(国币元)
共计	50000000
建筑物	40000000
器具	5000000
现款	
图书	3000000
仪器	2000000
文卷	
医药用品	
原料	
产品	
其他设备	
报告者:校长雷成农(章)	

(二)重庆市私立小学校长联谊会汇报战时财产间接损失统计表(1947年4月)①

序号	学校名称	间接损失总金额	备考
1	广益小学	10500000	附表3份
2	启明小学	34000000	附表3份
3	慈幼小学	17800000	附表3份
4	培善小学	7900000	附表3份
5	培智小学	6509916	附表3份
6	新范小学	8100000	附表3份
7	昭武小学	1322000	附表3份
8	新村小学	28000	附表3份
9	诚善小学	2000000	附表3份
10	幼幼小学	6000000	附表3份
11	达人小学	6000000	附表3份
12	青年小学	7000000	附表3份
13	复兴小学	1107000	附表3份
14	广业小学	99300000	附表3份
15	济福小学	2000000	附表3份
16	精益小学	98060	附表3份
17	培才小学	11000000	附表3份
18	文德小学	6400000	附表3份
19	西南小学	50000000	附表3份
	合计	277064916②	

---

① 此表系沿用原标题。
② 此处统计数字有误,实应为277064976,原文如此。

1. 重庆市私立广益小学财产间接损失汇报表（1947年1月5日）①

民国三十六年一月五日

分类	数额（国币元）
共计	10500000
迁移费	5000000
防空设备费	500000
疏散费	5000000
救济费	
抚恤费	
可能生产额减少	
可获纯利额减少	
报告者:校长杨国屏(章)	

2. 重庆市私立启明小学财产间接损失汇报表

分类	数额（国币元）
共计	34000000
迁移费	30000000
防空设备费	4000000
疏散费	
救济费	
抚恤费	
可能生产额减少	
可获纯利额减少	
报告者:校长蒋经营(章)	

---

① 此部分汇报表的顺序按上表中所列顺序排列,故在时间上有所交叉,特此说明。

3. 重庆市私立慈幼小学财产间接损失汇报表

事件：战时损失

日期：民国三十六年一月六日

地点：南岸玄坛庙双朝门

分类	数额（国币元）
共计	17800000[①]
迁移费	1200000
防空设备费	
疏散费	200000
救济费	
抚恤费	4600000
可能生产额减少	12000000
可获纯利额减少	
报告者：校长王瑞麟（章）	

4. 重庆市私立培善小学财产间接损失汇报表（1947年1月14日）

填送日期：民国三十六年元月十四日

分类	数额（国币元）
共计	7900000
迁移费	450000
防空设备费	950000
疏散费	500000
救济费	1250000
抚恤费	400000
可能生产额减少	2500000
可获纯利额减少	1850000
报告者：校长侯复光（章）	

5. 重庆市私立培智小学财产间接损失汇报表（1947年1月18日）

填送日期：民国三十六年一月十八日

分类	数额（国币元）
共计	6509916
迁移费	656983

[①] 此处统计数字有误，实应为 18000000，原文如此。

续表

分类	数额(国币元)
防空设备费	
疏散费	218493
救济费	618012
抚恤费	134000
可能生产额减少	
可获纯利额减少	4882428
报告者:校长刘洵(章)	

6. 新生活运动促进总会、陪都新运模范区私立新范小学

财产间接损失汇报表

分类	数额(国币元)
共计	8100000[①]
迁移费	1500000
防空设备费	500000
疏散费	200000
救济费	500000
抚恤费	400000
可能生产额减少	4000000
可获纯利额减少	1000000
报告者:校长赵祥初(章)	

7. 重庆市私立昭武小学财产间接损失汇报表(1947年1月6日)

填送日期:民国三十六年一月六日

分类	数额(国币元)
共计	1322000元
迁移费	由赣江街迁赴郊区石桥铺,约费币220000元
防空设备费	修造防空洞、壕,约费币52000元
疏散费	随地临时疏散,约费币100000元
救济费	救济随校迁徙贫苦学生及员工,费币200000元
抚恤费	抚恤被炸损失员工,费币150000元
可能生产额减少	员工刺绣雕刻作品生产额可能减少币500000元
可能纯利额减少	因生产减少,损失纯利费币100000元
报告者:校长郑宗智(章)	

① 此处原无统计数字。

8. 重庆市私立新村小学校财产间接损失汇报表（1947年1月7日）

填送日期：民国三十六年一月七日

分类	数额（国币元）
共计	28000
迁移费	
防空设备费	28000
疏散费	
救济费	
抚恤费	
可能生产额减少	
可获纯利额减少	
报告者：校长黄玉华（章）	

9. 重庆市私立诚善小学校财产间接损失汇报表（1947年1月6日）

填送日期：民国三十六年一月六日

分类	数额（国币元）
共计	20000000
迁移费	
防空设备费	10000000
疏散费	
救济费	
抚恤费	
可能生产额减少	10000000
可获纯利额减少	
报告者：校长赵琢之（章）	

10. 重庆市私立幼幼小学校财产间接损失汇报表（1946年11月5日）

填送日期：民国三十五年十一月五日

分类	数额（国币元）
共计	60000000
迁移费	9500000
防空设备费	3500000
疏散费	7000000

续表

分类	数额(国币元)
救济费	
抚恤费	
可能生产额减少	30000000
可获纯利额减少	10000000
报告者:校长周车正(章)	

11. 重庆市私立钱氏达人小学校财产间接损失汇报表

分类	数额(国币元)
共计	6000000
迁移费	2000000
防空设备费	
疏散费	
救济费	
抚恤费	
可能生产额减少	2000000
可获纯利额减少	2000000
附注:迁移费项内因校舍被军政部器材库征用另租民房9年租金在内。	
报告者:校长钱位初(章)	

12. 重庆市私立青年小学校财产间接损失汇报表（1947年1月7日）

填送日期:民国三十六年元月七日

分类	数额(国币元)
共计	7000000
迁移费	1500000
防空设备费	2000000
疏散费	1500000
救济费	300000
抚恤费	500000
可能生产额减少	700000
可获纯利额减少	500000
报告者:校长俞辉(章)	

13. 重庆市私立复兴初级小学校财产间接损失汇报表(1947年1月9日)

填送日期：民国三十六年一月九日

分类	数额(国币元)
共计	1107000
迁移费	256000
防空设备费	130000
疏散费	173000
救济费	58000
抚恤费	10000
可能生产额减少	380000
可获纯利额减少	100000
注：本校于民国三十二年由林森路顺城街16号迁至厚磁街16号，共计间接损失时价如上数。	
报告者：校长李天禄(章)	

14. 重庆市私立广业小学校财产间接损失汇报表（1947年1月6日）

填送日期：民国三十六年一月六日

分类	数额(国币元)
共计	99300000
迁移费	6500000
疏散费	2000000
可能生产额减少	72000000
可获纯利额减少	18800000
报告者：校长袁兴孝(章)	

15. 重庆市私立济福小学校财产间接损失汇报表（1947年1月20日）

填送日期：民国三十六年一月二十日

分类	数额(国币元)
共计	2000000
迁移费	1000000
防空设备费	500000

续表

分类	数额(国币元)
疏散费	300000
救济费	200000
抚恤费	
可能生产额减少	
可获纯利额减少	
报告者：校长冯仿苏(章)	

16. 重庆市私立精益小学校财产间接损失汇报表（1947年1月7日）

填送日期：民国三十六年元月七日

分类	数额(国币元)
共计	98060
迁移费	2460
防空设备费	28000
疏散费	8500
救济费	9860
抚恤费	14000
可能生产额减少	26400
可获纯利额减少	8840
报告者：校长萧中一(章)	

17. 重庆市私立培才小学校财产间接损失汇报表（1947年1月）

填送日期：民国三十六年一月

分类	数额(国币元)
共计	11000000
迁移费	
防空设备费	
疏散费	
救济费	
抚恤费	
可能生产额减少	3000000
可获纯利额减少	8000000
报告者：校长喻斯骏(章)	

18. 重庆市私立文德小学财产间接损失汇报表（1947年4月14日）

填报日期：民国三十六年四月十四日

分类	数额（国币元）
共计	6400000
迁移费	1500000
防空设备费	1200000
疏散费	800000
救济费	600000
抚恤费	300000
可能生产额减少	2000000
可获纯利额减少	
报告者：校长李如璠（章）	

19. 重庆市私立西南小学财产间接损失汇报表（1947年2月）

填送日期：民国三十六年二月

分类	数额（国币元）
共计	50000000
迁移费	25000000
防空设备费	15000000
疏散费	5000000
救济费	5000000
抚恤费	
可能生产额减少	
可获纯利额减少	
报告者：校长雷成农（章）	

(三)重庆市私立小学校长联谊会为遵令改正补报战时损失请予转报由呈重庆市教育局文(1947年9月)

案奉钧局三十六年八月二日教万统字第43号训令开:"案奉市政府三十六年七月二十三日市秘一字2704号训令,案查前据该局及重庆市中小学校长联谊会呈报各校战时损失清册到府,经本府整理分批汇转行政院核示,嗣奉指复已交赔偿委员会核办,经转令知照在案。兹准行政院赔偿委员会三十六年六月二十一日京字第01324号公函开,准行政院秘书处通知,以奉交办贵市政府本年五月二十六日市秘一字第2071号呈转渝市各中等学校联谊会所报各校战时损失请予赔偿案,查各校仅填送汇报表,并未附送损失报告单(表式二),且所报价值匡计过高,间接损失误填民营事业所用表式(应改用表式十八),均无法审核登记。兹检发原件并附查报须知表式一份,即希转知各校依规定办法改正补报——相应函请查照并转知为荷。等因,附发还原表83份,查报须知1份,准此。合行检同原附各表件及查报表式,令仰迅予转知各校在八月十五日以前改正呈报,以凭审转为要。等因,奉此,仰即遵照并转令遵照为要"。等因,奉此。本会遵令转知各校,现已将各校填报各表汇集,理合随文呈报钧局核转,实为德便。

谨呈:
局长万[①]
附:战时损失报告单5份、战时直接损失报告表5份、战时间接损失报告表5份、战时损失汇报统计表5份

总干事 郑苏民 蒋经营

[①] 即时任重庆市教育局局长万子霖。

重庆市私立小学校长联谊会汇报战时损失统计表

序号	学校名称	战时直接损失数额 (国币元)	战时间接损失数额 (国币元)	合计(国币元)
1	笃行小学	1600000	40000	1640000
2	启明小学	1926000	100100	2026100
3	广业小学	13600	99300000	99313600
4	复兴小学	847000	839000	1686000
5	临江小学	126650	56200	182850
6	诚善小学	4900000	1200000	6100000
7	幼幼小学	11020000	10000000	21020000
8	依仁小学	87200	29000	116200
9	新村小学	31000	2500	33500
10	平儿院	3710913	595925	4306838
11	达人小学	7700000	3500000	11200000
12	东山小学	118183	1075.60	119258.60
13	明德小学	469000	179000	648000
14	精益小学	3447638	384000[①]	3831638
15	开智小学	19865	10368	30233
16	泰邑小学	22320000	9620000	31940000
17	广益小学	191000000	10500000	201500000
18	明达小学	388094000	2300000	390394000
19	培善小学	17550000	3550000	21100000
20	培智小学	1551693	162748	1714441
21	青年小学	96000		96000
22	体心小学	11117600	840000	11957600
23	慈幼小学	16000	2760	18760
24	明笃小学	7300000		7300000
	合计	675062342	143212776.60[②]	818275118.60

① 此数字与分表所报数字不一致,编者按。
② 此处统计数字有误,实应为143212676.60,原文如此。

一、重庆市各公私立中小学(中等职业学校)被炸损失部分

1. 重庆市私立笃行小学财产直接损失汇报表(1947年9月)

事件:日机轰炸

日期:民国二十八年五月二十五日至二十九年八月二十日

地点:本市小十字街

填送日期:民国三十六年九月

分类	价值(国币元)
共计	1600000
建筑物	1000000
器具	500000
现款	
图书	100000
仪器	
医药用品	
其他	

报告者:重庆市私立笃行小学校长郑苏民(章)

附注:文卷数十卷宗

说明:(1)于财产直接损失汇报表之前有虚点处填写学校名称;
　　　(2)报告者之后应由报告学校校长署名并加盖学校印信;
　　　(3)本表应填送6份,以5份送教育局及市政府,以1份核转行政院。

注意:(1)价值应填为损失时期之价值;
　　　(2)价值之共计应与财产损失报告单(表一)之共计相符。

2. 重庆市私立启明小学财产直接损失汇报表(1947年8月15日)

事件:日机轰炸

日期:民国二十八年五月四日

地点:重庆关庙街

填送日期:民国三十六年八月十五日

分类	价值(国币元)
共计	1926000
建筑物	1600000
器具	245000
现款	16000
图书	20000

续表

分类	价值（国币元）
仪器	30000
医药用品	8000
其他	7000
报告者：校长蒋经营（章）	

说明：（1）于财产直接损失汇报表之前有虚点处填写学校名称；
　　　（2）报告者之后应由报告学校校长署名并加盖学校印信；
　　　（3）本表应填送6份，以5份送教育局及市政府，以1份核转行政院。

注意：（1）价值应填为损失时期之价值；
　　　（2）价值之共计应与财产损失报告单（表一）之共计相符。

3. 重庆市私立广业小学财产直接损失汇报表（1947年8月1日）

事件：拆火巷及轰炸

日期：民国二十八年五月二十日及八月六日

地点：重庆市下簧学巷广东会馆

填送日期：民国三十六年八月一日

分类	价值（国币元）
共计	13600
建筑物	12000
图书	350
器具	1250
报告者：校长卓尔立（章）	

说明：（1）于财产直接损失汇报表之前有虚点处填写学校名称；
　　　（2）报告者之后应由报告学校校长署名并加盖学校印信；
　　　（3）本表应填送6份，以5份送教育局及市政府，以1份核转行政院。

注意：（1）价值应填为损失时期之价值；
　　　（2）价值之共计应与财产损失报告单（表一）之共计相符。

4. 重庆市私立复兴初级小学校财产直接损失汇报表(1947年8月)

事件:因敌机轰炸

日期:民国二十八年五月三日及四日

地点:林森路顺城街18号

填送日期:民国三十六年八月

分类	价值(国币元)
共计	847000
建筑物	760000
器具	37500
现款	
图书	25000
仪器	24500
医药用品	
其他	
报告者:校长李天禄(章)	

说明:(1)于财产直接损失汇报表之前有虚点处填写学校名称;
(2)报告者之后应由报告学校校长署名并加盖学校印信;
(3)本表应填送6份,以5份送教育局及市政府,以1份核转行政院。

注意:(1)价值应填为损失时期之价值;
(2)价值之共计应与财产损失报告单(表一)之共计相符。

5. 重庆市私立临江小学财产直接损失汇报表(1947年8月14日)

事件:日机轰炸

日期:民国二十八年五月三日

地点:林森路318号

填送日期:民国三十六年八月十四日

分类	价值(国币元)
共计	126650
建筑物	校内三楼洋房12间及男女厕所、办公室、厨房等,又校产铺面三楼洋房7间,院子1个,合计当时国币120000
器具	双人课桌300套,床桌凳椅220件,合计应值当时国币2700
现款	

续表

分类	价值(国币元)
图书	损失 3350 本,应值当时国币 3800
仪器	损失风琴 2 架,地球仪 1 个,图表 20 张,合计应值当时国币 150
医药用品	
其他	
报告者:临江小学校长聂仲于(章)	

说明:(1)于财产直接损失汇报表之前有虚点处填写学校名称;
　　　(2)报告者之后应由报告学校校长署名并加盖学校印信;
　　　(3)本表应填送 6 份,以 5 份送教育局及市政府,以 1 份核转行政院。

注意:(1)价值应填为损失时期之价值;
　　　(2)价值之共计应与财产损失报告单(表一)之共计相符。

6. 重庆市私立诚善小学财产直接损失汇报表(1947年8月10日)

事件:大礼堂被炸

日期:民国三十年八月十二日

地点:江北头塘

填送日期:民国三十六年八月十日

分类	价值(国币元)
共计	4900000
建筑物	大礼堂一幢 3600000
器具	校具 850 件 850000
现款	
图书	图书 1500 册 300000
仪器	仪器 55 件 150000
医药用品	
其他	
报告者:私立诚善小学校校长赵琢之(章)	

说明:(1)于财产直接损失汇报表之前有虚点处填写学校名称;
　　　(2)报告者之后应由报告学校校长署名并加盖学校印信;
　　　(3)本表应填送 6 份,以 5 份送教育局及市政府,以 1 份核转行政院。

注意:(1)价值应填为损失时期之价值;
　　　(2)价值之共计应与财产损失报告单(表一)之共计相符。

7. 重庆市私立幼幼小学校财产直接损失汇报表(1947年8月13日)

事件：日机轰炸渝市

日期：民国三十年五、六月

地点：渝南岸清水溪汪山

填送日期：民国三十六年八月十三日

分类	价值(国币元)
共计	10720000
建筑物	8000000
器具	2000000
现款	
图书	500000
仪器	100000
医药用品	120000
其他	
报告者：苏其容(章)	

说明：(1)于财产直接损失汇报表之前有虚点处填写学校名称；
　　　(2)报告者之后应由报告学校校长署名并加盖学校印信；
　　　(3)本表应填送6份，以5份送教育局及市政府，以1份核转行政院。

注意：(1)价值应填为损失时期之价值；
　　　(2)价值之共计应与财产损失报告单(表一)之共计相符。

8. 重庆市私立依仁小学财产直接损失汇报表(1947年8月15日)

事件：炸毁

日期：民国二十八年五月四日

地点：重庆大阳沟

填送日期：民国三十六年八月十五日

分类	价值(国币元)
共计	87200(1939年估价)
建筑物	60000
器具	8000
现款	800
图书	12000
仪器	5000

续表

分类	价值(国币元)
医药用品	200
其他	1200
报告者:重庆市私立依仁小学校长李嘉会	
说明:(1)于财产直接损失汇报表之前有虚点处填写学校名称; (2)报告者之后应由报告学校校长署名并加盖学校印信; (3)本表应填送6份,以5份送教育局及市政府,以1份核转行政院。	
注意:(1)价值应填为损失时期之价值; (2)价值之共计应与财产损失报告单(表一)之共计相符。	

9. 重庆市私立新村小学校财产直接损失汇报表(1947年8月15日)

填送日期:民国三十六年八月十五日

分类	价值(国币元)
共计	31000
建筑物	15000
器具	6000
现款	
图书	5000
仪器	4000
医药用品	1000
其他	
报告者:校长黄玉华(章)	
说明:(1)于财产直接损失汇报表之前有虚点处填写学校名称; (2)报告者之后应由报告学校校长署名并加盖学校印信; (3)本表应填送6份,以5份送教育局及市政府,以1份核转行政院。	
注意:(1)价值应填为损失时期之价值; (2)价值之共计应与财产损失报告单(表一)之共计相符。	

10. 重庆市私立平儿院财产直接损失汇报表(1947年8月15日)

填送日期:民国三十六年八月十五日

分类	价值(国币元)
共计	3710913
建筑物	2752103
器具	321185

续表

分类	价值（国币元）
现款	84535
图书	174780
仪器	24610
医药用品	8150
其他	345550
报告者：重庆市私立平儿院院长李映芳（章）	

说明：（1）于财产直接损失汇报表之前有虚点处填写学校名称；
　　　（2）报告者之后应由报告学校校长署名并加盖学校印信；
　　　（3）本表应填送6份，以5份送教育局及市政府，以1份核转行政院。

注意：（1）价值应填为损失时期之价值；
　　　（2）价值之共计应与财产损失报告单（表一）之共计相符。

11. 重庆市私立钱氏达人初级小学财产直接损失汇报表（1947年8月14日）

事件：敌机轰炸

日期：民国二十九年七月

地点：重庆市民权路89号

填送日期：民国三十六年八月十四日

分类	价值（国币元）
共计	7700000
建筑物	4000000
器具	2000000
现款	
图书	
仪器	
医药用品	
其他	1700000
报告者：钱位初（章）	

说明：（1）于财产直接损失汇报表之前有虚点处填写学校名称；
　　　（2）报告者之后应由报告学校校长署名并加盖学校印信；
　　　（3）本表应填送6份，以5份送教育局及市政府，以1份核转行政院。

注意：（1）价值应填为损失时期之价值；
　　　（2）价值之共计应与财产损失报告单（表一）之共计相符。

12. 重庆市私立东山小学财产直接损失汇报表（1947年8月14日）

事件：轰炸

日期：民国二十九年八月十二日

地点：弹子石大佛段

填送日期：民国三十六年八月十四日

分类	价值（国币元）
共计	118183
建筑物	65000
器具	46100
现款	
图书	2028
仪器	330
医药用品	225
其他	4500

报告者：胥伯容（章）

说明：(1)于财产直接损失汇报表之前有虚点处填写学校名称；
(2)报告者之后应由报告学校校长署名并加盖学校印信；
(3)本表应填送6份，以5份送教育局及市政府，以1份核转行政院。

注意：(1)价值应填为损失时期之价值；
(2)价值之共计应与财产损失报告单（表一）之共计相符。

13. 重庆市私立明德小学财产直接损失汇报表（1947年8月14日）

事件：日机轰炸重庆

日期：民国二十九年六月十五日

地点：四川重庆曾家岩梯圣街

填送日期：民国三十六年八月十四日

分类	价值（国币元）
共计	469000
建筑物	230000
器具	120000
现款	
图书	60000

续表

分类	价值（国币元）
仪器	42000
医药用品	17000
其他	
报告者：罗莹澄（章）	

说明：(1)于财产直接损失汇报表之前有虚点处填写学校名称；
　　　(2)报告者之后应由报告学校校长署名并加盖学校印信；
　　　(3)本表应填送6份，以5份送教育局及市政府，以1份核转行政院。

注意：(1)价值应填为损失时期之价值；
　　　(2)价值之共计应与财产损失报告单(表一)之共计相符。

14. 重庆市私立精益小学财产直接损失汇报表（1947年8月14日）

事件：轰炸

日期：民国三十一年六月二十四日

地点：弹子石

填表日期：民国三十六年八月十四日

分类	价值（国币元）
共计	3447638
建筑物	2702000
器具	133000
现款	
图书	119338
仪器	48600
医药用品	7500
风琴	56800
防空洞	118000
疏散费	58400
迁移费	128000
教职员工抚恤	76000
报告者：重庆市私立精益小学校长萧中一（章）	

说明：(1)于财产直接损失汇报表之前有虚点处填写学校名称；
　　　(2)报告者之后应由报告学校校长署名并加盖学校印信；
　　　(3)本表应填送6份，以5份送教育局及市政府，以1份核转行政院。

注意：(1)价值应填为损失时期之价值；
　　　(2)价值之共计应与财产损失报告单(表一)之共计相符。

15. 重庆市私立开智小学财产直接损失汇报表（1947年8月）

事件：日本机空袭烧毁

日期：民国二十九年八月二十日

地点：重庆市正阳街18号

填送日期：民国三十六年八月

分类	价值（国币元）	说明
共计	19865	
建筑物	17680	
器具	1260	
现款		本校校舍于民国二十四年十二月改建，一切设备器物大多新置，二十九年八月二十日被日本空袭燃烧弹炸毁无余，按当时物价，实值如物数。
图书	450	
仪器	125	
医药用品	85	
其他	265	

报告者：重庆市私立开智小学校长周德侯（章）

说明：(1)于财产直接损失汇报表之前有虚点处填写学校名称；
(2)报告者之后应由报告学校校长署名并加盖学校印信；
(3)本表应填送6份，以5份送教育局及市政府，以1份核转行政院。

注意：(1)价值应填为损失时期之价值；
(2)价值之共计应与财产损失报告单（表一）之共计相符。

16. 重庆市私立泰邑小学校财产直接损失汇报表（1947年8月9日）

事件：被敌机轰炸

日期：民国二十八年五月三日

地点：朝阳街

填送日期：民国民三十六年八月九日

分类	价值（国币元）	备考
共计	22320000	
建筑物	8750000	
器具	3600000	
图书	350000	
其他	9620000	

续表

分类	价值(国币元)	备考
报告者:重庆市私立泰邑小学校校长罗练三(章)		

说明:(1)于财产直接损失汇报表之前有虚点处填写学校名称;
　　　(2)报告者之后应由报告学校校长署名并加盖学校印信;
　　　(3)本表应填送6份,以5份送教育局及市政府,以1份核转行政院。

注意:(1)价值应填为损失时期之价值;
　　　(2)价值之共计应与财产损失报告单(表一)之共计相符。

17. 重庆市私立广益小学财产直接损失汇报表（1947年8月14日）

事件:炸烧

日期:民国二十九年八月二十九日

地点:重庆苍坪街、朝阳街

填送日期:民国三十六年八月十四日

分类	价值(国币元)
共计	191000000
建筑物	175000000(损失时价值,若以现价值折合尤多)
器具	3000000(同上)
现款	
图书	12000000(损失时价值,若以现价值折合尤多)
仪器	1000000(同上)
医药用品	
其他	
报告者:校长杨国屏(章)	

说明:(1)于财产直接损失汇报表之前有虚点处填写学校名称;
　　　(2)报告者之后应由报告学校校长署名并加盖学校印信;
　　　(3)本表应填送6份,以5份送教育局及市政府,以1份核转行政院。

注意:(1)价值应填为损失时期之价值;
　　　(2)价值之共计应与财产损失报告单(表一)之共计相符。

18. 重庆市私立明达小学财产直接损失汇报表（1947年8月13日）

事件：炸烧

日期：民国二十九年八月十九日、三十年七月十九日及八月十三日，计3次

填送日期：民国三十六年八月十三日

分类	价值（国币元）
共计	388094000
建筑物	285000000（现值尤多）
器具	3500000（现值尤多）
现款	94000
图书	98000000（现值尤多）
仪器	1500000（现值尤多）
医药用品	
其他	

报告者：校长刘锡康（章）

说明：(1)于财产直接损失汇报表之前有虚点处填写学校名称；
(2)报告者之后应由报告学校校长署名并加盖学校印信；
(3)本表应填送6份，以5份送教育局及市政府，以1份核转行政院。

注意：(1)价值应填为损失时期之价值；
(2)价值之共计应与财产损失报告单（表一）之共计相符。

19. 重庆市私立培善小学财产直接损失汇报表（1947年8月14日）

事件：被炸毁

日期：民国二十八年六月十七日

地点：渝遗爱祠

填送日期：民国三十六年八月十四日

分类	价值（国币元）
共计	17550000
建筑物	12500000
器具	1800000
现款	
图书	400000

一、重庆市各公私立中小学(中等职业学校)被炸损失部分 39

续表

分类	价值(国币元)
仪器	250000
医药用品	
原料	500000
产品	1250000
其他	850000
报告者:校长侯复光(章)	

说明:(1)于财产直接损失汇报表之前有虚点处填写学校名称;
　　　(2)报告者之后应由报告学校校长署名并加盖学校印信;
　　　(3)本表应填送6份,以5份送教育局及市政府,以1份核转行政院。

注意:(1)价值应填为损失时期之价值;
　　　(2)价值之共计应与财产损失报告单(表一)之共计相符。

20. 重庆市私立培智小学财产直接损失汇报表(1947年8月25日)

事件:被轰炸

日期:民国三十二年七月八日

地点:百子巷

填表日期:民国三十六年八月二十五日

分类	价值(国币元)
共计	1551693
建筑物	1052130
器具	497499
现款	
图书	2064
仪器	
医药用品	
其他	
报告者:重庆市私立培智小学校长刘洵(章)	

说明:(1)于财产直接损失汇报表之前有虚点处填写学校名称;
　　　(2)报告者之后应由报告学校校长署名并加盖学校印信;
　　　(3)本表应填送6份,以5份送教育局及市政府,以1份核转行政院。

注意:(1)价值应填为损失时期之价值;
　　　(2)价值之共计应与财产损失报告单(表一)之共计相符。

21. 重庆市私立青年小学财产直接损失汇报表（1947年8月15日）

填送日期：民国三十六年八月十五日

分类	价值(国币元)	
建筑物	1940年6月16日,损失房屋5间	7000
	7月8日,校产房屋2院	30000
	校舍震坏修理费	8000
	8月11日,房屋震坏修理费	5000
	8月11日,校产房屋全部	12000
	1941年3月10日,礼堂厕所3间	8000
	其他房舍修理费	6000
	1941年5月16日,课室2间	6000
	其他房屋修理费	5000
器具	1940年6月21日,设备19件	9000
共计		96000
报告者：校长俞辉（章）		

说明：(1)于财产直接损失汇报表之前有虚点处填写学校名称；
(2)报告者之后应由报告学校校长署名并加盖学校印信；
(3)本表应填送6份,以5份送教育局及市政府,以1份核转行政院。

注意：(1)价值应填为损失时期之价值；
(2)价值之共计应与财产损失报告单（表一）之共计相符。

22. 重庆市私立体心小学财产直接损失汇报表（1947年8月11日）

事件：日机轰炸

日期：民国三十年五月及三十一年六月

地点：体心堂12号内

填表日期：民国三十六年八月十一日

分类	价值(国币元)
共计	11117600
建筑物	9500000
器具	577600
现款	

续表

分类	价值（国币元）
图书	170000
仪器	270000
医药用品	
其他	600000
报告者:体心小学校长王治隆（章）	

说明：(1)于财产直接损失汇报表之前有虚点处填写学校名称；
　　　(2)报告者之后应由报告学校校长署名并加盖学校印信；
　　　(3)本表应填送6份，以5份送教育局及市政府，以1份核转行政院。

注意：(1)价值应填为损失时期之价值；
　　　(2)价值之共计应与财产损失报告单（表一）之共计相符。

23. 重庆市私立慈幼小学财产直接损失汇报表（1947年8月18日）

事件：战时损失

日期：民国二十八年五月四日

地点：重庆

填送日期：民国三十六年八月十八日

分类	价值（国币元）
共计	16000
建筑物	9800
器具	3400
现款	
图书	2800
仪器	
医药用品	
其他	
报告者:王瑞麟（章）	

说明：(1)于财产直接损失汇报表之前有虚点处填写学校名称；
　　　(2)报告者之后应由报告学校校长署名并加盖学校印信；
　　　(3)本表应填送6份，以5份送教育局及市政府，以1份核转行政院。

注意：(1)价值应填为损失时期之价值；
　　　(2)价值之共计应与财产损失报告单（表一）之共计相符。

24. 重庆市私立明笃小学财产直接损失汇报表（1947年8月14日）

事件："五三"、"五四"

日期：民国三十六年八月十四日（填送日期）

地点：本校

分类	价值（国币元）
共计	7300000
建筑物	5000000
器具	480000
现款	120000
图书	500000
仪器	600000
医药用品	400000
其他	200000
报告者：王笃钦（章）	

说明：（1）于财产直接损失汇报表之前有虚点处填写学校名称；
（2）报告者之后应由报告学校校长署名并加盖学校印信；
（3）本表应填送6份，以5份送教育局及市政府，以1份核转行政院。

注意：（1）价值应填为损失时期之价值；
（2）价值之共计应与财产损失报告单（表一）之共计相符。

（四）重庆市私立小学校长联谊会呈报财产损失报告单
（1947年8月）

1. 重庆市私立笃行小学财产损失报告单（原缺）

2. 重庆市私立启明小学财产损失报告单（1947年8月15日）

填送日期：民国三十六年八月十五日

损失年月日	事件	地点	损失项目	购置年月	单位	数量	价值（国币元）购置时价值	价值（国币元）损失时价值	证件
1938.5.4	日机轰炸	重庆关庙街	建筑物	1931.4	幢	8	95000	16000000	
同上	同上	同上	课桌椅	1932.8	张	480	8960	155000	
同上	同上	同上	办公桌椅	同上	套	30	1240	26000	
同上	同上	同上	木床	同上	张	30	900	19000	
同上	同上	同上	厨具	同上	套	1	400	10000	
同上	同上	同上	文柜	同上	个	30	2000	45000	
同上	同上	同上	现款	同上	元	16000		16000	
同上	同上	同上	图书	同上	本	58000	1500	20000	
同上	同上	同上	仪器	同上	套	4	1600	30000	
同上	同上	同上	医药用品	同上	套	1	320	8000	
同上	同上	同上	其他	同上			400	7000	

呈报者：校长 蒋经营（章）

说明：（1）"损失年月日"指事件发生之日期；
　　　（2）"事件"指发生损失之事件；
　　　（3）"地点"指事件发生之地点；
　　　（4）"损失项目"指一切动产（如衣服、什物、财产、车辆、证券等）及不动产（如房屋、田园等）所有损失逐项填明；
　　　（5）"价值"如系当地币制，除折成国币填列外，并附填原币名称及数额；
　　　（6）如有证件，应将名称及件数填入证件栏内；
　　　（7）本表应填送6份，以5份送教局及市政府存查，以1份核转行政院。

3. 重庆市私立广业小学财产损失报告单(1947年8月1日)

填送日期:民国三十六年八月一日

损失年月日	事件	地点	损失项目	购置年月	单位	数量	价值(国币元) 购置时价值	价值(国币元) 损失时价值	证件
1939.5	拆火巷	重庆	校(房屋)产	前清	间	10	3吊6钱	4000	
同上	轰炸	同上	校舍	同上	间	25	9吊钱	8000	
1939.8	同上	同上	图书	18年	本	20	33	63	
同上	同上	同上	同上	20年	本	56	45	65	
同上	同上	同上	同上	21年	本	30	31	72	
同上	同上	同上	同上	27年	本	100	100	150	
同上	同上	同上	衣服		箱	10		350	
同上	同上	同上	桌子(课桌)	18年	张	68	56	230	
同上	同上	同上	木器	同上	件	40	68	380	
同上	同上	同上	厨房用具	同上	件	18	40	290	

呈报者:校长 卓尔立(章)

说明:(1)"损失年月日"指事件发生之日期;
　　　(2)"事件"指发生损失之事件;
　　　(3)"地点"指事件发生之地点;
　　　(4)"损失项目"指一切动产(如衣服、什物、财产、车辆、证券等)及不动产(如房屋、田园等)所有损失逐项填明;
　　　(5)"价值"如系当地币制,除折成国币填列外,并附填原币名称及数额;
　　　(6)如有证件,应将名称及件数填入证件栏内;
　　　(7)本表应填送6份,以5份送教局及市政府存查,以1份核转行政院。

4. 重庆市私立复兴初级小学校财产损失报告单(1947年8月)

填送日期:民国三十六年八月

损失年月日	事件	地点	损失项目	购置年月	单位	数量	价值(国币元) 购置时价值	价值(国币元) 损失时价值	证件
1939.5.3	轰炸	顺城街18#本校	教室及设备	1936.4	间	4	54700	630000	
同上	同上	同上	寝室及厨房	同上	间	2	28300	153000	
同上	同上	同上	办公室	同上	间	1	12000	64000	

呈报者:校长 李天禄(章)

说明:(1)"损失年月日"指事件发生之日期;

　　　(2)"事件"指发生损失之事件;

　　　(3)"地点"指事件发生之地点;

　　　(4)"损失项目"指一切动产(如衣服、什物、财产、车辆、证券等)及不动产(如房屋、田园等)所有损失逐项填明;

　　　(5)"价值"如系当地币制,除折成国币填列外,并附填原币名称及数额;

　　　(6)如有证件,应将名称及件数填入证件栏内;

　　　(7)本表应填送6份,以5份送教局及市政府存查,以1份核转行政院。

5. 重庆市私立临江小学财产损失报告单(1947年8月1日)

填送日期:民国三十六年八月一日

损失年月日	事件	地点	损失项目	购置年月	单位	数量	价值(国币元) 购置时价值	价值(国币元) 损失时价值	证件
1939.5.3	日机轰炸	林森路318号	三楼洋房12间及男女厕所、办公室、厨房	1913~1923	间	16	10000	20000	有空坝可供考查
同上	同上	林森路333、302、337、298、308、304号	三楼洋房铺面6间	1931~1944,因修马路重建	间	6	50000	60000	有临时建筑可凭
同上	同上	林森路300号	三楼洋房铺面1间,大院子1个	同上	间	2	33000	40000	有空地临时建筑、新建筑可查
同上	同上	林森路318号	双人课桌300套,床20件,单人椅180件,桌20件	1913~1931	件	520	1600	2700	因文卷被焚无证件
同上	同上	同上	图书3350本	1921~1938	本	3350	2500	3800	同上
同上	同上	同上	风琴2架,地球仪1个,表20张	1916~1931	件	23	100	150	同上
1939.5.2~3	防空	同上	疏散及设防空室				4200	4200	同上
1939.5.4~1944	迁移	同上	28年迁巴县人和乡,33年迁返					52000	

说明:(1)"损失年月日"指事件发生之日期;

(2)"事件"指发生损失之事件；

(3)"地点"指事件发生之地点；

(4)"损失项目"指一切动产（如衣服、什物、财产、车辆、证券等）及不动产（如房屋、田园等）所有损失逐项填明；

(5)"价值"如系当地币制，除折成国币填列外，并附填原币名称及数额；

(6)如有证件，应将名称及件数填入证件栏内；

(7)本表应填送6份，以5份送教局及市政府存查，以1份核转行政院。

6. 重庆市私立诚善小学校财产损失报告单（1947年8月10日）

填送日期：民国三十六年八月十日

损失年月日	事件	损失项目	购置年月	单位	数量	价值（国币元） 购置时价值	价值（国币元） 损失时价值	证件
1941.8.12	轰炸	头塘楼房大礼堂1幢	1931.12	幢	1	1800000	3600000	曾向社会局报文备查
同上	同上	头塘校具	1941.2	件	850	850000	850000	同上
同上	同上	头塘图书	同上	册	1500	300000	300000	同上
同上	同上	头塘仪器		件	55	150000	150000	同上

呈报者：校长　赵琢之（章）

说明：(1)"损失年月日"指事件发生之日期；

(2)"事件"指发生损失之事件；

(3)"地点"指事件发生之地点；

(4)"损失项目"指一切动产（如衣服、什物、财产、车辆、证券等）及不动产（如房屋、田园等）所有损失逐项填明；

(5)"价值"如系当地币制，除折成国币填列外，并附填原币名称及数额；

(6)如有证件，应将名称及件数填入证件栏内；

(7)本表应填送6份，以5份送教局及市政府存查，以1份核转行政院。

7. 重庆市私立幼幼小学财产损失报告单（1947年8月13日）

填送日期：民国三十六年八月十三日

损失年月日	事件	地点	损失项目	购置年月	单位	数量	价值（国币元） 购置时价值	价值（国币元） 损失时价值	证件
1941.5.6~8日	日机袭渝	南岸清水溪汪山	房屋一角教室	1940.6	间	3	5000000	8000000	搬迁遗失
同上	同上	同上	桌椅及教室用具	同上	张	90余	1000000	2000000	同上

续表

损失年月日	事件	地点	损失项目	购置年月	单位	数量	价值(国币元) 购置时价值	价值(国币元) 损失时价值	证件
1941.6.10	同上	同上	图书	1940.8	册	2000	300000	500000	同上
同上	同上	同上	仪器	1940.9	全套		200000	300000	同上
同上	同上	同上	医药及其他	同上	其他设备50件		150000	220000	同上

说明:(1)"损失年月日"指事件发生之日期;

(2)"事件"指发生损失之事件;

(3)"地点"指事件发生之地点;

(4)"损失项目"指一切动产(如衣服、什物、财产、车辆、证券等)及不动产(如房屋、田园等)所有损失逐项填明;

(5)"价值"如系当地币制,除折成国币填列外,并附填原币名称及数额;

(6)如有证件,应将名称及件数填入证件栏内;

(7)本表应填送6份,以5份送教局及市政府存查,以1份核转行政院。

8. 重庆市私立依仁小学财产损失报告单(原缺)

9. 重庆市私立新村小学财产损失报告单(1947年8月15日)

填送日期:民国三十六年八月十五日

损失年月日	事件	地点	损失项目	购置年月	单位	数量	价值(国币元) 购置时价值	价值(国币元) 损失时价值	证件
1941.7	轰炸	新村	建筑	1939	座	5	10000	15000	
同上	同上	同上	器具	同上	种	9	4000	6000	
同上	同上	同上	图书	同上	种	27	3000	5000	
同上	同上	同上	仪器	同上	种	11	2000	4000	
同上	同上	同上	医药用品	同上	种	17	600	1000	

说明:(1)"损失年月日"指事件发生之日期;

(2)"事件"指发生损失之事件;

(3)"地点"指事件发生之地点;

(4)"损失项目"指一切动产(如衣服、什物、财产、车辆、证券等)及不动产(如房屋、田园等)所有损失逐项填明;

(5)"价值"如系当地币制,除折成国币填列外,并附填原币名称及数额;

(6)如有证件,应将名称及件数填入证件栏内;

(7)本表应填送6份,以5份送教局及市政府存查,以1份核转行政院。

10. 重庆市私立平儿院财产损失报告单(原缺)

11. 重庆市私立钱氏达人小学财产损失报告单（1947年8月14日）

填送日期：民国三十六年八月十四日

损失年月日	事件	地点	损失项目	购置年月	单位	数量	价值(国币元) 购置时价值	价值(国币元) 损失时价值	证件
1938.7	政府征用校舍	本校	迁校动力费					720000	
同上	迁校毁损	本校	修整校舍校具	不一	件			50000	
1939.5	修防空洞	钱家院	修建防空洞		个	1		150000	
同上	防空洞设备	钱家院	装备及工料等					150000	
同上	防空洞修整费	钱家院	连年修整费					200000	
1937.8	房租	钱家院	第一期租金		年	5		500000	
1942.8	房租	钱家院	第二期租金		年	5		1500000	
1946.8.1	迁回原址	本校	迁校运力费					250000	
同上	迁校毁损	同上	修整校舍校具					80000	
1946.9.1	校舍征用	同上	校舍					500000	

呈报者：校长　钱位初（章）

说明：(1)"损失年月日"指事件发生之日期；
(2)"事件"指发生损失之事件；
(3)"地点"指事件发生之地点；
(4)"损失项目"指一切动产(如衣服、什物、财产、车辆、证券等)及不动产(如房屋、田园等)所有损失逐项填明；
(5)"价值"如系当地币制，除折成国币填列外，并附填原币名称及数额；
(6)如有证件，应将名称及件数填入证件栏内；
(7)本表应填送6份，以5份送教局及市政府存查，以1份核转行政院。

12. 重庆市私立东山小学财产损失报告单(1947年8月14日)

填送日期：民国三十六年八月十四日

损失年月日	事件	地点	损失项目	购置年月	单位	数量	价值(国币元) 购置时价值	价值(国币元) 损失时价值	证件
1940.8.12	轰炸	弹子石大佛段	校舍(校产)	1936.9	间	26	4000	65000	

一、重庆市各公私立中小学(中等职业学校)被炸损失部分

续表

损失年月日	事件	地点	损失项目	购置年月	单位	数量	价值(国币元) 购置时价值	价值(国币元) 损失时价值	证件
同上	同上	同上	双人书桌	1938.2	张	220	1100	22000	
同上	同上	同上	双人长凳	同上	条	220	660	13200	
同上	同上	同上	办公桌	1937.2	张	18	18	4000	
同上	同上	同上	公文柜	同上	间	5	5	120	
同上	同上	同上	黑板	同上	块	13	13	2000	
同上	同上	同上	餐桌	同上	张	4	4	100	
同上	同上	同上	床铺	1937.8	架	20	30	4500	
同上	同上	同上	时钟	同上	架	1	8	180	
同上	同上	同上	儿童读物	1938.2	册	350	80	1000	
同上	同上	同上	教学参考书	同上	册	180	50	650	
同上	同上	同上	地图	同上	册	3	5	90	
同上	同上	同上	卫生挂图	同上	套	1	4	64	
同上	同上	同上	名人挂图	同上	套	1	4	64	
同上	同上	同上	自然标本	同上	套	1	6	75	
同上	同上	同上	生物标本	同上	套	1	6	75	
同上	同上	同上	名类模型	同上	件	12	8	180	
同上	同上	同上	行政表册	1937.2			5	160	
同上	同上	同上	樟脑酒	1937.8	瓶	2	3	75	
同上	同上	同上	松节油	同上	瓶	3	3	75	
同上	同上	同上	红药	同上	瓶	4	2	35	
同上	同上	同上	纱/胶布	同上	卷	7	2	40	
同上	同上	同上	教职员衣服、什物					4500	

呈报者:校长　胥伯容(章)

说明:(1)"损失年月日"指事件发生之日期;
　　　(2)"事件"指发生损失之事件;
　　　(3)"地点"指事件发生之地点;
　　　(4)"损失项目"指一切动产(如衣服、什物、财产、车辆、证券等)及不动产(如房屋、田园等)所有损失逐项填明;
　　　(5)"价值"如系当地币制,除折成国币填列外,并附填原币名称及数额;
　　　(6)如有证件,应将名称及件数填入证件栏内;
　　　(7)本表应填送6份,以5份送教局及市政府存查,以1份核转行政院。

附(1)重庆市私立东山小学迁移暨修整校址实支费用表

民国三十年元月

项目	单价	工作日数	总价	备考
泥工	1	38 天	38	上项费用本校□可查
木工	1	35 天	35	
零工	0.80	57 天	45.60	
工人伙食	0.80	130 天	104	
共计			221.60	
		校长 胥伯容(章)		

附(2)重庆市私立东山小学迁修建防空洞实支费用表

民国三十年元月

项目	单价	工作日数	总价	备考
石工	1	278 天	278	上项费用本校□可查
零工	0.80	221 天	176.80	
工人伙食	0.80	499 天	399.20	
共计			854	
		校长 胥伯容(章)		

13. 重庆市私立明德小学校财产损失报告单(1947年8月14日)

填送日期:民国三十六年八月十四日

损失年月日	事件	地点	损失项目	购置年月	单位	数量	价值(国币元) 购置时价值	价值(国币元) 损失时价值	证件
1940.6.15	轰炸	重庆	房屋建筑	1898	幢	5	银 5000 两	230000	
同上	同上	同上	单人桌椅	1916	张	280	8000	70000	
同上	同上	同上	木床	1916	张	150	5000	50000	
同上	同上	同上	世界文库	1931	套	全	3000	30000	
同上	同上	同上	小学各级读物	1936	册	60	1800	24000	
同上	同上	同上	老师参考书	1937	册	30	1900	26000	
同上	同上	同上	地球仪器	1936	个	2	900	12000	
同上	同上	同上	自然卫生挂图	1936	张	18	2000	20000	
同上	同上	同上	化学物理仪器	1937	种	12	1300	10000	

续表

损失年月日	事件	地点	损失项目	购置年月	单位	数量	价值(国币元) 购置时价值	价值(国币元) 损失时价值	证件
同上	同上	同上	药品	同上	种	35	1200	12000	
同上	同上	同上	医药用具	同上	种	5	500	5000	
1943.8.5	同上	同上	迁移费用及补修房屋等	1943	幢	2	30000	80000	
1940.6.15	同上	同上	防空洞	1938	座	1	10000	26000	
1938.8.9	同上	同上	疏散费用					37000	
1940.6.15	同上	同上	工人受伤救济		人	7		9500	
1940.6.15	同上	同上	教职员及工人抚恤		人	7		7000	

说明：(1)"损失年月日"指事件发生之日期；
(2)"事件"指发生损失之事件；
(3)"地点"指事件发生之地点；
(4)"损失项目"指一切动产(如衣服、什物、财产、车辆、证券等)及不动产(如房屋、田园等)所有损失逐项填明；
(5)"价值"如系当地币制，除折成国币填列外，并附填原币名称及数额；
(6)如有证件，应将名称及件数填入证件栏内；
(7)本表应填送6份，以5份送教局及市政府存查，以1份核转行政院。

14. 重庆市私立精益小学校财产损失报告单(1947年8月14日)

填送日期：民国三十六年八月十四日

损失年月日	事件	地点	损失项目	购置年月	单位	数量	价值(国币元) 购置时价值	价值(国币元) 损失时价值	证件
1942.6.24	轰炸	弹子石	建筑物	1909	幢	5	银5400两	980000	
同上	同上	同上	单人桌椅	1930	张	587	5800	58500	
同上	同上	同上	木床	1931	张	189	7450	74500	
同上	同上	同上	万有文库	1932	册	1452	1028	45678	
同上	同上	同上	学生文库	1934	册	642	930	35260	
同上	同上	同上	化学物理仪器	1936	种	14	1800	18000	
同上	同上	同上	地球仪器	同上	个	2	800	14000	
同上	同上	同上	显微镜	同上	架	1	1200	16600	
同上	同上	同上	老师参考书	1937	册	578	1900	38400	
同上	同上	同上	风琴	1934	架	2	526	56800	

续表

损失年月日	事件	地点	损失项目	购置年月	单位	数量	价值(国币元) 购置时价值	价值(国币元) 损失时价值	证件
同上	同上	同上	医药用品	1934	种	5	750	7500	
1942.9.15	同上	同上	迁移龙井湾建筑物	1941.8	幢	4	45000	1850000	
同上	同上	同上	防空洞	同上	洞	2	28400	118000	
1942.8.25	同上	同上	疏散费用					58400	
同上	同上	同上	工人及教职员抚恤		人	2		76000	

说明:(1)"损失年月日"指事件发生之日期;
　　　(2)"事件"指发生损失之事件;
　　　(3)"地点"指事件发生之地点;
　　　(4)"损失项目"指一切动产(如衣服、什物、财产、车辆、证券等)及不动产(如房屋、田园等)所有损失逐项填明;
　　　(5)"价值"如系当地币制,除折成国币填列外,并附填原币名称及数额;
　　　(6)如有证件,应将名称及件数填入证件栏内;
　　　(7)本表应填送6份,以5份送教局及市政府存查,以1份核转行政院。

15. 重庆市私立开智小学财产损失报告单(1947年8月)

填送日期:民国三十六年八月

损失年月日	事件	地点	损失项目	购置年月	单位	数量	价值(国币元) 购置时价值	价值(国币元) 损失时价值	证件
1940.8.20	日机炸毁	重庆市正阳街18号	合计				14908	19865	已向政府报销
同上	同上	同上	建筑物	1935.12	栋	3	13450	13680	
同上	同上	同上	器具	1935.12	套	420	840	1260	
同上	同上	同上	图书	1936.2	本	1041	305	450	
同上	同上	同上	仪器	1936.8	件	17	96	125	
同上	同上	同上	医药用品	1940.2	种	12	74	85	
同上	同上	同上	电灯设备	1935.12	盏	94	173	265	

呈报者:校长　周德侯(章)

说明:(1)"损失年月日"指事件发生之日期;
　　　(2)"事件"指发生损失之事件;
　　　(3)"地点"指事件发生之地点;
　　　(4)"损失项目"指一切动产(如衣服、什物、财产、车辆、证券等)及不动产(如房屋、田园等)所有

一、重庆市各公私立中小学(中等职业学校)被炸损失部分

损失逐项填明；

(5)"价值"如系当地币制,除折成国币填列外,并附填原币名称及数额；

(6)如有证件,应将名称及件数填入证件栏内；

(7)本表应填送6份,以5份送教局及市政府存查,以1份核转行政院。

16. 重庆市私立泰邑小学财产损失报告单(原缺)

17. 重庆市私立广益小学财产损失报告单(1947年8月14日)

填送日期：民国三十六年八月十四日

损失年月日	事件	损失项目	购置年月	单位	数量	地点	价值(国币元) 购置时价值	价值(国币元) 损失时价值	证件
1940.8.29	炸烧	房屋	1890	栋	3	苍坪街及朝阳街两地	银3000两	80000000	
同上	同上	同上	1891	栋	2	同上	银3500两	95000000	
同上	同上	校具	历年添置桌几	套	500	同上	每套2500	3000000	
同上	同上	仪器	历年购置	件	50	同上	5000余	12000000	
同上	同上	图书	同上	册	10000余	同上	10000余	191000000	
		直接损失						10500000	
		间接损失							

呈报者：校长　杨国屏(章)

说明：(1)"损失年月日"指事件发生之日期；

(2)"事件"指发生损失之事件；

(3)"地点"指事件发生之地点；

(4)"损失项目"指一切动产(如衣服、什物、财产、车辆、证券等)及不动产(如房屋、田园等)所有损失逐项填明；

(5)"价值"如系当地币制,除折成国币填列外,并附填原币名称及数额；

(6)如有证件,应将名称及件数填入证件栏内；

(7)本表应填送6份,以5份送教局及市政府存查,以1份核转行政院。

18. 重庆市私立明达小学财产损失报告单（1947年8月13日）

填送日期：民国三十六年八月十三日

损失年月日	事件	地点	损失项目	购置年月	单位	数量	价值(国币元) 购置时价值	价值(国币元) 损失时价值	证件
1940.8.19	炸烧	重庆机房街23—29号（校产）	房屋	1916.3	栋	7	每栋建费6000	156000000	现值尤多
1941.7.19	炸毁	重庆纯阳洞45号（校舍）	房屋	1914.4	栋	2	每栋建费5200	56000000	同上
1941.8.13	同上	同上校舍	房屋	1926.7	栋	2	每栋建费8000	73000000	同上
同上	同上	同上	校具	历年购置桌椅	套	60		3500000	同上
同上	同上		图书	历年购置	册	7500余		98000000	同上
同上	同上		仪器	同上	件	43		1500000	
同上			现款					94000	

呈报者：校长　刘锡康（章）

说明：(1)"损失年月日"指事件发生之日期；
(2)"事件"指发生损失之事件；
(3)"地点"指事件发生之地点；
(4)"损失项目"指一切动产（如衣服、什物、财产、车辆、证券等）及不动产（如房屋、田园等）所有损失逐项填明；
(5)"价值"如系当地币制，除折成国币填列外，并附填原币名称及数额；
(6)如有证件，应将名称及件数填入证件栏内；
(7)本表应填送6份，以5份送教局及市政府存查，以1份核转行政院。

19. 重庆市私立培善小学财产损失报告单（1947年8月14日）

填送日期：民国三十六年八月十四日

损失年月日	事件	地点	损失项目	购置年月	单位	数量	价值(国币元) 购置时价值	价值(国币元) 损失时价值	证件
1939.6.17	被炸	渝遗爱祠	建筑物	1933	间	6	6330000	17550000	
同上	同上	同上	器具	1938	件	27	1074000	1800000	
同上	同上	同上	图书	1935	件	510	100000	400000	
同上	同上	同上	仪器	1930	件	24	130000	250000	
同上	同上	同上	医药用品	1939	件	18	400000	500000	

续表

损失年月日	事件	地点	损失项目	购置年月	单位	数量	价值(国币元) 购置时价值	价值(国币元) 损失时价值	证件
同上	同上	同上	原料	1939	件	30	1000000	1250000	
同上	同上	同上	产品	1939	件	16	600000	850000	
同上	同上	同上	间接损失					3550000	

说明:(1)"损失年月日"指事件发生之日期;

(2)"事件"指发生损失之事件;

(3)"地点"指事件发生之地点;

(4)"损失项目"指一切动产(如衣服、什物、财产、车辆、证券等)及不动产(如房屋、田园等)所有损失逐项填明;

(5)"价值"如系当地币制,除折成国币填列外,并附填原币名称及数额;

(6)如有证件,应将名称及件数填入证件栏内;

(7)本表应填送6份,以5份送教局及市政府存查,以1份核转行政院。

20. 重庆市私立培智小学财产损失报告单(1947年8月25日)

填送日期:民国三十六年八月二十五日

损失年月日	事件	地点	损失项目	购置年月	单价	数量单位	价值(国币元) 购置时价值	价值(国币元) 损失时价值	证件
			总计				542586	1551693	本校于1941年创立,所有校舍一律新建
			建筑物小计				376065	1052130	
1942.5.6			楼房	1941.2	10000	19间	190000	570000	
同上			平房	同上	11000	10间	110000	330000	
1943.7.8	被炸	百子巷	楼房	1941.8	15213	5间	76065	152130	重修后被炸一部分,有器具概由新购
			器具小计	同上			165833	497499	
1942.5.6			书桌	同上	450	120张	54000	162000	培字1-120号
同上			黑板	同上	700	8块	5600	16800	培字121-128号
同上			方凳	同上	210	240个	50400	151200	培字129-368号
同上			餐桌	同上	3500	1张	3500	10500	培字369-369号

续表

损失年月日	事件	地点	损失项目	购置年月	单价	数量单位	价值(国币元) 购置时价值	价值(国币元) 损失时价值	证件
同上			写字台	同上	1200	3张	3600	10800	培字372–382号
同上			藤椅	同上	200	8把	1600	4800	培字369–372号
同上			木床	同上	300	60间	18000	54000	培字382–390号
同上			方桌	同上	500	10张	5000	15000	培字390–450号
1942.5.6			书桌	1941.2	2743	1个	2743	8229	培字450–456号
同上			书架	同上	840	2个	1680	5040	培字456–458号
同上			挂钟	同上	5000	1架	5000	15000	培字458–459号
同上			风琴	同上	8200	1架	8200	24600	培字459–460号
同上			办公桌	同上	5200	8张	4160	12480	培字460–468号
同上			乒乓台	同上	2350	1张	2350	7050	培字468–469
同上			图书小计	同上			688	2064	图字
同上			辞源	同上	250	1部	250	750	图字35–36号
同上			地图	同上	42	2张	84	252	图字36–38号
同上			挂图	同上	32	2张	354	1062	图字38–40号

呈报者:校长　刘洵(章)

说明:(1)"损失年月日"指事件发生之日期;
　　(2)"事件"指发生损失之事件;
　　(3)"地点"指事件发生之地点;
　　(4)"损失项目"指一切动产(如衣服、什物、财产、车辆、证券等)及不动产(如房屋、田园等)所有损失逐项填明;
　　(5)"价值"如系当地币制,除折成国币填列外,并附填原币名称及数额;
　　(6)如有证件,应将名称及件数填入证件栏内;
　　(7)本表应填送6份,以5份送教局及市政府存查,以1份核转行政院。

21. 重庆市私立青年小学财产损失报告单(原缺)

22. 重庆市私立体心小学校财产损失报告单(1947年8月11日)

填送日期:民国三十六年八月十一日

损失年月日	事件	地点	损失项目	购置年月	单位	数量	价值(国币元) 购置时价值	价值(国币元) 损失时价值	证件
1941.5.23~25	日机轰炸	体心堂街12号	房屋	1842.10.8	间	30余	银950两	9500000	
			教具	1939	件	50	20000	80000	
			校具	同上	套	224	124400	497600	
			图书仪器	同上	件	300余	110000	440000	
			防空设备	同上	所	1	150000	600000	

说明:(1)"损失年月日"指事件发生之日期;
(2)"事件"指发生损失之事件;
(3)"地点"指事件发生之地点;
(4)"损失项目"指一切动产(如衣服、什物、财产、车辆、证券等)及不动产(如房屋、田园等)所有损失逐项填明;
(5)"价值"如系当地币制,除折成国币填列外,并附填原币名称及数额;
(6)如有证件,应将名称及件数填入证件栏内;
(7)本表应填送6份,以5份送教局及市政府存查,以1份核转行政院。

23. 重庆市私立慈幼小学校财产损失报告单(1947年8月18日)

填送日期:民国三十六年八月十八日

损失年月日	事件	地点	损失项目	购置年月	单位数量	价值(国币元) 购置时价值	价值(国币元) 损失时价值	证件
1939.5.4	轰炸	民族路	房产	1919.4	3栋	银1600两	3200	
1939.5.26	轰炸	陕西街	房产	1923.6	2栋	银2800两	5000	
1939.5.26	轰炸	较场	房产	1921	1栋	银800两	1600	
1939.8.6	轰炸	南岸	家具校具	1921	260余件	银720两	3400	
1939.8.6	轰炸	南岸	图书	1921	100余种	银100两	2800	
1939.8.6	迁移	蔡家乡	一部家具校具	1921	学校一部家具校具	1260	1260	
1939.2.8	防空	南岸	防空设备	1939.7.8	防空洞1个	820	820	
1939.8.6	疏散	蔡家乡	680	1939.8.6	本校2次	680	680	

说明:(1)"损失年月日"指事件发生之日期;
　　　(2)"事件"指发生损失之事件;
　　　(3)"地点"指事件发生之地点;
　　　(4)"损失项目"指一切动产(如衣服、什物、财产、车辆、证券等)及不动产(如房屋、田园等)所有损失逐项填明;
　　　(5)"价值"如系当地币制,除折成国币填列外,并附填原币名称及数额;
　　　(6)如有证件,应将名称及件数填入证件栏内;
　　　(7)本表应填送6份,以5份送教局及市政府存查,以1份核转行政院。

24. 重庆市私立明笃小学财产损失报告单(1947年8月)

填送日期:民国三十六年八月

损失年月日	事件	地点	损失项目	购置年月	单位	数量	价值(国币元) 购置时价值	价值(国币元) 损失时价值	证件
1940.5	五三/五四	本校	田	1931	本校侧	只	100000	300000	有
同上	同上	同上	园	同上	同上	2	140000	400000	同上
同上	同上	同上	房	1935	江北陈家馆40号	5	160000	500000	同上
同上	同上	同上	房	租	同上	4	赔	400000	同上

呈报者:校长　王笃钦(章)

说明:(1)"损失年月日"指事件发生之日期;
　　　(2)"事件"指发生损失之事件;
　　　(3)"地点"指事件发生之地点;
　　　(4)"损失项目"指一切动产(如衣服、什物、财产、车辆、证券等)及不动产(如房屋、田园等)所有损失逐项填明;
　　　(5)"价值"如系当地币制,除折成国币填列外,并附填原币名称及数额;
　　　(6)如有证件,应将名称及件数填入证件栏内;
　　　(7)本表应填送6份,以5份送教局及市政府存查,以1份核转行政院。

(五)重庆市私立小学校长联谊会呈报财产间接损失汇报表
(1947年8—9月)

1. 重庆市私立笃行小学财产间接损失汇报表(1947年9月)

填送日期:民国三十六年九月

分类	数额(国币元)
共计	40000
迁移费	10000
防空设备费	20000
疏散费	10000
救济费	本校支出者
抚恤费	
报告者:重庆市私立笃行小学校长郑苏民(章)	

附注:以上数字系二十八年时价。
说明:(1)于"财产间接损失报告表"之前有虚点处填写学校名称;
　　　(2)"救济费"写本校支出者;
　　　(3)"报告者"之后应填学校校长署名并加盖学校印信;
　　　(4)本表应填送6份,以5份送教局及市政府存查,以1份核转行政院。
注意:(1)"数额"应填损失时期价值;
　　　(2)"数额"内之共计应与附表之共计相符。

2. 重庆市私立启明小学财产间接损失汇报表(1947年8月15日)

填送日期:民国三十六年八月十五日

分类	数额(国币元)
共计	100100
迁移费	41000
防空设备费	18500
疏散费	14600
救济费	26000
抚恤费	
报告者:校长蒋经营(章)	

说明:(1)于"财产间接损失报告表"之前有虚点处填写学校名称;

(2)"救济费"写本校支出者；
(3)"报告者"之后应填学校校长署名并加盖学校印信；
(4)本表应填送6份，以5份送教局及市政府存查，以1份核转行政院。

注意：(1)"数额"应填损失时期价值；
(2)"数额"内之共计应与附表之共计相符。

3. 重庆市私立广业小学财产间接损失汇报表（1947年8月1日）

填送日期：民国三十六年八月一日

分类	数额（国币元）
共计	99300000
迁移费	6500000
防空设备费	
疏散费	2000000
可能生产额减少	72000000
可获纯利额减少	18800000
报告者：校长卓尔立（章）	

说明：(1)于"财产间接损失报告表"之前有虚点处填写学校名称；
(2)"救济费"写本校支出者；
(3)"报告者"之后应填学校校长署名并加盖学校印信；
(4)本表应填送6份，以5份送教局及市政府存查，以1份核转行政院。

注意：(1)"数额"应填损失时期价值；
(2)"数额"内之共计应与附表之共计相符。

4. 重庆市私立复兴初级小学财产间接损失汇报表（1947年8月）

填送日期：民国三十六年八月

分类	数额（国币元）
共计	839100
迁移费	834000　注：1943年于林森路顺城街18号迁至厚慈街16号
防空设备费	5100
报告者：校长李天禄（章）	

说明：(1)于"财产间接损失报告表"之前有虚点处填写学校名称；
(2)"救济费"写本校支出者；
(3)"报告者"之后应填学校校长署名并加盖学校印信；
(4)本表应填送6份，以5份送教局及市政府存查，以1份核转行政院。

注意：(1)"数额"应填损失时期价值；
(2)"数额"内之共计应与附表之共计相符。

5. 重庆市私立临江小学财产间接损失汇报表（1947年8月14日）

填送日期：民国三十六年八月十四日

分类	数额（国币元）
共计	56200
迁移费	1939年5月内迁巴县人和乡，用当时国币2000元，1944年迁回用50000元正，共用52000元正
防空设备费	1939年本校校内设防空室，用国币4000元正
疏散费	1939年防空室未成前疏散，用国币200元正
救济费	
抚恤费	
报告者：临江小学校长聂仲于（章）	

说明：（1）于"财产间接损失报告表"之前有虚点处填写学校名称；
　　　（2）"救济费"写本校支出者；
　　　（3）"报告者"之后应填学校校长署名并加盖学校印信；
　　　（4）本表应填送6份，以5份送教局及市政府存查，以1份核转行政院。
注意：（1）"数额"应填损失时期价值；
　　　（2）"数额"内之共计应与附表之共计相符。

6. 重庆市私立诚善小学财产间接损失汇报表（1947年8月10日）

填送日期：民国三十六年八月十日

分类	数额（国币元）
共计	
迁移费	
防空设备费	1941年元月凿防空洞1个，工程计850000
疏散费	1941年8月12日，大礼堂
救济费	1941年8月12日大礼堂被轰炸，伤工友4人之药费计350000
抚恤费	
报告者：私立诚善小学校长赵琢之（章）	

说明：（1）于"财产间接损失报告表"之前有虚点处填写学校名称；
　　　（2）"救济费"写本校支出者；
　　　（3）"报告者"之后应填学校校长署名并加盖学校印信；
　　　（4）本表应填送6份，以5份送教局及市政府存查，以1份核转行政院。
注意：（1）"数额"应填损失时期价值；
　　　（2）"数额"内之共计应与附表之共计相符。

7. 重庆市私立幼幼小学财产间接损失汇报表（1947年8月13日）

填送日期：民国三十六年八月十三日

分类	数额（国币元）
共计	10000000
迁移费	5500000
防空设备费	4500000
疏散费	
救济费	
抚恤费	
报告者：苏其容（章）	

说明：（1）于"财产间接损失报告表"之前有虚点处填写学校名称；
　　　（2）"救济费"写本校支出者；
　　　（3）"报告者"之后应填学校校长署名并加盖学校印信；
　　　（4）本表应填送6份，以5份送教局及市政府存查，以1份核转行政院。
注意：（1）"数额"应填损失时期价值；
　　　（2）"数额"内之共计应与附表之共计相符。

8. 重庆市私立依仁小学财产间接损失汇报表（1947年8月15日）

填送日期：民国三十六年八月十五日

分类	数额（国币元）
共计	2900（1939年价值）
迁移费	600
防空设备费	1500
疏散费	800
报告者：重庆市私立依仁小学校长李嘉会（章）	

说明：（1）于"财产间接损失报告表"之前有虚点处填写学校名称；
　　　（2）"救济费"写本校支出者；
　　　（3）"报告者"之后应填学校校长署名并加盖学校印信；
　　　（4）本表应填送6份，以5份送教局及市政府存查，以1份核转行政院。
注意：（1）"数额"应填损失时期价值；
　　　（2）"数额"内之共计应与附表之共计相符。

9. 重庆市私立新村小学财产间接损失汇报表(1947年8月15日)

填送日期:民国三十六年八月十五日

分类	数额(国币元)
共计	
迁移费	
防空设备费	2500
疏散费	
救济费	
抚恤费	
报告者:校长黄玉华(章)	

说明:(1)于"财产间接损失报告表"之前有虚点处填写学校名称;
　　　(2)"救济费"写本校支出者;
　　　(3)"报告者"之后应填学校校长署名并加盖学校印信;
　　　(4)本表应填送6份,以5份送教局及市政府存查,以1份核转行政院。
注意:(1)"数额"应填损失时期价值;
　　　(2)"数额"内之共计应与附表之共计相符。

10. 重庆市私立平儿院财产间接损失报告表(1947年8月15日)

填送日期:三十六年八月十五日

分类	数额(国币元)
共计	595925
迁移费	456842
防空设备费	27434
疏散费	78500
救济费	18784
抚恤费	14365
报告者:重庆市私立平儿院校长李映芳(章)	

说明:(1)于"财产间接损失报告表"之前有虚点处填写学校名称;
　　　(2)"救济费"写本校支出者;
　　　(3)"报告者"之后应填学校校长署名并加盖学校印信;
　　　(4)本表应填送6份,以5份送教局及市政府存查,以1份核转行政院。
注意:(1)"数额"应填损失时期价值;
　　　(2)"数额"内之共计应与附表之共计相符。

11. 重庆市私立钱氏达人小学校财产间接损失报告表（1947年8月14日）

填送日期：民国三十六年八月十四日

分类	数额（国币元）
共计	3500000
迁移费	500000
防空设备费	500000
疏散费	
救济费	2500000
抚恤费	
报告者：钱位初（章）	

说明：(1)于"财产间接损失报告表"之前有虚点处填写学校名称；
　　　(2)"救济费"写本校支出者；
　　　(3)"报告者"之后应填学校校长署名并加盖学校印信；
　　　(4)本表应填送6份，以5份送教局及市政府存查，以1份核转行政院。
注意：(1)"数额"应填损失时期价值；
　　　(2)"数额"内之共计应与附表之共计相符。

12. 重庆市私立东山小学财产间接损失汇报表（1947年8月14日）

填送日期：民国三十六年八月十四日

分类	数额（国币元）
共计	1075.60
迁移费	221.60
防空设备费	854
疏散费	
救济费	
抚恤费	
报告者：胥伯容（章）	

说明：(1)于"财产间接损失报告表"之前有虚点处填写学校名称；
　　　(2)"救济费"写本校支出者；
　　　(3)"报告者"之后应填学校校长署名并加盖学校印信；
　　　(4)本表应填送6份，以5份送教局及市政府存查，以1份核转行政院。
注意：(1)"数额"应填损失时期价值；
　　　(2)"数额"内之共计应与附表之共计相符。

13. 重庆市私立明德小学校财产间接损失汇报表（1947年8月14日）

填送日期：民国三十六年八月十四日

分类	数额（国币元）
共计	179500
迁移费	80000
防空设备费	36000
疏散费	47000
救济费	9500
抚恤费	7000
报告者：罗莹澄（章）	

说明：(1)于"财产间接损失报告表"之前有虚点处填写学校名称；
　　　(2)"救济费"写本校支出者；
　　　(3)"报告者"之后应填学校校长署名并加盖学校印信；
　　　(4)本表应填送6份，以5份送教局及市政府存查，以1份核转行政院。
注意：(1)"数额"应填损失时期价值；
　　　(2)"数额"内之共计应与附表之共计相符。

14. 重庆市私立精益小学财产间接损失汇报表（1947年8月14日）

填送日期：民国三十六年八月十四日

分类	数额（国币元）
共计	380400
迁移费	128000
防空设备费	118000
疏散费	58400
救济费	
抚恤费	76000
报告者：萧中一（章）	

说明：(1)于"财产间接损失报告表"之前有虚点处填写学校名称；
　　　(2)"救济费"写本校支出者；
　　　(3)"报告者"之后应填学校校长署名并加盖学校印信；
　　　(4)本表应填送6份，以5份送教局及市政府存查，以1份核转行政院。
注意：(1)"数额"应填损失时期价值；
　　　(2)"数额"内之共计应与附表之共计相符。

15. 重庆市私立开智小学财产间接损失汇报表（1947年8月）

填送日期：民国三十六年八月

分类	数额（国币元）
共计	10368
迁移费	288
防空设备费	9580
疏散费	250
救济费	150
抚恤费	100
报告者：校长周德侯（章）	

注：本校校址炸毁后迁移南岸清水溪设立，当时一切费用实支如左（上）数，业向校董会报销。

说明：（1）于"财产间接损失报告表"之前有虚点处填写学校名称；
　　　（2）"救济费"写本校支出者；
　　　（3）"报告者"之后应填学校校长署名并加盖学校印信；
　　　（4）本表应填送6份，以5份送教局及市政府存查，以1份核转行政院。

注意：（1）"数额"应填损失时期价值；
　　　（2）"数额"内之共计应与附表之共计相符。

16. 重庆市私立泰邑小学校财产间接损失汇报表（1947年8月）

填报日期：民国三十六年八月

分类	数额（国币元）	备考
共计	9620000	
迁移费	7500000	本校迁往郊区柑柏树约30里计费如前
疏散费	570000	本校住城，经常疏散计费如前
救济费	650000	本校炸伤校工1名，医药救济如前
抚恤费	900000	本校伤毙校工给恤如前
报告者：重庆市私立泰邑小学校校长罗练三（章）		

说明：（1）于"财产间接损失报告表"之前有虚点处填写学校名称；
　　　（2）"救济费"写本校支出者；
　　　（3）"报告者"之后应填学校校长署名并加盖学校印信；
　　　（4）本表应填送6份，以5份送教局及市政府存查，以1份核转行政院。

注意：（1）"数额"应填损失时期价值；
　　　（2）"数额"内之共计应与附表之共计相符。

17. 重庆市私立广益小学财产间接损失汇报表（1947年8月14日）

填送日期：民国三十六年八月十四日

分类	数额（国币元）
共计	10500000
迁移费	5000000
防空设备费	500000
疏散费	5000000
救济费	
抚恤费	
报告者：杨国屏（章）	

说明：(1)于"财产间接损失报告表"之前有虚点处填写学校名称；
　　　(2)"救济费"写本校支出者；
　　　(3)"报告者"之后应填学校校长署名并加盖学校印信；
　　　(4)本表应填送6份，以5份送教局及市政府存查，以1份核转行政院。
注意：(1)"数额"应填损失时期价值；
　　　(2)"数额"内之共计应与附表之共计相符。

18. 重庆市私立明达小学校财产间接损失汇报表（1947年8月13日）

填送日期：民国三十六年八月十三日

分类	数额（国币元）
共计	2300000
迁移费	
防空设备费	1870000
疏散费	
救济费	430000
抚恤费	
报告者：校长刘锡康（章）	

说明：(1)于"财产间接损失报告表"之前有虚点处填写学校名称；
　　　(2)"救济费"写本校支出者；
　　　(3)"报告者"之后应填学校校长署名并加盖学校印信；
　　　(4)本表应填送6份，以5份送教局及市政府存查，以1份核转行政院。
注意：(1)"数额"应填损失时期价值；
　　　(2)"数额"内之共计应与附表之共计相符。

19. 重庆市私立培善小学校财产间接损失报告表(1947年8月14日)

填送日期：民国三十六年八月十四日

分类	数额(国币元)
共计	3550000
迁移费	450000
防空设备费	950000
疏散费	500000
救济费	1250000
抚恤费	400000

报告者：校长侯复光(章)

说明：(1)于"财产间接损失报告表"之前有虚点处填写学校名称；
(2)"救济费"写本校支出者；
(3)"报告者"之后应填学校校长署名并加盖学校印信；
(4)本表应填送6份，以5份送教局及市政府存查，以1份核转行政院。

注意：(1)"数额"应填损失时期价值；
(2)"数额"内之共计应与附表之共计相符。

20. 重庆市私立培智小学财产间接损失报告表(1947年8月25日)

填送日期：民国三十六年八月二十五日

分类	数额(国币元)
共计	162748
迁移费	65698
防空设备费	
疏散费	21849
救济费	61801
抚恤费	13400

报告者：重庆市私立培智小学校校长刘洵(章)

说明：(1)于"财产间接损失报告表"之前有虚点处填写学校名称；
(2)"救济费"写本校支出者；
(3)"报告者"之后应填学校校长署名并加盖学校印信；
(4)本表应填送6份，以5份送教局及市政府存查，以1份核转行政院。

注意：(1)"数额"应填损失时期价值；
(2)"数额"内之共计应与附表之共计相符。

21. 重庆市私立青年小学财产间接损失汇报表(原缺)

22. 重庆市私立体心小学财产间接损失汇报表(1947年8月11日)

填送日期:民国三十六年八月十一日

分类	数额(国币元)
共计	840000
迁移费	
防空设备费	600000
疏散费	120000
救济费	120000
抚恤费	
报告者:体心小学校长王治隆(章)	

说明:(1)于"财产间接损失报告表"之前有虚点处填写学校名称;
(2)"救济费"写本校支出者;
(3)"报告者"之后应填学校校长署名并加盖学校印信;
(4)本表应填送6份,以5份送教局及市政府存查,以1份核转行政院。
注意:(1)"数额"应填损失时期价值;
(2)"数额"内之共计应与附表之共计相符。

23. 重庆市私立慈幼小学财产间接损失汇报表(1947年8月18日)

填送日期:民国三十六年八月十八日

分类	数额(国币元)
共计	2760
迁移费	1260
防空设备费	820
疏散费	680
救济费	
抚恤费	
报告者:王瑞麟(章)	

说明:(1)于"财产间接损失报告表"之前有虚点处填写学校名称;
(2)"救济费"写本校支出者;
(3)"报告者"之后应填学校校长署名并加盖学校印信;
(4)本表应填送6份,以5份送教局及市政府存查,以1份核转行政院。
注意:(1)"数额"应填损失时期价值;
(2)"数额"内之共计应与附表之共计相符。

24. 重庆市私立明笃小学财产间接损失汇报表(原缺)

(六)重庆市中等学校校长联谊会为填报战时损失表呈重庆市教育局文(1947年8月15日)

案奉钧局本年八月二日教统字第43号训令节开:"为奉市府转下准行政院赔偿委员会函复前由本层报战时损失表报误用格式,无法审核,检还原件,并附查报须知、表式,转知各校依规定办法改正补报。合行检同原附各表件,令仰转知各校在八月十五日以前改正呈报,以凭汇报"等因,并检附原表等件。奉此,遵即转知各校遵办在案。兹以限期届满,理合将送报到会学校沪童等校31校,共计当时币值国币118284830元列册,连同原报表一并备文依限呈报,敬乞察核转呈,务请于本年双十节以前按照物价指数申估,先在已没收敌伪物资项下如数垫拨,藉维教育,实深公感!谨呈:
重庆市教育局局长万

　　　　　　　　　　　　　　　　　　　总干事　徐国治

附汇转表件清单一纸暨各校表件450件
又附呈文苑中学、复兴补习学校、实验补习学校损失表

重庆市中等学校校长联谊会汇转各校造报战时损失表件清单
汇报日期:民国三十六年八月十四日

(国币元)

	学校名称	直接损失报表	附单	间接损失报表	附单	合计	直接损失数	间接损失数	合计	备注
1	沪童中学	5	5	5		15	42039.65	11250	5328965	
2	适存高商校	5	5	5		15	4956000	6300000	11256000	
3	东方中学	5	10	5	5	25	237859	101100	338959	
4	治平中学	5	5	5		15	149800	15325500	15475300	
5	武汉护校						1358000	35000	1453000	
6	实商高商	5	5	5		15	847000	8391000	9238000	
7	立行中学	5	5	5		15	2650000	1800000	4450000	
8	赣江中学	5	5	5		15	24504	7000	31504	

一、重庆市各公私立中小学(中等职业学校)被炸损失部分

续表

	学校名称	直接损失报表	附单	间接损失报表	附单	合计	直接损失数	间接损失数	合计	备注
9	明诚中学	5	10	5		20	150000	19000	169000	
10	宽仁护校	5	5	5		15	1155000	80000	1235000	
11	英才中学	5		5		10	2500000		2500000	
12	高工职校	5	5	5	5	20	86000	20061000	20147000	
13	中国中学			5		5		5000000	5000000	
14	文德女中			5		5		25000000	25000000	
15	省重女职	5	10	5		20	262949	260906	523855	
16	立人中学	5	5	5		15	120000	80000	200000	
17	大夏中学	5	5	5		15	47945	12646	60591	
18	蜀都中学	5	5	5		15	8440000	5059580	13499580	
19	建人中学	5	5	5		15	87000	31350000	31437000	
20	大中中学			5	5	10		9400000	9400000	
21	中正中学	5	5	5	5	20	123320	177590	300910	
22	南山中学	5	5	5		15	19500	2800	22300	
23	敬善中学	5	10			15	446090		446090	
24	建德会职	5	5	5	5	20	440000	2905000	3345000	
25	清华中学	5	5	5		15	16000000	20120000	36120000	
26	嘉励中学			5		5		45000000	45000000	
27	建川中学	5	5	5		15	34459000	62350000	96809000	
28	大公职校	5	5	5		15	362400000	235200000	597600000	
29	民建中学			5		5		110000000	110000000	
30	九经中学	5	5	5		15	10689145	3334314	14023459	
31	西南美专	5	5	5		15	185000	2965000	3150000	
	总计	130	150	140	30	450	447076151.65[①]	610408686[②]	6108284837.65	
	补呈:									
32	文苑中学			战时财产损失表						
33	复兴补习学校			战时财产损失表						
34	实验补习学校			战时财产损失表						

注:共计学校31[③],表件450,其余未呈会汇报学校,请饬直接呈报。

① 此处统计数字有误,实应为44787615.65,原文如此。
② 此处统计数字有误,实应为610378686,原文如此。
③ 未包括补呈的3所学校在内。

1. 重庆市私立沪童初级中学财产损失报告(1947年8月14日)

1)重庆市私立沪童初级中学校财产直接损失汇报表

事件:被焚、被占、轰炸

日期:民国二十八年三月二十日、九月十日,三十年八月九日

地点:上海、重庆

填送日期:民国三十六年八月十四日

分类	价值(国币元)
共计	42039.65[①]
建筑物	29168.36
器具	7090.54
现款	1957.60
图书	1957
仪器	416.50
医药用品	120
其他	3207.15

报告者:校长徐国治(章)

2)重庆市私立沪童初级中学校财产损失报告单

填送日期:民国三十六年八月十四日

损失年月日	事件	地点	损失项目	购置年月	单位	数量	价值(国币元) 购置时价值	损失时价值	证件
1939.3.20	被敌焚毁	上海	房屋	1938.1	大间	10	4824.32		
同上	同上	同上	器具	同上	件	294	575.13		
同上	同上	同上	图书	同上	册	480	548.10		
同上	同上	同上	仪器	同上	件	124	416.50		
同上	同上	同上	童军用具电炉等	同上	件	188	220.50		
1939.9.10	被敌占去	上海	房屋	1940.3	大间	18	3743.64		
同上	同上	同上	器具	同上	件	390	1619.32		
同上	同上	同上	图书	同上	册	168	1156.90		
同上	同上	同上	童军用具教材教具	同上	件	122	531.25		
1941.8.9	轰炸	重庆	房屋	1940.11	间	17	20600		

---

① 此处统计数字有误,实应为43917.15,原文如此。

一、重庆市各公私立中小学(中等职业学校)被炸损失部分　73

续表

损失年月日	事件	地点	损失项目	购置年月	单位	数量	价值(国币元) 购置时价值	价值(国币元) 损失时价值	证件
同上	同上	同上	器具	同上	件	288	4896		
同上	同上	同上	图书	同上	册	124			
同上	同上	同上	医药用品	同上	件	48			
同上	同上	同上	教材教具等	同上	件	162			

3)重庆市私立沪童初级中学校财产间接损失报告表

填送日期:民国三十六年八月十四日

分类	数额(国币元)
共计	11250
迁移费	7000
防空设备费	2800
疏散费	
救济费	1450
抚恤费	

报告者:沪童初级中学校长徐国治(章)

2. 重庆市私立适存高级商业职业学校财产损失报告(1947年8月10日)

1)重庆市私立适存高级商业职业学校财产直接损失汇报表

事件:日机轰炸

地点:渝城内下回水沟

填送日期:民国三十六年八月十日

分类	价值(国币元)
共计	4956000[①]
建筑物	254000
器具	146000
现款	

---

① 此总数与下列各分项之和不符,但原文如此。

续表

分类	价值(国币元)
图书	92900
仪器	
医药用品	
其他	20000

报告者:重庆市私立适存高级商业职业学校校长刘子正(章)

2)重庆市私立适存高级商业职业学校财产损失报告单

填表日期:民国三十六年八月十日

损失年月日	事件	地点	损失项目	购置年月	单价	数量	价值(国币元) 购置时价值	价值(国币元) 损失时价值	证件
1938.5.3~4	日机轰炸	下回水沟	校舍	17年新购		1座	3500000	2540000	因轰炸全部遗失
			课讲桌	17年 20年	2 4	250份 360份		350000 360000	
			黑板		200	10块	200	150000	
			书架		4	25个	10	10000	
			打字机	26年	80	1个	80	80000	
			计算机	26年	130	1个	130	130000	
			挂钟	18年	5	4个	20	25000	
			办公桌	17年 21年	2 15	20张 30张	40	30000 116000	
			藤椅	17年	8	40把	32	102000	
			沙发	17年	2	6把	12	36000	
			文具					34000	
			其他					50000	
			万有文库	17年	520	全部	520	354000	
			立信□书	17年		全部	410	315000	
			辞典		43	5部	215	100000	
			字典		30	4部	120	50000	
			中学文库	19年	280	全部	280	80000	
			其他书籍	20年			80	30000	
			文卷	17年			80	20000	
			合计					4956000[①]	

① 此处统计数字有误,实应为4962000,原文如此。

一、重庆市各公私立中小学(中等职业学校)被炸损失部分

3)重庆市私立适存高级商业职业学校财产间接损失报告表

填送日期:民国三十六年八月十日

分类	数额(国币元)
共计	6300000
迁移费	500000(船100000,人力300000,杂支50000,车运50000)
防空设备费	2500000(洞子修造1500000,防毒面具600000,药品400000)
疏散费	700000
救济费	600000
抚恤费	2000000(炸死学生2人1000000,工友3人900000,伤教师1人医药费100000)
报告者:重庆市私立适存高级商业职业学校校长刘子正(章)		

3. 重庆市私立东方中学财产损失报告(1947年8月9日)

1)重庆市私立东方中学财产直接损失汇报表

事件:敌机轰炸

日期:民国三十年八月八日

地点:渝南岸海棠溪戴家院

填送日期:民国三十六年八月

分类	价值(国币元)
共计	237859[①]
建筑物	172540(校舍楼房平房42间)
器具	8674(课桌200张、双人床250张、板凳300条、方桌80张)
现款	
图书	29300(中西文书籍2000册)
仪器	20200(理化仪器各一整套,显微镜5架)
医药用品	6600(医药用品50件)
其他	540(食米36市石)
报告者:重庆市私立东方中学校长朱应麒(章)		

说明:(1)于财产直接损失报告表之前有虚点处填写学校名称;

(2)报告者之后应由报告学校校长署名并加盖学校印信;

(3)本表应填送6份,以4份送教育局及市政府存查,以2份核转行政院。

---

① 此处统计数字有误,实应为237854,原文如此。

注意:(1)价值应填损失时期价值;

(2)价值之共计应与财产损失报告单之共计相符。

2)重庆市私立东方中学财产直接损失报告单

填表日期:民国三十六年八月九日

损失年月日	事件	地点	损失项目	购置年月	单价	数量	价值(国币元) 购置时价值	价值(国币元) 损失时价值	证件
1941.8.8	敌机轰炸	渝南岸戴家院	校舍楼房	1938.1	400	34	13600	149600	当时呈报重庆市政府社会局及教育部在案
同上	同上	同上	校舍平房	1938.1	320	8	2560	22940	同上
同上	同上	同上	课桌	1938.1	0.80	200	160	2080	同上
同上	同上	同上	双人床	1938.1	1.20	250	300	3600	同上
同上	同上	同上	板凳	1938.1	0.50	300	150	1650	同上
同上	同上	同上	方桌	1938.1	1.40	80	112	1344	同上
同上	同上	同上	图书	1939.9	0.58	2000	1160	29300	同上
同上	同上	同上	显微镜	1935.10	57	5	285	2565	同上
同上	同上	同上	理化仪器	1935.10	980	2	1960	17640	同上
同上	同上	同上	医药用品	1938.5	12	50	600	6600	同上
同上	同上	同上	食米	1941.8	15	36	540	540	同上

说明:(1)损失年月日指事件发生之日期,如某年某月某日;

(2)事件指发生损失之事件;

(3)地点指事件发生之地点;

(4)损失项目指一切动产(如衣服、什物、舟车、证券等)及不动产(如房屋、田园等)所有损失,逐项填明;

(5)价值如当地币值折合国币;

(6)如有证件,应将名称及件数填入证件栏内;

(7)本表应填送5份,以4份送教育局及市政府备查,以1份核转行政院。

3)重庆市私立东方中学财产间接损失报告表

填送日期:民国三十六年八月

分类	数额(国币元)
共计	101100
迁移费	32000
防空设备费	14600
疏散费	9500

一、重庆市各公私立中小学(中等职业学校)被炸损失部分

续表

分类	数额(国币元)
救济费	25000
抚恤费	20000
报告者:重庆市私立东方中学校长朱应麒(章)	

说明:(1)于财产间接损失报告表之前有虚点处填写学校名称;

(2)救济费为本校支出者;

(3)报告者之后应由报告学校校长署名并加盖学校印信;

(4)本表应填送6份,以4份送教育局及市政府存查,以2份核转行政院。

注意:(1)数额应填损失时期价值;

(2)数额之共计应与附表之共计相符。

4)重庆市私立东方中学财产损失报告单

填表日期:民国三十六年八月九日

损失年月日	事件	地点	损失项目	购置年月	单价	数量	价值(国币元) 购置时价值	价值(国币元) 损失时价值	证件
1941.8.24	迁移	巴县虎溪河	迁移费					32000	虎溪河分校设立
1939.5.4	防空	戴家院	防空设备费					14600	两个防空洞存在
1941.8.9	疏散	虎溪河	疏散费					9500	教职员眷属
1941.8.8	轰炸	戴家院	救济费					25000	教职员眷属衣服什物被毁救济
1941.8.8	轰炸	戴家院	抚恤费					20000	炸死学生2名抚恤费
报告者:重庆市私立东方中学校长朱应麒(章)									

说明:(1)损失年月日指事件发生之日期,如某年某月某日;

(2)事件指发生损失之事件;

(3)地点指事件发生之地点;

(4)损失项目指一切动产(如衣服、什物、舟车、证券等)及不动产(如房屋、田园等)所有损失,逐项填明;

(5)价值如当地币值折合国币;

(6)如有证件,应将名称及件数填入证件栏内;

(7)本表应填送5份,以4份送教育局及市政府备查,以1份核转行政院。

4. 重庆市私立治平中学财产损失报告(1947年8月9日)

1)重庆市私立治平中学财产直接损失汇报表

事件:敌机轰炸

日期:民国二十八年五月十二日

地点:江北新城本校

填送日期:民国三十六年八月九日

分类	价值(国币元)
共计	149800
建筑物	61500(本校女中校舍西式砖房3幢共76间、小学部校舍1幢共□间、街房4幢均被全部炸毁。)
器具	37500(本校留城校具共4500余号全部损失无余)
现款	
图书	25000(本校原有图书40000余册,除运乡9000余册而外,全部损失。)
仪器	15000(本校原有仪器足供学生50人同时实验,1924年去购置费5000余两□)
医药用品	
其他	10800(本校校长、教职员、学生衣物书籍行李共77箱,不及搬运,亦遭全毁)
报告者:黄远昌(章)	

2)重庆市私立治平中学财产损失报告单

损失年月日	事件	地点	损失项目	购置年月	单价	数量	价值(国币元) 购置时价值	价值(国币元) 损失时价值	证件
1939.5.12	敌机轰炸	江北新城	建筑物	1933.8			61500	61500	
同上	同上	同上	器具	1931~1938		4500件	37500	37500	
同上	同上	同上	图书	1921~1938		35000册	25000	25000	
同上	同上	同上	仪器	1924.5			7500	15000	
同上	同上	同上	其他					10800	
			共计					149800	

3)重庆市私立治平中学财产间接损失报表

填送日期:民国三十六年八月九日

分类	数额(国币元)
共计	15325500
迁移费	15300000（1944年1月本校自巴县西永乡移江北水土沱,1945年自建校舍1幢,1946年2月迁回江□址并建临时校舍,同年8月迁入原校址,共用如上数。）
防空设备费	10300(1938年本校城内校舍原建有防空洞3洞,用去建修费3500元;1939年疏散后又在□□防空洞各1所,共用6800元,合计如上数。)
疏散费	15200(1939年2月本校奉令疏散至巴县西永乡,租用民房3院并自建教室4幢,当时共用费如上述。)
救济费	
抚恤费	

报告者:黄远昌(章)

5. 重庆私立武汉高级护士职业学校财产损失报告（1947年8月8日）

1)重庆私立武汉高级护士职业学校财产直接损失汇报表

事件:被日机轰炸

日期:民国三十年七月三十日

地点:重庆市李子坝本校

填送日期:民国三十六年八月八日

分类	价值(国币元)
共计	1358000
建筑物	530000
器具	40000
现款(包括职员现金衣物用品等)	550000
图书	41000
仪器	50000
医药用品	120000
其他(包括水电运动等设备)	27000

报告者:贺水凝(章)

2)重庆私立武汉高级护士职业学校财产损失报告单

填送日期:民国三十六年八月八日

损失年月日	事件	地点	损失项目	购置年月	单价	数量	价值(国币元) 购置时价值	价值(国币元) 损失时价值	证件
1941.7.30	被日机轰炸	重庆李子坝	建筑物	1939.3	20000	1幢	20000	80000	本校被炸报章及地方人士均可证明
同上	同上	同上	同上	1940.10	50000	1幢	50000	150000	同上
同上	同上	同上	同上	1941.6	300000	1幢	300000	300000	同上
同上	同上	同上	器具	1938~1941	10000	225件	10000	40000	同上
同上	同上	同上	现款					400000	同上
同上	同上	同上	衣物用品					150000	同上
同上	同上	同上	中文图书	1940.10		650册	3000	16000	同上
同上	同上	同上	外国文图书	同上		400册	5000	25000	同上
同上	同上	同上	理化仪器	1940.1		40余种	5000	50000	同上
同上	同上	同上	药品	1939~1941			20000	100000	同上
同上	同上	同上	标本模型	同上		170件	1000	10000	同上
同上	同上	同上	实习用具	同上		190件	1000	10000	同上
同上	同上	同上	电灯电话	同上			2000	10000	同上
同上	同上	同上	水管设备	1939.5			2000	10000	同上
同上	同上	同上	运动设备	1941.6			1500	7000	同上
同上	同上	同上	防空设备费	1941.2			30000	3000	同上
同上	同上	同上	迁移费	同上				5000	同上
同上	同上	同上	疏散费	同上				10000	同上
同上	同上	同上	救济费	同上				50000	同上
损失共计国币1453000元正									
学校名称:重庆私立武汉高级护士职业学校　校长:贺水凝(章)									

3)重庆市私立武汉高级护士职业学校财产间接损失报告表

填送日期:民国三十六年八月八日

分类	数额(国币元)
共计	95000
迁移费	5000
防空设备费	30000
疏散费	10000
救济费	50000
抚恤费	
校长:贺水凝(章)	

6. 重庆市私立实商高级商业职业学校财产损失报告(1947年8月)

1)重庆市私立实商高级商业职业学校财产直接损失汇报表

事件:民国二十八年及二十九年被轰炸3次

日期:民国二十八年五月三日、五月四日及二十九年七月十日

地点:重庆市第三模范市场本校

填送日期:民国三十六年八月

分类	价值(国币元)
共计	847000
建筑物	760000
器具	37500
现款	
图书	25000
仪器	24500
医药用品	
其他	
报告者:校长周蓉生(章)	

说明:(1)在"财产直接损失汇报表"之前有虚点处填写学校名称;

(2)报告者之后应由报告学校校长署名并加盖学校印信;

(3)本表应填送6份,以4份送教育局及市政府存查,以2份核转行政院。

注意:(1)价值应填为损失时期之价值;

(2)价值之共计应与财产损失报告单之共计相符。

2)重庆市私立实商高级商业职业学校财产损失报告单

填表日期:民国三十六年八月

损失年月日	事件	地点	损失项目	购置年月	单价	数量	价值(国币元) 购置时价值	价值(国币元) 损失时价值	证件
1939.5.3	轰炸	石灰市本校	男生宿舍及设备	1933年建筑		1幢	28300	153000	
1939.5.4	轰炸	石灰市本校	传达室、会客室、图书室	1933年建筑		3间	12000	64000	
1940.7.10	轰炸	石灰市本校	教室及办公室一部	1933年建筑		5间	54000	630000	

说明:(1)"损失年月日"指事件发生之日期,如某年某月某日;
(2)"事件"指发生损失之事件;
(3)"地点"指事件发生之地点;
(4)"损失项目"指一切动产(如衣服、什物、财帛、证券等)及不动产(如房屋、田园等)所有损失逐一填明;
(5)价值如系当地币制,除折成国币填列外,并附填原币名称及数额;
(6)如有证件应将名称及件数填入证件栏内;
(7)本表应填送5份,以4份送教育局及市政府存查,以1份核转行政院。

3)重庆市私立实商高级商业职业学校财产间接损失报告表

填送日期:民国三十六年八月

分类	数额(国币元)
共计	8391000
迁移费	8340000(1946年10月迁回城内);24000(迁乡)
防空设备费	27000
疏散费	
救济费	
抚恤费	

报告者:校长周蓉生(章)

说明:(1)在"财产间接损失报告表"之前有虚点处填写学校名称;
(2)救济费为本校支出者;
(3)报告者应由报告学校校长署名并加盖学校印信;
(4)"数额"应填损失时间价值;
(5)本表填送6份,以4份送教育及市政府存查,以2份核转行政院。
注意:(1)"数额"应填损失时期价值;
(2)"数额"之共计应与附表之共计相符。

7. 重庆市私立立行中学财产损失报告（1947年8月10日）

1）重庆市私立立行中学财产直接损失汇报表

填送日期：民国三十六年八月十日

分类	价值（国币元）
共计	2650000
建筑物	1500000
器具	550000
现款	
图书	200000
仪器	400000
医药用品	
其他	

2）重庆市私立立行中学财产损失报告单

填表日期：民国三十六年八月十日

损失年月日	事件	地点	损失项目	购置年月	单价	数量	价值（国币元）购置时价值	价值（国币元）损失时价值	证件
1939.5	轰炸	重庆	房屋	1936.3	12000	10栋	120000	1500000	
同上			桌凳用具	1937.7	5	400套	2000	550000	
同上			图书	同上	0.20	2500册	500	200000	
同上			仪器	同上			3000	400000	
同上			防空洞	同上	9000	8所	72000	600000	

3）重庆市私立立行中学财产间接损失报告表

填送日期：民国三十六年八月十日

分类	数额（国币元）
共计	1800000
迁移费	500000
防空设备费	600000
疏散费	400000
救济费	300000
抚恤费	

8. 重庆市私立赣江中学财产损失报告(1947年8月9日)

1)重庆市私立赣江中学财产直接损失汇报表

事件:日机轰炸

日期:民国二十八年五月三日

地点:重庆市陕西路赣江街

填送日期:民国三十六年八月九日

分类	价值(国币元)
共计	24504
建筑物	16000
器具	1464
现款	
图书	2000
仪器	4040
医药用品	1000
其他	

报告者:重庆市私立赣江中学校长刘奇(章)

2)重庆市私立赣江中学财产损失报告单

填表日期:民国三十六年八月七日

损失年月日	事件	地点	损失项目	购置年月	单价	数量	价值(国币元) 购置时价值	价值(国币元) 损失时价值	证件
1939.5.3	日机轰炸渝市	陕西路一带	建筑物						
同上	同上	同上	教室	1927	1200	6	7200	14400	被炸后之照片3张
同上	同上	同上	图书仪器室	1927	800	1	800	1600	
同上	同上	同上	器具						
同上	同上	同上	双人课桌	1927	4	120	480	960	
同上	同上	同上	双人课凳	1927	1	120	120	240	
同上	同上	同上	书橱	1928	12	6	72	144	
同上	同上	同上	仪器橱	1929	15	4	60	120	
同上	同上	同上	图书						

一、重庆市各公私立中小学(中等职业学校)被炸损失部分

续表

损失年月日	事件	地点	损失项目	购置年月	单价	数量	价值(国币元) 购置时价值	价值(国币元) 损失时价值	证件
同上	同上	同上	万有文库第一集	1934		2000册	400	1000	
同上	同上	同上	丛书集成初册	1936		1000册	400	1000	
同上	同上	同上	仪器						
同上	同上	同上	初中示范物理仪器	1932		1套	800	1600	
同上	同上	同上	化学仪器	1931		1套	400	800	
同上	同上	同上	化学药品	1931		50瓶	500	1000	
同上	同上	同上	800倍显微镜	1934	320	1架	320	640	
同上	同上	同上	医药用品	1936		50种	500	1000	

报告者:重庆私立赣江中学校长刘奇(章)

3)重庆市私立赣江中学财产间接损失报告表

填送日期:民国三十六年八月九日

分类	数额(国币元)	备考
共计	7000	1939年5月由市区迁移巴县冷水场
迁移费	2000	在冷水场开凿防空洞1所,3个进出口可容600人
防空设备费	2000	教职员工役疏散下乡旅费
疏散费	2000	住校教职员10人行李被炸毁
救济费	1000	
抚恤费		

报告者:重庆市私立赣江中学校长刘奇(章)

9. 重庆市私立明诚中学校财产损失报告(1947年8月9日)

1)重庆市私立明诚中学校财产直接损失汇报表

事件:轰炸

日期:民国二十九年六月十五日

地点:曾家岩

填送日期:民国三十六年八月九日

分类	价值(国币元)
共计	150000
建筑物	80000
器具	20000
现款	
图书	5000
仪器	25000
医药用品	5000
其他	15000

报告者:校长刘维洋(章)

2)重庆市私立明诚中学校财产损失报告单

填送日期:民国三十六年八月九日

损失年月日	事件	地点	损失项目	购置年月	单价	数量	价值(国币元) 购置时价值	价值(国币元) 损失时价值	证件
			共计				111000	169000	
1940.6.15	轰炸	曾家岩	楼房2幢及围墙	1911			50000.0	80000	
同上	同上	同上	教室及寝室用具、童军及体育设备	1912~1937		358	13000	20000	
同上	同上	同上	图书及仪器	同上		296	35000	30000	
同上	同上	同上	医药用品及动植物标本	同上		6584	13000	20000	
同上	同上	同上	间接损失					19000	

3)重庆市私立明诚中学校财产损失报告单

项目	数量
建筑物	楼房2幢及围墙
器具	教室12
器具	寝室3
器具	童军用具300件
器具	体育设备43件
图书	1676[①]
物理仪器	1200
化学药品	700
医药	400
动物标本	3000
矿物标本	2000
植物标本	984

4)重庆市私立明诚中学校财产间接损失报告表

填送日期:民国三十六年八月九日

分类	数额(国币元)
共计	19000
迁移费	8000
防空设备费	6000
疏散费	5000
救济费	
抚恤费	
报告者:校长刘维洋(章)	

注:迁移费内包含建筑食堂寝室各1所,防空设备费内包含凿防空洞3个。

---

① 此处只有数字,原文如此。

10. 重庆市私立宽仁高级护士职业学校财产损失报告(1947年8月8日)

1)重庆市私立宽仁高级护士职业学校财产直接损失汇报表

事件:轰炸

日期:民国二十九年五月三日、四日

地点:本市临江路

填送日期:民国三十六年八月八日

分类	价值(国币元)
共计	1155000
建筑物	1000000
器具	80000
现款	5000
图书	7000
仪器	50000
医药用品	3000
其他	10000

报告者:重庆市私立宽仁高级护士职业学校校长张韵斐(章)

2)重庆市私立宽仁高级护士职业学校财产损失报告单

填表日期:民国三十六年八月八日

损失年月日	事件	地点	损失项目	购置年月	单价	数量	价值(国币元) 购置时价值	价值(国币元) 损失时价值	证件
1940.5.3~4	轰炸	临江路	三层洋房1所	1937.7		1座	800000	1000000	
同上	同上	同上	铁床	1937.7	1000	40架	30000	40000	
同上	同上	同上	课室桌椅	1937.8	100	40套	3500	4000	
同上	同上	同上	钢琴	1937.9	10000	1架	8000	10000	
同上	同上	同上	办公室旧椅	1937.8	500	6套	2500	3000	
同上	同上	同上	寝室衣柜	1937.7	100	40个	3000	4000	
同上	同上	同上	寝室椅子	1937.8	1000	40把	3400	4000	
同上	同上	同上	会客室沙发	1937.7	5000	1套	3500	5000	
同上	同上	同上	礼堂藤椅	1937.7	100	100个	8500	10000	
同上	同上	同上	百科全书	1937.5	3000	全套	2500	3000	

续表

损失年月日	事件	地点	损失项目	购置年月	单价	数量	价值(国币元) 购置时价值	价值(国币元) 损失时价值	证件
同上	同上	同上	医学书籍	1938.1		25本	1850	2000	
同上	同上	同上	教科书辞源等	1938.1		40本	1600	2000	
同上	同上	同上	笔墨纸张等	1940.2			1300	1500	
同上	同上	同上	文卷橱及文卷	1939.3		3个	1200	1500	
同上	同上	同上	现款		5000			5000	
同上	同上	同上	药物学用仪器	1938.6	10000	全套	7500	10000	
同上	同上	同上	饮食学用仪器	1938.5	20000	本套	18500	20000	
同上	同上	同上	实用教室用仪器	1937.8	20000	全套	16000	20000	
同上	同上	同上	磺铵类药	1940.3	2500	2瓶	4500	5000	
同上	同上	同上	奎宁丸	1940.3	500	3瓶	1500	1600	
同上	同上	同上	阿斯匹林	1940.3	300	3瓶	600	600	
同上	同上	同上	空针	1940.5	500	4套	1900	2000	
同上	同上	同上	灌肠器	1940.4	300	3套	900	900	

报告者:重庆市私立宽仁高级护士职业学校校长张韵斐(章)

3)重庆市私立宽仁高级护士职业学校财产间接损失报告表

事件:轰炸

日期:民国二十九年五月

地点:本市临江路

填送日期:民国三十六年八月八日

分类	数额(国币元)
共计	80000
迁移费	20000
防空设备费	25000
疏散费	15000
救济费	10000
抚恤费	10000

报告者:重庆市私立宽仁高级护士职业学校校长张韵斐(章)

11. 重庆市私立英才中学校财产损失报告(1947年8月8日)

1)重庆市私立英才中学财产间接损失汇报表

事件:敌机轰炸

日期:民国二十八年五月三、四日

填送日期:民国三十六年八月八日

分类	价值(国币元)
共计	2500000
建筑物	2000000
器具	500000
现款	
图书	
医药用品	
其他	

2)重庆市私立英才中学校财产损失报告单

填表日期:民国三十六年八月八日

损失年月日	事件	地点	损失项目	购置年月	单价	数量	价值(国币元) 购置时价值	价值(国币元) 损失时价值	证件
1939.5.3	敌机轰炸	小河顺城街4号	楼房	1935		60间	40000	600000	
同上	同上	千厮门行街47号	同上	同上		30间	20000	300000	
1939.5.4	同上	下赏学巷24号	同上	1938		40间	40000	400000	
同上	同上	窍角沱老12号	平房	同上		68间	80000	700000	
同上	同上	小河顺城街4号	桌	1935	2000	50件	10000	100000	
同上	同上	同上	椅	1938	2500	100件	25000	200000	
同上	同上	同上	床	同上	3000	100件	30000	200000	
合计								2500000	

12. 四川省立重庆高级工业职业学校财产损失报告(1947年8月10日)

1)四川省立重庆高级工业职业学校财产直接损失汇报表

事件:敌机轰炸

日期:七月三日

填报日期:民国三十六年八月十日

分类	价值(国币元)
共计	86000[①]
建筑物	40000
器具	8000
现款	
图书	15000
仪器	26000
医药用品	3000
其他	
报告者:校长丁世昌(章)	

2)四川省立重庆高级工业职业学校财产直接损失报告单

填送日期:民国三十六年八月十日

损失年月日	事件	地点	损失项目	购置年月	单价	数量	价值(国币元) 购置时价值	损失时价值	证件
1939.7		泸县	建筑物	1939			40000	40000	
同上		同上	校具	1938				8000	
同上		同上	图书	同上		约4000册		15000	
同上		同上	理化仪器	同上		1000余		20000	
同上		同上	医药用品	同上				3000	
报告者:校长丁世昌(章)									

---

① 此处统计数字有误,实应为92000,原文如此。

3)四川省立重庆高级工业职业学校财产间接损失报告表

填送日期:民国三十六年八月十日

分类	数额(国币元)
共计	20061000
迁移费	20030000
防空设备费	7000
疏散费	5000
救济费	4000
抚恤费	15000
报告者:校长丁世昌(章)	

4)四川省立重庆高级工业职业学校财产间接损失报告单

填送日期:民国三十六年八月十日

损失年月日	事件	地点	损失项目	购置年月	单价	数量	价值(国币元) 购置时价值	价值(国币元) 损失时价值	证件
1937	迁校	大溪沟迁南温泉	迁移费				10000		
1939	迁校	由南温泉迁泸县	迁移费				20000		
1946.9	复员回渝	复员迁渝	复员费				20000000		
1938	南泉	南泉	防空设备费				7000		
1938			疏散费				5000		
1939		泸县	救济费				4000		
1939		泸县	抚恤费				15000		
报告者:校长丁世昌(章)									

13. 重庆市私立中国中学财产间接损失报告表(1947年8月8日)

填送日期:民国三十六年八月八日

分类	数额(国币元)
共计	5000000
迁移费	2400000
防空设备费	1400000
疏散费	800000
救济费	400000
抚恤费	

14. 重庆市私立文德女中财产间接损失报告表（1947年8月11日）

填送日期：民国三十六年八月十一日

分类	数额(国币元)
共计	25000000
迁移费	8000000（民国27年2月）
防空设备费	10000000（民国28年、29年）
疏散费	7000000（民国27年2、3月）
救济费	
抚恤费	

15. 四川省立重庆女子职业学校财产损失报告（1947年8月9日）

1）四川省立重庆女子职业学校财产直接损失汇报表

事件：日机轰炸

日期：民国三十年八月二十三日

填送日期：民国三十六年八月九日

分类	价值(国币元)
共计	262949
建筑物	215046
器具	31651
现款	
图书	3632
仪器	
医药用品	7282
其他	5338

报告者：四川省立重庆女子职业学校

2)四川省立重庆女子职业学校财产损失报告单

填送日期:民国三十六年八月九日

损失年月日	事件	地点	损失项目	购置年月	单位	数量	价值(国币元) 购置时价值	价值(国币元) 损失时价值	证件
1941.8.23	轰炸	本校	建筑物			91间		215046	
同上	同上	同上	器具					31651	
同上	同上	同上	图书仪器					10914	
同上	同上	同上	救济					74950	
同上	同上	同上	教职员工损失					5338	
1942.3.15	避免空袭	同上	疏散费					112500	
1943.5.20	避免空袭	同上	防空设备				73456		
合计							73456	450399	

3)四川省立重庆女子职业学校1941年8月23日被日机轰炸理化仪器损失清册

损失项目 理化仪器	单位	数量	价值(国币元)	备考
元〔圆〕底烧瓶	个	13	208	
平底烧瓶	个	5	60	
试管	只	56	145	
苛性钾球	只	1	40	
研钵	只	3	132	
量瓶	只	3	90	
量童〔筒〕	只	12	366	
圆柱形分液漏斗	只	1	0.80	
凝缩器	具	1	95	
0.5径橡皮管	公尺	6	60	
抽气机	具	1	24	
吸气机	具	1	200	
毛细管现象器	具	1	60	
推进机模型	只	1	190	
喷雾器	具	1	12	
弹簧器	只	1	10	
真空直坠管	只	1	260	

续表

损失项目 理化仪器	单位	数量	价值(国币元)	备考
气泡锥	只	1	40	
连通器	只	1	40	
水卧轮模型	只	1	22	
双口管瓶	只	1	25	
三口瓶	只	2	56	
瓶刷	把	1	8	
蒸发皿	只	4	80	
解剖器	套	1	85	
物理天秤砝码	具	1	500	
补正尺	具	1	60	
平行四边合力	具	1	200	
螺旋压榨器	具	1	60	
比重计	只	4	80	
共振球	只	1	80	
示波器	具	1	150	
曲线记音器	只	1	300	
准弦器	付	1	40	
反射镜	只	1	120	
光度计	具	1	60	
色盘	具	1	160	
光线反射器	具	1	66	
三棱镜	具	1	100	
荧光管	只	1	120	
磷光管	只	1	160	
圣达镜鲜明器	只	1	140	
平面镜	只	1	20	
热口涨球	只	1	60	
蒸馏器	具	1	240	
最高、最低温度计	具	1	200	
摄氏温度计	具	1	160	
蹄形磁铁	具	1	30	

续表

损失项目 理化仪器	单位	数量	价值(国币元)	备考
浮磁针	匣	1	160	
单式磁针	具	1	60	
复式磁针	具	1	80	
悬挂球	具	1	10	
导□□	具	1	60	
静电机	具	1	70	
□酪酸电泡	只	1	160	
尖形导电体	只	1	140	
电镀槽	具	1	30	
水分析器	只	1	160	
电压表	只	1	60	
绢	张	1	8	
猫皮	张	1	36	
蓄电板	只	1	48	
押扣	只	1	8	
导电体	只	1	130	
金箔	只	5	50	
锡箔	只	20	60	
铜箔	只	10	20	
钛片	只	1	5	
锡片	只	1	5	
锌片	只	1	5	
铅条	只	1	20	
铜匙	只	1	10	
电池	只	4	60	
金箔试电池	只	1	55	
共计		207	7282[1]	

---

[1] 此处统计数字有误,实应为6924.80,原文如此。

4)四川省立重庆女子职业学校1941年8月23日被日机轰炸私人损失清册

损失项目 其他	单位	数量	价值(国币元)	备考
镜子	架	2	25	
茶杯	个	1	4	
茶壶	个	1	11	
被盖	床	1	65	
被面	床	1	65	
帐子	顶	1	45	
被面	床	1	75	
茶杯	个	1	10	
洋磁漱口杯	个	1	10	
长衫	件	2	60	
石质私章	颗	2	20	
药性辞典	册	1	6	
大小字帖	册	3	5.50	
脸盆	个	1	60	
洋锁	只	1	5	
布鞋	双	1	5	
英文字典	册	1	30	
书籍	册	3	10	
抓笔	支	1	5	
公债票、邮票、储蓄券	张		65	
英文	册	1	17	
成语字典	册	1	5	
杂志	册	5	5	
新兴文学治	册	1	5	
热水瓶	个	1	48	
茶杯	个	3	7	
饭碗	个	2	3	
包单	床	1	21	
热水瓶	个	1	80	
面镜	架	1	50	
铁锅	口	1	25	

续表

损失项目 其他	单位	数量	价值（国币元）	备考
茶杯	个	8	20	
制服	套	1	40	
衬衫	件	2	40	
热水瓶	个	1	48	
热水瓶	个	1	48	
法学通论	册	1	3	
公文程式	册	1	5	
长衫	件	1	50	
小棉衣	套	2	35	
小单衣	套	1	10	
饭碗	个	10	30	
蚊帐	顶	1	100	
棉被	床	1	80	
毯子	床	1	40	
床单	床	1	25	
皮箱	口	1	40	
标语字手册	册	1	4	
洋装日记本	册	1	2.50	
被盖	床	1	80	
长衫	件	1	25	
棉被	床	1	80	
棉袄	件	1	70	
家具	件	20	50	
帐子	顶	1	40	
女棉袄	件	1	70	
女长衫	件	2	90	
铁锅	口	1	20	
房瓦	匹	8000	600	
帐子	顶	1	60	
毯子	床	1	40	
房屋	间	2	770	

续表

损失项目 其他	单位	数量	价值(国币元)	备考
被盖	床	2	150	
大衣	件	1	80	
夹衫	件	1	50	
长短中衣	条	6	30	
皮鞋	双	2	60	
女棉袍	套	1	70	
床铺	间	1	20	
板凳	根	4	20	
铁锅	口	1	18	
白衬衣	件	3	42	
长衫	件	4	90	
皮箱	口	1	50	
博士帽	顶	1	30	
床铺	间	2	60	
桌子	张	1	40	
凳子	个	4	45	
家具	件	20	35	
帐子	顶	1	52	
长衫	件	2	50	
汗挂中衣	套	4	60	
厨具	件	15	12	
被盖	床	1	80	
女衫	件	3	60	
棉袍	套	1	70	
皮箱	口	1	30	
桌子	张	1	20	
房屋	间	2	500	
大小脚盆	个	2	30	
大瓦缸	口	1	20	
合计		91	5338①	

① 此处统计数字有误，实应为5337，原文如此。

5）四川省立重庆女子职业学校 1941 年 8 月 23 日被日机轰炸建筑物损失清册

损失项目 建筑物	单位	数量	价值（国币元）	备考
办公室	间	3		
图书室	间	3		
教室	间	8		高级会计科 3 间，初级会计科 3 间，家事科 2 间
浴室	间	4		
盥洗室	间	3		
大厨房	间	3		
以上直接中弹炸毁房屋 24 间，总值 143364 元正					
教室	间	6		高会 4 间，初会 2 间
学生寝室	间	19		
织袜及刺绣室	间	3		
诊断室	间	1		
学生储藏室	间	2		
防空洞上休息亭	间	2		
以上被巨石击碎及震毁房屋，灾情较重者 34 间，总值 50177 元正					
会客室	间	1		
教室	间	6		家事科 4 间，初会 2 间
女教职员宿舍	间	16		
烹饪室	间	1		
小厨房	间	2		
男厕所	间	1		
女厕所	间	3		
实习商店及实习银行	间	3		
以上被碎石片飞石击毁房屋，灾情较轻者 33 间，总值 21505 元正					
共计	间	91	215046	

6)四川省立重庆女子职业学校 1941 年 8 月 23 日被日机轰炸图书损失清册

损失项目	单位	数量	总值(元)	价值(国币元)	备考
图书					
辞源	册	3	7.50	37.50	
辞源	册	2	5	2.50	
现代语辞典	册	1	2.80	8.40	
电报汇览	册	1	1.10	0.30	
天文学	册	1	1.10	3.30	
地质学浅说	册	1	0.20	0.60	
日常生活科学丛谈	册	1	0.45	1.35	
普通植物检索表	册	1	0.80	2.40	
动物学	本	1	0.40	1.20	
动物学	本	1	0.55	1.65	
初中动物学	本	1	0.40	1.20	
健康生活	本	1	3	9	
生理卫生学	本	1	1.30	3.60	
高中军事看护学(上)	本	1	1.35	4.05	
高中军事看护学(下)	本	1	1.35	4.05	
会计教学	本	1	4	1.20	
范氏高中代数学	本	2	4.40	13.20	
数学初步	本	1	0.90	2.70	
高中几何学	本	1	3.10	9.30	
商业算术	本	1	2.20	6.60	
珠算捷径	本	1	0.68	2.04	
复兴高中代数乙组用(下)	本	1	0.95	2.85	
复兴初中代数学教员准备书	本	1	1.25	3.75	
混合理化教科书	本	1	1.40	4.20	
实用物理学	本	1	2	6	
中等物理学问题详解	本	1	1.20	3.60	
化学工艺宝鉴	本	1	1.50	4.50	
日常化学生活	本	1	0.50	1.50	
高中化学	本	1	1.60	4.80	
饮料	本	1	0.20	0.60	
建国教科初中化学	本	1	2	6	

续表

损失项目	单位	数量	总值(元)	价值(国币元)	备考
School □	本	1	0.10	0.30	
记录气象之方法	本	1	0.40	1.20	
江苏教育本丛刊	本	1			
中大教育本17年报告书	本	1			
昆虫	本	1	0.20	0.60	
柑橘园作业要览	本	1	0.40	1.20	
花卉园艺学	本	1	1	3	
化妆品制造法	本	1	0.60	1.80	
香妆品制造法	本	1	3.40	10.20	
实用工业制造法	本	1	1	3	
现代公民	本	4	1.20	3.60	
中国妇女问题讨论集	本	1	1	3	
保甲与治安	本	2	1.05	1.15	
商业政策	本	1	4	12	
农业合作	本	1	1.80	5.40	
物价问题	本	1	0.20	0.60	
簿计学概要	本	2	1.60	4.80	
会计学浅说	本	2	1.40	4.20	
分配论	本	1	0.50	1.50	
中国民食问题	本	1	1.40	1.20	
国外汇兑	本	1	0.30	9	
商业常识	本	1	0.60	1.80	
土地经济论	本	1	3.50	10.50	
中国货币论	本	1	3	9	
统计学浅说	本	8	4	12	
珠算入门	本	1	0.35	1.05	
初级商业簿记习题详解	本	1	2.15	6.45	
会计问题	本	2	1	3	
中日之战时资问题	本	1	0.30	0.90	
防空壕与地下室	本	1	0.05	0.15	
百灵庙	本	1	0.05	0.15	
女子与智识	本	1	0.45	1.35	

一、重庆市各公私立中小学(中等职业学校)被炸损失部分

续表

损失项目	单位	数量	总值(元)	价值(国币元)	备考
妇女的将来与将来的妇女	本	1	0.38	1.14	
深明大义的富翁	本	1	0.20	0.60	
印度国民运动与英国的将来	本	1	0.20	0.60	
读报常识	本	1	0.25	0.75	
抗战与后援工作	本	1	0.25	0.75	
访员须知	本	1	0.30	0.90	
无产阶级与哲学	本	1	0.20	0.60	
恋爱论 ABC	本	1	0.30	0.90	
快乐的家庭	本	1	0.80	2.40	
高中建国公民第一	本	2	1.15	3.45	
东北铁路问题	本	1	0.50	1.50	
1932年的国际对立	本	1	0.40	1.20	
战时的日本动态	本	1	0.20	0.60	
经济现象的体系	本	1	0.45	1.35	
大众政治经济学	本	1	0.70	2.10	
成本会计习题解	本	1	4.80	14.40	
会计学教科书	本	1	3.30	9.90	
公信会计月刊创刊号	本	1	0.55	1.05	
实用商业丛书查帐〔账〕簿	本	1	1.68	5.04	
统计学	本	1	1.60	4.80	
铁路管理	本	1	1	3	
初级商业簿记教科书	本	1	2.20	6.60	
银行会计	本	1	6	18	
银行会计习题详解	本	1	6.50	19.50	
高级商业簿说习题详解	本	2	3.40	10.20	
高级会计学习题详解	本	1	7.90	23.70	
经济学	本	1	2.20	6.60	
高中银行会计学	本	1	4.80	14.40	
会计学教科书	本	1	6.74	20.23	
高级商业簿计教科书	本	1	3.60	10.80	
初级商业簿计教科书	本	1	2.70	8.10	
初中家庭簿记	本	1	0.70	2.10	

续表

损失项目	单位	数量	总值(元)	价值(国币元)	备考
商业通论	本	1	4.20	12.60	
近代教育学说	本	1	2	6	
家庭教育	本	1	0.80	2.40	
心理新杂志选本	本	2	8	24	
农村教育	本	1	0.90	2.70	
□□小学实际问题	本	1	0.90	2.70	
江西省教育统计	本	1			
教育原理	本	2	1.50	4.50	
服务与修养	本	2	1.20	3.60	
中等教育概况	本	1	0.50	1.50	
普通考试备要	本	1	0.80	2.40	
苏俄电影及出版事业	本	1	0.50	1.50	
教育杂志	本	2	0.40	1.20	
史通	本	1	1	3	
现代名人传	本	2	1.60	4.80	
历史学 ABC	本	1	0.50	1.50	
资治通鉴	本	5	1.50	4.50	损失5本
民国史要	本	1	0.70	2.10	
蒋介石的伟大	本	1	0.50	1.50	
莫索里尼传	本	1	0.40	1.20	
中国历史教程	本	1	0.50	1.50	
神明的子孙在中国	本	1	0.70	2.10	
战后新世界	本	1			
日本视察记	本	1	0.90	2.70	
日俄关系概观	本	1	0.70	2.10	
现在的新疆	本	1	0.50	1.50	
中华□新形势图	本	1	2	6	
最新世界形势一览图	本	1	2.20	6.60	
欧行杂志	本	1	0.60	1.95	
教育心理学 ABC	本	1	1.40	4.20	
初中本国地理教本	本	1	0.70	2.20	
商业地理	本	1	1	3	

续表

损失项目	单位	数量	总值(元)	价值(国币元)	备考
苦闷的象征	本	1	0.80	2.40	
矛盾评传	本	1	0.50	1.50	
中学生文艺	本	1	0.85	2.55	
胡适与郭沫若	本	1	0.60	1.80	
恋爱与社会	本	1	0.70	2.10	
欧洲二百年名人□书	本	2	1.20	3.60	
一叶	本	1	0.40	1.20	
闻情	本	1	0.50	1.50	
沙宁	本	1	1.20	3.60	
铁	本	1	1.40	4.20	
赵子曰	本	1	1	3	
老张的哲学	本	1	0.80	2.40	
□笑	本	1	0.60	1.80	
罗亭	本	1	0.60	1.80	
贵旗之家	本	1	0.60	1.80	
傲慢与偏见	本	1	0.60	1.80	
醉里	本	1	0.50	1.30	
冰心女士全集	本	1	0.70	2.10	
寄小读者	本	1	0.50	1.50	
革命文学论	本	1	0.60	1.80	
热恋	本	1	0.45	1.35	
安徒生童话全集	本	1	0.40	1.20	
鲁迅选集	本	1	0.50	1.50	
巴金选集	本	1	0.50	1.50	
海外感受	本	1	0.45	1.35	
坛子	本	1	0.50	1.50	
巴金短篇杰作集	本	1	0.70	2.10	
我怎样学习	本	1	0.70	2.10	
朝鲜现代童话集	本	1	0.45	1.35	
水浒	本	2	2	6	
渺茫的西南风	本	1	0.50	1.50	
冬天的春笑	本	1	0.40	1.20	

续表

损失项目	单位	数量	总值(元)	价值(国币元)	备考
太平花	本	3	1.20	3.60	
三人行	本	1	0.50	1.50	
仿〔彷〕徨	本	1	0.40	1.20	
期待	本	1	0.70	2.10	
沫若文选	本	1	0.60	1.80	
浮沙昼	本	1	0.20	0.60	
热风	本	1	0.50	1.50	
八日的乡村	本	1	0.60	1.80	
关着的门	本	1	0.70	2.10	
残痕	本	1	0.50	1.50	
毂梁精华	本	1	0.50	1.50	
国学研究	本	2	0.40	1.20	
白话信	本	1	0.50	1.50	
大学中庸	本	1	0.30	0.90	
镜花缘	本	1	1	3	
儒林外史	本	1	0.80	2.40	
一个处叔的姑娘	本	1	0.50	1.50	
江湖集	本	1	0.50	1.50	
家庭的故事	本	1	0.60	1.80	
苏□马丽的惨史	本	1	0.50	1.50	
世界名家侦探小说集	本	3	1.65	4.95	
当代小说读本	本	1	0.60	1.80	
□□豪使传	本	6	1.50	4.50	
老残游记	本	1	0.45	1.35	
荡寇志	本	4	1.20	3.60	
水莹小说集	本	1	0.50	1.50	
中国小说选	本	1	1	3	
灵凤小品集	本	1	0.60	1.80	
聊斋	本	4	1.20	3.60	
儒林外史	本	2	1.40	4.20	
言文对照新尺牍	本	1	1.80	5.40	
北京半	本	1	0.50	1.50	

一、重庆市各公私立中小学(中等职业学校)被炸损失部分

续表

损失项目	单位	数量	总值(元)	价值(国币元)	备考
山野掇拾	本	1	0.50	1.50	
三湖游记	本	1	0.50	1.50	
初中应用文	本	1	1.80	5.40	
小品文研究	本	1	7.70	2.10	
曾文正治学全□□□	本	4	0.80	2.40	
元丰类稿	本	1	0.50	1.50	
十五封信	本	1	0.45	1.35	
现代教育书信	本	22	1.20	3.60	
宋话之味精	本	1	0.30	0.90	
两地书	本	1	0.50	1.50	
明清散文选	本	1	0.60	1.80	
秦汉三国评读本	本	2	1	3	
东坡全集	本	1	0.45	1.35	损失1本
春秋左传	本	10	4.50	13.50	
高中国文	本	3	2.10	6.30	
国文	本	3	0.70	6.30	
□长春诗歌	本	1	7.50	2.25	
□洁	本	1	1.20	3.60	
春水	本	1	0.65	1.95	
桃花扇	本	1	0.60	1.80	
受难者的短曲	本	1	0.50	0.10	
明□别裁	本	1	0.65	1.95	
复活的玫瑰	本	1	0.70	2.10	
信那文□戏曲集	本	1	0.50	1.50	
狗的跳舞	本	1	0.50	1.50	
寂寞的人们	本	1	0.50	1.50	
破产者	本	1	0.35	1.05	
奥里昂的女郎	本	1	0.40	1.20	
中学生戏剧	本	1	0.60	1.80	
娜丽女郎	本	1	0.50	1.50	
初中英语读本第二册	本	1	0.90	2.70	
开明第一英文读本	本	1	0.80	2.40	

续表

损失项目	单位	数量	总值(元)	价值(国币元)	备考
高中英语读本第一册	本	1	1.60	4.80	
现代中国木刻选	本	1	0.90	2.70	
第二届全国运动图画	本	1	1	3	
战时□□读本	本	109			
英语正误详解	本	1			
化学□解	本	1			
各种单行本	本	745			
四书味根录	本	16	3.60	10.80	
各种高小读本	册	105			
各种残余杂书	册	53			
中华民族的人格	册	1			赠阅
国防地理	册	1			
新四川	册	1			
小学应用表册	册	1			
佛西戏剧	本	1	0.70	2.80	
以身作则	本	1	0.60	1.80	
路痕	本	1	0.30	0.90	
革命与性生活	本	1	0.75	2.25	
末名剧本	本	1	0.50	1.50	
自救	本	1	0.90	2.70	
时事剧	本	1	0.50	1.50	
汉奸的子孙	本	1	0.90	2.70	
古今大哲学家之生活与思想	本	1	2.20	6.60	
民族解放与科学	本	1	0.50	1.50	
英语动词用法 ABC	本	1	0.90	2.70	
春景	本	1	2.70	2.10	
英文直接教学法读本	本	1	1.20	3.60	
初中英语读本第四本	本	1	0.90	2.70	
英文典大全	本	1	1.80	5.40	
开明第一英文读本	本	1	0.80	2.40	
青年陆军学识	本	1			赠阅
战事与文化	本	1			赠阅

续表

损失项目	单位	数量	总值(元)	价值(国币元)	备考
复兴初中国文第四册	册	1	0.70	2.10	
中国合作经济问题	册	1			
精神指导举论	册	1			赠阅
初中动物学	册	2	4.08	12.24	
法国沦陷记	册	1	1	3	
希特勒的私生活	册	1			
演剧概论	册	1	1	3	
杂志	册	800	67.80		
内有无价书籍、杂志1827册,约值2745.95元,有价书籍348册,合洋886.05元					
共计		2175	1210.80	3632	

7)四川省立重庆女子职业学校1941年8月23日被日机轰炸器具损失清册

损失项目	单位	数量	价值(国币元)	备考
器具				
二人书桌	张	22	990	
连椅书桌	张	73	4745	
普通书桌	张	20	1040	
有架黑板	块	2	200	
壁上黑板	块	4	400	
毛管算盘	架	2	130	
风琴	架	1	700	
总课牌	块	1	30	
职名牌	块	11	30	
科目图章	颗	150	225	
广算盘	架	2	120	
书柜	个	2	200	
书橱	个	2	200	
学生名牌	块	2	20	
签押桌	张	8	496	
写字台	张	4	600	
藤椅	把	22	660	
藤睡椅	把	2	70	

续表

损失项目	单位	数量	价值（国币元）	备考
大餐桌	张	2	240	
文卷柜	个	3	420	
大衣架	架	1	35	
洗面架	架	6	48	
搪磁洗面盆	个	5	300	
园凳	个	8	160	
方凳	个	72	1440	
磁笔筒	个	5	25	
瓦笔筒	个	4	12	
油印钢板	块	4	180	
油印铁笔	支	4	16	
木盂	个	9	18	
打印台	只	10	45	
砚台	只	20	10	
米突尺	把	8	16	
印泥	盒	3	12	
小洋刀	柄	1	5	
各种表格	张	2000	200	内计12种
大木桶	个	4	60	
蓄水桶	个	2	160	
桌布	块	1	25	
竹簾子	幅	12	288	
瓦便罐	个	14	168	
双层床	间	28	1960	
小长漆牌	块	59	59	
布告牌	块	4	8	
公约牌	块	7	28	
脚踏棕垫	床	24	72	
布告盒	个	4	40	
学生意见箱	个	1	12	
钥匙盒	个	1	6	
信箱	个	1	12	

续表

损失项目	单位	数量	价值(国币元)	备考
茶壶架	个	3	45	
痰盂	个	20	60	
靠桌椅	把	15	375	
茶几	把	6	150	
穿衣镜	架	1	500	
各种镜架	架	35	140	
寒暑表	口	1	10	
木信插	架	1	20	
铜锁	把	48	740	
办公桌	张	16	480	
圆桌	张	2	160	
学校横牌	块	1	10	
铜水枪	支	1	60	
灭火弹	个	3	36	
切纸刀	把	1	8	
锄头	把	14	140	
铜笔架	只	2	12	
蒸笼	个	6	24	
高脚凳	个	20	160	
三棱立式玻璃货柜	个	1	150	
玻璃坛	个	14	56	
乒乓台	张	2	160	
篮球架	架	2	280	
篮球网	具	4	12	
排球网	具	1	20	
乒乓架	架	1	25	
敞床	间	6	36	
白方桌	张	32	1280	
长板凳	条	120	960	
案板	块	6	300	
玻璃花瓶	个	2	24.0	
成绩玻盒	个	4	60	

续表

损失项目	单位	数量	价值(国币元)	备考
大脚盆	个	22	220	
高脚盆	个	10	70	
洗脚长凳	根	2	50	
挑水桶	挑	16	80	
洗脸长架	架	14	224	
提水桶	个	16	64	
碗柜	口	2	70	
铜茶船	付	6	48	
磁茶碗	个	6	36	
磁茶盖	个	5	15	
乒乓	个	20	40	
皮尺	具	1	80	
童军木棍	根	30	150	
运动棕垫	床	4	400	
乒乓板	柄	4	24	
铜球	只	1	40	
铁球	个	1	30	
棒球	只	4	20	
铜饼	只	1	35	
皮球汽枪	杆	1	6	
哑铃	个	46	184	
图画目录柜	口	1	70	
玻璃书橱	个	9	720	
书架	个	4	120	
七寸磁盆	个	4	32	
架子床	间	67	4020	
瓦水缸	口	8	320	
大小甑子	个	12	78	
菜刀	把	9	90	
条盆	个	2	36	
大小炉桥	付	8	160	
水瓢	把	2	10	

续表

损失项目	单位	数量	价值(国币元)	备考
淘米盆	个	1	28	
锅铲	把	10	40	
汤、漏瓢	把	12	72	
电灯头	个	80	240	
电灯开关	只	30	120	
电灯泡	只	80	640	
电灯罩	只	10	40	
合计		1516件	31651	

8)四川省立重庆女子职校财产间接损失报告表

填送日期:民国三十六年八月九日

分类	数额(国币元)
共计	260906
迁移费	112500
防空设备费	73456
疏散费	66620
救济费	8330
抚恤费	

16. 重庆市私立立人中学财产损失报告(1947年8月8日)

1) 重庆市私立立人中学财产直接损失汇报表

事件:轰炸

日期:民国二十九年八月十六日

地点:南泉白鹤林

填送日期:民国三十六年八月八日

分类	价值(国币元)
共计	127000
建筑物	120000
器具	3500
现款	
图书	
仪器	
医药用品	
其他	3500

报告者:校长陈兆麟(章)

2) 重庆市私立立人中学财产损失报告表

填送日期:民国三十六年八月八日

损失年月日	事件	地点	损失项目	购置年月	单价	数量	价值(国币元) 购置时价值	损失时价值	证件
1940.8.16	轰炸	南泉白鹤林	房屋	1938	10000	15间	150000	120000	
同上	同上	同上	器具	同上	10	378件	3780	3500	
同上	同上	同上	衣物	同上	15	750件	3750	3500	
1940.9.10	迁移	巴县界石						5000	
1940.4	凿防空洞	南泉白鹤林						3000	

3)重庆市私立立人中学财产间接损失报告表

填送日期:民国三十六年八月八日

分类	数额(国币元)
共计	8000
迁移费	5000
防空设备费	3000
疏散费	
救济费	
抚恤费	
报告者:校长陈兆麟(章)	

17. 重庆市私立大夏中学(前大夏大学附设中学)财产损失报告(1947年8月10日)

1)重庆市私立大夏中学(前大夏大学附设中学)财产直接损失汇报表

事件:日军侵占上海

日期:民国二十六年十一月

地点:上海

填送日期:民国三十六年八月十日

分类	价值(国币元)
共计	47945
建筑物	15000
器具	16320
图书	6000
仪器	5625
医药用品	5000
报告者:校长熊明德(章)	

2)重庆市私立大夏中学(前大夏大学附设中学)财产间接损失报告表

填送日期:民国三十六年八月十日

分类	数额(国币元)
共计	12646
迁移费	5756
防空设备费	3500
疏散费	2540
救济费	850
抚恤费	
报告者:校长熊明德(章)	

3)重庆市私立大夏中学(前大夏大学附设中学)财产损失报告单

填表日期:民国三十六年八月十日

损失年月日	事件	地点	损失项目	购置年月	单价	数量	购置时价值	损失时价值	证件
1937.11	日军占领	上海	教室办公室宿舍等楼房4幢	1933.7	2500	4幢	10000	15000	日军攻占上海,奉令退出。账册等由火车运至淞江时被日空军轰炸损失。
同上	同上	同上	教室桌凳	1929	5	800套	4000	8000	
同上	同上	同上	黑板	1929	12	25块	300	600	
同上	同上	同上	办公桌凳	1929	9	20套	180	360	
同上	同上	同上	双人木床	1929、1930	8	400张	3200	6400	
同上	同上	同上	单人床	1928	4	120套	480	960	
同上	同上	同上	图书	1929、1930	0.20	15000册	3000	6000	
同上	同上	同上	理化实验仪器	1931年	35	50套	1750	3500	
同上	同上	同上	生物标本	1932年	25	5套	125	250	
同上	同上	同上	显微镜	1934年	250	5架	1250	1875	
同上	同上	同上	医药用品				5000	5000	
			共计				29285	47945	

18. 重庆市私立蜀都中学财产损失报告(1947年8月10日)

1)重庆市私立蜀都中学财产直接损失汇报表

事件：炸毁

日期：民国三十一年七月及三十四年二月

地点：重庆磐溪及桂林沦陷①

填送日期：民国三十六年八月十日

分类	价值(国币元)
共计	8440000
建筑物	1500000
器具	100000
现款	
图书	3200000
仪器	3640000
医药用品	
其他	

报告者：重庆市私立蜀都中学

2)重庆市私立蜀都中学财产损失报告单

填表日期：民国三十六年八月十日

损失年月日	事件	地点	损失项目	购置年月	单价	数量	价值(国币元) 购置时价值	价值(国币元) 损失时价值	证件
1942.7	炸毁木船	磐溪	押运员殉命，家属生活费烧埋费			1人		300000	人证现在，付款条据存本校校董会会计室
同上	同上	同上				1人		50000	七月份支出传票25、26、58、60、61、113号等
1942.8	同上	同上	赔偿木船价			1艘		100000	证据同上。8月份现支28、38号
1942.7	同上	同上	各种建筑木料	1942.3	价值各异	另有详单	1200000	1500000	发票损失，详单存本校董会
1942.9	同上	同上	善后费用总计					215367	本校遭此变故，致迟延至33年始得开办
1944.9	修建防空洞	同上	工资伙食	1944.9		1个	4532894	500000	帐〔账〕据存本校会计室

---

① "桂林沦陷"应该为事件，原文如此。

续表

损失年月日	事件	地点	损失项目	购置年月	单价	数量	价值(国币元) 购置时价值	价值(国币元) 损失时价值	证件
同上	同上	同上	炸药工具木石材料				564300	750000	同上
1944.12	本校疏散至防空洞附近	同上	搬迁器材损失			另有详单	380000	700000	损失物品详单存本校校董会
同上	同上	同上	搬迁费					800000	单据在本校会计室
同上	同上	同上	新屋加盖保护包工料					154000	同上
1944.12.17	防毒口罩	磐溪			500	230只	125000	125000	发票存本校会计室
1945.2	建防空室	磐溪本校	全部工料伙食	1945.2		1间	315433	315433	发票存本校会计室
1944.11~1945.5	防空洞管理	磐溪	员工薪给伙食	1944.11~1945.5		计2人		392500	单据见本校每月薪工表及伙食帐〔账〕
1945.2	桂柳沦陷	桂林	图书损失	1944.7		另有详单	2853200	3200000	系广西工合公司代购，发票当日存本校校董会，因赶运不及，致遭损失
同上	同上	同上	仪器损失	同上		6大箱2小箱	2532700	3640000	系由桂工合公司代购，因出仓卒，赶回不及，致遭损失，目录发票等存校董会
同上	同上	同上	预交运费无法追回					250000	运输行在紊乱中，撤走不知去向
同上	同上	同上	包装工料			13大箱2小箱	118000	150000	
1945.11.25	同上	重庆至桂林	善后费用					357280	派人至桂清理用费单据，存校董会

3)重庆市私立蜀都中学财产间接损失报告表

填送日期:民国三十六年八月十日

分类	数额(国币元)
共计	5059580①
迁移费	150000
防空设备费	2236933
疏散费	400000
救济费	300000
抚恤费	50000
善后用费	572644
报告者:重庆市私立蜀都中学	

19. 四川省私立建人中学财产损失报告(1947年8月10日)

1)四川省私立建人中学财产直接损失汇报表

事件:敌机轰炸

日期:民国二十八年七月

地点:重庆

分类	价值(国币元)
共计	87000②
建筑物	25000
器具	20000
现款	
图书	11000
仪器	23000
医药用品	5000
其他	4000
报告者:校长冉铁操(章)	

---

① 此处统计数字有误,实应为3709577,原文如此。
② 此处统计数字有误,实应为88000,原文如此。

2)四川省私立建人中学财产直接损失报告单

填送日期:民国三十六年八月十日

损失年月日	事件	地点	损失项目	购置年月	单价	数量	价值(国币元) 购置时价值	价值(国币元) 损失时价值	证件
1939.7		重庆	建筑物				25000	25000	
			校具	1939.4		342套	20000	20000	
			图书			5700册	11000	11000	
			理化仪器	1939.5		50套	23000	23000	
			医药用品				5000	5000	

3)四川省私立建人中学财产间接损失报告表

填送日期:民国三十六年八月十日

分类	数额(国币元)
共计	31350000
迁移费	25650000
防空设备费	2000000
疏散费	2000000
救济费	1700000
抚恤费	

报告者:校长冉铁操(章)

20. 重庆市私立大中中学财产损失报告(1947年8月10日)

1)重庆市私立大中中学财产间接损失报告表

填送日期:民国三十六年八月十日

分类	数额(国币元)
共计	9400000
迁移费	2700000(1945年8月由寸滩迁移汪山,1946年2月由汪山复员真武新村)
防空设备费	5200000(1943年、1946年修理新迁校舍)
疏散费	1500000(1943年6月由本市疏散寸滩)
救济费	
抚恤费	

报告者:校长唐幼峰(章)

一、重庆市各公私立中小学(中等职业学校)被炸损失部分

说明:(1)于财产间接损失报告表之前有虚点处填写学校名称;
　　　(2)救济费为本校支出者;
　　　(3)报告者之后应由报告学校校长署名并加盖学校印信;
　　　(4)本表应填送6份,以4份送教育局及市政府存查,以2份核转行政院。
注意:(1)数额应填损失时期价值;
　　　(2)数额之共计应附表之共计相符。

2)重庆市私立大中中学财产损失报告单

填表日期:民国三十六年八月十日

损失年月日	事件	地点	损失项目	购置年月	单价	数量	价值(国币元) 购置时价值	价值(国币元) 损失时价值	证件
1945.8		汪山	迁移费					900000	
1946.2		真武新村	迁移费					1800000	
1943.7		寸滩	防空设备费					500000	
1945.8		汪山	防空设备费					1200000	
1946.2		真武新村	防空设备费					3500000	
1943.6		寸滩	疏散费					1500000	
			合计					9400000	

学校名称:重庆市私立大中中学校长:唐幼峰(章)

21. 重庆中正学校财产损失报告(1947年8月10日)

1)重庆中正学校财产直接损失汇报表

事件:沦陷后荡然无存

日期:民国二十六年

地点:南京白下路

填送日期:民国三十六年八月十日

分类	价值(国币元)
共计	123320[①]
建筑物	12000
器具	5820
现款	
图书	3500

---

① 此处统计数字有误,实应为23320,原文如此。

续表

分类	价值(国币元)
仪器	1000
医药用品	500
其他	500
报告者:校长黄雍	

说明:(1)本校南京白下路校舍于沦陷后毁为平地,一切均荡然无存,至确实毁坏时间因本校西迁故不得知;

(2)各项建筑物及购置等项证件因为时已久,又迭经迁移关系,均已散失或焚毁,无法搜集;

(3)各项损失均系就大而较显著者列入,实际损失则尚不只此数。

2)重庆中正学校财产损失报告表

填表日期:民国三十六年八月十日

损失年月日	事件	地点	损失项目	购置年月	单价	数量	价值(国币元) 购置时价值	价值(国币元) 损失时价值	证件
1937	沦陷后毁为平地	南京白下路	建筑物	1935					
			办公室	同上	10000	2层楼房1栋	10000		
			教室	同上	18000	2层楼房2栋	36000		
			教职员寝室	同上	4000	2栋	8000		
			工人寝室	同上	2000	1栋	2000		
			学生寝室	同上	12000	2层楼房2栋	24000		
			饭厅	同上	3000	2栋	6000		
			厨房	同上	2000	1栋	2000		
			澡堂	同上	2000	1栋	2000		
			礼堂	同上	22000	2层楼房1栋	22000		
1937	沦陷后均散失	南京白下路	器具	同上					
			办公桌	同上	6	50张	300		
			学生课桌凳	同上	5	400套	2000		
			双人床	同上	5	300张	1500		
			单人床	同上	3	200张	600		
			铁床	同上	12	50张	600		
			方桌	同上	2	100张	200		

---

①民国二十四年及二十五、二十六年

续表

损失年月日	事件	地点	损失项目	购置年月	单价	数量	购置时价值	损失时价值	证件
			长板凳	同上	1	400条	400		
			木靠椅	同上	1	100张	100		
			沙法〔发〕	同上	12	10套	120		
1937	沦陷后散失	南京白下路	图书	1935			3500		
同上	同上	同上	仪器	同上			1000		
同上	同上	同上	医药用品	①			500		
同上	同上	同上	各项杂物	同上			500		

3) 重庆中正学校财产间接损失报告表

填送日期：民国三十六年八月十日

分类	数额（国币元）
共计	177590
迁移费	34200
防空设备费	104500
疏散费	23450
救济费	15440
抚恤费	
报告者：校长黄雍	

4) 重庆中正学校财产间接损失说明表

填送时间：民国三十六年八月十日

损失年月	损失项目	数额（国币元）	备注
1937～1938	迁移费	34200	由京迁湖南湘潭转迁桂林再转重庆，物品之搬运及教职员之船旅费合如上数
1939	防空设备费	104500	在重庆小龙坎覃家岗本校附近凿防空洞6处，容量2000人，计工资材料设备等项合支如上数
1938.12	疏散费	23450	计发全体教职员58人疏散及物品之移动保管等费合支如上数
1937～1939	救济费	15440	计发教职员中之婚丧疾病补助等救济费合支如上数
合计		177590	
报告者：校长黄雍			

22. 重庆市私立南山中学财产损失报告（1947年8月14日）

1）重庆市私立南山中学财产直接损失汇报表

事件：轰炸

日期：民国三十年八月三十日

地点：黄桷垭南山路

填送日期：民国三十六年八月十四日

分类	价值（国币元）
共计	19500
建筑物	炸弹振〔震〕塌办公室3间 4100
其他	炸弹振〔震〕坏教室宿舍屋瓦、门窗、玻璃等修缮 15400
报告者：校长邓建中（章）	

2）重庆市私立南山中学财产损失报告单

填送日期：民国三十六年八月十四日

损失年月日	事件	地点	损失项目	购置年月	单价	数量	价值（国币元） 购置时价值	价值（国币元） 损失时价值	证件
1941.8.30	轰炸	黄桷垭南山路	办公室	1941.5	4100	1	4100	4100	保长证明书一件
同上	同上	同上	教室宿舍修缮	1938.4	7700	3	7700	15400	同上

3）重庆市私立南山中学财产间接损失表

填送日期：民国三十六年八月十四日

分类	数额（国币元）
共计	2800
防空设备费	1939年7月建防空洞2座，容500人，炸药、木料、工资共计国币2800
报告者：校长邓建中（章）	

23. 重庆市私立敬善中学财产损失报告(1947年8月12日)

1)重庆市私立敬善中学财产损失汇报表

填送日期：民国三十六年八月十二日

分类	价值(国币元)
共计	446090
建筑物	397350
器具	16690
现款	
图书	10050
仪器	7000
医药用品	15000
其他	

报告者：敬善中学校长李义铭(章)

2)重庆市私立敬善中学财产损失报告单

填送日期：国民三十六年八月十二日

损失年月日	事件	地点	损失项目	购置年月	单价	数量	价值(国币元) 购置时价值	价值(国币元) 损失时价值	证件
1940.9.30	轰炸	临华街	街房	1935	2950	8幢	23600	236000	
1941.8.3	轰炸焚毁	中一路	街房	1937	3000	5幢	15000	150000	
同上	同上	同上	课桌	同上	3.10	200	620	6200	
同上	同上	同上	方桌	同上	4	15	60	600	
同上	同上	同上	办公桌	同上	5	12	60	600	
同上	同上	同上	五屉桌	同上	6.80	10	68	680	
同上	同上	同上	凳子	同上	0.40	400	240	2400	
同上	同上	同上	板凳	同上	0.80	60	48	480	
同上	同上	同上	方凳	同上	0.80	30	24	240	
同上	同上	同上	木床	同上	2.40	100	240	2400	
同上	同上	同上	黑板	同上	7	10	70	700	
同上	同上	同上	架子	同上	2	10	20	200	
同上	同上	同上	沙法〔发〕	同上	25	2	50	500	
同上	同上	同上	椅子	同上	10	3	30	300	
同上	同上	同上	挂钟	同上	6	1	6	60	

续表

损失年月日	事件	地点	损失项目	购置年月	单价	数量	价值(国币元) 购置时价值	价值(国币元) 损失时价值	证件
同上	同上	同上	座钟	同上	6	1	6	60	
同上	同上	同上	图书架	同上	8	5	40	400	
同上	同上	同上	乒乓台	同上	9	6	54	540	
同上	同上	同上	厨房大小木具	同上		25	11	110	
同上	同上	同上	大小铁锅	同上	5	2	10	100	
同上	同上	同上	洋瓷面盆	同上	1	12	12	120	
同上	同上	同上	校门	同上		1	35	350	
同上	同上	同上	稽查室	同上		1	800	8000	
同上	同上	同上	医务所	同上		1	300	3000	
同上	同上	同上	万有文库	同上		1	600	6000	
同上	同上	同上	各种教科书	同上			200	2000	
同上	同上	同上	大地图	同上	5	1	5	50	
同上	同上	同上	各教科书指成	同上			200	2000	
同上	同上	同上	物理化学仪器	同上			200	2000	
同上	同上	同上	显微镜	同上		1	200	2000	
同上	同上	同上	医疗器具	同上		25	300	3000	
同上	同上	同上	药品	同上			1500	15000	

24. 重庆市私立达德高级会计职业学校财产损失报告(1947年8月10日)

1)重庆市私立达德高级会计职业学校财产直接损失汇报表

事件：敌机轰炸

填送日期：民国三十六年八月十日

分类	价值(国币元)
共计	440000
建筑物	400000
器具	40000
现款	
图书	
仪器	
医药用品	
其他	
报告者：校长吴国仁(章)	

2)重庆市私立达德高级会计职业学校财产直接损失报告单

填送日期：民国三十六年八月十日

损失年月日	事件	地点	损失项目	购置年月	单价	数量	价值(国币元) 购置时价值	价值(国币元) 损失时价值	证件
1943.1		刘家台	建筑物	1941.1			400000	400000	
1944.4		刘家台	校具	1943.1	300	约20套	6000	40000	

3)重庆市私立达德高级会计职业学校财产间接损失汇报表

填送日期：民国三十六年八月十日

分类	数额(国币元)
共计	2905000
迁移费	2795000
防空设备费	100000
疏散费	10000
救济费	
抚恤费	
报告者：校长吴国仁(章)	

4)重庆市私立达德高级会计职业学校财产间接损失报告单

填送日期：民国三十六年八月十日

损失年月日	事件	地点	损失项目	购置年月	单价	数量	价值(国币元) 购置时价值	价值(国币元) 损失时价值	证件
1943.8	迁校	刘家台迁兴隆场	迁移费				45000		
1944.8	迁校	兴隆场迁江北刘家台	迁移费				150000		
1944		刘家台	防空设备费				100000		
1946.9	复员	刘家台迁张家花园	复员费				2600000		
1933			疏散费				10000		
校长：吴国仁(章)									

25. 重庆市私立清华中学财产损失报告(1947年8月13日)

1)重庆市私立清华中学财产直接损失汇报表

事件：敌人占领香港及海防

日期：民国二十九年九月八日暨三十年十二月十五日

地点：香港及海防

填送日期：民国三十六年八月十三日

分类	价值(国币元)
共计	16000000
建筑物	
器具	
现款	
图书	5000000
仪器	10000000
医药用品	1000000
其他	
报告者：傅任敢(章)	

2)重庆市私立清华中学财产损失报告单

填表日期:民国三十六年八月十三日

损失年月日	事件	地点	损失项目	购置年月	单价	数量	价值(国币元) 购置时价值	价值(国币元) 损失时价值	证件
1941.9	敌占海防	海防	图书	1940.1		3000册	4500000	5000000	
1941.12.25	敌占香港	香港	生物理化仪器	1941.10		120件	9000000	10000000	
1941.12.25	敌占香港	香港	医药用品	1941.10		200件	800000	1000000	

3)重庆市私立清华中学财产间接损失报告表

填送日期:民国三十六年八月十三日

分类	数额(国币元)
共计	20120000
迁移费	120000
防空设备费	10000000
疏散费	5000000
救济费	5000000
抚恤费	
报告者:傅任敢(章)	

26. 重庆市私立嘉励中学财产间接损失报告表(1947年8月8日)

填送日期:民国三十六年八月八日

分类	数额(国币元)
共计	45000000
迁移费	12000000
防空设备费	6000000
疏散费	12000000
救济费	10000000
抚恤费	5000000

27. 重庆市私立建川中学财产损失报告(1947年8月8日)

1) 重庆市私立建川中学财产直接损失汇报

事件：被炸

日期：民国三十一年七月六日

地点：黄氏山庄

填送日期：民国三十六年八月八日

分类	价值(国币元)
共计	34459000
建筑物	10800000
器具	6480000
现款	789000
图书	5500000
仪器	2400000
医药用品	6240000
其他	2250000

报告者：校长邓复炎(章)

2) 重庆市私立建川中学财产损失报告单

填表日期：民国三十六年八月八日

损失年月日	事件	地点	损失项目	购置年月	单价	数量	价值(国币元) 购置时价值	价值(国币元) 损失时价值	证件
1942.7.6[①]	被炸	黄氏山庄	房屋	1940.8	400000	3幢	1200000	10800000	
同上	同上	同上	器具	1940.8	1500	480件	770000	6480000	
同上	同上	同上	现金	1942.7	789000		789000	789000	
同上	同上	同上	图书	1940.9	300	3600本	1080000	5500000	
同上	同上	同上	仪器	1941.2	40000	3套	120000	2400000	
同上	同上	同上	医药	同上		75件	378000	6240000	
同上	同上	同上	其他不动产及什物	同上		60种	50000	2250000	

---

① 根据史实，1942年日机未轰炸重庆，故此处史实有误，但原文如此。

3)重庆市私立建川中学财产间接损失报告单

填送日期:民国三十六年八月八日

分类	数额(国币元)
共计	62350000
迁移费	(一)1942年7月由北区黄氏山庄迁入和场段家公馆,迁移245000,修葺50000; (二)1943年1月底由人和场迁璧山温家湾荣家冲,迁移1270000,修葺320000; (三)1944年2月初由璧山迁回人和场过云别墅,迁移2090000,修葺540000; (四)1946年9月初由还云别墅迁回市区董家溪,迁移5640000,建筑5800000。
防空设备	(一)黄氏山庄防空洞2(1940年10月兴建),260000; (二)段家公馆防空洞3(1942年8月兴建),960000。
疏散费	(一)疏散黄氏山庄2年,租金黄谷90市石45000; (二)疏散段家公馆半年,租金黄谷30市石30000; (三)疏散璧山温家湾1年,租金黄谷150市石300000; (四)疏散人和场还云别墅2年半,租金黄谷320市石3200000。
救济费	1940~1944年眷属疏散房租津贴,1600000。

报告者:校长邓复炎(章)

28. 重庆市私立大公职业学校财产损失报告(1947年8月6日)

1)重庆市私立大公职业学校财产直接损失汇报表

事件:抗战军兴

日期:民国二十六年八月十三日

地点:上海

填送日期:民国三十六年八月六日

分类	价值(国币元)
共计	362400000[①]
建筑物	210000000
器具及机器	97200000
图书	1200
仪器	36000000
医药用品	600000
材料	5400000
产品	1200000

报告者:刘慎之(章)

---

① 此处统计数字有误,实应为350401200,原文如此。

2)重庆市私立大公职业学校财产损失报告单

填送日期:民国三十六年八月六日

损失年月日	事件	地点	损失项目	购置年月	单价	数量	价值(国币元) 购置时价值	价值(国币元) 损失时价值	证件
1937.8.13	抗战军兴	上海	校舍	1933.1	105000000	2座	147000000	210000000	
			机器	1932.8	5670000	12部	47628000	68040000	
			器具	1933.1	1000	2961件	20412000	29160000	
			图书	1932.7	25	49000册	8400000	12000000	
			医药用品	1933.2	2000	300种	420000	600000	
			材料	1932.7	54000	100吨	3780000	5400000	
			产品	1935.1	10000	120件	840000	1200000	

3)重庆市私立大公职业学校财产间接损失表

填送日期:民国三十六年八月六日

分类	数额(国币元)
共计	235200000[①]
迁移费	66000000
防空设备费	108000000
疏散费	4200000
救济费	27000000
抚恤费	37000000

报告者:刘慎之(章)

29. 重庆市私立民建中学战时财产间接损失报表（1947年8月10日）

填送日期:民国三十六年八月十日

分类	数额(国币元)
迁移费	50000000(1944年从鱼洞溪迁至江北杨家院子,用费15000000;1945年从杨家院子迁至磐溪玉带山,用费35000000)
防空设备费	30000000(1944年用费10000000,1945年用费20000000)

① 此处统计数字有误,实应为242200000,原文如此。

续表

疏散费	20000000（1944年用费8000000,1945年用费12000000）	
救济费	5000000（1944年用费1500000,1945年用费3500000）	
抚恤费	5000000（1944年用费1500000,1945年用费3500000）	
共计	110000000	
	报告者：重庆市私立民建中学校长：吴朝禧（章）	

30. 重庆市私立初级九经中学校财产损失报告（1947年8月8日）

1) 重庆市私立初级九经中学校财产损失报告单

填送日期：民国三十六年八月八日

损失年月日	事件	地点	损失项目	购置年月	单价	数量	价值（国币元）购置时价值	价值（国币元）损失时价值	证件
1943.4.5	被炸被焚	重庆市	新式洋房	1942.5		1座计20间	1917678	2867895	
同上	同上	同上	器具、书桌等物	1943.3		400张	1567895	2531669	
同上	同上	同上	图书	1943.1		1956本	561271	1256500	
同上	同上	同上	化学仪器	1943.1		全部	461892	1467895	
同上	同上	同上	现款				285186	285186	
同上	同上	同上	迁移建筑费					2280000	
同上	同上	同上	防空设备费	1941.10				2978173	
同上	同上	同上	迁移费	1943.6				356141	
报告者：重庆市私立初级九经中学校长王克孜（章）									

2) 重庆市私立初级九经中学财产间接损失报告表

事件：被炸被焚

日期：民国三十年四月五日

地点：重庆市

填送日期：民国三十六年八月八日

分类	数额（国币元）	损失年月
共计	3334314	
迁移费	356141	1943.4.5
疏散费		
防空设备费	2978173	1943.4.5

续表

分类	数额(国币元)	损失年月
救济费		
抚恤费		
报告者:校长王克孜(章)		

31. 重庆市私立西南美术专科学校、西南实用美术职业学校财产损失报告(1947年8月14日)

1)重庆市私立西南美术专科学校、西南实用美术职业学校财产直接损失汇报表

　　事件:敌机轰炸

　　日期:民国三十年六月五日,七月六日、七日

　　地点:重庆市美专校街

分类	价值(国币元)
共计	185000
建筑物	80000
器具	25000
现款	32000
图书	43000
仪器	
医药用品	
其他	5000
报告者:校长万从木(章)	

2)重庆市私立西南美术专科学校、西南实用美术职业学校财产损失报告单

　　填送日期:民国三十六年八月十四日

损失年月日	事件	地点	损失项目	购置年月	单价	数量	价值(国币元) 购置时价值	价值(国币元) 损失时价值	证件
1941.6.5～1941.7.6至7	轰炸	重庆市	建筑物	1933.10		大礼堂1个,街房一列,宿舍3院。	80000	约250000	
			校具	1933.9		620件	25000	76000	
1944.12.19	疏散	犍为	图书	1933.9		7200册	32000	198000	
			理化仪器	1933～1934		230件	43000	2400000	
			医药用品						

3)重庆市私立西南美术专科学校、西南实用美术职业学校财产间接损失报告表

填送日期：民国三十六年八月十四日

分类	数额（国币元）
共计	2965000[①]
迁移费	180000(1940)
防空设备费	435000(1940~1944)
疏散费	1200000(1944)
救济费	1115000(1944.12)
抚恤费	
报告者：校长万从木（章）	

32. 重庆市私立文苑中学财产损失报告(1947年8月15日)

1)重庆市私立文苑中学财产直接损失汇报表

事件：敌机轰炸

日期：民国三十四年八月二十日

地点：江北石佛寺

填送日期：民国三十六年八月十五日

分类	价值（国币元）
共计	660000[②]
建筑物	500000
器具	7000
现款	
图书	24000
仪器	26000
医药用品	
其他	40000（衣物）
报告者：董事长张瑶（章）	

---

① 此处统计数字有误，实应为2930000，原文如此。
② 此处统计数字有误，实应为597000，原文如此。

2)重庆市私立文苑中学财产损失报告单

填送日期:民国三十六年八月十五日

损失年月日	事件	地点	损失项目	购置年月	单价	数量	价值(国币元) 购置时价值	价值(国币元) 损失时价值	证件
1942.8.20	敌机轰炸	江北石佛寺	房屋	1941.5	250000	6栋	250000	500000	由出事地点保甲文件证明
同上	同上	同上	校具	1941.6	35000	3种	35000	70000	同上
同上	同上	同上	衣物	1941.4	20000	200件	20000	40000	同上
同上	同上	同上	图书	1939.7	6000	2500册	6000	24000	同上
同上	同上	同上	仪器	1940.3	6500	5类	6500	26000	同上
总计					317500		317500	660000	

报告者:重庆市私立文苑中学董事长张瑶(章)

3)重庆市私立文苑中学财产间接损失报告表

填送日期:民国三十六年八月十五日

分类	数额(单位:国币元)
共计	25000
迁移费	1000
防空设备费	20000
疏散费	
救济费	4000
抚恤费	

报告者:董事长张瑶(章)

33. 重庆市私立复兴补习学校财产损失报告(1947年8月15日)

1)重庆市私立复兴补习学校财产直接损失汇报表

　　　　事件:敌机轰炸

　　　　日期:民国三十年五月四日

　　　　地点:中华路237号

　　　　填送日期:民国三十六年八月十五日

分类	价值(国币元)
共计	258200
建筑物	240000
器具	15200
现款	
图书	
仪器	
医药用品	
其他	3000(衣物)
报告者:校长高锦章(章)	

2)重庆市私立复兴补习学校财产损失报告单

填送日期:民国三十六年八月十五日

损失年月日	事件	地点	损失项目	购置年月	单价	数量	价值(国币元)购置时价值	价值(国币元)损失时价值	证件
1941.5.4	敌机轰炸	中华路237号	房屋	1940.12		2栋	80000	240000	由出件地点保甲文件证明
同上	同上	同上	校具	1941.3		4种	7600	15200	同上
同上	同上	同上	衣物	1941.4		45件	1500	3000	同上
总计							89100	258200	
报告者:重庆私立复兴补习学校校长高锦章(章)									

3）重庆市私立复兴补习学校财产间接损失报告表

填送日期：民国三十六年八月十五日

分类	数额（单位：国币元）
共计	25000
迁移费	15000
防空设备费	10000
疏散费	
救济费	
抚恤费	
报告者：校长高锦章（章）	

34. 重庆市私立实验补习学校财产损失报告（1947年8月15日）

1）重庆市私立实验补习学校财产直接损失汇报表

事件：敌机轰炸

日期：民国三十年八月二十日

地点：小较场10号

填送日期：民国三十六年八月十五日

分类	价值（国币元）
共计	285000
建筑物	260000
器具	8000
现款	
图书	
仪器	
医药用品	
其他	17000（床被和衣物）
报告者：校长高云帆（章）	

2) 重庆市私立实验补习学校财产损失报告单

填送日期:民国三十六年八月十五日

损失年月日	事件	地点	损失项目	购置年月	单价	数量	价值(国币元) 购置时价值	价值(国币元) 损失时价值	证件
1941.8.20	敌机轰炸	小较场10号	房屋	1939.9	65000	4栋	65000	260000	由出事地点保甲文件证明
同上	同上	同上	校具	1941.4	7000	5种	7000	8000	同上
同上	同上	同上	床被	1939.5	3000	10宗	3000	12000	同上
同上	同上	同上	衣物	1940.2	2500	20件	2500	5000	同上
总计							77500	285000	
1941.8.20	敌机轰炸	小较场10号	房屋	1939.9	65000	4栋	65000	260000	由出事地点保甲文件证明

报告者:重庆市私立实验补习学校校长高云帆(章)

3) 重庆市私立实验补习学校财产间接损失报告表

填送日期:民国三十六年八月十五日

分类	数额(国币元)
共计	46000
迁移费	16000
防空设备费	20000
疏散费	10000
救济费	
抚恤费	

报告者:校长高云帆(章)

(七)重庆市公私立各中小学校财产损失汇报总清册
(1947年9月)

序号	校名	直接损失（国币元）	间接损失（国币元）	合计损失（国币元）	损失日期
1	私立大夏中学	95000000	11450000	106450000	1937
2	私立南山中学	3900000	2800000	6700000	1941
3	私立清华中学	16000000	40120000	56120000	1940
4	私立英才中学	53100000		53100000	1939
5	私立嘉励中学		45000000	45000000	1941
6	私立中正中学	1881108000	137340000	2018448000	1937
7	私立东方中学	181680000	97000000	278680000	1941
8	私立复旦中学	745008000	585280000	1330288000	1941
9	私立淑德女中	250000000	10000000	260000000	1939
10	私立立行中学	39000000	31000000	70000000	1938
11	私立求精中学	660000000	32000000	692000000	1938
12	私立大中中学		9600000	9600000	1941
13	私立育英中学	103020000	2500000	105520000	1944
14	私立树人中学	36500000		36500000	1941
15	私立沪童中学	178000000	234200000	412200000	1939
16	私立明诚中学	1000000000	220000000	1220000000	1941
17	私立南京青年会中学	161500	22000	183500	1937
18	私立巴蜀中学	804000000	260000000	1064000000	1939
19	私立中国中学		5000000	5000000	1941
20	市立商业职业校	143000000	49800000	192800000	1940
21	私立实商职业校	120385000	12040000	132425000	1939
22	私立宽仁护士校	115500000	8000000	123500000	1940
23	私立敬业职业校	16500000		16500000	1940
24	私立中华职业校	58500000	25000000	83500000	1941
25	私立西南艺术校	511900000	42950000	554850000	1941
26	私立适存职业校	15500000	26000000	41500000	1938
27	私立大公职业校	604000000	392000000	996000000	1937
28	省立川东师范校	12560000000		12560000000	1941

一、重庆市各公私立中小学(中等职业学校)被炸损失部分

续表

序号	校名	直接损失（国币元）	间接损失（国币元）	合计损失（国币元）	损失日期
29	私立立人中学	18500000	9000000	27500000	1940
30	私立载英中学	28000000		28000000	1939
31	市立造纸印刷校	38720000	71600300	110320300	1941
32	私立治平中学	409000000	197500000	606500000	1939
33	私立复兴中学	24000	5000	29000	1937
34	私立敬善中学	391960000		391960000	1941
35	省立重庆工业校	1579200000	555000000	2134200000	1941
36	私立武汉护士校	60000000		60000000	1941
37	私立友仁中学	380500000	58000000	438500000	1937
38	私立建川中学	267293228		267293228	1943
39	私立九经中学	7717000	5000000	12717000	1943
40	私立蜀都中学	91022434	16289320	107311754	1941
41	省立重庆女师校	205800000	2500000	208300000	1940
42	私立新中中学		22995300	22995300	1941
43	省立重庆商校	127740000	500000	128240000	1938
44	私立文德女中		25000000	25000000	1941
45	市立女子中学	1250000	7350000	8600000	1940
	合计	23798489162	3249841920	27048331082	
46	私立笃行小学	1600000	40000	1640000	1939
47	私立依仁小学	320000	36000	356000	1939
48	第四区19保校	1150000		1150000	1939
49	私立体心小学	1700000	60000	1760000	1940
50	私立广业小学	10450000	9601200	20051200	1940
51	迁建区永兴小学	30800		30800	1941
52	私立诚善小学	10000000		10000000	1941
53	私立德精小学	32600000	8400000	41000000	1944
54	大川实业公司员工子弟学校	3555000	540000	4095000	1941
	合计	61405800	18677200	80083000	
	中小学校总合计	23859894962	3268519120	27128414082	

注：序号为编者所加。

（八）重庆市公私立各中小学为遭受日机轰炸损失呈文及报表[①]

1. 重庆市私立复旦中学为呈报1939年9月3日夜被炸情形致教育部、重庆市社会局、四川省政府文（1939年9月4日）

窃属校位居化龙桥西红岩嘴，正拟于九月四日正式开学，突于九月三日夜半二时三十分许，敌机分批夜袭，滥施轰炸，属校女生饭厅、厕所全部炸毁，女生宿舍被毁者三分之一，其他各舍房顶、门窗、户壁震毁者甚多，理化仪器亦毁损大半，损失数目一时难以估计，刻正一面从事调查，一面雇工积极修整，期于日内开学，照常行课。此次属校校舍虽被毁一部，因事先师生全部避入防空洞，幸均获安全。理合将被炸情形具文报请钧部、局，俯赐鉴核备查，并恳派员履勘。是否有当？指令只遵！谨呈：

教育部

重庆市社会局

省政府

校　长　李〇〇[②]
代理校长　颜〇〇[③]

2. 重庆市私立复旦中学校遵令造具1939年9月3日敌机夜袭被炸损坏房舍及器具等件、预计修复应需数目清册（1939年9月）

类别	被炸损坏房舍及器具	预计修复数	备考
建筑物	礼堂、女生饭厅	25000元	系两用大厦1座，全部炸毁
	女生部厕所	4750元	全部震倒
	女生部浴室	4750元	同前（上）
	女生部宿舍	8500元	三楼部分被震倒塌，门窗间隔完全损坏

---

① 本部分呈文及报表，以学校为单位排列，故在时间上有所交叉，特此说明。

② 即李登辉，下同。

③ 即颜伯华，下同。

续表

类别	被炸损坏房舍及器具	预计修复数	备考
建筑物	女生部教室	3400元	房顶震毁,天花板震落,门窗全部震毁,墙壁震裂
	男生部教室	1000元	房顶震毁,楼上天花板震落,门窗损毁一部分
	男生部饭厅	400元	房盖震毁,天花板门窗震毁一部分
	男生部盥洗室	400元	同前(上)
	男生部宿舍	600元	同前(上)
器具	大小灶2口、鼎锅、耳锅、甑子、锅共62口	650元	完全炸毁
	桌子	660元	计66张,完全炸毁
	三人坐椅	630元	计42把,完全被毁
	女生宿舍双人床	1680元	计70张,完全压毁
	男、女生教室课桌、坐椅	4544元	计284套,完全炸毁
	零星校具	400元	完全毁坏
仪器	玻璃烧瓶	500元	大小246个
	玻璃烧杯	420元	140组
	大小玻瓶	174元	145个
	玻璃试管	80元	600个,完全损坏
	酒精灯	30元	24个,完全损坏
	电解器	50元	1具,损坏
	其他附带零件	100元	完全损坏
	轻氯合成管	24元	1具,损坏
	气体测量管	125元	5组,完全损坏
	磁坩埚	120元	大小90个,完全损坏
	磁蒸发器	140元	大小30个,完全损坏
	化学药品	1400元	损坏
	化学天平	300元	4具,损坏
	气压计	150元	2具,损坏
	显微镜	1000元	2架,损坏
	X光灯	150元	1具,损坏
	静电起电机	200元	1具,损坏
	分光镜	240元	1具,损坏
	温席表	10元	6支,损坏
	比重表	3元	2支,损坏

续表

类别	被炸损坏房舍及器具	预计修复数	备考
仪器	凸凹镜	40 元	1 组,损坏
	盖斯拉管	80 元	30 支,损坏
	克罗克斯管	105 元	30 支,损坏
	阴极光管	160 元	8 个,损坏
	无线电收音机	□	1 架,损坏
	电压表	80 元	1 个,损坏
	电流表	80 元	1 个,损坏
	真空振铃	30 元	1 具,损坏
	轻射器	20 元	1 具,损坏
医药	器机、玻瓶、水药、针药	200 元	损坏
其他	全校玻璃	6800 元	40 箱,损坏
	全校电灯	1422 元	158 盏,损坏
合计		71897 元	

3. 重庆市私立复旦中学造报 1939 年 9 月 4 日被炸损失情形（1939 年 9 月）

1) 重庆市私立复旦中学财产直接损失汇报表

事件:敌机轰炸

日期:民国二十八年九月四日上午 2 时

地点:重庆市化龙桥红岩嘴

分类	价值(国币元)
建筑物	48800
器具	8564
仪器	6110
医药用品	200
其他	8222
共计	71896

2)重庆市私立复旦中学财产损失报告单

1. 建筑物损失：礼堂、女生饭厅两用大厦一所全部炸毁，预计修复须25000元；女生厕所及浴室全部震倒，预计修复须9500元；女生宿舍三楼倒塌，门窗间隔完全损坏，预计修复约8500元；女生教室房顶震毁，天花板震落，门窗全部震毁，墙壁震裂，预计修复约3400元；男生教室房顶震毁，楼上天花板震落，门窗损毁一部分，预计修复约1000元；男生宿舍房盖震坏，天花板暨门窗震毁一部分，预计修复约600元；男生饭厅、男生盥洗室房盖震毁，天花板门窗震毁一部，预计修复约须（需）800元，合计48800元。

2. 器具损失：礼堂、女生饭厅内锅碗厨具全毁，饭桌坐椅共42套全毁，约计损失1700元；女生宿舍压毁双人床70张、桌子24张，约计损失1920元；男女生教室压毁课桌坐椅计384套，约计损失4544元，其他零星校具约计400元，合计8564元。

3. 仪器损失：玻璃烧瓶计压毁146个，约计损失500元；玻璃烧杯压毁140组，约计420元；玻瓶大小压毁145个，约计损失174元；玻璃试管600个，损失约80元；酒精灯24个，约计损失30元；电解器一具，约计50元；轻氯合成管一具，约计24元；气体测量管5组，约计125元；磁钳锅[坩埚]大小90个，约计120元；磁蒸发皿大小30个，约计140元；其他另件约计100元；化学药品，约计1400元；化学天平一具，约计300元；气压计2具，约计150元；静电起电机一具，约计200元；分光镜一具，约计240元；温度表6支，约计10元；比重表2支，约计3元；凸凹镜1组，约计40元；盖斯拉管30支，约计80元；克罗克斯管30支，约计105元；阴极光管8个，约计160元；无线电收音机一架，约计300元；电压表一个，约计80元；电流表一个，约计80元；真空振铃一具，约计30元；辐射器一具，约计20元，合计6110元。

4. 医药用品损失：器械、玻瓶、水药、针药损失，约计200元。

5. 其他：全校玻璃损失约计40箱，每箱以时价170元计算，计损失6800元；电灯损失158盏，每盏材料装工以时价9元计算，计共损失1422元。

4. 重庆市私立复旦中学为报该校 1940 年 5 月 26 日被炸情形等呈重庆市社会局文（1940 年 5 月 26 日）

窃查五月二十六日下午 1 时 20 分许,敌机约近百架来袭渝市,当飞抵属校上空时,即狂施投弹,校地以内中弹达 30 余枚之多,属校男生教室及男生宿舍均告中弹,男生教室右端完全倒塌,计毁教室 4 间,仪室储藏间 1 间,所储理化生物仪器药品损失无余,并曾一度起火焚烧,幸经扑救,即告熄灭；男生寝室弹中中部,计塌屋二层,学生行李损失一部分,其余如男生厕所则因受震剧烈,全部毁坏。至于全校各舍门窗、屋面、校具、电灯、校舍,损坏颇巨,详细损失正在确查中,稍缓即当填表呈请钧局转报。所幸全校在校师生并无死伤,但以适值星期例假,外出者尚属一时无法清查,俟调查清楚后,再当呈请钧局鉴核。至于工友方面,伤厨役 4 人、校警 2 名,已送重伤医院医治。此次属校惨遭再度轰炸,损失较上年 9 月者更为惨重,修缮整理颇需时日,迫不得已,只能暂行停课。理合将属校被炸情形呈请钧局鉴核备查,并迅赐派员来校查勘,指示学生学业善后办法,实为德便！所有呈报被炸以及呈请派员查勘指示各缘由,是否有当？谨俟指令只遵！谨呈：

重庆市社会局局长包[①]

校　　长　李○○
代校长　　颜○○

[①] 即包华国。

5. 重庆市私立复旦中学编制抗战损失财产目录表(1942年10月)

编制日期:民国三十一年十月

	损失项目	单位	数量	损失价值（国币元）	损失原因	损失时期	损失地点	备考
校舍	男生教室	幢	1	156400	敌机轰炸	1940	重庆市外化龙桥	
	女生饭厅	幢	1	119600	同	同	同	
	男生宿舍	幢	1	90240	同	同	同	
	女生教室	幢	1	126656	同	同	同	
	男生饭厅	幢	1	85288	同	同	同	
	女生宿舍	幢	1	104832	同	同	同	
	男生厕所	幢	1	4512	同	同	同	
	女生厕所	幢	1	4512	同	同	同	
	男生浴室	幢	1	9440	同	同	同	
	女生浴室	幢	1	9440	同	同	同	
	学校校门	幢	1	5952	同	同	同	
校具	书桌	张	1000	24000	敌机轰炸	同	同	
	板凳	条	600	3840	同	同	同	
	双人床	间	400	8960	同	同	同	
	单人床	间	400	6400	同	同	同	
	木床	间	200	4800	同	同	同	
	办公桌	张	60	2880	同	同	同	写字台式
	办公桌	张	80	1920	同	同	同	两抽桌式
	书橱	个	20	960	同	同	同	
	文卷柜	个	24	576	同	同	同	
	饭桌	张	400	6400	同	同	同	
	靠椅	张	200	3200	同	同	同	
	保险柜	个	2	960	同	同	同	
	单人凳	条	200	1600	同	同	同	
	理化桌	张	8	13800	同	同	同	
	电灯器材			36800	同	同	同	电灯电线及存储未用器材
	未用器材			40160	同	同	同	购回建修房屋未用器材,甫建地基即被炸毁

续表

损失项目		单位	数量	损失价值（国币元）	损失原因	损失时期	损失地点	备考
图书	宗教类	册	600	3200	敌机轰炸	1940	重庆市外化龙桥	
	哲学类	册	500	4000	同	同	同	
	社会科学类	册	800	6400	同	同	同	
	语文学类	册	900	7200	同	同	同	
	自然科学类	册	1000	6400	同	同	同	
	应用科学类	册	1200	7200	同	同	同	
	美术学类	册	800	6400	同	同	同	
	文学类	册	12000	9600	同	同	同	
	史地类	册	9000	10040	同	同	同	
仪器	各种物理实验器			28800	敌机轰炸	同	同	
	各种化学实验器			24000	同	同	同	
	各种化学药品			9600	同	同	同	
生物标本	各种动物标本			13300	敌机轰炸	同	同	
	各种植物标本			11900	同	同	同	
体育设备及器具	各种运动器具			5400	敌机轰炸	同	同	
	各种运动设备			11400	同	同	同	
医药	医疗器具及设备			10800	敌机轰炸	同	同	
	药品设备			9600	同	同	同	

校长：李登辉　　代理校长：颜伯华　　事务主任：王时凤　　会计：伍昌秀

6. 重庆市私立复旦中学1939年9月3日至1940年5月26日被炸损失情形(1945年7月22日)

1)重庆市私立复旦中学财产直接损失汇报表

事件:日机轰炸

日期:民国二十八年九月三日至二十九年五月二十六日

地点:重庆市化龙桥红岩嘴

填送日期:民国三十四年七月二十二日

分类	价值(国币元)
共计	损失153664,约计折合当时美金46556元
建筑物	1939年9月3日损失48800,折合当时美金14782元;1940年5月26日损失53200,折合当时美金16121元
器具	1939年9月3日损失8564,折合当时美金2595元;1940年5月26日损失10000,折合当时美金3030元
现款	
图书	
仪器	1939年9月3日损失6100,折合当时美金1848元;1940年5月26日损失10000,折合当时美金3030元
文卷	30宗
医药用品	1939年9月3日损失200,折合当时美金60元
原料	
产品	
其他	1939年9月3日损失6800,折合当时美金2060元;1940年5月26日损失10000,折合当时美金3030元

说明:1.查物价指数自1939年迄今波动太巨,所有表列1939~1940年损失数字系按当时美金1元值法币3.30元折合美金计算填列;

　　2.表列损失各数,悉以折合美金,系便政府将来责由敌国日本赔偿。

2）重庆市私立复旦中学财产间接损失报表

分类	价值（国币元）
共计	损失疏散搬迁设备旅食各费共 110000，约计折合当时美金 33330 元，1945 年复校搬迁费 6500000（应请政府赐予折合美金）
迁移费	1940 年被炸迁移东温泉搬迁费 40000，折合当时美金 12120 元，1945 年复校搬迁费 6500000
防空设备费	1939 年设备费 50000，折合当时美金 15150 元
疏散费	1940 年教职员疏散东温泉旅食费 20000，折合当时美金 6060 元
救济费	
抚恤费	
可能生产额减少	
可获纯利额减少	

说明：1. 查物价指数自 1939 年迄今波动太巨，所有表列 1939～1940 年损失数字除 1945 年复校搬迁费外系按当时美金 1 元值法币 3.30 元折合美金计算填列；

2. 表列 1945 年复校搬迁费，究应以刻下法币若干折合美金始为适当，应请钧局核酌折合美金数字，赐予填列；

3. 表列损失各数，悉以折合美金，系便政府将来责由敌国日本赔偿。

7. 重庆市私立复旦中学遵令造具该校抗战期间被炸损失清册（1945 年 7 月）

A. 属于财产直接损失部分

被炸年月日	名称	种类	数量	估值抗战前国币	备注
1939.9.3	建筑物	礼堂女生饭厅两用大厦 1 栋	全部炸毁	25000	
		女生厕所及浴室	全部震倒	9500	被炸当时修复决算数
		女生宿舍三楼倒塌	门窗间隔完全损毁	8500	同
		女生教室房顶震毁	天花板及门窗全部毁坏	3400	同
		男生教室房顶震毁	天花板震落一部	1000	同
		男生宿舍房盖震坏	天花板、门窗震落一部	600	同
		男生饭厅及盥洗室	房盖暨天花板、门窗震坏一部	800	同
1940.5.26	建筑物	男生教室 1 栋	全部炸毁	5500	
		男生寝室中部中弹	毁坏 2 层	15000	

续表

被炸年月日	名称	种类	数量	估值抗战前国币	备注
1940.5.26	建筑物	男生厕所	1所	3200	
1939.9.3	器具	礼堂及女生饭厅内器具	压毁厨具暨饭桌坐椅并课桌等项	8564	被炸当时修复决算数
1940.5.26	器具	教宿舍课桌床具病一切储存校具等	毁坏三分之二	10000	
1939.9.3	仪器	仪器	压毁三分之二	6100	被炸当时购置决算数
1940.5.26	仪器	仪器	全部炸毁	10000	
1939.9.3	药品	医药用品	器械及玻瓶药水等	200	被炸当时购置决算数
1939.9.3	器材	全校玻璃	震毁玻璃40箱	6800	同
1940.5.26	器材	全校玻璃及电灯器材	全部震毁	10000	
合计				153664	

说明：1.查上列各项损失共值抗战前国币153664元，按当时美金1元值法币3.30元，折合美金46564元，如按日本投降时物价指数推算，则尚不止此数；

2.查上列各项损失如建筑物一项，当时因轰炸紧急，未及摄制照片，但于1939年9月及1940年5月先后被炸后，曾将被炸损毁详情呈报四川省政府教育厅暨重庆市社会局有案，并经政府大员监察院长于右任、何部长应钦、许委员长士英、吴市长国桢、余次长井塘莅校视察，经过（原缺）

3.（原缺）

4.上列损失各数，悉以折合美金，系便政府责由敌国日本赔偿。

8. 重庆市私立复旦中学为遵令重报战时财产损失呈重庆市教育局文（1947年12月1日）

奉钧局万统字第115号训令开："案奉市政府三十六年十月十八日以市统字第299号训令开：'案查前据该局转送复旦中学战时损失表一案，经核转行政院赔偿委员会查核在卷，兹准该会本年十月七日京（36）一字第2598号复函，以复旦中学所报损失，核有未合，嘱转饬照审核单圈注各点更正重报。等由；合行检同审核单及原表各一份，令仰速饬更正重报，以凭核转为要'。等因，奉此。合亟仰即遵照为要，此令。"等因，附原件及审查单各一份。奉此，除已遵照检发审核单圈注各点，将各表更正重行缮正外，惟查属校在抗战期中，为渝市受敌机狂炸先后三次损害最烈之学校，并经何部长敬之、于院长右任、吴市长国桢、许委员长世英、余次长井塘莅校查勘慰问，深知其情。兹将应行陈明各点，胪列于后，拟恳并予核转，俾荷政府实际救济，恢复属校旧观。

（一）查敌国日本流通货币，系以金币为单位，现与美元联系，日元与美金有正式之比价。我国法币币值时有变更，故表列各项被炸损失，除遵列被炸损失当时价值之法币数字外，另于表内备考栏详注当时法币损失折合美金数字，俾获保值，以便政府核计，责令赔偿。

（二）值此物价动荡继续上涨之际，如政府核令仍以被炸时之法币数字赔偿，则将无济于事，应请于核发时，以属校所损失之美金每元值法币数计算发给，或按物价指数加倍发给，俾有成数，着手建修被炸校舍及购置仪器、图书。再：查属校自乡复员以来，虽两载有余，但因连年添建教宿各舍，培修屋宇，支出之大，可谓费尽苦心，迄今负债累累，无从为计，此项赔偿被炸损失，如蒙政府赐念困难，准以原来损失价值之币值数字计算核给，则属校得此提掖，购置仪器图书设备，增建校舍，及以之恢复旧有规模，重奠基础，教育幸甚。

所有陈明各情，理合具文连同更正各表一并赍请钧局俯赐鉴察，并予核转示遵！谨呈：

重庆市教育局局长万

计呈财产损失报告单6份、财产直接损失审报表6份、财产间接损失报告表6份

重庆市私立复旦中学校长颜伯华
中华民国三十六年十二月一日

附表一：

重庆市私立复旦中学财产损失报告单

填送日期：民国三十六年十一月二十九日

损失年月日	事件	地点	损失项目	购置年月	单价	数量	价值（国币元）购置时价值	价值（国币元）损失时价值	证件
1939.9.3	敌机（日本）狂炸	重庆市化龙桥红岩嘴本校	礼堂女生饭厅两用大厦1栋炸毁	1938		全部炸毁	25000	75000	被炸后曾经先后具报主管机关有案
同	同	同	女生厕所及浴室震毁	同		全部震毁	9500	28500	同

一、重庆市各公私立中小学(中等职业学校)被炸损失部分

续表

损失年月日	事件	地点	损失项目	购置年月	单价	数量	价值(国币元) 购置时价值	价值(国币元) 损失时价值	证件
同	同	同	女生宿舍三楼震塌	同		门窗间隔完全毁坏	8500	25500	同
同	同	同	女生教室房顶震毁	同		天花板及门窗全部毁坏	3400	10200	同
同	同	同	男生教室房顶震毁	同		天花板震落一部	1000	3000	同
同	同	同	男生饭厅及盥洗室震毁	同		房盖及天花板震毁一部	800	2400	同
同	同	同	男生宿舍房盖震毁	同		天花板、门窗震落一部	600	1800	同
1940.5.26	同	同	男生教室一栋炸毁	同		全部炸毁	35000	140000	同
同	同	同	男生寝室中部中弹	同		震毁二层	15000	60000	同
同	同	同	男生厕所炸毁	同		全部炸毁	3200	12800	同
1939.9.3	同	同	礼堂女生饭厅两用大厅内器具全部炸毁	同		器具全部炸毁	8564	25692	同
1940.5.26	同	同	教宿舍课桌床具并一切储存校具等	同		炸毁2/3	10000	40000	同
1939.9.3	同	同	震毁仪器	同		震毁2/3	6100	18300	同
1940.5.26	同	同	炸毁仪器	同		全部炸毁	10000	40000	同
1939.9.3	同	同	震毁药品	同		震毁部分	200	600	同
同	同	同	震毁玻璃	同		震毁玻璃40箱	6800	20400	同
1940.5.26	同	同	全校玻璃及电灯器材	同		全部震毁	10000	40000	同
1939.2	同	同	防空洞设备费	28年		五道进出口	50000	150000	现尚设置校内可查

续表

损失年月日	事件	地点	损失项目	购置年月	单价	数量	价值(国币元) 购置时价值	价值(国币元) 损失时价值	证件
1940.8	同	同	疏散费	1940		学校暨教职员随校疏散	60000	240000	曾经呈报教育主管机关有案
1945.1	同	同	迁移费	1945		全校并教职员生、工友及教职员眷属由乡迁返回校	6500000	6500000	同
合计		6763664		7434192		左〈上〉列损失时价值 7434192 元,除 1945 年 1 月迁移费国币 6500000 元,系按 1945 年美金每美元 2000 元[法币]折合美金 3250 外,其余各项损失,均按被炸当时美金每美元 3.30 元折合美金 283087.64 元,共计损失美金 286338.45 元。		

附表二:

重庆市私立复旦中学财产直接损失汇报表

事件:被敌机(日本)狂炸损害

日期:民国二十八年九月三日、二十九年五月二十六日

地点:重庆市化龙桥红岩嘴本校

填送日期:民国三十六年十一月二十九日

分类	价值(国币元)	备考
共计	544192	以被炸当时美金每美元 3.30 元折合美金 164906.64 元
建筑物	359200	以被炸当时美金每美元 3.30 元折合美金 108848.48 元
器具	65692	以被炸当时美金每美元 3.30 元折合美金 19906.66 元
医药用品	600	以被炸当时美金每美元 3.30 元折合美金 181.81 元
仪器	58300	以被炸当时美金每美元 3.30 元折合美金 17666.66 元
其他	60400	以被炸当时美金每美元 3.30 元折合美金 18303.03 元
现款		
图书		
附注	(1)查敌国(日本)流通货币系以金币为单位,并以我国法币币值时有变更,故本校各项被炸损失共计数字,仍于备考内折合美金计列,以便政府核计责令赔偿; (2)值此物价动荡继续上涨,如政府核令以法币赔偿,应请以核发时美金每元值法币数计算发给,俾有成数,恢复学校旧观; (3)学校被炸损失各情,当时曾分别呈报教育主管机关并政府有案,特此陈明。	
报告者:校长颜伯华(章)		

附表三：

重庆市私立复旦中学财产间接损失报告表

填送日期：民国三十六年十一月二十九日

分类	数额(国币元)	备考
共计	6890000	左列各款除迁移费国币6500000元系按1945年美金每美元2000元折合美金3250元外，其余防空洞设备费暨疏散费均按被炸当时美金每美元3.30元折合美金，共计损失美金为121434.81元
迁移费	6500000	以1945年美金每美元2000元折合美金3250元
防空洞设备费	150000	以被炸当时美金每美元3.30元折合美金45454.54元
疏散费	240000	以被炸当时美金每美元3.30元折合美金72727.27元
救济费		
其他		
附注	(1)查敌国(日本)流通货币系以金币为单位，并以我国法币币值时有变更，故本校各项被炸损失共计数字仍于备考内折合美金计列，以便政府核计责令赔偿；(2)值此物价动荡继续上涨，如政府核令以法币赔偿，应请以核发时美金每元值法币数计算发给，俾有成数恢复学校旧观。(3)学校被炸损失各情，当时曾分别呈报教育主管机关并政府有案，特此陈明。	
报告者：校长颜伯华(章)		

附表四：

重庆复旦中学财产损失报告单

填送日期：民国三十六年十一月二十九日

损失年月日	事件	地点	损失项目	购置年月	单价	数量	价值(国币元) 购置时价值	价值(国币元) 损失时价值	证件
1939.9.3 1940.5.26	敌机(日本)狂炸	重庆市化龙桥红岩嘴本校	建筑物	1938 1939		共计毁损教宿舍10栋	51772575	103545150	被炸后曾经先后具报主管机关有案
同上	同上	同上	器具	同上		共计毁损千数百员生上课住宿办公用具	9421875	18843750	同上
同上	同上	同上	仪器	同上		足敷全校各班学生实验应用	8170650	16341300	同上
1940.5.26	同上	同上	药品	同上		全校师生应用	102175	204350	同上

续表

损失年月日	事件	地点	损失项目	购置年月	单价	数量	价值(国币元) 购置时价值	价值(国币元) 损失时价值	证件
1939.9.3, 1940.5.26	同上	同上	其他	同上		购存全校应用一切器材	8525750	17051500	同上
同上	同上	同上	防空设备费	同上		足敷二千数百人避难之用		50752500	现尚设置校内可查
1940.7.1	同上	同上	疏散费			千数百员生暨眷属疏散巴县乡间		60903000	曾经呈报教育主管机关有案
1945.7.1	同上	同上	迁移费			千数百员生暨眷属由巴县乡间迁还本校		10887500	同上
合计		278529050	查左列损失时价值合计 278529050 元，以被炸时值美金按官价每美元 3350 元计，折合美金为 83143 元，以 1947 年 2 月 11 日造报本表时市价每美元 16000 元计，折合损失法币数为 1330288000 元。							
报告者：校长颜伯华(章)										

附表五：

重庆市私立复旦中学财产直接损失汇报表

事件：被敌机(日本)狂炸损害

日期：民国二十九年五月

地点：重庆市化龙桥红岩嘴本校

填送日期：民国三十六年十一月二十九日

分类	价值	备考
共计	原值美金损失 46563 元（按官价每美元 3350 元计，折合法币数 155986050 元；按 1947 年 2 月 11 日市价每美元 16000 元计，折合法币数 745008000 元）	左列美金数系被炸当时原值
建筑物	原值美金损失 30909 元（按官价每美元 3350 元计，折合法币数 103545150 元；按 1947 年 2 月 11 日市价每美元 16000 元计，折合法币数 494544000 元）	同上
器具	原值美金损失 5625 元（按官价每美元 3350 元计，折合法币数 18843750 元；按 1947 年 2 月 11 日市价每美元 16000 元计,折合法币数 90000000 元）	同上

一、重庆市各公私立中小学(中等职业学校)被炸损失部分 157

续表

分类	价值	备考
仪器	原值美金损失 4878 元（按官价每美元 3350 元计，折合法币数 16341300 元；按 1947 年 2 月 11 日市价每美元 16000 元计，折合法币数 78048000 元）	同上
医药用品	原值美金损失 61 元（按官价每美元 3350 元计，折合法币数 204350 元；按 1947 年 2 月 11 日市价每美元 16000 元计，折合法币数 976000 元）	同上
其他	原值美金损失 5090 元（按官价每美元 3350 元计，折合法币数 17051500 元；按 1947 年 2 月 11 日市价每美元 16000 元计，折合法币数 81440000 元）	同上
附注	(1)查敌国(日本)流通货币系以金币为单位，并以我国法币币值时有变更，故本校各项被炸损失共计数字仍于备考内折合美金计列，以便政府核计责令赔偿；(2)值此物价动荡继续上涨，如政府核令以法币赔偿，应请以核发时美金每元值法币数计算发给，俾有成数恢复学校旧观；(3)学校被炸损失各情，当时曾分别呈报教育主管机关并政府有案，特此陈明。	
	报告者：校长颜伯华(章)	

附表六：

重庆复旦中学财产间接损失报告表

填送日期：民国三十六年十一月二十九日

分类	数额(国币元)	备考
共计	原值美金损失 36580 元（按官价每美元 3350 元计，折合法币数 122543000 元；按 1947 年 2 月 11 日市价每美元 16000 元计，折合法币数 585280000 元）	
防空设备费	原值美金损失 15150 元（按官价每美元 3350 元计，折合法币数 50752500 元；按 1947 年 2 月 11 日市价每美元 16000 元计，折合法币数 242400000 元）	左列美金数系当时原值
疏散费	原值美金损失 18180 元（按官价每美元 3350 元计，折合法币数 60903000 元；按 1947 年 2 月 11 日市价每美元 16000 元计，折合法币数 290880000 元）	同上
迁移费	原值美金损失 3250 元（按官价每美元 3350 元计，折合法币数 10887500 元；按 1947 年 2 月 11 日市价每美元 16000 元计，折合法币数 52000000 元）	同上
附注	(1)查敌国(日本)流通货币系以金币为单位，并以我国法币币值时有变更，故本校各项被炸损失共计数字仍于备考内折合美金计列，以便政府核计责令赔偿；(2)值此物价动荡继续上涨，如政府核令以法币赔偿，应请以核发时美金每元值法币数计算发给，俾有成数恢复学校旧观；(3)学校被炸损失各情，当时曾分别呈报教育主管机关并政府有案，特此陈明。	
	报告者：校长颜伯华(章)	

9. 重庆市私立复旦中学为该校抗战期中被炸损毁请求资助给联合国文教委员会奥勃罗先生的报告书(1948年6月5日)

查本校在受日本侵略抗战期中，为重庆市受敌机狂炸损害先后数次最烈学校，当时经国民政府军政部何部长应钦、监察院于院长右任、教育部余次长井塘、重庆市吴市长国桢、振济委员会许委员长士英，莅校查勘，深为抚慰。兹将被炸情形，暨本校希望各点列后：

（一）1940年5月26日敌机袭渝，在本校投弹30余枚之多，校室及宿舍，炸毁甚多，仪器储藏室亦毁，所储理化生物仪器药品，损失无余，并曾一度起火焚烧，幸经扑救，随告熄灭。其余校门暨厕所或全部毁坏，或震裂不堪。饭厅、厨室及门窗、屋面、校具、电灯等项，悉行毁坏。此次损失为本校最惨、最大之一次，综计损失数字，约值1938年购置时价20余万元（约合美金60600元），连同1939年9月3日，被炸损失数目共达30余万元之多（约合美金90900元）。当时以本校学生众多，学业关系甚大，如不速谋复课，不惟致误学程，亦有违政府抗战教育之旨。惟本校力量有限，即东挪西补之谋，亦穷为计。除于先后被炸当时将所受损毁情形，分别呈报四川省政府教育厅、国民政府行政院、教育部、振济委员会、重庆市政府请予从速救济补助去后，旋奉重庆市政府1940年6月15日市社字第759号指令经提交市府第53次市政会议议决，准予补助本校补助费2000元在案。其他各主管机关，虽未经拨款补助，但亦曾先后接到批答文件（随本文抄附）。其时，因日本敌机实行疲劳轰炸策略，本校以师生安全关系，不得不于1940年8月，暂行迁移距离重庆市100余里之巴县所属之东温泉，积极设法为各生复课。在乡艰苦支撑数载，于1945年春季，又由乡迁返重庆市化龙桥原校复课。复校以后，不特学校往返疏散迁移开支损失数字达6560000元之巨（约合当时美金3280元），所有教宿各舍，因疏散乡间，由国家中中交农四行联合办事总处借住，更加损害，不堪使用，不能不添建教宿舍，适值国内物价狂涨，以是负债累累，迄今尚无法偿付。惟教育关系民族兴替基础，本校虽日处困难当中，但无时不思力求更进整理，作育人才，期于国家人类有所贡献。

（二）基于上述各点，希望联合国文教委员会对于本校迅予下列各项帮助:A.学校被炸损失暨疏散迁移费用,共达美金94180元,如荷予以充分补助相当数字,则学校不特无法偿付旧债,得以从事清偿,且可力图实现新有建设计划(如设计中之图书室、理化实验室暨修复被炸宿舍等);B.本校理化生物仪器药品,自全部被炸毁后,虽有添置,终以品质不良,难期适用,如荷予以赠送若干,则学校不惟立可解决无力购置困难,各生缺乏实验受课痛苦,亦可免除。

(三)前列A、B两点希望,倘蒙惠允所请,非仅本校受赐实多,求学诸生当亦感拜无似也。

此致
联合国文教委员会奥勃罗代表
附英文译一份,又抄件一纸(原缺)

重庆复旦中学校长颜伯华
中华民国三十七年六月十五日

10. 重庆市私立大公职业学校财产直接损失汇报表（1939年11月16日）

事件:上海被占与重庆被炸

日期:九一八事变与民国二十八年五月二十八日

地点:上海及重庆

填送日期:民国二十八年十一月十六日

分类	价值(国币元)
共计	267560
建筑物	195820
器具	37200
现款	563
图书	5322
仪器	13510
文卷	
医药用品	6420
其他	8725
报告者:大公职业学校	

11. 重庆市社会局为转报私立西南实用艺术职业学校校舍被炸损失情形呈重庆市政府文(1941年8月21日)

案据私立西南实用艺术职业学校呈称:"窃本校在本市上清寺美专街自建大礼堂及宿舍1座,计值市价40万元。本月五日晚间,寇机袭渝,临空先投光明弹,随即低飞投弹,此座房屋命中燃烧弹多枚,烧毁全座房屋五分之四有几,估计损失国币32万元。查本校系属私立,经费素感拮据,惨淡经营十有七年,兹受此重大损失,理合具文填表呈报钧局请予备查,一俟胜利到临,应恳俯予扶助,拨款恢复,用宏教育,实为公便。"等情;附呈损失报告一纸。据此,查该校被炸属实,除指令外,理合检同原表呈报鉴核备查!谨呈:
重庆市市长吴[①]

社会局局长包华国
民国三十年八月二十一日

附:

私立西南实用艺术职业学校抗战损失财产目录表

编制日期:民国三十年六月十日

损失项目	单位	数量	损失价值（国币元）	损失原因	损失时期	损失地点	备考
大礼堂及宿舍1座	间	42	320000	命中敌机燃烧弹	6月5日晚	重庆上清寺美专校	本座房屋全部系52间,值市价40万元,烧毁五分之四有几,损失32万元

校长:万从木(章)　　主办会计人员:□□□　　主办经理事务人员:黄子康

12. 重庆市私立树人小学校为遵令造报抗战期内被日机轰炸损失各表呈教育部、重庆市社会局文(1941年10月)

案奉钧局、重庆市社会局社元统字第176号训令开:(略),"奉令颁发划一抗战损失查报办法转饬遵照"。等因,计抄发划一抗战损失财产账目之整理、折旧之计算、损失价值之估计、岁入减少额之估计表式及说明各一份。奉此,窃查属校自民二十七年创办以来,现有"小学"、"初中"、"高职"三部,所有

[①] 即吴国桢。

各级学生每期综计六七百名,原以小龙坎隶属市区,尚无中心小学之设立,属校因此而繁荣,尤以战区流亡清贫学生最多,故免费甚巨。不意抗战迄今,属校连年所受日机之轰炸,计毁校产铺房51间,校舍11间,校具如桌凳等项损失之重大,实难补救。但属校经费,全赖房租收益,迭遭损失,影响进行,用是报请补助,以资救济。除遵式汇表分呈、迳呈重庆市社会局核示备查、教育部核示拨款救济以期迅速外,理合填具表式三纸,随文赍恳钧部、局鉴核示遵!

谨呈:

重庆市社会局

教育部

计呈抗战损失财产目录表、财产损失价值计算表、岁入减少额估计表各一份

(全衔)校长漆○○[①]

中华民国三十年十月

附表一:

重庆市私立树人学校抗战损失财产目录表

制表日期:民国三十年十月

损失项目	单位	数量	损失价值(国币元)	损失原因	损失时期	损失地点	备考
校产(铺房)	间	4	12000	日机轰炸中烧夷弹1枚	1940.5.25	本市小龙坎	
校产(铺房)	间	29	112000	日机轰炸中弹3枚	1941.6.15、16、19	本市骡马店	
校产(铺房)	间	18	90000	日机轰炸中弹1枚 空中爆炸弹2枚	1941.8.22	本市小龙坎	
校舍(食堂平房)	间	1	8000	日机轰炸中弹3枚	1940.5.25	本市小龙坎	
校产(桌子)	张	12	480	同	同	同	
校产(板凳)	根	32	160	同	同	同	
校舍(食堂草房)	间	1	5000	日机轰炸中弹1枚	1941.8.22	同	
校产(桌子)	张	8	480	同	同	同	
校产(板凳)	根	25	200	同	同	同	

---

① 即漆永忠。

续表

损失项目	单位	数量	损失价值（国币元）	损失原因	损失时期	损失地点	备考
校舍（校门）	间	8	5000	同	同	同	会客室、稽查室、医药室、消费合作社、教职员眷属宿舍。
校舍（女生厕所）	间	1	2000	同	同	同	

一、重庆市各公私立中小学（中等职业学校）被炸损失部分

附表二：

重庆市私立树人学校财产损失价值计算表

损失项目	A 原价	B 残余价值	C 使用有效期限	D A−B/C 每年折旧额	E 购定日期	F 损失日期	G 使用期限	H (D×G)使用期限折旧额	I (A−H)全部损失价值	J 损毁程度	K 损失价值	备考
校产（铺房）	12000	2000	300月	34	1939.12	1940.5	6月	208	11792	83%	9787	
校产（铺房）	112000	40000	300月	240	1938.10	1941.6	33月	8120	103880	61%	63367	
校产（铺房）	90000	30000	300月	200	1938.1	1941.8	32月	3400	86600	65%	56290	
校舍（食堂平房）	8000	2000	100月	60	1939.12	1940.5	5月	300	7700	73%	5621	
校产（桌子）	480	20	60月	7.66	1938.7	1940.5	22月	168	312	95%	290	
校产（板凳）	160	10	60月	2.50	1938.7	1940.5	22月	55	105	90%	94	
校舍（食堂草盖）	5000	1000	30月	133	1940.10	1941.8	10月	1330	3666	92%	2639	
校产（桌子）	480	20	60月	7.66	1940.10	1941.8	10月	77	403	93%	375	
校产（板凳）	200	20	60月	3	1940.10	1941.8	10月	30	170	87%	148	
校舍（校门）	5000	1000	100月	40	1940.6	1941.8	13月	520	4480	75%	3360	
校舍（女生厕所）	2000	100	100月	19	1938.7	1941.8	25月	475	1525	93%	1418	

附表三：

重庆市私立树人学校岁入减少额估计表

科目	战前三年实收数			战前三年平均实收数	每年平均增减数	上年应收数	本年实收数	本年减少额	备 考
	年	年	年						
房租						36000元	30700.0元	5300元	本校房产均系抗战起后建造，故此表一、二、三项未填

附表四：

重庆市私立树人中学财产直接损失汇报表

事件：敌机轰炸

日期：民国三十年八月

地点：重庆市小龙坎渝成、磁及中央电台之间

填送日期：民国三十六年元月七日

分类	价值（国币元）
共计	36500000
建筑物	34000000
器具	2500000
现款	
图书	
仪器	
文卷	
医药用品	
原料	
产品	
其他	

报告者：校长 漆永忠（章）

附表五：

重庆市私立树人中学财产损失报告单

填送日期：民国三十六年八月二十日

损失年月日	事件	地点	损失项目	购置年月	单价	数量	价值(国币元) 购置时价值	损失时价值	证件
1940.5.25	日机轰炸	重庆小龙坎本校	校产(铺房)			4间		800000	
同上	同	同	食堂(平房)			1幢		200000	
同上	同	同	厨房(平房)			1幢		450000	
同上	同	同	教室			1幢		750000	
同上	同	同	板凳			148条		4480000	
同上	同	同	方桌			37张		4750000	
同上	同	同	书桌			76张		3040000	
同上	同	同	坐凳			92个		920000	
同上	同	同	炊具			全一套		420000	
同上	同	同	黑板			3块		4050000	
1941.6.15	同	同	校产(铺房)			9间		2610000	
1941.6.19	同	同	教室			1幢		2000000	
1941.8.22	同	同	食堂(草房)			1幢		550000	
同上	同	同	方桌			40张		280000	
同上	同	同	板凳			140条		210000	
同上	同	同	礼堂(平房)			1幢		1750000	
同上	同	同	条椅			200把		100000	
3同上	同	同	厨房			1幢		800000	
同上	同	同	炊具			全一套		180000	
1940.5.25	同	同	校产(铺房)			4间		800000	
同上	同	同	食堂(平房)			1幢		200000	
同上	同	同	厨房(平房)			1幢		450000	
同上	同	同	教室			1幢		750000	
同上	同	同	板凳			148条		4480000	
同上	同	同	方桌			37张		4750000	
同上	同	同	书桌			76张		3040000	
1940.5.25	同	同	坐凳			92个		920000	

续表

损失年月日	事件	地点	损失项目	购置年月	单价	数量	价值(国币元) 购置时价值	价值(国币元) 损失时价值	证件
同上	同	同	炊具			全一套		420000	
同上	同	同	黑板			3块		4050000	
1941.6.15	同	同	校产(铺房)			9间		2610000	
1941.6.19	同	同	教室			1幢		2000000	
1941.8.22	同	同	食堂(草房)			1幢		550000	

附表六：

重庆市私立树人小学校财产损失报告单

填送日期：民国三十六年八月二十日

损失年月日	事件	地点	损失项目	购置年月	单价	数量	价值(国币元) 购置时价值	价值(国币元) 损失时价值	证件
1940.5.25	轰炸	本校	厨房			1幢		500000	
1940.5	同	同	食堂			1幢		550000	
同上	同	同	教室			2幢		1400000	
同上	同	同	合作社			1幢		350000	
同上	同	同	炊具			全套		450000	
同上	同	同	方桌			15块		67500	
同上	同	同	板凳			60条		60000	
同上	同	同	书桌			95张		427500	
同上	同	同	坐凳			190个		190000	
同上	同	同	黑板			3块		170000	
同上	同	同	货架及货品					860000	合作社
1941.8	同	同	校门			1幢		700000	
同上	同	同	女生厕所			1幢		350000	
同上	同	同	教室			3幢		2400000	
同上	同	同	桌凳			52套		311100	
同上	同	同	女生宿舍			1幢		750000	
同上	同	同	办公室			1幢		920000	
共计								10157000[①]	

① 此处统计数字有误，实应为 10456100，原文如此。

13. 重庆市教育局为转呈树人中学战时财产损失表呈市政府文
（1947年9月23日）

案据本市私立树人中学校长吕超呈称："云云。"等情，附财产损失表各6份。据此，除留存原表各2份备查外，其余原表理合具文呈赍核转示遵。谨呈：市长张[①]

附呈：战时财产损失表，计8份

局长　万〇〇

附表一：

重庆市私立树人中学财产直接损失汇报表

事件：敌机轰炸

日期：民国二十九年五月起至三十年八月止

地点：重庆市小龙坎渝成、磁公路与中央电台之间

填送日期：民国三十六年八月十日

分类	价值（国币元）
共计	12540000
建筑物	10416000
器具	2124000
现款	
图书	
仪器	
医药用品	
其他	

报告者：重庆私立树人中学校长吕超（章）

---

① 即张笃伦。

附表二：

重庆市私立树人中学财产损失报告单

填送日期：民国三十六年八月二十日

损失年月日	事件	地点	损失项目	购置年月	单价	数量	价值(国币元) 购置时价值	价值(国币元) 损失时价值	证件
1940.5.25	日机轰炸	重庆小龙坎本校	校产(铺房)			4间		800000	
同	同	同	食堂(平房)			1幢		600000	
同	同	同	厨房(平房)			1幢		450000	
同	同	同	教室			1幢		856000	
同	同	同	板凳			148条		148000	
同	同	同	方桌			37张		185000	
同	同	同	书桌			76张		304000	
同	同	同	坐凳			92个		92000	
同	同	同	炊具			全1套		120000	
同	同	同	黑板			3块		105000	
1941.6.15	同	同	校产(铺房)			9间		2610000	
1941.6.19	同	同	教室			1幢		2000000	
1941.8.22	同	同	食堂(草房)			1幢		550000	
同	同	同	方桌			40张		280000	
同	同	同	板凳			140条		210000	
同	同	同	礼堂(平房)			1幢		1750000	
同	同	同	条椅			200把		500000	
同	同	同	厨房			1幢		800000	
同	同	同	炊具					180000	
合计								12540000	

14. 重庆市立女子中学为遵令造报战时直间接损失表呈重庆市教育局文(1947年3月7日)

案奉钧局本年二月教统字第797号训令,照转奉市府指令抄发战时直接与间接损失表各一份,饬即遵照办理,再凭汇转,等因。奉此,兹遵令造就本校战时财产直接与间接损失表各5份,理合具文赍请钧局赐予核转令遵!谨呈:市教育局局长任①

附呈:本校战时财产直接与间接损失表各5份

(全衔)校长李〇〇

附表一:

重庆市立女子中学财产直接损失汇报表

事件:被轰炸损失

日期:民国二十九年五月三日

地点:民族路本校城区办事处

分类	价值(国币元)
共计	1250000
建筑物	房屋系租用
器具	340000
现款	
图书	250000
仪器	450000
文卷	5000
医药用品	85000
原料	120000
产品	
其他	

---

① 即任觉五。

附表二：

重庆市立女子中学财产间接损失汇报表

分类	数额（国币元）
共计	7000000①
迁移费	4000000
防空设备费	1200000
疏散费	850000
救济费	430000
抚恤费	720000
可能生产额减少	150000
可获纯利额减少	

15. 重庆市私立开智小学为改正造报战时损失表呈重庆市教育局文（1947年5月7日）

窃查本校原校址设于正阳街，二十九年八月被敌机空袭炸毁，损失极重。前准本市私立小学校长联谊会函请造报战时损失，业经填报在案，惟以表格不合规定，兹准改正另造5份，理合具文呈请鉴察汇案办理，实为公便。谨呈：

重庆市教育局

附呈战时损失表5份

校长周德侯

附表一：

重庆市私立开智小学财产直接损失汇报表

事件：敌机空袭炸毁

日期：民国二十九年八月二十日

地点：重庆市正阳街18号

分类	价值（国币元）
共计	417350000
建筑物	372500000
器具	24000000
现款	

---

① 此处统计数字有误，原文如此。

续表

分类	价值(国币元)
图书	8400000
仪器	4200000
文卷	
医药用品	850000
电灯设备	4200000
产品	
其他	3200000

备注:本校校舍于1935年12月改建,一切设备器物大多新置,1940年8月20日被敌机燃烧弹炸毁无余,当时价值以目前物价指数推算,损失如上数。

报告者:校长周德侯(章)

附表二:

重庆市私立开智小学财产间接损失汇报表

分类	数额(国币元)
共计	75000000
迁移费	5000000
防空设备费	15000000
疏散费	5000000
救济费	2000000
抚恤费	
可能生产额减少	48000000
可获纯利额减少	

说明:1940年迁移南岸清水溪设立按当时之一切费用以目前物价指数推算损失如上数

报告者:校长周德侯(章)

16. 重庆市私立兴华小学校为该校办理经过暨填报抗战财产损失报告表呈重庆市教育局文(1947年5月)

查本校于民国二十六年二月开办,并呈奉重庆市市政府二十七年二月五日教字第148号训令转奉四川省政府二十七年教字第1745号指令,准予立案在卷。二十七年八月,因国府西迁,中央党部、社会部、海外部等先后迁驻本校,当时因疏散不及,停办一期。二十八年二月,本校迁至巴县含谷乡办理,三十四年胜利后,原拟定于三十五年二月迁回原校复课,嗣以海外部未将校舍如期交还,致又停办一年。本年二月始由乡迁回续办,并经呈报有案。

窃查本校开办迄今,在钧局领导之下,本校成绩当在洞鉴之中。按历届毕业、升学及就业各生,经调查结果,其成绩尚称不恶。惟以年来物价飞涨,学校经费支出激增,本校校董会对筹措经费一项,虽多方积极设法,但仍感不敷甚巨,刻间校董会负债以〔已〕达1亿元以上,倘今后物价再涨,本校校务进行实极困难也。

复查上年钧局令饬本市公私立各学校填报抗战损失时,本校因停办关系,负责无人,致未填报。本期又因复员伊始,百端待理,迄今始将抗战损失清查完竣,计损失国币184100000元,为特填造成表,理合备文呈请钧局转请层峰将本校损失费全数提前垫付,以维学校进行并祈示遵。谨呈:

重庆市教育局

附抗战损失表5份

校长欧阳智

附表一:

重庆市私立兴华小学校财产直接损失报表

　　事件:抗战损失

　　填送日期:民国三十六年五月

　　地点:重庆市林森路九道门

分类	价值(国币元)
共计	115100000
建筑物	90000000
器具	23000000
现款	
图书	2100000
仪器	
文卷	
医药用品	
原料	

续表

分类	价值(国币元)
产品	
其他	
校长:欧阳智(章)	

附表二:

重庆市私立兴华小学校财产间接损失报表

分类	数额(国币元)
共计	69000000
迁移费	25000000
防空设备费	34000000
疏散费	10000000
救济费	
抚恤费	
可能生产额减少	
可获纯利额减少	
校长:欧阳智(章)	

17. 重庆市私立兴华小学校为奉令填报战时财产损失报告单呈重庆市教育局文(1947年8月26日)

案奉钧局三十六年八月十六日教万统字第50号指令开:"案奉市政府三十六年八月五日市统字217号指令开:'呈件均悉。据转送本市私立兴华小学战时财产损失表,经核其中尚缺财产损失报告单,其价值应以损失时期价值为准,仰即转饬遵照本年七月二十三日市秘一字2704号令发表式重填报府,再凭核转为要。'等因。奉此,兹附发财产损失报告单表式1份,仰尅速造报5份来局,再凭核转为要。此令。"等因。奉此,自应遵办。兹遵照所颁表式,将本校战时财产损失填列5份随文呈请钧局核转,并祈示遵。谨呈:

重庆市教育局局长万

附呈战时财产损失报告单5份

校长欧阳智

附：

重庆市私立兴华小学校财产损失报告单

填送日期：民国三十六年八月二十六日

损失年月日	事件	地点	损失项目	购置年月	单价	数量	价值（国币元） 购置时价值	价值（国币元） 损失时价值	证件
1939.5.4	炸毁	渝市九道门	学校教室	1936.9		18间	18000	22500	
同上	炸毁	渝市九道门	学生书桌椅	1936.12		600套	4320	5400	
同上	炸毁	渝市九道门	办公桌椅	同上		30套	280	350	
同上	炸毁	渝市九道门	图书	1937.1~6		2000册	420	525	

说明：(1)"损失年月日"指事件发生之日期；

(2)"事件"指发生损失之事件；

(3)"地点"指事件发生之地点；

(4)"损失项目"指一切动产（如衣服、什物、财产、车辆、证券等）及不动产（如房屋、田园等）所有损失逐项填明；

(5)"价值"如系当地币制，除折成国币填列外，并附填原币名称及数额；

(6)如有证件，应将名称及件数填入证件栏内；

(7)本表应填送6份，以5份送教局及市政府存查，以1份核转行政院。

18. 重庆市私立临江小学为报1939年5月3日该校所受轰炸损失情形呈重庆市教育局文（1947年6月10日）

查本校创办于民国二年，迄今已达30余载，在以往会考时期，本校学生成绩考到百分之百者多次，有历次所得奖状可凭。因校址及校产房屋系在城区，故于民国二十八年五月三日遭受敌机轰炸，损失极大，计有校内三楼洋房12间及办公室、厨房、厕所等，校外校产铺面（在林森路者）三楼洋房7间、院子1个被炸被焚，现值国币678000000元，加上器具、图书、仪器等损失，现值国币35600000元，合计现值国币713600000元；再加上当时之防空、疏散、迁移、复原等费56200元，尚未照现价计算。此项损失，已影响学校基金，若无赔偿，不但不能恢复学校原状，且将长期负债，以至学校不能继续生存为止。为维持教育计，应由战胜国家向战败国索取赔偿，不能在赔款中有所漏列而使

自身教育蒙受损害,故具实呈明损失情形,理恳钧局转呈层峰取得赔偿,以利教育而伸正义。谨呈:

重庆市教育局

附财产间接损失报告表暨财产直接损失汇报表,共6份

重庆市私立临江小学校长　聂仲于

中华民国三十六年六月十日

附:

重庆市私立临江小学财产直接损失汇报表

事件:日机轰炸

日期:民国二十八年五月三日

地点:重庆市林森路318号

分类	数额(国币元)
共计	713600000
建筑物	1939年5月3日校内房屋被炸及被焚,校内三楼洋房共12间及男女厕所、办公室、厨房等;又校产铺面三楼洋房7间、院子1个,合计现值国币678000000
器具	双人课桌300套,床桌凳椅122件,现值价14610000
现款	
图书	损失3350本,现值价20000000
仪器	损失风琴2架、地球仪1个、图表20张,现值价1000000
文卷	全部被毁
医药用品	
原料	
产品	
其他	

19. 重庆市私立临江小学为遵令另送战时损失表呈重庆市教育局文(1947年8月9日)

案奉钧局三十六年七月十七日教万字30号指令内开:"案奉市政府本年七月三日市统字第193号指令开,呈件均悉,据转送私立临江小学战时损失请核转一案,查表中所填'价值'应以损失时期价值为准,仰即转饬改编呈府,

再凭核转。"等因。奉此,查属校于二十八年五月三日遭受敌机轰炸,损失不小,前所呈战时损失表中财产直接损失系照三十六年一月物价计算,间接损失系照当时国币计算,若一律改为二十八年之价值,则财产直接损失及间接损失共 182850 元,差额甚巨。惟须再呈明者,即属校所遭受轰炸之房屋,在校内者除男女厕所外,概未再建;在校外者,铺面 7 间、院子 1 个概未修复。为维持教育计,恳请钧局转呈层峰,务使取得合理赔偿,重行修建,则属校实感德便矣。谨呈:

重庆市教育局

附本小学财产损失表 6 张(原缺)

重庆市私立临江小学校长　聂仲于
中华民国三十六年八月九日

20. 重庆市私立泰邑小学校为填报抗战财产损失报告表呈重庆市教育局文(1947 年 6 月 18 日)

窃查本校于民国二十八年五月被敌机袭渝[时]将校址炸毁,乃疏散郊区暂时行课,抗战胜利后即筹备复员,于上年迁回陕西路原址复课,各情均经呈报在案。兹查本校当日被炸损失惨重,校址炸毁,校具、图书损失一空。特遵照令颁格式填缮直接损失、间接损失报告各 5 份,具文呈请鉴核,请予汇转,实为公便。谨呈:

重庆市教育局局长万

附呈直接间接损失报告表各 5 份

重庆市私立泰邑小学校长　罗练三
中华民国三十六年六月十八日

附表一：

重庆市私立泰邑小学校财产直接损失报告表

事件：被敌机轰炸

日期：民国二十八年五月二十五日

地点：本市陕西路175（原199）号

分类	价值（国币元）
共计	1740000
建筑物	1340000
器具	350000
图书	35000
医药用品	15000
校长：罗练三（章）	

附注：本表价值以二十八年物价为准

附表二：

重庆市私立泰邑小学校财产间接损失报告表

分类	数额（国币元）
共计	316000
迁移费	270000
抚恤费	46000
校长：罗练三（章）	

附注：1.本校炸毙职员1人，□□给恤□表；

2.本表价值以二十八年物价为准。

21. 重庆市私立树德小学为填报抗战财产损失报告表呈重庆市教育局文（1947年7月28日）

案奉钧局训令，饬补报战时财产损失表，除原文有案免录外，兹谨将职校战时损失依式缮造2份随文送呈，恳予存转备查，实为公便。谨呈：

重庆市教育局

校长　蓝玉枢

附表一：

重庆市私立树德小学校财产直接损失报表

日期：民国二十八年

地点：菜园坝

填送日期：民国三十六年七月

分类	价值（国币元）
共计	880000000
建筑物	600000000
器具	200000000
现款	
图书	50000000
仪器	25000000
文卷	
医药用品	5000000
原料	
产品	
其他	

附表二：

重庆市私立树德小学校财产间接损失报表

填送日期：民国三十六年七月

分类	数额（国币元）
共计	40000000
迁移费	30000000
防空设备费	
疏散费	
救济费	
抚恤费	
可能生产额减少	
可获纯利额减少	10000000

22. 重庆市私立育英中学财产损失报告(1947年)

1)重庆市私立育英中学财产直接损失汇报表

事件:被日轰炸

日期:民国三十三年①

地点:重庆磁器口

分类	价值(国币元)
共计	103020000
建筑物	46000000
器具	7500000
现款	
图书	18700000
仪器	10500000
文卷	
医药用品	3000000
原料	
产品	
其他	17320000

2)重庆市私立育英中学财产间接损失报表

事件:被轰炸

日期:民国三十三年

地点:重庆磁器口

分类	数额(国币元)
共计	2500000
迁移费	
防空设备费	2500000
疏散费	
救济费	
抚恤费	
可能生产额减少	
可获纯利额减少	

① 根据史实,1944年日机未轰炸重庆,故此处时间有误,但原文如此。下同。

23. 重庆市私立东华中学财产损失报告单（1947年7月31日）

填送日期：民国三十六年七月三十一日

损失 年月日	事件	地点	损失 项目	购置 年月	单价	数量	价值（国币元）		证件
							购置时价值	损失时价值	
1941.6	被炸	江北红土地	教室	1939.12		2栋	22000	50000	
同上	被炸	同	课桌凳	同上		40张	2500	4500	
1941.9	被炸	同	黑板	同上		2张	200	800	
同上	被毁	南岸柑子林	农产品	1940.2			1000	2000	
同上	运失	同	图书	同上		50册	2000	1000	

24. 重庆市私立东华中学为遵令改报战时损失表册呈重庆市教育局文（1947年8月）

窃查本校蒙受战时损失，前曾报呈在案。兹奉令另行造报，现已照表填制，恳即汇转呈报，不胜德便。谨呈：

重庆市教育局钧鉴

附呈：财产直接损失汇报表5份

财产间接损失报告单5份

财产损失报告单5份

重庆私立东华中学校长　黄道美
中华民国三十六年八月

附表一：

重庆市私立东华中学财产直接损失汇报表

事件：被炸毁

日期：民国三十三年十月、三十四年五月

地点：江北红土地、南岸柑子林

填送日期：民国三十六年七月三十一日

分类	价值(国币元)
共计	81500
建筑物	60000
器具	11500
现款	
图书	6000
仪器	
医药用品	
其他	4000
附财产损失报告单一张	
报告者：黄道美(章)	

附表二：

重庆市私立东华中学财产损失报告单

填送日期：民国三十六年七月三十一日

损失年月日	事件	地点	损失项目	购置年月	单价	数量	价值(国币元) 购置时价值	损失时价值	证件
1944.10[①]	被炸	江北红土地	教室	1943.12		2栋	42000	60000	
同上	被炸	江北红土地	课桌凳	同上		40张	4500	6500	
同上	被炸	江北红土地	黑板	同上		2张	2000	5000	
1945.5	被毁	南岸柑子林	农产品	1935.2			2000	4000	
同上	运失	南岸柑子林	图书	1935.2		50册	3000	6000	

---

① 此处有误，同表中下列两项亦同，但原文如此。

附表三：

重庆市私立东华中学财产间接损失报告表

填送日期：民国三十六年七月三十一日

分类	数额（国币元）
共计	73000
迁移费	40000
防空设备费	20000
疏散费	5000
救济费	3000
抚恤费	5000

报告者：黄道美（章）

25. 重庆市私立东华中学为重报战时损失呈重庆市教育局文（1947年12月）

案奉钧局三统字第128号训令：为督饬填报战时财产损失报告单有误，仰即知照办理一案。奉此，遵即查翻原稿，发现系原填表人心粗所致，误将已行点去不用之"廿"及改正备用之"三〇"连接填写，致将三十年误填为三十三年，误分"六"字之点为句点，致将六月误为十月，误认九字为"五"字，致将九月误为五月。兹特从新修正，填制表册，随文赍请钧局重核汇转，以维权益！谨呈：

重庆市教育局钧鉴

附财产损失汇报表10份

重庆私立东华中学校长　黄道美

附：

重庆市私立东华中学财产直接损失汇报表

  事件：被炸毁

  日期：民国三十年六月、三十年九月

  地点：江北红土地、南岸柑子林

  填送日期：民国三十六年七月三十一日

分类	价值（国币元）
共计	58300
建筑物	50000
器具	5300
现款	
图书	1000
仪器	
医药用品	
其他	2000
报告者：黄道美（章）	

26. 重庆市第八区复兴关中心国民学校为遵令填报战时财产损失报告表呈重庆市教育局文（1947年8月10日）

窃职校战时财产损失报告表业已遵令填善，理合连同财产损失表10份，具文赍请鉴核备查。谨呈：

教育局局长万

附表10份

    重庆市第八区复兴关中心国民学校校长 张觉仁

附表一：

重庆市第八区复兴关中心国民学校财产直接损失汇报表

事件：敌机轰炸

日期：民国二十九年

地点：复兴关

填送日期：民国三十六年八月十日

分类	价值（国币元）
共计	40567
建筑物	40000
器具	525
图书	42
报告者：校长张觉仁（章）	

附表二：

重庆市第八区复兴关中心国民学校财产损失报告单

填送日期：民国三十六年八月十日

损失年月日	事件	地点	损失项目	购置年月	单价	数量	价值（国币元）购置时价值	损失时价值	证件
1940.6.24	敌机轰炸	复兴街	校舍	1877		1幢	300两白银	40000	
同	同	同	书桌	1938		95套	475	475	
同	同	同	图书	同		1套	36	42	
同	同	同	白木大床	同		5间	15	20	
同	同	同	黑板	同		5块	25	30	

重庆市第八区复兴关中心国民学校校长　张觉仁

27. 重庆市私立蜀都中学财产损失报告（1947年8月10日）

1）重庆市私立蜀都中学财产直接损失汇报表

事件：敌机轰炸

日期：民国三十一年六月二十一日、七月十五日

地点：江北磐溪

填送日期：民国三十六年八月十日

分类	价值（国币元）
共计	11722330
建筑物	平房2幢,楼房1幢
建筑材料	青砖20万块,瓦45万块,木料150根,杉杠975根,杉枋2400块,跳板3000块,椽子3万匹,楼板280团,共计8403495.80
器具	双人床83间,单人床16间,书桌105张,橱柜7个,板凳105条,方桌5张,办公桌16张,共计157947.60
现款	
图书	图书6408册,共计53672
仪器	物理仪器1套,化学仪器1套,生物标本1套,显微镜4架,共计928285
医药用品	医药用品136件,共计34313.60
其他	

报告者：重庆市私立蜀都中学校长税西恒（章） 副校长周学庸（章）

2）重庆市私立蜀都中学财产损失报告单

填送日期：民国三十六年八月十日

损失年月日	事件	地点	损失项目	购置年月	单价	数量	购置时价值	损失时价值	证件
1942.6.21	敌机轰炸	江北磐溪	单人床	1941.2	180	16间	2880	8861.20	曾经呈报政府有案
同	同	同	书桌	同	195	105张	20475	63000	同
同	同	同	橱柜	同	280	7个	1960	6308	同
同	同	同	板凳	同	30	105条	3150	9642.40	同
同	同	同	方桌	同	120	5张	600	1846	同
同	同	同	办公桌	同	168	16张	2688	8270.80	同
同	同	同	图书	1942.5	28	6408册	17942.40	53672	同

续表

损失年月日	事件	地点	损失项目	购置年月	单价	数量	价值(国币元) 购置时价值	价值(国币元) 损失时价值	证件
同	同	同	医药用品	同	82	136件	11152	34313.40	同
1942.7.15	同	同	青砖	1941.9	15000	20万块	300000	923040	同
同	同	同	瓦	同	4000	45万块	180000	543844	同
同	同	同	木料	1941.4	3800	150根	570000	1753844	同
同	同	同	杉杠	同	400	975根	390000	1200000	同
同	同	同	杉枋	同	150	2400块	360000	1107692	同
同	同	同	跳板	同	100	3000块	300000	923076.80	同
同	同	同	椽子	同	12	30000匹	360000	110769.20	同
同	同	同	楼板	同	980	280团	274400	844307	同
1942.6.21	同	同	救济费					11345	员工眷属衣服、什物被毁及重伤工人2名善后救济
同	同	同	医药费					35000	重伤工人2名
1943.4.2	防空	同	防空设备					1132800	现有防空洞2个俱在

学校名称：重庆市私立蜀都中学校长税西恒(章)　　副校长周学庸(章)

说明：(1)损失年月日指事件发生之日期，如某年某月某日；

(2)事件指发生损失之事件；

(3)地点指事情发生之地点；

(4)损失项目指一切动产(如衣服、什物、财帛、舟车、证券等)及不动产(如房屋、田园等)所有损失逐项填明；

(5)价值为当地币制折合国币；

(6)如有证件应将名称及件数填入证件栏内；

(7)本表应报送6份，以4份送教育局及市政府存查，以2份核转行政院。

3)重庆市私立蜀都中学财产间接损失报告表

填送日期:民国三十六年八月十日

分类	数额(国币元)
共计	159625
迁移费	
防空设备费	113280
疏散费	
救济费	46345(包括医药费在内)
抚恤费	
报告人:重庆市私立蜀都中学校长税西恒(章) 副校长周学庸(章)	

28.重庆市私立立行中学财产损失报告(1947年8月10日)

1)重庆市私立立行中学财产直接损失报告表

事件:轰炸

日期:民国二十八年五月

地点:重庆

填送日期:民国三十六年八月十日

分类	价值(国币元)
共计	1805950
建筑物	1800000
器具	4800
图书	750
仪器	400

2)重庆市私立立行中学财产损失报告单

填送日期:民国三十六年八月十日

损失年月日	事件	地点	损失项目	购置年月	单价	数量	购置时价值	损失时价值	证件
1939.5	轰炸	重庆	房屋	25年3月	60000	10栋	600000	1800000	
同上			桌凳用具	26年7月	4	400套	1600	4800	
同上			图书	26年7月	0.10	2500册	250	750	
同上			仪器	26年7月			100	400	
同上			防空洞	26年7月	9000	8所	72000	216000	
学校名称:重庆市私立立行中学										

3)重庆市私立立行中学财产间接损失报告表

填送日期：民国三十六年八月十日

分类	数额(国币元)
共计	124000
迁移费	12000
防空设备费	72000
疏散费	20000
救济费	20000

29. 重庆市私立清华中学财产损失报告(1947年8月13日)

1)重庆市私立清华中学财产直接损失报告表

事件：敌人占领香港及海防

日期：民国二十九年九月八日及民国三十年十二月二十五日

地点：香港及海防

填送日期：民国三十六年八月十三日

分类	价值(国币元)
共计	1280000
建筑物	
器具	
现款	
图书	1000000
仪器	180000
医药用品	100000
其他	
报告者：傅任敢(章)	

2）重庆市私立清华中学财产损失报告单

填送日期：民国三十六年八月十三日

损失年月日	事件	地点	损失项目	购置年月	单价	数量	价值（国币元） 购置时价值	价值（国币元） 损失时价值	证件
1940.9	敌占海防	海防	图书	1940.1		3000册	300000	1000000	
1941.12.25	敌占香港	香港	生物理化仪器	1941.10		120件	150000	180000	
同上	同上	同上	医药用品	同上		200种	80000	100000	
学校名称：重庆市私立清华中学									

3）重庆市私立清华中学财产间接损失报告表

填送日期：民国三十六年八月十三日

分类	数额（国币元）
共计	2100000
迁移费	100000
防空设备费	1000000
疏散费	500000
救济费	500000
抚恤费	
报告者：傅任敢（章）	

30. 重庆市私立巴蜀中学为填送战时财产损失报表呈重庆市教育局文（1947年8月14日）

窃查本校战时财产直接损失汇报表、财产损失报告单及财产间接损失报表，经已遵式造就，理合备文赍呈，仰祈核转。谨呈：

重庆市教育局局长万

附呈：财产直接损失汇报表、财产损失报告单及财产间接损失报表各6份

重庆市私立巴蜀中学校长　周勖成

附表一：

重庆市私立巴蜀中学财产直接损失汇报表

事件：轰炸损失

日期：民国二十九年

地点：重庆张家花园

填送日期：民国三十六年八月九日

分类	价值（国币元）
共计	80400000
建筑物	64000000
器具	7500000
现款	
图书	3000000
仪器	5000000
医药用品	400000
其他	500000
报告者：校长周勖成	

附注：上列各项损失价值系损失时实价，若照现时市价计算，当在前值万倍以上

附表二：

重庆市私立巴蜀学校财产损失报告单

填送日期：民国三十六年八月九日

损失年月日	事件	地点	损失项目	购置年月	单价	数量	价值（国币元）购置时价值	价值（国币元）损失时价值	证件
1940.6.28	轰炸损失	重庆张家花园	教室	1932~1936		10大间		5000000	
同	同	同	图书	1932~1940		15000册		2000000	
同	同	同	课桌椅	同		985套		4000000	
1940.7.8	同	同	膳厅厨房	1932~1936		4幢		2000000	
1940.7.16	同	同	礼堂	1933.8		1大间		12000000	
1940.8.12	同	同	浴室	1932~1936		8间		10000000	
同	同	同	图书	1931~1940		6000册		1000000	
1940.8.18	同	同	学生宿舍	1932~1936		2幢		3000000	

续表

损失年月日	事件	地点	损失项目	购置年月	单价	数量	价值(国币元) 购置时价值	价值(国币元) 损失时价值	证件
同	同	同	教室	同		5大间		3000000	
1940.10.16	同	同	办公用具	1932~1940		156件		2000000	
同	同	同	仪器	同		1200件		5000000	
同	同	同	教具	同		400件		1500000	
1940.10.17	同	同	教职员宿舍	1932~1936		3幢		9000000	
同	同	同	出租房舍	同		40幢		20000000	
同	同	同	校具用品	1932~1940		1200件		900000	
共计								80400000	

附表三：

重庆市私立巴蜀中学校财产间接损失报表

填送日期：民国三十六年八月九日

分类	数额(国币元)
共计	26000000
迁移费	9000000(1939.8)
防空设备费	12000000(1938.8)
疏散费	5000000(1939.8)
救济费	
抚恤费	
报告者：周勋成(章)	

附注：上列各项损失价值系损失时实价，若照现时市价计算，当在前值万倍以上

31. 重庆市私立巴蜀学校为遵令填报战时直接间接损失呈重庆市教育局文(1947年12月15日)

查抗战期中，重庆卫戍总部及印钞、电力、自来水等厂均为敌人轰炸重要目标，本校校址位于其间，每当敌机肆虐往复投弹，均告命中，李代桃僵，受祸独惨，尤以二十八、九两年间之大轰炸，本校战前所建礼堂、教室、图书室、仪器室、宿舍、浴室及出租之房舍等中西式房屋共数十幢悉被炸毁，损失为本市

学校中最惨重者,致本校迄今犹无法恢复战前规模与设备。抚今思昔,至足痛心!本校前次奉令填报战时损失所列数字均为损失实价,然一再遵令削减,今报数字已不及损失实值之万一,谨将战时直接损失汇报表(附损失报告单)、间接损失报表各6份随文赍呈钧局,敬祈上峰核转,赔偿损失,俾本校得复旧观,以利教育,不胜沾感之至。谨呈:

重庆市教育局局长万

附呈战时直接损失汇报表(附损失报告单)6份、战时间接损失报表6份

重庆市私立巴蜀学校校长　周勖成

附表一:

重庆市私立巴蜀学校财产直接损失汇报表

事件:轰炸损失

日期:民国二十九年

地点:重庆张家花园

填送日期:民国三十六年八月九日

分类	价值(国币元)
共计	8040000
建筑物	6400000
器具	750000
现款	
图书	300000
仪器	500000
医药用品	40000
其他	50000

报告者:校长周勖成(章)

附注:上列各项损失价值系损失时实价,若照现时市价计算,当在前值万倍以上

附表二：

重庆市私立巴蜀学校财产损失报告单

填送日期：民国三十六年八月九日

损失年月日	事件	地点	损失项目	购置年月	单价	数量	价值(国币元) 购置时价值	价值(国币元) 损失时价值	证件
1940.6.28	轰炸损失	重庆张家花园	教室	1932~1936		10大间	100000	500000	
同上	同上	同上	图书	1932~1940		15000册	40000	200000	
同上	同上	同上	课桌椅	同上		985套	80000	400000	
1940.7.8	同上	同上	膳厅厨房	1932~1936		4幢	40000	200000	
1940.7.16	同上	同上	礼堂	1933.8		1大间	240000	1200000	
1940.8.12	同上	同上	浴室	1932~1936		8间	200000	1000000	
同上	同上	同上	图书	1932~1940		6000册	20000	100000	
1940.8.18	同上	同上	学生宿舍	1932~1936		2幢	60000	300000	
同上	同上	同上	教室	同上		5大间	60000	300000	
1940.10.16	同上	同上	办公用具	1932~1936		156件	40000	200000	
同上	同上	同上	仪器	同上		1200件	100000	500000	
同上	同上	同上	教具	同上		400件	30000	150000	
1940.10.17	同上	同上	教职员宿舍	1932~1936		3幢	180000	900000	
同上	同上	同上	出租房舍	同上		40幢	400000	2000000	
同上	同上	同上	校具用品等	1932~1940		1200件	18000	90000	
共计							1608000	8040000	

附表三：

重庆市私立巴蜀学校财产间接损失报表

填送日期：民国三十六年八月九日

分类	数额(国币元)
共计	2600000
迁移费	900000(1939.8)
防空设备费	1200000(1938.8)
疏散费	500000(1939.8)
救济费	
抚恤费	
报告者：校长周勖成(章)	

附注：上列各项损失价值系损失时实价，若照现时市价计算，当在前值数万倍以上

32. 重庆市私立巴蜀学校为填报战时损失报表呈行政院赔偿委员会文(1947年12月29日)

案准重庆市教育会(36)戌真代电,以层奉行政院(36)七法字第37266号训令,饬将战时损失迳报钧会核办。等因,奉此。查抗战期中,重庆卫戍总部、中央印制厂、重庆市电力、自来水等厂均为敌人轰炸重要目标,本校校址位于其间,每当敌机肆虐,往复投弹,均告命中,李代桃僵,受祸独惨,尤以二十八、九两年之大轰炸,本校中小学战前所建礼堂、教室、图书室、仪器室、宿舍、浴室及出租之房舍等中西式房屋数十幢悉被炸毁,损失为重庆市公私立学校中最惨重者,致本校迄今犹无法恢复战前规模与设备。抚今思昔,至足痛心。除已将战时损失直接呈报重庆市教育局核转外,谨遵令填报战时损失报表,随文赍呈,敬祈钧会俯察实情,予以核准,按照物价升涨倍数赔偿损失,俾本校得复旧观,以利教育,不胜沾感之至。谨呈:

行政院赔偿委员会

附呈战时直接损失汇报表(附损失报告单)1份、战时间接损失报表1份

校长 周勖成

附表一:

重庆市私立巴蜀学校财产直接损失汇报表

事件:轰炸损失

日期:民国二十九年

地点:重庆张家花园

填送日期:民国三十六年十二月二十三日

分类	价值(国币元)
共计	8040000
建筑物	6400000
器具	750000
现款	
图书	300000
仪器	500000

一、重庆市各公私立中小学(中等职业学校)被炸损失部分

续表

分类	价值(国币元)
医药用品	40000
其他	50000
附财产损失报告单1张	
报告者:校长周勖成	

附注:上列各项损失价值系损失时实价,若照现时市价计算,当在前值数万倍以上

附表二:

重庆市私立巴蜀学校财产损失报告单

损失年月日	事件	地点	损失项目	购置年月	单价	数量	价值(国币元) 购置时价值	价值(国币元) 损失时价值	证件
1940.6.28	轰炸损失	重庆张家花园	教室	1932~1936		10大间	100000	500000	
同上	同上	同上	图书	1932~1940		15000册	40000	200000	
同上	同上	同上	课桌椅	同上		985套	80000	400000	
1940.7.8	同上	同上	膳厅厨房	1932~1936		4幢	40000	200000	
1940.7.16	同上	同上	礼堂	1933.8		1大间	240000	1200000	
1940.8.12	同上	同上	浴室	1932~1936		8间	200000	1000000	
同上	同上	同上	图书	1932~1940		6000册	20000	100000	
1940.8.18	同上	同上	学生宿舍	1932~1936		2幢	60000	300000	
同上	同上	同上	教室	同上		5大间	60000	300000	
1940.10.16	同上	同上	办公用具	1932~1940		156件	40000	200000	
同上	同上	同上	仪器	同上		1200件	100000	500000	
同上	同上	同上	教具	同上		400件	30000	150000	
1940.10.17	同上	同上	教职员宿舍	1932~1936		3幢	180000	900000	
同上	同上	同上	出租房舍	同上		40幢	400000	2000000	
同上	同上	同上	校具用品等	1932~1940		1200件	18000	900000	
共计							1608000	8040000	

附表三：

重庆市私立巴蜀学校财产间接损失报表

填送日期：民国三十六年八月九日

分类	数额（国币元）
共计	2600000
迁移费	900000（1939）
防空设备费	1200000（1938）
疏散费	500000（1939）
救济费	
抚恤费	
报告者：校长周昂成	

附注：上列各项损失价值系损失时实值，若照现时市价计算，当在前值数万倍以上。

附表四：

重庆市私立巴蜀中、小学战事损失清册

填送日期：民国三十五年十月

号数	科目	金额（国币元）	备考
	教室	80000000	计共损失者，洋楼2幢共15大间。
	礼堂	120000000	礼堂可容800余人，先后被炸5次，均经设法修复，前后损失共如上数，至今尚感不能恢复原状。
	学生宿舍	30000000	三层楼房建筑可容学生600余人之宿舍被敌炸毁破坏，若以时值5000万元实难恢复旧观。
	教职员宿舍	90000000	此为本校原始之教室建筑最佳，同其他教职员宿舍三处同遭毁损。
	膳厅厨房	20000000	可容700余人之膳厅及厨房遭受炸毁，如上损失。
	其他校舍	300000000	如设备50余澡盆之浴室占地30余方丈，汲水房男女厕所等，并校产之出租房产40余幢，为敌机所毁，以致本校经费遭受绝大损失。
	教具	15000000	如体育用具、劳作工具并各科教学用具等。
	校具	60000000	课桌椅凳，办公用具，其他室内装备与同灯水等设备。
	图书	30000000	大部陈设室内，不及疏散而遭毁损，即残余亦以校舍被炸而致损失无余。
	仪器	50000000	同上
	其他用品	9000000	同上
	总计	804000000	

附注：1. 本校地址位于战时之卫戍总部及电水两厂、印制厂之间，因为敌人轰炸目标区域，故于敌机每次市区投弹，本校必受其害，尤以1939、1940、1941年受其毁损尤为惨重，致本校现欲恢复战前规模与设备，颇感万难；

2. 疏散西充之款费尚未计算；

3. 凿打防空洞之巨款未计算在内。

33. 重庆市私立南开中学财产损失报告(1947年8月15日)

1)重庆市私立南开中学直接损失汇报表

事件：敌机炸毁

日期：民国三十年八月二十二日

地点：沙坪坝

填送日期：民国三十六年八月十五日

分类	价值(国币元)
共计	625000
建筑物	300000
器具	150000
现款	
图书	25000
仪器	100000
医药用品	50000
其他	
报告者：校长张伯苓(章)	

2)重庆市私立南开中学财产损失报告单

填送日期：民国三十六年八月十五日

损失年月日	事件	地点	损失项目	购置年月	单价	数量	价值(国币元) 购置时价值	损失时价值	证件
1941.8.22	敌机轰炸	沙坪坝	建筑物	36年①		大小6座	300000		
同	同	同	校具	同			150000		
同	同	同	图书	同			25000		
同	同	同	仪器	同			100000		
同	同	同	医药用品	同			50000		
校长：张伯苓(章)									

---

① 此处明显有误，原文如此。

3）重庆市私立南开中学财产间接损失报告表

填送日期：民国三十六年八月十五日

分类	数额（国币元）
共计	65000
迁移费	
防空设备费	50000
疏散费	
救济费	5000
抚恤费	10000
报告者：校长张伯苓（章）	

34. 重庆市私立英才中学财产损失报告（1947年11月）

1）重庆市私立英才中学财产直接损失汇报表

事件：敌机轰炸

日期：民国二十八年五月三日及四日

地点：渝市及南岸

填送日期：民国三十六年十一月

分类	价值（国币元）
共计	460000
建筑物	420000
器具	40000
现款	
图书	
仪器	
医药用品	
其他	

2)重庆市私立英才中学财产损失报告单

填送日期:民国三十六年十一月

损失年月日	事件	地点	损失项目	购置年月	单价	数量	价值(国币元) 购置时价值	价值(国币元) 损失时价值	证件
1939.5.3	敌机轰炸	小河顺城街第4号	楼房	1935		60间	600000	120000	
同上	同	千厮门行街第47号	同上	1935		30间	30000	60000	
1939.5.4	同	下黉学巷第24号	同上	1938		40间	80000	100000	
同上	同	窎角沱老12号	平房	1938		68间	110000	140000	
同上	同	小河顺城街第4号	桌	1935	50	50件	2500	5000	
同上	同	同上	椅	1938	100	100件	10000	15000	
同上	同	同上	床	1938	150	100件	15000	20000	

35. 重庆市私立嘉励中学财产损失报告(1947年12月24日)

1)重庆市私立嘉励中学财产间接损失报表

填送日期:民国三十六年十二月二十四日

分类	数额(国币元)	附注	备考
共计	45000000		
迁移费	12000000		
防空设备费	6000000		
疏散费	12000000		
救济费	10000000		
抚恤费	5000000		

2) 重庆市私立嘉励中学财产间接损失报表附表

填送日期：民国三十六年十二月二十四日

损失项目	损失年月	细数（国币元）	总数（国币元）
迁移费	1943.12	5000000	12000000
	1944.2	7000000	
防空设备费	1943.2	1500000	6000000
	1943.10	2000000	
	1944.2	2000000	
疏散费	1943.12	3001000	12000000
	1944.2	4000000	
	1944.6	5000000	
救济费	1944.2	4000000	10000000
	1944.7	6000000	
抚恤费	1944.2	2000000	5000000
	1944.7	3000000	
合计			45000000

36. 南京私立钟南中学为报该校战时财产损失致重庆市教育局电（1947年12月31日）

重庆市教育局钧鉴：窃查本校于三十五年八月曾电报本校损失案，文曰："窃查本校创办于民国十三年，校址设于南京，本党改组之后，为革命而教育，于今已22载。当民国二十六年敌寇内犯以前，在校学生千余人，兼委员长蒋以本校成绩风纪两俱良好，曾着前京市长马传谕嘉奖在案。不图八一三抗日战起，首都告惊，本校认国族存亡大节攸关，以牺牲可以激励青年之志气，未敢效他人之蝇狗以保此区区之财产，以此损失最惨，流离最苦，九年之中已五迁矣。兹幸胜利凯旋，客岁校长归去察看，非但校舍邱墟（即俗云'一根筷子都无寻处'），以视他校派人留守尚完好如初者，真不堪今昔之感矣。现以交通梗阻，复校困难，为特先将本校在京校本部损失情形，及和州分校、西来重庆重建之校、疏迁重庆西里之校及再迁于山洞之校损失情形，依照钧局所颁财产损失报告表式样，审慎填具，先后计南京校产自二十六年八月起至同年十一月止，直接损失198703元，以现时物价指数4000倍合价，计794812000元；同时间接损失 193154.88 元，以现时物价指数 4000 倍合价，计 859019520 元。同年 12 月，和州校产直接损失 30980 元，以现时物价指数 4000 倍合价，计 123920000 元；同时间接损失 36340.80 元，以现时物价指数 4000 倍合价，计 145363200 元。二十八年五月大轰炸，重庆张家花园校内外落弹近百枚，校产损失 44208 元，以现时物价指数 3000 倍合价，计 132624000 元；同时间接损失计 39054.72 元，以现时物价指数 3000 倍合价，计 117141600 元。二十八年六月疏迁西里，校产间接损失 14200 元，以现时物价指数（倍数不等，见表）合价，计 42600000 元；三十一年十一月至本年复员，校产间接损失计 43981600 元，以现时物价指数（倍数不等，见表）合价，计 150700000 元。总共本校损失财产，直接间接计 44538241.40 元，以现时物价指数（倍数不等，见表）约计，共为 2366180320 元。除本校宝应分校系于南京失陷前成立并报部备案，以现在共军解放区中损失无从统计，又本校职员家居校外者，其私人财产损失及因轰炸受恐吓亡故者，以本校尚未完全复员，一时统计不及；又本校学生因轰炸散失或从军殉难人数颇众，以本校同学会尚在调查统计之中，未能同时表报，请予保留补具损失报告外，所有上开已知损失，理合缮具损失报告表，伏乞钧长鉴核存转，俾便中央并案交敌赔偿，以便本校京址重建而维民族正气，不胜感德之至。并陈财产损失报告表三册，请予存转。嗣奉示重填，兹查本校所填均系实数，表式亦系依照中央规定，现以时限将届，理合修正再行呈报，伏祈准予存转，不胜感激之至。"南京私立钟南中学校长乔一凡。叩。亥卅。印。

附表一：

南京私立钟南中学南京校本部财产损失报告总表

填送日期：民国三十五年八月二十一日

损失年月日	事件	地点	损失时价值（国币元）	呈报时价值（国币元）	备注
1937.8~11	轰炸及京城失陷	南京石板桥校本部	198703	794812000	见财产损失报告表（一）
同上	同上	同上	193154.88	859019520	见间接损失报告表（一）
1937.12	失陷	安徽和州分校	30980	123920000	见财产损失报告表（二）

续表

损失年月日	事件	地点	损失时价值（国币元）	呈报时价值（国币元）	备注
同上	同上	同上	36340.80	145363200	见间接损失报告表（二）
1939.5	5月大轰炸	重庆张家花园	44208	132624000	见财产损失报告表（三）
同上	同上	同上	39054.72	117141600	见间接损失报告表（三）
1939.6	同上	重庆西里本校	14200	42600000	见间接损失报告表（四）及附表（一）
1942.11~1946年复员	轰炸迁移及复员	重庆山洞本校	43981600	150700000	见间接损失报告表（五）及附表（二）
	合计		44538241.40	2366180320	

受损失人：南京私立钟南中学　　　填报人：校长乔一凡（章）

副署人□稽核委员会：　王树嘉（章）萧显仁（章）易冠九（章）　　会计：王树坤（章）

附注：1. 本校宝应分校系于南京失陷前成立并报部备案，以现在共军解放区中，损失无从统计，应请保留补具报告；

2. 本校教职员寄居校外，其私人财产损失及因轰炸受恐吓亡故者，以本校尚未完全复员，一时统计不及，应请保留补具报告；

3. 本校学生因轰炸散失或从军殉难颇众，以本校同学会正在调查统计之中，所有该项损失，应请保留补具报告。

附表二：

南京私立钟南中学南京校本部财产损失报告表（一）

填送日期：民国三十五年八月二十一日

损失年月日	事件	地点	损失项目	购置年月	单位	数量	价值（国币元）购置时价值	损失时价值	证件	附注 呈报时价值（国币元）
1937.8	敌机轰炸	南京石板桥	教室	1929年自建	间	3	5400	6000	南京新华公司丁斐园孙铁海所建，有人证	24000000
1937.11	京城失陷	同上	一院旧屋向苏财厂价领	1931年	间	33	17000	30000	江苏省财政厅价领有案	120000000
同上	同上	同上	一院新屋	1931~1935年自建	间	27	8100	10800	1935年呈报南京市社会局不动产调查表有案	43200000

续表

损失年月日	事件	地点	损失项目	购置年月	单位	数量	价值(国币元)购置时价值	价值(国币元)损失时价值	证件	附注 呈报时价值(国币元)
同上	同上	同上	科学馆	1937.7	1座间	24	44000	44000	南京市工务局有案,系镜声公司所包钢筋水泥,有人证	176000000
同上	同上	同上	二院宿舍	1930.12	间	48	14155	20000	1930年12月在江宁地方法院价领有案	80000000
同上	同上	同上	课桌	1924~1936	套	1100	44	6600	南京市社会局1935年表报有案,1936、1937年增加370套	26400000
同上	同上	同上	黑板	同上	块	32	320	448	同上,表报社会局有案,1936、1937年加8块	1792000
同上	同上	同上	铁床	1924~1937	张	360	4320	5760	同上,表报有案,1936、1937年增加120张	23040000
同上	同上	同上	桌子	同上	张	330	990	1320	同上,表报社会局有案,1936、1937年增加110张	5280000
同上	同上	同上	体育卫生用具	同上	件	120	240	240	同上,表报社会局有案,1936、1937年增加40件	960000
同上	同上	同上	凳和椅	同上	件	725	725	870	南京市社会局24年表报有案,1936、1937年加260件	3480000
同上	同上	同上	杂件	同上	件	180	900	900	同上,表报有案,1936、1937年增加60件	3600000
同上	同上	同上	乐器	1924~1935	件	17	1200	1500	同上	6000000
同上	同上	同上	物理器械	同上	橱	6	3000	3600	同上	14100000
同上	同上	同上	新式物理器械	1936~1937	橱	8	3600	3600	在中央研究院价购有案	14400000
同上	同上	同上	博物标本	1924~1935	件	650	2600	3120	南京市社会局1935年表报有案	12480000
同上	同上	同上	自然科学挂图	同上	种	8	40	40	同上	160000

续表

损失年月日	事件	地点	损失项目	购置年月	单位	数量	价值(国币元) 购置时价值	价值(国币元) 损失时价值	证件	附注 呈报时价值(国币元)
同上	同上	同上	史地舆图	同上	种	110	330	330	同上	1320000
同上	同上	同上	化学药品	同上	橱	4	300	360	同上	1440000
同上	同上	同上	化学用具	同上	橱	8	3200	3840	同上	15360000
同上	同上	同上	中文书籍	1924~1935	册	8000	6400	8000	同上	32000000
同上	同上	同上	西文书籍	同上	册	500	1000	1200	同上	4800000
同上	同上	同上	杂志	1924~1927	种	35	500	1000	同上	4000000
同上	同上	同上	日报	同上	份	6	500	1000	同上	4000000
同上	同上	同上	显微镜	1924~1935	架	20	2200	2600	同上	10400000
同上	同上	同上	钟和铃	同上	个	8	86	86	同上	344000
同上	同上	同上	消防用具	同上	件	10	160	200	同上	800000
同上	同上	同上	厨房用具	1924~1937	件		1600	1600	有历年厨工多人可证	6400000
同上	同上	同上	电灯设备	1928~1936	盏	160	80	144	有校友数千人可证	576000
同上	同上	同上	电话	1928~1930	具	3	45	45	22749、22932、22682，电话局有电码簿可证	180000
同上	同上	同上	汽车	1934	辆	1	1800	1800	南京财政局有案，890号□□车牌	7200000
同上	同上	同上	水车	1930	辆		40	40	南京财政局登记有案	160000
同上	同上	同上	包车	1929	辆		120	120	同上	640000
同上	同上	同上	师生行李	1937.7本校	件		37500	37500	本有存物单及当时办事人可证	150000000
			合计				166851	198703		794812000

受损失人：南京私立钟南中学　　　填报人：校长乔一凡(章)　　　制表人：会计王树坤(章)

中华民国三十五年八月二十一日

附表三：

南京私立钟南中学京校沦陷后财产间接损失报告表（一）

填送日期：民国三十五年八月二十一日

分类	数额(国币元)	现时约价(国币元)	备注
共计	193154.88	859019520.20	
防空设备	2400	9600000	
八年来财产使用损失	190754.8	763019520.20	

受损失人：南京私立钟南中学　　填报人：校长乔一凡（章）　　制表人：会计王树坤（章）

附表四：

南京私立钟南中学和州分校财产损失报告表（二）

填送日期：民国三十五年八月二十一日

损失年月日	事件	地点	损失项目	购置年月	单位	数量	价值(国币元) 购置时价值	价值(国币元) 损失时价值	证件	附注 呈报时价值(国币元)
1937.12	失陷	安徽和县	分校旧屋修理	1937.9	间	28	5400	5400	和州县府有案，该县王方雨县长可证	21600000
同上	同上	同上	新建草房	同上	间	19	1140	1140	同上	4560000
同上	同上	同上	临时木器	同上	套	240	480	480	同上	1920000
同上	同上	同上	木床	同上	张	80	320	320	同上	1280000
同上	同上	同上	厨房设备	同上			560	560	同上	2240000
同上	同上	同上	杂项及防空设备	同上			580	580	同上	2320000
同上	同上	同上	师生行李	同上	件	450	22500	22500	同上	90000000
合计							30980	30980		123920000

受损失人：南京私立钟南中学　　填报人：校长乔一凡（章）　　制表人：会计王树坤（章）

附表五：

南京私立钟南中学和州分校财产间接损失报告表（二）

填送日期：民国三十五年八月二十一日

分类	数额（国币元）	现时约价（国币元）	备注
共计	36340.80	145363200	
迁移费	1200	4800000	
防空设备			
疏散费	5400	21600000	人员运输
救济费			
八年来和州财产使用损失	29740.80	118963200	

受损失人：南京私立钟南中学　　填报人：校长乔一凡（章）　　制表人：会计王树坤（章）

附表六：

南京私立钟南中学重庆校财产损失报告表（三）

填送日期：民国三十五年八月二十一日

损失年月日	事件	地点	损失项目	购置年月	单位	数量	价值（国币元）购置时价值	价值（国币元）损失时价值	证件	附注 呈报时价值（国币元）
1939.5	5月大轰炸	重庆张家花园	房屋自建部分	1938.1~1939.2	幢	5	26000	28000	28年4月呈报川教厅有案	84000000
同上	同上	同上	课桌	1938~1939	套	500	2500	2500	同上	7500000
同上	同上	同上	床	同上	张	200	900	900	同上	2700000
同上	同上	同上	黑板	同上	块	20	260	260	同上	780000
同上	同上	同上	凳和椅	同上	张	360	180	180	同上	540000
同上	同上	同上	桌子	同上	张	75	150	150	同上	450000
同上	同上	同上	仪器橱	同上	只	12	168	168	同上	504000
同上	同上	同上	中文书籍	同上	册	2000	1500	1500	同上	4500000
同上	同上	同上	西文书籍	同上	册	30	200	200	同上	600000
同上	同上	同上	物理仪器	同上	套	2	2400	2400	同上	7200000
同上	同上	同上	化学仪器	同上	套	2	2000	2000	同上	6000000

续表

损失年月日	事件	地点	损失项目	购置年月	单位	数量	价值(国币元) 购置时价值	价值(国币元) 损失时价值	证件	附注 呈报时价值(国币元)
同上	同上	同上	挂图	同上	幅	50	200	200	同上	600000
同上	同上	同上	动物标本	同上	种	100	500	500	同上	1500000
同上	同上	同上	植物标本	同上	种	200	1000	1000	同上	3000000
同上	同上	同上	显微镜	同上	架	6	1800	1800	同上	5400000
同上	同上	同上	医药用具	同上	件	33	300	300	同上	900000
同上	同上	同上	化学药品	同上	种	80	2000	2000	同上	6000000
同上	同上	同上	电灯	同上	盏	120	150	150	有校友暨在职员工可证	450000
合计							44208	44208		132624000

受损失人：南京私立钟南中学　　填报人：校长乔一凡(章)　　制表人：会计王树坤(章)

附表七：

南京私立钟南中学重庆校财产间接损失报告表(三)

填送日期：民国三十五年八月二十一日

分类	数额(国币元)	现时约价(国币元)	备注
共计	39054.72	117141600	
防空设备	3600	10800000	
重庆校产八年来财产使用损失	35454.72	106341600	

受损失人：南京私立钟南中学　　填报人：校长乔一凡(章)　　制表人：会计王树坤(章)

附表八：

南京私立钟南中学因轰炸由重庆迁西里财产间接损失报告表（四）

填送日期：民国三十五年八月二十一日

分类	数额（国币元）	现时约价（国币元）	备注
共计	14200	42600000	
迁移费	9200	27600000	
防空设备	3200	9600000	
疏散费	1800	5400000	人员运输

受损失人：南京私立钟南中学　　填报人：校长乔一凡（章）　　制表人：会计王树坤（章）

附表九：

南京私立钟南中学因轰炸再迁重庆西里财产损失报告表附表（一）

填送日期：民国三十五年八月二十一日

损失年月日	事件	地点	损失项目	购置年月	单位	数量	价值（国币元）购置时价值	价值（国币元）损失时价值	证件	附注 呈报时价值（国币元）
1939.5	轰炸迁移	重庆西里	校舍修建费	1939.5	庙屋	2	6500	6500	当时呈报川教厅有案	19500000
同上	同上	同上	校具设置	同上	件	500	1500	1500	同上	4500000
同上	同上	同上	杂件补充	同上	件		1200	1200	同上	3600000
同上	同上	同上	人员运输	同上			1800	1800	同上	5400000
同上	同上	同上	防空设备	同上	隧道	容500人	3200	3200	同上	9600000
合计							14200			42600000

受损失人：南京私立钟南中学　　填报人：校长乔一凡（章）　　制表人：会计王树坤（章）

附表十：

南京私立钟南中学因轰炸由重庆西里迁重庆山洞财产间接损失报告表（五）

填送日期：民国三十五年八月二十一日

分类	数额(国币元)	现时约价(国币元)	备注
共计	43981600	150700000	
迁移费	13721600	119640000	附表
防空设备	800000	1600000	
疏散费	20000000	20000000	1946年6至12月复员运输
救济费	9460000	9460000	

受损失人：南京私立钟南中学　　填报人：校长乔一凡（章）　　制表人：会计王树坤（章）

附表十一：

南京私立钟南中学因轰炸三迁重庆山洞财产损失报告表附表（二）

填送日期：民国三十五年八月二十一日

损失年月日	事件	地点	损失项目	购置年月	单位	数量	价值(国币元) 购置时价值	价值(国币元) 损失时价值	证件	附注 呈报时价值(国币元)
1942.11	轰炸迁移	山洞	第一期迁移费	1942.11	□□	250件	5000	5000	消耗	500000
同上	同上	同上	同上	同上	人员运输	150人	3000	3000	同上	300000
同上	同上	同上	第一期建筑费	1942.11~1943.2	幢	2	300000	300000	有物证	30000000
同上	同上	同上	同上	1943.7~9	幢	1	400000	400000	同上	16000000
同上	同上	同上	第二期迁移费	1943.7	□□校具	250件	10000	10000	消耗	400000
同上	同上	同上	同上	同上	人员运输	120人	3600	3600	同上	1440000
同上	同上	同上	第二期建筑费	1944.7~1945.5	中正堂一座	□□	8000000	8000000	有物证	56000000
同上	同上	同上	同上	1945.5~7	幢	1	5000000	5000000	同上	15000000
合计							13721600	13721600		119640000

受损失人：南京私立钟南中学　　填报人：校长乔一凡（章）　　制表人：会计王树坤（章）

37. 重庆市教育局关于抗战时期重庆文教事业遭受损失的统计[①]
（1947年8月26日）

自抗战发生，敌机疯狂轰炸，扰乱后方，本市文化教育直接间接所蒙受之损失颇巨。根据各公私立中小学造报历年空袭遭受之直接间接损失统计，从民国二十七年起至民国三十二年止，各中小学财产直接遭受损失者，包括建筑物、器具、现款、图书、仪器、文卷、医药用品、原料、产品、其他，依损失时期之价值，共计国币6680164120元；折合成三十四年八月之价值，共计国币9177129607732元。其间接遭受损失者，包括迁移费、防空设备费、疏散费、救济费、抚恤费、可能生产额减少、可获纯利额减少等，依损失时期之价值，共计国币4215874631元；折合成三十四年八月之价值，共计国币1893302403706元。

[①] 节选自重庆市教育局1947年8月26日呈教育部之"重庆市教育概况文稿"。

二、战时重庆各大学遭受轰炸损失情形[①]

(一)重庆大学

1. 重庆大学为报该校铁工厂等处建筑设备于1939年9月4日被炸呈四川省政府文稿(1939年9月16日)

窃查九月四日黎明前3钟许,敌机5批乘月色袭扰沙磁,本校铁工实习厂、体育专修科附近被投重量炸弹2枚,因相距咫尺,震动力大,致该两处建筑设备均有损坏,并波及其邻近试金室、教员院、食堂、盥洗室等处房屋。幸当时全校人员均入防空洞隐避,得保无恙。曾将大概情形于微日专电呈报在案。现在已将各处建筑设备被炸震毁确实数量调查清楚,损失总额计在6788元以上,理合缮具损失清册一份,随文赍呈,仰恳准予备查,指令只遵!谨呈:
四川省政府主席王[②]
附呈损失清册一份

衔名

附:

四川省立重庆大学九月四日晨被敌机轰炸损失清册

名称	数量	单位	价格	总值	备考
一、铁工实习厂					
大横梁	69	根	每根4元	276	
铅脊	5	丈	每丈7元	35	
铅瓦	94	沟	每沟7元	658	

---

① 战时重庆大学众多,且均不同程度地遭受了日机的轰炸并有损失,此处的大学,仅以重庆市档案馆馆藏档案为主,其他抗战胜利后迁返回原籍的各大学的有关档案,容日后再补,特此说明。
② 即王缵绪。

续表

名称	数量	单位	价格	总值	备考
后墙壁	3	方丈	每方丈32元	96	
左右后门	7	合	每合14元	98	
大炉烟囱	3	洞	每洞10元	30	
明窗玻璃	1504	块	每块1.6元	2406.40	
机器房门	2	扇	每扇24元	48	
仪器柜	1	间		68	
仪器架	2	个	每个20元	40	
钳桌	7	张	每张32元	224	
敞床	4	间	每间15元	60	
大铁洋锁	14	把	每把2.2元	30.80	
戒门秤	32	套	每套3.2元	124	
二、试金室					
双扇门	6	合	每合修理10元	60	
亮瓦	96	皮	每皮1.5元	144	
玻璃格	20	扇	每扇修理8元	160	
外板窗	20	扇	每扇修理5元	100	
玻璃	215	块	每块1元	250	
屋瓦	12	洞	每洞3元	36	
屋桷	120	皮	每皮0.6元	72	
三、洗澡室					
屋瓦	6	洞	每洞5元	30	
屋桷	12	皮	每皮0.5元	6	
四、体育科					
玻窗	608	块	每块0.8元	486.40	
屋瓦	9	沟	每沟计3元	27	
屋桷	28	皮	每皮0.5元	14	
望板	36	块	每块计4元	144	
五、饶字教员院					
屋瓦	16	沟	每沟3元	48	
屋桷	48	皮	每皮0.5元	24	
玻璃	748	块	每块0.8元	598.40	
饰戒门插	60	套	每套3.8元	192	

续表

名称	数量	单位	价格	总值	备考
六、教员食堂					
屋瓦	4	洞	每洞5元	20	
玻璃	144	块	每块0.8元	115	
七、盥洗室					
望板屋瓦	1	大洞		10	
八、文字斋					
玻璃	31	块	每块0.8元	24.80	
九、图书馆					
玻璃	40	块	每块0.8元	32	
合计				6788	

2. 重庆大学朱祖晦教授自报该宅1939年5月24日被炸损失清单(1939年11月)

名称	数量	价值
西餐家具全套	共52件	原值洋576元
蚊帐、被褥、毛毯等件	2份	原值洋342元
沙缸	4个	原值洋24元
锅	2口	原值洋16元
厨房用具	大小共37件	原值洋180元
Coora, No.6 手提打字机	1个	原值洋750元
鸵鸟蛋	1个	原值洋217元
痰盂、茶壶、茶杯、面盆	共20件	原值洋100元
瓷屏风(细瓷雕花)	1件	原值洋360元
西文书籍	19本	原值洋420元

右〈上〉共计洋2725元整[①]

3. 重庆大学校警队队长华复为该校1940年5月29日被炸情形给校长叶元龙的报告(1940年5月30日)

窃本校不幸于本月二十九日下午1时许,有敌机二批50余架,由西北向

---

① 此处统计数字有误,实应为2985元,原文如此。

东南飞过校内,大施轰炸。职巡查至工学院附近,适闻投弹之声,当避入工院外阴沟内,幸未致伤。追敌机过后,即出而巡视,见各处烟尘弥布,当下令长警将水龙备妥,并在被炸各处加派步哨,监视公私物件及他项情事;一面即赴防空洞报告段教务长及防护团张副团长,旋即清查各处被炸情形,兹条列如左〈后〉:

一、工学院西南端三楼被炸塌倒,全院门窗破坏,共投弹4枚。

二、校警队大门、厨房及印刷工人寝室倒坏,大绘图室玻窗门瓦炸坏。

三、男生宿舍附近投弹12枚,玻窗门瓦损坏半数以上;又洗面室及厕所墙瓦震坏,稽查室倒坏。

四、女生宿舍附近投弹15枚,玻窗门瓦破坏;烧水房及洗澡室、厕所、墙、门窗、瓦震坏半数,其墙边查有未炸之弹1枚,当派警1名监视,禁止观者不能距弹太近,以免危险,并请暑期集训总队马科长一同前往查验该弹有无爆发性。据云,渠可以绳捆妥,以工人抬之,可无危险。职愿抬之,而工人不敢。适已黑夜,行动不便,仍派警监视。至三十日早晨,承马科长、庄先生勇敢抬出门外附近,职再命工人童金山、顾癸联二人抬至洗澡室后面某荒地,树立危险二字木牌,以免行人近弹。三十一日,由第一补训处二团七连罗排长搬去。

五、校门内附近及马路共投弹4枚,路边稽查室被弹炸坏。

六、教员院一、二、三、四号房屋玻窗门瓦炸坏,第三院倒坏一半(段教务长住)。

七、农场附近职员住室及新储藏室大小房屋四幢,左右前后投弹7枚,门窗墙瓦炸坏半数。

八、行字斋、文字斋、理学院门窗、玻瓦破坏半数。

九、新试金室玻窗震坏三分之二以上。

十、刘家坎附近投弹9枚。

十一、本队派站女生宿舍岗警周海林,左臂被炸片受伤出血,当给2元医治。拟请再由本校奖给10元,以示慰恤。

十二、本校号兵张学忠之子(男孩)于二十八日在土塆家内被敌机炸死,拟由本校给以20元,以示慰恤。

十三、查迩来警报频传,本队各长警担任警卫防护,颇能尽劳,尤其是昨日本校被炸,维护安全秩序,日夜勤劳,拟请奖赏50元,以示慰恤。

十四、工学院此次被炸,当令各工友看护公物,及今日清理公物,打扫房屋,亦颇勤劳,拟请奖赏20元,以示策励。

总之,昨(二十九)日本校被炸,计投弹52枚,及处理经过情形,理合报请鉴核示遵。

谨呈:

防护团副团长张

总团长沈

校长叶①

兼队长　华复呈

4. 四川省立重庆大学校长叶元龙为报该校1940年5月29日被日机轰炸损失情形致四川省教育厅厅长郭子杰电(1940年6月7日)

成都教育厅郭厅长子杰兄勋鉴:

导三十电奉悉。查上月艳日敌机狂炸本校,投弹50余枚,工学院及教员院第三号楼均被炸毁;行字斋、气象台、绘图室、农场房屋,及男女生宿舍、教员院第一、二、三、四号各幢,大部均被震塌或震毁;理学院椽瓦及玻璃亦均损坏。仪器方面,工学院各系及气象台均有损坏,尤以电机系损失为最大。其他普通用具损坏亦多,估计全部修缮购置各费约需国币25万元左右。幸当日员生均皆无恙,惟伤校警1名。经将被损房屋略事整理后,已于本月江日复课。前经于艳日将被炸情形电呈省府,请派员来校查勘,并请先拨紧急临时费2万元,以济急需。嗣复于本月支日代电呈请省府迅予提前汇拨各在卷。兹承电询,曷胜感纫,拟恳体会本校惨遭轰炸,情形特殊,迅予转请省府从速将前请之紧急临时费2万元电汇济用,无任企荷,特电复谢,敬希惠察。弟叶○○。(虞)渝。

---

① 即叶元龙。

5. 重庆大学校长叶元龙为1940年5月29日该校被炸公私损失情形及善后办法呈教育部部长陈立夫文(1940年6月)

查本年五月二十九日，敌机47架翱翔于本校上空，集中目标，滥肆轰炸，一校之内，投弹之多，竟至90余枚(原报50枚，经查连同未爆发之弹一并计算，当近100枚)，拟遂其毁灭本校之毒计。惟本校向来顾及员生安全，早经建有坚固之防空洞5处，足敷全校人员之隐避；并经组织防护团，以负临时指导之专责。是日一闻警报，全校人员即行分头入洞，故全校员生1000余人，虽在敌机疯狂滥炸之下，均尚托庇安全，无一伤害，仅有校警1名臂负轻伤，旋即医疗，可谓万幸。

又本校之重要设备如图书、仪器等，早将其珍贵或不易购得者，装箱运存于其他较为安全之处所，仅留其必须应用者之一部分。此次被炸，仪器损失约在2万余元，仅占所有仪器之少量，否则当不止此。

至此次被炸之损失最重者，要为校舍方面。计工学院及教员院大部炸毁，其他如男女生宿舍、农场房屋、绘图室、行字斋、理学院之一部，共计房屋173间；所有砖瓦门窗、玻璃、椽梁悉被震坏，共计损失约30万元。

总计，房屋、仪器及普通器具各项损失，约在15万元之谱，此就学校之损失者言。至私人之损失最大者，厥为本校教务长段子燮先生。段先生寓教员院第三院，该处适中一弹，仅以身免，衣物、器具均遭毁坏，约值2000元。

当日警报解除后，本校各部主管人员，如工学院土木系叶明升、解士杰，机系主任冯君策、助教江炎渡，理学院地质系主任朱森等，均能率以身先，奋起救校，尤以段教务长以50之年，不顾私家损失，一闻警报解除，直趋被炸地点，督同同仁办理善后，备极辛劳。似此先公后私、献身教育之精神，实有足多者。

炸后之当日，即承许委员长世英、吴市长国桢、罗校长家伦先后莅校慰问。次日，复蒙钧部顾次长到校视察，并予温慰。连日各方慰问函电纷至沓来，全校人员莫不感奋。元龙于炸后即视察被炸各处，目击心怆，倍增敌忾，尤切早图恢复之心，粉碎敌人威胁之梦。经于当晚召集紧急会议，商定善后办法，先以安定人心、早日复课为原则，再作请款建置、力图恢复之谋。谨将当时办理善后情形奉呈于后：

一、所有寝室、教室已炸毁不堪住用者，暂将他屋挤并腾用，并经决定停课1日，以资整理。嗣以校舍破坏之处过多，不敷分配，惟有视其破坏情状，较轻者补苴隙漏，暂避风雨，待至六月三日全部复课。

二、各处器物，即由各该部分人员分别整理，检查损失情形，并妥筹安全措置。

三、为力求整理工作迅速起见，除由训导人员及军事教官会同事务人员督同学生、校工以作清除整理工作外，并商请补充第二团第七连指派官兵70人到校帮同办理，故全校整理清除工作不出三日，即已竣事。

本校复课，现已两周，秩序精神均已复常。全校员生经此轰炸，对于敌人暴行目睹身受，益坚抗战到底之心，更切不共戴天之仇。惟是本校此次损失过重，校舍之被炸毁者亟待修复，仪器及普通器具之被震毁者亟待购置。暑假瞬届，尤宜利用假期从事准备，以为下年度开学上课之用。际此省库艰难之会，恢复当不易言。兴念及此，焦灼万状。伏念大学所负时代之使命重大，千百学子，尤不能遽无研学攻读之所。钧部统引全国教育，向对省私学校，扶持发展，不遗余力，想对本校此次因抗战而被炸破坏之情，自尤在俯予救济之列。所有本校此次被炸公私损失情形与夫善后办法，理合备文呈报，伏乞鉴核，迅予拨款救济，以资恢复而利进行，不胜迫切待命之至。

谨呈：

教育部长陈[①]

（全衔）叶〇〇

6. 四川省立重庆大学校长叶元龙为该校1940年7月4日第二次被炸情形致国民政府军事委员会委员长蒋介石代电（1940年7月5日）

军事委员会委员长蒋钧鉴：

支日敌机两批来袭，复对本校集中狂炸，投弹200余枚，计炸毁理学院、大礼堂、图书馆、文字斋、行字斋、教员宿舍、女生宿舍、盥洗室、开水房、洗煤

---

① 即陈立夫。

室等房,其余校舍悉被震塌,仪器、药品亦多损毁。综计此次损失,以与本校["本校"二字为衍文]本年五月二十九日本校第一次被炸时相较,价值在数倍以上,所幸全体员生均无死伤,惟死校工2名,现正赶办善后。除分呈四川省政府及教育部请予紧急救济外,至一切详情,应俟查明,再行具报。谨先电陈,伏乞钧察。四川省立重庆大学校长叶○○叩(微)。

7. 四川省立重庆大学为该校1940年5月29日被炸经过及损失详情复中日战事史料征辑委员会签函(1940年7月11日)

敬复者:

案准大函,嘱将本校被炸经过及损失详情予以说明,并附照片,以便编存,并作国际宣传之用。等由,准此。兹特将五月二十九日本校被敌机轰炸之情形分述于次:

一、工学院东边中弹1枚,炸坏房屋10余间,前后落弹共5枚。

二、大绘图室四周落弹4枚,全部房盖、天花板、门窗均被震毁。

三、传达室及第一宿舍门房附近落弹10余枚,全部房盖、门窗悉被震毁。

四、教员院共4幢,内一幢中弹1枚,被炸倒塌;其余3幢,房盖、望板、门窗等全被震毁。

五、木工厂中弹2枚,完全炸毁。

六、女生宿舍中弹1枚,西面炸毁一角,全部屋顶、望板、门窗炸坏,前后左右共落弹10余枚。

七、行字斋西面炸毁一角,左右落弹4枚。

八、第一宿舍前后左右落弹10余枚,全部屋顶、望板、门窗震坏。

九、女生盥洗室四围落弹7枚,全部震坏。

十、农场四周落弹4枚,全部房屋、门窗震坏。

十一、理学院前落弹2枚,房盖、门窗震坏。

十二、文字斋、图书馆、体育科、饶家院、试金室、洗澡堂、大饭厅均受波及,房盖、门窗、望板均被震坏。

综上各节,全校内外共计落弹90余枚,被炸塌或震坏房屋共计200余间。准函前由,相应函复,并附同照片 9 张,即希察照备查并赐见复为荷!
此致:
中日战事征辑委员会
附照片 9 张〈原缺〉

（校戳）启

六月〇日

8. 四川省立重庆大学校警队兼队长华复为 1940 年 7 月 4 日、8 月 20 日自家被炸损失情形并请救济事给校长叶元龙的报告(1940 年 8 月 21 日)

窃职自奉命兼任校警队职务以来,迄今行将 5 月。在此 5 月之中,警报频繁,敌机狂炸本校 2 次。职督率长警维护秩序,虽云无功,然亦不无微劳。且七月四日本校被炸,职厨房之墙瓦均被炸毁,致将锅碗炊具等被砖瓦打破,房中热水壶、衣被等件,亦被炸片波及损坏。又职存城内小巷子观音庙内内人陪嫁来之木器,于八月二十日被炸,烧毁无遗,总计损失,非数百元不能办。现届秋气渐凉,用具、衣被无力购置,为此恳祈钧核,体恤下情,请由赈委会发来救济费项下,予照公务人员被炸救济规程发给救济费 200 元,以拯灾难,而维生活,不胜感祷待命之至。谨呈:
总务长李转呈校长叶
附被炸损失清单 1 纸

兼队长华复呈

附:

谨将七月四日本校被炸职之损失列左〈后〉①:

1	铁锅	1 只	约 9 元
2	洋铁锅	1 只	约 4 元
3	磁花菜碗	10 个	约 20 元
4	磁饭碗	15 个	约 20 元
5	磁大菜盆	2 个	约 4 元

① 此表系编者根据实际内容编制。

续表

6	皮箱	1只	约24元
7	棉被	1条	约40元
8	热水壶	1只	约30元
又八月二十日城内小巷子、观音庙被炸烧毁,职存木器如左(后)			
1	嵌玻砖梳妆台	1座	约90元
2	九斗桌	1张	约30元
3	方桌	1张	约12元
4	靠椅	4把	约30元
5	大小木桶、木盆	4个	约25元
6	方凳	4只	约30元
以上总计损失约388元			

9. 重庆大学教授罗冕为1940年8月19日自家被炸损失情形及请求救济事呈校长叶元龙文(1940年9月9日)

窃冕住居渝市上清寺春森路四号有年,今年八月十九日敌机轰炸渝市,不幸被炸,楼房两层计屋7间全部毁坏。此屋虽属租佃,而屋内之设备、书籍及衣箱杂物等,悉皆化为灰烬(清单另抄)。当兹抗战方殷、百物腾昂之际,凡公务员之生活极艰难,况教授收入更有限,其生活尤为清苦。现冕忽遭此打击,全家9口人之衣食住,难以维持,言念及此,不寒而栗。特恳钧长俯念下情,祈将经过事实转呈省政府,请依照行政院第471次会议通过之救济公务员被炸条例之规定,准予给资救济,藉以维持冕目前全家之生活,则不胜感激之至矣。此呈:

校长叶

附炸毁物品清单一纸

罗冕谨呈

二十九年九月九日

附炸毁清单:

1	床(大、小)	8张	约240元正
2	铺陈设备	8份	约350元正
3	家具	7间屋	约860元正

4	衣服	5箱	约2000元正
5	书籍		约600元正
6	碗盏及用具等		约300元正
合计约4350元，均属以前之价，现若购置恐1万元亦不敷用。			

10. 四川省政府秘书长贺国光为拨款救助重庆大学致该校校长叶元龙函（1940年9月26日）

元龙吾兄校长惠鉴：

展读八月二十二日琅函，藉悉种切。重校前呈省府，胪陈迁校六项困难及变通招工、投标手续，并请汇拨前请拨助之紧急临时费20万元一案，业提付第四二三次省务会讨论。经议决：（一）免予迁移；（二）再补助款8万元，在本年度增筹预备费项下动支；（三）先行紧急修筑，嗣后补具手续，并通知审计处查照等语。记录在卷，已由省府分别函令在案。计承荃察省库支绌，力不从心，并希原谅，代致校中同仁忍耐支撑，勉渡难关，无任企祷。专复并颂：

公绥！

弟贺国光再拜
九月二十六日

11. 四川省立重庆大学王克仁上报自家两次被炸损失清单（1940年10月）

一、用具	4磅水垫水瓶2个；瓷器、饭碗、菜碗、碟子、调匙、盘子60件；玻璃杯子、果盘20件；土钵、木甄、铁锅计4件；洋瓷大漱口杯2个
二、磁像1个	意大利烧制二小儿继汉遗像
三、衣服	杭绸长衫2件；男西服1套；女春大衣1件；皮箱1口（以上数物系破片炸坏）；黑羔皮袍2件；丝棉絮2床（以上系炸后次日大雨湿坏）
四、蚊帐2项	珠罗纱制，系炸倒窗门致受破损
五、皮鞋2双	男女大英皮鞋各一双不知炸飞何处
2次被炸损失，现价估计总在1000元以上	
王克仁填报　　1940.10	

12. 程登科为自家1940年7月4日被炸损失事给校长叶元龙的签呈(1940年11月5日)

窃本校于今岁七月四日惨遭敌机连续二次狂炸,科所居之饶家院194号正中敌弹,房内衣履、书籍、文具、陈设全化灰烬,损失之重,约数千元。科本一介寒士,以有限之收入维持家人之生活,尚感窘迫,则被炸毁日常生活之必需品,实无力添置。顷闻其他机关有对居舍被炸人员优待之举,本校为川省最高学府,对教职员之关切当与其他机关无异,谨附被炸物品清单一纸,呈请鉴察情由转呈省府予以资助,实为德便。谨呈:

校长叶

程登科谨呈

附被炸损失清单如后①:

甲、衣履	1	黄色中山装	1套	2	白色中山装	1套
	3	深灰金毛西服	1套	4	窗布	6张
	5	围布	2张	6	衬衣	3件
	7	衬裤	3条	8	被盖	2床
	9	被单	3条	10	运动衫	3件
	11	运动裤	3条	12	手提皮箱	1只
	13	草帽	1顶	14	蚊帐	2顶
	15	浴衣	1件	16	浴巾	1条
乙、书籍	1	德文书籍	约20册			
	2	中文书籍	约30册			
	3	自编讲义	6种			
丙、文具	1	墨海(砚台)	1只	2	铜墨盒	1只
	3	笔筒	1具	4	印色盒	1只
丁、用品	1	闹钟	1架	2	白瓷面盆	1只
	3	漱口用具	1套	4	修面用具	1套
	5	铜水壶	1把	6	茶碗	4只
	7	茶杯	6只	8	饭碗、菜碗	各6只
	9	5磅水瓶	1只	10	网球拍	1把
戊、其他			零星用具,如书夹、照片等			

① 此表系编者根据实际内容编制。

13. 范增澄为报 1940 年 7 月 4 日自家被炸损失事致重庆大学教务长文(1940 年 11 月 18 日)

敬启者：

　　增澄系住饶家院前面大门口左手〔首〕房间内(无号数)。本年七月四日,寇机狂炸本校时,该房受害最烈,损失甚为重大。兹将增澄所受之损失择要列之于后。此上：

段教务长查照

化工系助教　范增澄谨呈
十一月十八日

附损失清单如后：

1	棉絮	1 床
2	白被单	1 床
3	法兰绒青西服	1 件
4	长夹袍	1 件
5	大箱子	1 口
6	小箱子	1 口
7	瓷洗脸盆	1 个
8	锅	1 口
9	饭甑	1 个
10	大小白瓷碗	共 15 个
11	瓷茶壶	1 个
12	玻璃杯子	4 个

14. 洪寿祖为 1940 年 5 月 29 日、7 月 4 日自家被炸损失并请救济事给重庆大学总务长签函(1940 年 11 月 30 日)

　　本年五月二十九日及七月四日,敌机狂炸本校。本人住宿农场储藏室隔壁,前后左右均被炸弹多枚,铁片洞穿房屋多处,至今痕迹犹在。估计损失,实属不赀。谨开清单于后,伏乞鉴核,依照《四川省公务员雇员公役遭受空袭损害暂行办法》第七条第二项(甲)核给补助费,以资救济,毋任感祷。谨呈：

总务长李

洪寿祖谨签
十一月三十日

附损失清单：

名称	数量	价值	备考
热水瓶	1只	约30元	震毁
玻瓷器皿		约50元	震毁
牛皮箱	1只	约30元	压坏
炊具		约40元	震毁
大衣	1件	约70元	弹穿
杂件		约50元	损失
被单	1床	约30元	弹穿
共计		约300元	

15. 校工朱仁山为1940年7月4日被炸损失并请恤事给重庆大学总务长的报告（1940年12月4日）

窃工因本校于七月四日被敌机连续轰炸，致将所住之房屋震倒，衣服、什物尽被飞片炸毁。兹以天寒亟待需用而月不敷出，无法添置，拟恳钧座俯念下情，予以照章抚恤救济，以维生活，实为德便。谨呈：

主任喻转总务长李

校工朱仁山呈
十二月四日

附损失清单一纸：

名称	数量	价值（单位：国币元）
大锅	1口	15
茶壶	1把	5
热水瓶	1个	30
菜碗	7个	7
饭碗	5个	4
衣箱	2只	30
面盆	1只	25
新旧衣服	10余件	120
共计国币236元正		

16. 解士杰为1940年7月4日自家被炸损失事呈重庆大学校长叶元龙文（1940年12月5日）

查本年七月四日敌机轰炸本校时，敝寓原住开水房，适中1弹，房屋全毁；室内衣物、用具毁裂殆尽，损失至为惨重。因敝寓适当防空洞之通路，故当日被炸情形多有亲见之者。兹将寓内炸毁衣物各项开列于左〈下〉：

名称	数量	价值（国币元）
夏布罗蚊帐	2顶	100元
红皮箱（大小各）	1个	80元
哔叽中山装	1套	80元
花边呢大衣	1套	80元
衬衣、衬裤	3套	50元
斜纹布中山装	2套	40元
女棉袍	2件	60元
女夹袍	1件	30元
大小人毛绳衣	5件	150元
小孩棉袄裤	3套	50元
棉被	3床	200元
大小人布鞋	8双	30元
男女皮鞋	4双	60元
印花被单	2床	40元
女衬衣	3套	40元
女绸大褂	1件	30元
小孩单衣	5套	30元
钟	1个	40元
3磅热水瓶	1个	30元
大方镜	1具	10元
磁茶壶	1把	6元
磁茶杯	8个	6元
面盆	1个	14元
铜壶	1个	14元
钢铁锅	2个	30元
饭碗	10个	10元
菜碗	8个	16元
竹席	2床	20元
合共1367元		

解士杰 十二月五日

17. 汪民令为1940年5月29日、7月4日自家被炸损失并请救济事呈重庆大学总务处文（1940年12月5日）

兹将本校被炸本人损失价单开上，恳予汇请救助为荷。此致：

总务处

汪民令谨启

十二月五日

附本校本年五月二十九日、七月四日被炸，本人在校寓处损失估价清单：

序号	名称	数量	价值（国币元）
一、衣被类			
1	麻罗蚊帐	2顶	40元
2	丝罗蚊帐	1顶	50元
3	丝绵绸被	1床	60元
4	棉絮	3床	60元
5	布被单	2床	60元
6	府绸衬衫	2件	30元
7	毛巾睡毯	1床	40元
8	小孩衣服	共15件	75元
二、用具类			
1	皮箱	1只	50元
2	热水瓶	1只	40元
3	案钟	1架	60元
4	小号面镜	1个	20元
5	洋瓷面盆	1只	15元
6	炊具（锅、缸、杂件）		50元
7	食具（碗、盏、杯碟）	共34件	70元
8	洋瓷路菜盒	1套	25元
9	小孩藤床	1具	25元 |//
总计：760元整			

18. 李召惠报 1940 年 5 月 29 日自家被炸损失清单（1940 年 12 月 9 日）

窃职于五月二十九日住女生宿舍 102 号，被炸损失物品开列如左〈下〉：

序号	名称	数量	价值	备考
1	罗纹帐	1 床	值洋 50 元	
2	棉絮	1 床	值洋 15 元	
3	绣花被面	1 条	值洋 45 元	
4	枕头	1 对	值洋 12 元	
5	温水瓶	1 个	值洋 30 元	
6	镜子	1 个	值洋 8 元	
7	毯子	1 床	值洋 36 元	
8	包被盖白布	1 条	值洋 23 元	
共计国币 219 元正				

会计室事务员　李召惠
十二月九日

19. 杨德翅报 1940 年 7 月 4 日自家被炸损失清单（1940 年 12 月 14 日）

本年七月四日，敌机轰炸重庆大学赖家院，杨寓损失一览〈表〉：

序号	名称	数量	价值（原价合法币）	备考
1	英国织三色羊毛毯	1 床	原价 350 元	
2	成都绣花棉被	1 床	原价 82 元	白绒胆
3	红条布被	1 床	原价 40 元	白布胆
4	白洋布镶边被单	1 床	原价 18 元	
5	漂白布枕头	2 只	原价 15 元	
6	楠木五抽橱	1 只	原价 50 元	
7	悬镜	1 面	原价 28 元	长 3.2 尺，宽 1.8 尺
8	文具架	1 付	原价 250 元	意大利制，大理石
9	镶花瓷饭碗	1 双	原价 16 元	
10	碎瓷花瓶	1 只	原价 35 元	

续表

序号	名称	数量	价值（原价合法币）	备考
11	茶碗	6只	原价3.20元	
12	酒杯	8只	原价3.40元	
13	玻璃杯	5只	原价2.50元	
14	茶匙	8只	原价2.40元	
15	小碟	8只	原价3.20元	
16	汤碗	2只	原价1.20元	
		总共损失898.90元		

20. 韩先奎为1940年5月29日、7月4日自家被炸损失并请救济事呈重庆大学总务长文（1940年12月14日）

窃生前住农场（即现校警队队部），五月二十九日、七月四日本校两次被炸，个人损失甚重。近闻省府有救济办法，谨开损失单恳求鉴核。查生月薪甚小，每月入不敷出，当此天时日冷，困难日甚，伏恳俯念苦情，转请救济，实为德便。谨呈：

总务长李

电话生韩先奎谨呈

十二月十四日

附损失清单如下：

名称	数量	价值
被盖	1床	45元
面盆	1个	23元
被单	1床	25元
枕头	1对	7元
蚊帐	1床	30元
皮鞋	1双	33元

21. 朱代侯为1940年7月4日自家被炸损失事致轰炸救济委员会函（1940年12月20日）

七月四日本校被炸，理学院礼堂正中1弹，破片横飞，化学系办公室及分析室首当其冲。侯常川住分析室,所有书籍及应用物品均放此室,计被破片切坏有书1本、英文字典1本、杂志7本、工作衣1件(上列另单附上〈见后〉),希即察照鉴核为盼。此致:
轰炸救济委员会

朱代侯上
十二月二十日

附:

7月4日被炸损失书籍什物表

名称	数量	价格		备考
双解实用英汉字典	1本	原价2.50元	现价8.50元	商务〈印书〉馆出版
Holms: general chemistry		定价8元	现价10元	龙门书局
汉译名人选著月刊	7本			借本校图书馆
白色笞织工作服	1件	原价40元	现价50元	成衣公司

注:所借图书馆书籍,应向图书馆查明价格补报赔偿。

22. 江宜渡为1940年5月28日自家被炸损失事呈重庆大学校长叶元龙文(1940年12月25日)

窃职上期因便利电讯室仪器之管理,住居工院二楼,殊于五月二十八日敌机狂炸重大时,工院局部受毁,职寝室正当其冲,所有衣服、书籍、零星等物悉遭损坏,虽得于泥灰中掘出一部残物,但已零落荒残无几。职月薪有限,重新购置,负债不少,至今犹无法偿还。今闻可以向学校请求补偿,故特据实呈请,敬乞垂察。此呈:
叶校长

江宜渡呈
十二月二十五日

附呈损失单:

名称	数量	价值	备考
被盖	2床	约值200元	单被皆穿大洞
西服	2套	约值500元	

续表

名称	数量	价值	备考
中山装	1套	约值150元	
绘图仪器	1付	约值150元	
计算尺	1把	约值140元	
毛呢大衣	1件	约值150元	
毛线衣	1件	约值50元	
书籍	7册	约值80元	
磁盆	1个	约值20元	
其余零星物品		约值100余元	
总计		约值1500元	

23. 四川省立重庆大学机械系教授曹国惠报1940年暑期自家被炸损失物品清单(1940年12月25日)

敬启者：

敝人原住饶家院196、197两院，暑期内全被炸毁，兹将损失物品及价值列下：

品名	件数	价值(国币元)	备考
棉绸被	1	100	
棉布被	1	70	
布夹被	1	40	
布褥子	1	30	
6尺白线毯	1	40	
5尺白床单	2	40	
半新呢西服	1套	60	
西服衬衫	2	150	
羊毛背心	1	20	
布棉袍	1	40	
呢帽	1	30	
小孩呢帽	1	10	
全新绒棉鞋	2	20	
蚊帐	1	50	
面盆	2	70	
5磅热水瓶	1	50	

续表

品名	件数	价值（国币元）	备考
3号电桶	1	20	
玻璃盆盘	4套	8	
洋瓷壶	1	15	
铁壶	1	5	
瓷牙缸	1	3	
瓷肥皂盒	1	3	
12" 三棱尺	1	20	
10" 胶三角板	1付	15	
大白铁锅	1	250	
洋锁	2	10	
洗衣盆	1	5	
Mochinerys hand book	1	25	
Heat ENGINES Allen and Burslay	1	10	
合计		974	

机械系教授曹国惠
十二月二十五日

24. 四川省立重庆大学机械系教授金锡如为1940年夏季自家被炸损失情形致校长叶元龙函（1940年12月25日）

敬启者：

刻据省府颁布《公务员空袭损失救济办法》，凡受损失者，得呈报请求救济。查今年夏季敌机肆虐，敝住房在饶家院西南角，前后落弹，致敝住房顶落墙穿，房内玻璃瓷器之茶具及膳具，均皆震碎；又以碎片纷飞，穿入房间，致将衣架上之洋服、单大衣、女衫等炸毁，而床上之蚊帐穿破更甚，共值洋650余元，损失甚巨，是以恳请钧座转呈省府予以救济，实为感盼。谨此。敬上：

总务长李转

校长叶

机械系教授金锡如启
十二月二十五日

25. 高诒善为1940年7月4日自家被炸请恤事致重庆大学校长叶元龙函（1940年12月25日）

元龙校长我公钧鉴：

前七月四日学校被炸，诒善住文字斋东头庶务课内，该屋与姚汉源先生屋毗连，命中1弹。兹谨将损失情况缕列如后，并作有粗略之估计，至希察及，以予报呈省府给予救济是荷。专上。

敬请：

公安！

高诒善谨启
十二月二十五日

附损失什物一览：

名称	数量	价值	备考
失算尺	1只	合240元	
西文原版化学书籍	3册	合200元	
眼镜	1副	合60元	
川酬〔绸〕长衫	1件	合30元	
厚羊毛绒西服裤	1条	合30元	
热水瓶	1个	合20元	
面盆	1个	合15元	
被、褥、枕头			百孔千疮(不暇估计)
茶杯、茶瓶、毛巾等		合5元	
共计约合600元			

26. 毛鹤年为1940年7月4日自家被炸损失情形致重庆大学总务长函（1940年12月26日）

敬启者：

兹将本年七月四日鄙人住饶家院139号时被炸损失，开列于后，即希查照为荷。

名称	价值(国币元)	备考
棉被	60	
盘、杯、镜子等	110	
热水瓶	50	
衣服	280	
书籍	140	
毛毯	110	
共计	750	

此致：

李总务长

毛鹤年谨呈

十二月二十六日

27. 陈福皋为1940年5月29日自家被炸情形给重庆大学校长叶元龙签呈(1940年12月28日)

敬签呈者：

窃本年5月29日本校被炸，职住宿于农场宿舍，投弹甚多，玻窗震塌，房上瓦砾被破片及震动力落下，计损坏温水瓶1只，约值洋50元；花瓶1只，约值洋10元；茶钟〔盅〕4套，约值洋10余元；铁锅1只，约值洋30元；大小磁碗约值洋10余元；白麻布帐子1笼，约值洋50元。查白麻布帐子1笼纯系被破片损坏，总计共值洋160余元。现值百物高昂，购置无力，拟恳转呈，从优救济，曷胜沾感。谨呈：

兼主任汪核转呈

教务长段

校长叶

注册组组员陈福皋

二十九年十二月二十八日

28. 许道生为1940年7月4日自家被炸损失情形致重庆大学总务长函(1940年12月29日)

谨启者：

敌机扰我陪都，以期毁我之物质精神，裨早达其速战速决毒计，而我国上下一本抗战到底之誓言，不惜任何牺牲。本年七月四日，敌机再度来袭，重大饶家院中弹，职195号住宅亦被波及，衣服、用具葬毁，损失数千元。值此物价高涨，月入尤〔犹〕不获一饱，更无余资添置衣着及其他必需品。特此奉报，希为转请按情补恤，实为德便。

肃此！

敬呈：

李总务长

许道生谨上
十二月二十九日

附被炸损失清单如下：

序号	名称	数量	价值
1	灰色方格哔叽西装	1套	320元
2	白哔叽西装	1套	380元
3	浅蓝色花呢春天西装	1套	600元
4	咖啡色花呢秋天西装	1套	450元
5	深蓝色绒秋大衣	1件	450元
6	白杭纺	1件	25元
7	条子府绸	1件	18元
8	白府绸	1件	15元
9	领带	5条	共50元
10	草帽	1件	7元
11	晨衣	1件	20元
12	春季花呢女大衣	1件	390元
13	白哔叽呢女大衣	1件	180元
14	紫色绸夹袍	1件	150元
15	红螺丝纱旗袍	1件	160元

续表

序号	名称	数量	价值
16	蓝花绉旗袍	1件	120元
17	条子绸旗袍	1件	90元
18	黑拷绸旗袍	2件	92元
19	小纺绸旗袍	1件	45元
20	绿色光纱旗袍	1件	50元
21	红格子布旗袍	1件	20元
22	印花布旗袍	1件	14元
23	真珠纱帐子	2顶	200元
24	绸被面及被单	2件	120元
25	小孩红毛衣	1件	50元
26	小孩金黄色毛衣	1件	60元
27	小孩捍袍	1件	20元
28	玻璃茶杯	4个	2元
29	安南磁杯碟	4套	20元
30	热水瓶	1个	22元
	总共4390元		

29. 姚汉源为1940年7月4日自家被炸情形致重庆大学校长叶元龙函(1940年12月)

元龙校长赐鉴：

敬启者：前七月四日校中被炸，鄙人居文字斋庶务课傍〔旁〕，室内正落1弹，损失颇属不赀。祸自天来，咎怨无由，学校损失更为重大，不敢以私人事务烦渎清神。近闻校内同仁被炸受损失者，学校体恤清苦，皆酌量资助，以维生计。源深感被炸以来，衣食难周，百物腾昂，恢复为难。敢请援例施予资助，以救涸辙，使飘蓬之身得苟延于斯世者，皆出仁赐矣。谨此。恭请：

钧安! 并附损失一纸，乞赐鉴核。

本校土木工程学系助教姚汉源谨上

十二月

附被炸损失物品清单如下：

序号	名称	数量	价值	备考
1	A.W.Falen378算尺	1把	200元	
2	蚊帐	1顶	20元	
3	布制服上身	1件	40元	
4	《水利学》	1本	3.20元	刘肇龙译
5	《对数表》	1册	4元	
6	《测量学》	1本	15元	
7	《道路工程学》	1册	2元	
8	《河上学》	2册	10元	郑肇源著
9	《建筑手册》	2巨册	50元	
10	《从原子到宇宙》	1册	3.50元	
11	磁茶壶	1把	6元	
12	茶碗	2个		
13	镜子	1个	10元	
14	印色	1大盒	5元	
15	水笔	1支	15元	
16	墨盒	1个	5元	
17	胰子盒、胰子、牙刷、牙膏、毛巾等		约20元	
18	被单	1床	30元	
19	雨伞	1把	5元	
20	凉席	1张	7元	
	又烂衣物修补尚勉强应用者几修补费用：				
1	被	1床	5元	
2	毯子	1床	5元	
3	绿布制服	2件	5元	
4	衬衫	3件	5元	
	合计 470.80元				

30. 程熹如为1940年第二次被炸自家损失情形给重庆大学校长叶元龙的签呈（1940年12月）

本校第二次被炸，职饶家院住所被震塌，瓦、天花板、门窗压毁日用品、衣

物等 22 件,损失共计 447 元,用特呈请予以救济,不胜感激。谨呈:

校长叶、总务长李

职程熹如谨呈

附损毁清单 1 纸:

品名	数量	合计(国币元)	备考
铁锅	1	15	
锑罐	2	50	
水缸	1	13	
碗	20	30	
钵	3	6	
瓦罐	2	5	
甑子	3	9	
镜子	2	16	
热水瓶	1	30	
玻璃缸	2	10	
玻璃茶杯	5	10	
白磁茶杯	5	5	
茶壶	2	10	
白磁盘子	4	10	
汤匙	10	5	
洋瓷面盆	1	25	
漱口盂	2	10	
雨伞	1	3	
皮鞋	2	50	
法兰绒通草帽	1	50	
纺绸衬衫	1	25	
蚊帐	1	60	
共计 447 元			

31. 重庆大学教员倪亮关于 1940 年 5 月 29 日暨 7 月 4 日敌机轰炸住宅损失报告单(1940 年 12 月)

倪亮 住教员院二院楼上。

品名	数目	约值(国币元)
热水瓶	1 个	50

续表

品名	数目	约值(国币元)
玻璃杯(大的、有盖的)	共3个	5
大碗、饭碗	共6个	12
字画(单裱工)	2幅	30
蓝布大褂	1件	30
灰毛巾纱大褂	1件	40
白床单	1条	24
镜子	1面	10
大红呢布单被	1个	30
蓝布衫	2件	30
合计		261元

32. 四川省立重庆大学教务长段子燮上报1940年自家被炸损失清单(1940年)

品名	数目	约值(国币元)
玻璃衣橱	1	600
楠木卧床	1	200
柏木写字台	1	60
洗面架	1	10
灯柜	1	20
玻璃柜	1	40
铜洗面盆	1	24
搪瓷脚盆	1	24
铜痰盂	2	12
搪瓷痰盂	1	6
热水瓶	1	22
时辰表	1	100
闹钟	1	30
扶手坐椅	1	14
柏木靠椅	3	18
柏木茶几	2	12
玻璃相框	大小共6	8
玻璃冷水壶炉	1	8

续表

品名	数目	约值(国币元)
江西磁大菜碗	6	24
中菜碗	6	12
饭碗	15	15
菜盘	大6小6	24
茶壶	1	4
茶杯	6	4
古磁茶杯	1	10
玻璃茶杯	4	6
西洋磁漏水缸	1	200
古磁花瓶	大2小2	50
宜兴大花钵	2	40
洋装书	5册	200
皮鞋	1双	24
洋伞	1	15
铁锅	1	8
瓦水缸	2	12
绸长衫	2	60
绸汗衫、裤	各2	60
其余破烂物可修理者约修理费		50
总共约值2036元		

33. 段德煌上报1940年8月20日自家被炸损失清单(1940年)

物品名称	数量	价值	现价	备考
白哈叽中山服	全套	12元	20元	现价系约数
花格线呢马裤	1条	8元	16元	
人字毛呢大衣	1件	40元	120元	
酱色毛呢西服	全套	75元	300元	
白色标准布衬衫	1件	7元	12元	
草绿色哈叽衬衫	1件	6元	12元	
白府绸衬衫	1件	10元	20元	
被盖	1床	30元	50元	
芦花洋枕	2个	6元	10元	
布毯红花	1床	6元	20元	

续表

物品名称	数量	价值	现价	备考
毛线背心	1件	12元	30元	
线绒长裤	2条	10元	20元	
面盆	1个	2.80元	12元	
漱口盅	1个	1.20元	4元	
白帆布高底鞋	1双	6元	15元	
黑帆布力士鞋	1双	7.50元	15元	
厚线袜	2双	3元	7元	
磁花瓶	2个	3元	8元	
磁茶杯	2个	0.60元	1.60元	
玻璃茶盅	2个	1.40元	2元	
茶壶	1把	1.20元	3元	
《会计学原理及实践》	1册	3元	未详	
高级商业薄〔簿〕记	1册	3元	未详	
银行薄〔簿〕记	1册	4元	未详	
风筝牌蜡纸	30筒	490元	未详	市面时缺货，因而垫款购储以备下期开学用者

34. 王电烨上报1940年7月4日自家被炸损失清单(1940年)

七月四日敌机狂炸本校，职住宿文字斋88号房间命中1弹，所有衣物用具大部炸坏，深埋残砖瓦砾中，兹特开具清单于后：

名称	数量	价值	备考
白府绸衬衣	2件	26元	每件13元
白被单	1床	24元	
磁洗脸盆	1个	18元	
山峡布中山装	1套	24元	
热水瓶	1个	20元	
花瓶	1个	6元	
玻璃	4个	8元	
帐子	1床	28元	
镜子	1面	4.50元	
杂物		40元	
合共损失 198.50 元正			

总务处事务员　王电烨

35. 梁树权上报1940年自家被炸损失清单(1940年)

名称	数量	单价	价值
磁碗	9个	2.50元	22.50元
大磁碟	4个	5元	20元
中磁碟	4个	4元	16元
小磁碟	3个	1.50元	4.50元
汤碗	2个	5元	10元
汤匙	8个	0.80元	6.40元
茶杯	6个	2元	12元
热水瓶(5磅)	1个		60元
大铁锅	1个		18元
小铁锅	1个		12元
铝锅	1个		22元
米缸	2个		12元
木盒(大小)	2个		8元
洋磁盒	1个		15元
漱口盅	2个		10元
肥皂盒	2个		5元
茶碟	1罐		5元
桂格麦片	1罐		18元
克宁奶粉	2磅		70元
皮鞋	2双		100元
白床单	2张	40元	80元
窗帘	8副	5元	40元
大毛巾	2条	15元	30元
衣服			约估80元
共计			676.40元

36. 四川省立重庆大学教授蒋梅笙上报1940年7月4日自家被炸损失清单(1940年)

保温水瓶	22元	牙膏、牙刷、梳篦等	约5元
白铜面盆	12元	茶壶、茶杯、盘碟等	约6元
漱盅	3元	亚铅煮水器	5.40元
保安剃刀	9.80元	毛巾洋碱等	约2.80元
共66元正			
专任教授:蒋梅笙			

37. 重大、中大教职员子弟小学教导处为该校被炸请求拨款修缮事呈重庆大学校长叶元龙文（1941年8月14日）

敬启者：

小学不幸月前被敌机轰炸，时初级部操场落 1 巨弹，场地化为小塘，楼上中大学生俱乐部屋顶倾塌，致楼下小学办公室及各教室中校具损坏甚多，且因楼上俱乐部月余未修，大雨时楼上雨水向下倾漏，所有风琴、橱柜、桌椅、黑板、图书、课本等一时无处可迁，皆为侵湿腐坏；至于高级部，在农场亦因屋后落 1 大弹，瓦顶飞扬，久雨侵湿，所有校具亦损坏甚多，总计两方面之损失，非 1000 元以上不克恢复旧观。小学本身经费竭蹶，人所共知，而两大学亦因经费困难，未蒙增加津贴。现假期将满，开学在即，所有损坏之一切校具，实苦无法修复。窃念小学原为教职员子弟而设，政府既对教职员有所救济，则对教职员子弟受教育之小学，似亦当酌予救济，除函请中大救济委员会申请救济外，用特奉恳钧座赐拨专款，以为小学修缮之费，俾得早日恢复原状，如期开学，实为公便。此上：

叶校长

重大、中大教职员子弟小学教导处谨启
八月十四日

38. 四川省立重庆大学俞国辉为1941年8月10日、22日该校被炸情形给学校的签呈（1941年8月23日）

查本月十日午后本校被敌机轰炸，体育科中弹 1 枚，附近落弹 1 枚，办公室 1 间全毁，并震坏全部寝室，试金室及饶家院（教职员宿舍）亦遭波及。昨日（二十二日）午后本校又遭轰炸，计理学院门首及左边各坠弹 1 枚，该院一、二、三楼房屋多被震毁；饶家院中弹 1 枚，毁坏房屋大小共计 10 余间，并将全院震坏；运动场中弹 3 枚，试金室中弹 1 枚，附近坠弹 1 枚，新生宿舍附近坠弹 1 枚，共计中弹 9 枚。综计房屋前后两次被炸，估计修复约需法币 35 万元左右外，尚有电器、材料、家具及私人损失约计法币 3 万余元。详细情形俟调

查摄影汇齐呈报外,理合将损失大概情形先行签请致电省政府、教育部及陪都空袭救济委员会备查。当否? 请示。

俞国辉
八月二十三日

39. 四川省立重庆大学为1941年8月10日、22日该校被炸情形致教育部、四川省政府、陪都空袭救济委员会代电稿(1941年8月24日)

教育部钧鉴、成都省政府钧鉴、陪都空袭救济委员会勋鉴:

近日敌机迭袭陪都,本校于本月十日及二十二日连被投弹。十日,体专科校舍中弹1枚,办公室1间全毁,其余课堂及试金室、寝室附近亦被震坏。二十二日,理学院门首及左边各落弹1枚,房屋多被震坏;饶家院中弹1枚,毁房屋10余间;运动场中弹3枚,试金室中弹1枚,第三宿舍附近落弹1枚,除俟查明公私损失数目并招工估计修理工程再行另案呈报外,谨先电呈备查。四川省重庆大学叩。(梗)。渝印。

40. 四川省立重庆大学欧阳鼎铭为该校公物被炸毁报请审查事给该校校长兼军训总队长的报告(1941年8月25日)

窃职队储藏室在理学院进门左首,前次被敌机炸毁,公物损失一部。又看守该室勤务兵赵道延私物亦被毁,今将损失物品单列于后,敬乞查核,实为德便。右〈左〉呈:

校长兼军训总队长钧鉴

主任教官:欧阳鼎铭呈
八月二十五日于学生军训总队部

附呈被毁公私物清单:

(A)公物被毁清单			
（1）		教育用枪	9支
（2）		办公桌	7张
（3）		三角瞄准架	10个
（4）		新军服	43套
(B)勤务兵赵道延私物被毁清单			
（1）		蚊帐	1顶
（2）		竹席	1条
（3）		洗面盆	1个
（4）		铺盖	1套
（5）		外衣	2套
（6）		内衣	3件

41. 伍正继为1941年8月23日自家被炸损失呈重庆大学文（1941年8月24日）

窃正继现寓沙坪坝正街130号，临近投弹，将该屋瓦完全震毁，屋内用具及锅灶均被损坏，另开清单附呈，伏乞鉴核。谨呈：

重庆大学

伍正继谨呈

八月二十四日

清单附后〈原缺〉。

42. 杨承礼上报1941年8月23日自家被轰损失清单（1941年8月26日）

名称	数量	价值	备考
铁锅	1只	18元	
大小碗	28只	56元	
菜碗	9只	27元	
锑锅	1只	30元	
铝铁锅	1只	12元	

续表

名称	数量	价值	备考
水缸	1只	14元	
大小钵	5只	12元	
电灯泡	2只	14元	
荷叶罩	1只	4元	
茶杯	3只	6元	
磁茶壶	1把	8元	
热水瓶	1只	60元	
镜子	1面	16元	
麻油	4斤	20元	连罐

43. 四川省立重庆大学驻城办事处雇员许英等为1941年8月20日被炸损失请恤事给校长叶元龙的报告（1941年8月24日）

驻城办事处于八月二十日被敌机轰炸起火，将办事处房屋全栋焚毁，本处所有公物及器具只救出电话1部、挂钟1座、电灯开关1只、大轿1顶、国旗1面、破写字玻板1块，其余之物尚未救出。职及校工王有璋、唐敬川等损失行李衣物甚多（附清单1份）。特此具报，恳请钧座俯念下情，将职工所损失之物早日从优抚恤，以应眉前急需，不胜沾感之致。谨呈：

主任喻转呈

总务长李核转

校长叶钧鉴

驻城办事处　许英

王有璋

唐敬川　代

附：

四川省立重庆大学驻城办事处职工损失报告表

姓名	许英	职别	办事员	服务地址	驻城办事处	
名称		数量		购时价值	新旧成分	备考
棉被		1床		48元	大半新	锦缎被面
红线毯		1床		22元	全新	
枕头		1对		6元	旧的	
白衬衫		2件		32元	新的	
白线布短裤		1条		4元	半新	
草黄色中山服		1套		26元	半新	
芝麻呢中山服		1套		28元	半新	
面巾		1条		2.50元	新的	
面盆		1个		9元	旧的	
牙刷		1把		1.40元	新的	
牙膏		1盒		1.70元		用了一半
洋磁缸		1个		2.80元	新的	
布鞋		1双		5元	新的	
黑洋袜		1双		2.20元	新的	

姓名	王有璋	职别	校工	服务地址	驻城办事处	
名称		数量		购时价值	新旧成分	备考
被盖		1床		36元	全新	
牛毛毯		1床		7元	半新	
黄哈叽中山服		1套		24元	半新	
白衬衫		3件		28元	半新	
人字呢中山服		1套		28元	全新	
毛巾		1条		2元	全新	
漱口盂		1个		2.80元	半新	
黑皮箱		1口		10元	半新	
牙刷		1把		1元	半新	

姓名	唐敬川	职别	厨工	服务地址		驻城办事处	
名称		数量		购时价值	新旧成分		备考
军毯		1床		6元	旧的		
白线布衬衣裤		1套		11元	新的		
麻布制服		1套		16元	旧的		
毛巾		1条		1.80元	新的		
牙刷		1把		0.70元	新的		

44. 四川省立重庆大学驻城办事处雇员许英等为1941年8月20日被炸损失请恤事再次给校长叶元龙的报告（1941年10月4日）

窃职于八月七日奉命调至城内西三街办事处服务，不料八月二十日被敌机来渝轰炸，燃烧起火，将本办事处全部房屋完全焚尽。窃二十日因公返校领伙食，所带去办事处之被条、衣服等件一概烧尽。窃于八月二十三日呈有报告一纸，迄今两月有余，未见批示。现时天气渐寒，实不得已，恳请钧座俯念下情，将窃所被烧之被条及衣服等件，抚恤若干，请求发下，以应添购衣服被条，救济眉前之急，不胜感德无涯矣。谨呈：

主任喻转呈

总务长李核转

校长叶钧鉴

驻城办事处雇员许英，校工王有璋、唐敬川同呈

45. 四川省立重庆大学监理委员会为该校职员蒋梅笙等9人因空袭受损所具报告5件暨损失单10份请查收核办事咨该校整理委员会文（1941年10月7日）

查本会最近收到本校教职员蒋梅笙等9人因空袭受损所具报告5件、损失单10份，兹特开列清单一纸，一并咨送，即希查收核办为荷！

此咨。

附送清单一纸、报告5份、损失单10份

四川省立重庆大学整理委员会
主任委员　梁颖文
委员　吴泽湘
委员　相菊泽

附：

重庆大学教职员遭受空袭损失清册

职别	姓名	住址	有无眷属	被炸日期	损失物价总值	备考
教授	蒋梅笙	饶家院教职员宿舍	有	本年八月二十二日	1200元	
同前	陈伯齐	同前	同前	同前	980元	
同前	周开基	同前	同前	同前	6185元	
同前	谢秉仁	同前	同前	同前	5675元	
同前	邓静华	同前	同前	同前	3252元	
同前	闵文之	同前	同前	同前	710元	
同前	马淑文	同前	同前	同前	520元	
专任讲师	刘德超	同前	同前	同前	1700元	
助理秘书	黄鼎彝	同前	同前	同前	1350元	
职员	华复	本校开水房	同前	同前	316元	
教授	陶天性	饶家院教职员宿舍	同前	同前	254元	
职员	练荣蓁	同前	同前	同前	100元	
职员	朱英	校址附近中渡口	同前	同前	120元	
助教	晏正鹤	体育科	同前	同前	1045元	
校工	陈绍浦	饶家院	同前	同前		
军训部勤务兵	赵道延	理院门首储藏室	同前	同前		

46. 四川省立重庆大学为该校 1941 年 8 月 10 日、21 日被炸请恤事呈教育部部长陈立夫文(1941 年 10 月 27 日)

案查本年八月十日及二十一日，敌机窜扰陪都市郊，本校两度被炸，公私损失惨重，前经以陷梗两代电呈报，并请俟查明损失数目及招工估计修理工程后，再行呈报在案。兹经查明，八月十日敌机轰炸时，本校体育科中弹 1 枚，附近落弹 1 枚，炸毁办公室 1 间，并震毁全部寝室、试金室及饶家院教职员宿舍。二十一日再度被炸，理学院门首中弹 2 枚，该院一、二、三楼门窗、墙壁、屋瓦、器具多被震毁。饶家院教职员宿舍中弹 1 枚，炸毁舍屋 10 余间，余均震坏。运动场中弹 3 枚，试金室中弹 1 枚，附近落弹 1 枚，新生宿舍附近落弹 1 枚。前后两次，中弹计有 11 枚之多。炸毁大小房屋，震坏校舍校具，按照现值估计，修复校舍约需国币 545000 元，添置校具约需国币 156800 余元，合计共需国币 700000 元。又查上述两次轰炸时，教职员遭受损害者，计有蒋梅笙等 12 人，据报损失各物约值国币 22242 元。该员等教职生活，原极清苦，后遭空袭重大损害，情况益堪悯恻。兹以本会奉令成立，积极整理。所有炸毁校舍，亟需抢修，毁损校具，亦应添置。遭受损害教职各员，尤须救济。理合检同招标修理校舍估价单 1 纸、被炸毁损校具估价清册 1 份、教职员遭受空袭损失清册 1 份，备文呈送，仰祈钧座俯赐鉴核，准予速即拨款，以便兴复，而资救济，无任迫切待命之至！谨呈：

教育部部长陈

附呈：招标修理估价单 1 纸、被炸毁损校具估价清册 1 份、教职员遭受空袭损失清册 1 份(附原报损失清单 12 份)

四川省立重庆大学整理委员会主任委员张〇〇[①]
中华民国三十年十月二十七日

---

① 即张洪沅。

附表一：

理学院八月二十二日被炸，计损坏器具如左〈下〉：

器具名称	数量	备考
办公桌	15张	
木靠椅	40把	
仪器柜	13个	
衣架	5个	
方凳	39个	
扶手椅	154把	
单讲桌	51张	
双人椅	56把	

总计器具及其他化学仪器、药品等项，以现值估计损失约26000元。

附表二：

体育科八月十日被炸，办公室全部炸坏，计损失器具核对如左〈下〉：

器具名称	数量	备考
办公桌	8张	
写字台	8张	
藤椅	7把	
木靠椅	9把	
茶几	4张	
大餐桌	3张	
衣架	2个	
木柜	5个	
挂钟	1个	

总计器具及其他什物及银盾奖品等项损失，以现时估计约10000元。

附表三：

旧试金室八月二十二日被炸损坏器具如左〈下〉：

器具名称	数量	备考
办公桌	7张	
实验桌	10张	
仪器柜	18个	
木靠椅	16把	

续表

器具名称	数量	备考
衣架	3个	
方凳	13张	
厂床	5张	
双人床	5张	
单讲桌	18张	
双讲桌	16张	
双连椅	18把	
藤椅	9把	

总计器具及其他什物试验用品等项损失约18000元。

附表四：

新试金室八月二十二日被炸损失器具如左〈下〉：

器具名称	数量	备考
实验台	10张	
木柜	6个	
办公桌	5张	
木靠椅	16把	
方凳	27张	
衣架	5个	

总计器具及其他试金药品等项损失约15000元。

附表五：

洗煤室八月二十二日被炸损坏器具如左〈下〉：

器具名称	数量	备考
办公桌	2张	
藤椅	2把	
厂床	3张	
方凳	5把	
衣架	2个	

总计器具及其他煤炭等项约3000元。

附表六：

饶家教职员宿舍八月二十二日被炸塌坏房屋 12 间，损失器具如左〈下〉：

器具名称	数量	备考
写字台	7 张	
书桌	24 张	
厂床	21 张	
藤椅	8 张	
木靠椅	38 张	
茶几	15 个	
衣架	18 个	
木柜	16 个	
方凳	23 张	
铁床	5 张	
洗面架	21 个	
方桌	15 张	

总计器具及其他什物，以现时估计损失约 20000 元。

附表七：

自来水房八月二十二日被炸损失机件如左〈下〉：

器具名称	数量	备考
自来水管	22 节	
马达	10 架	

总计以现时估计损失约 19000 元。又消防水龙 1 架八月二十二日被炸坏，以现时估计损失约 8500 元。又电灯材料被炸损失如左〈下〉：

16/7	皮线	5 卷
18/7	皮线	3 卷
20/7	皮线	4 卷
14/7	皮线	10 卷
16/6	皮线	14 卷
12/6	皮线	30 卷
	花线	15 卷
	开关灯头	8 打
	平灯头	10 打

	先令	300只
	电灯泡	800个
/	大小木棋衫	13笋
/	胶布	20卷
/	角铁	8付
/	白料直脚	32只
/	杉木电灯柱	10根
/	圆木、磁耒等杂件	计值300元之数

总计被炸损坏电料约 40386 元。

以上统共损失估计约在 156886 元整。

附表八：

重庆大学教职员遭受空袭损失清册

职务	姓名	住址	被炸日期	损失物价总值	备考
教授	蒋梅笙	饶家院教职员宿舍	本年八月二十二日	1200元	原报损失清单附后备查
同前	陈伯齐	同前	同前	980元	同前
同前	周开基	同前	同前	6185元	同前
同前	谢秉仁	同前	同前	5675元	同前
同前	邓静华	同前	同前	3252元	同前
同前	闵文之	同前	同前	710元	同前
同前	马叔文	同前	同前	520元	同前
同前	刘德超	同前	同前	1700元	同前
助理秘书	黄鼎彝	同前	同前	1350元	同前
职员	华复	为本校开水房	同前	316元	同前
教员	陶天性	饶家院教职员宿舍	同前	254元	同前
职员	练荣蓁	同前	同前	100元	同前

47. 朱英为1941年8月22日自家被炸损失情形呈重庆大学总务长文（1941年11月18日）

敬呈者：前八月二十二日敌机轰炸重大，鄙寓所在中渡口秀野饭店后楼，当时全部焚毁,计本人损失秋冬衣服、衣料及用品、用具等现约值洋五六千元之巨。本应即时呈报,惟值校方移交中,无从呈请登记,用敢补呈,敬恳转陈校长,予以救济,不胜感激之至。谨呈:
总务长

职朱英谨呈

十一月十八日于图书馆

48. 晏正鹤为1941年8月10日、22日自家被炸损失情形致重庆大学文书课函(1941年11月20日)

敬启者:敌机于八月十日及二十二日二次狂炸体育科,损失什物列名、估价如后,恳请呈报是盼。

名称	数量	价值	备考
天蓝色粗哔叽夹大衣	1件	价格560元正	
棉絮	2床	价格100元正	
冲青哔叽绒夹袍裤	1条	价格110元正	
白布衬衫	1件	价格15元正	
皮鞋	2双	价格140元正	
足球鞋	1双	价格50元正	
书籍杂志	数十册	价格70元正	

共估价1045元正。此上:
文书课鉴

晏正鹤亲启

三十年十一月二十日

49. 四川省立重庆大学校工何英、陈绍□为被炸损失未领到津贴事呈该校总务长文(1941年11月)

窃工受被炸,损失惨道,因饶家院教职员进入防空洞,先生派工看守,院内无有先生一名。敌机轰炸,被盖、蚊帐、衣物等件毁失,被盖1床,蚊帐1笼,棉袄1件,夹衫1件,麻制服1套,灰制服1套,长衫1件,衫衣2件,长裤2

条,短裤2条,青制服1件,完全被毁。前呈上李总务长批准工生病沉重请假返家调养,没有在校,未能领下损失费补救制衣物。现在天候渐冷,衣裤无有一件,穿类与别人借换。因工学校开办在校作工,8年有余,今春生病沉重,十月份受开除,实无办法。家中人口多,生活高昂,无钱制衣。工等候1月有余,尚未领下补救费(重庆大学八九两月津贴未领),邀请主任救护生命为感,予恩准为祷。谨呈:

主任魏转呈:

总务长钧鉴!

证明:邓静华教授、金锡如教授、陈伯棋教授

校工女生院何英、陈绍□
十一月□□日

50. 四川省立重庆大学教职员工役遭受空袭损害清册(1941年12月)

职务	姓名	住址	有无家属	实支月薪	被炸日期	查明被炸损失程度	拟请给予救济费数目
教授	卫士生	赖家院	有	293元	7月4日	最重	700元
教授	杨德翅	赖家院	有	293元	7月4日	最重	700元
教授	朱祖晦	赖家院	有	293元	7月4日	最重	600元
体育科主任	程登科	饶家院	有	293元	7月4日	最重	700元
讲师	解士杰	开水房	有	163.40元	7月4日	最重	600元
教务长	段调元	教员院	有	365元	7月4日	最重	700元
采买	段德煌	重庆市西三街16号	无	77元	8月20日	最重	300元
雇员	许英	同上	无	35元	8月20日	最重	140元
教授	梁树权	教员院	有	32元	7月4日	最重	600元
事务员	王电烨	文字斋	无	68元	7月4日	最重	200元
助教	高治善	文字斋	无	86元	7月4日	最重	300元
助教	姚汉源	文字斋	无	122元	7月4日	最重	350元
教授	毛鹤年	饶家院	有	293元	7月4日	最重	700元
教授	曹国惠	饶家院	有	275元	7月4日	最重	650元
教授	许道生	饶家院	有	32元	7月4日	最重	600元

续表

职务	姓名	住址	有无家属	实支月薪	被炸日期	查明被炸损失程度	拟请给予救济费数目
助教	江宜渡	工院二楼	无	68元	7月4日	最重	270元
工学院院长	罗冕	上清寺春森路4号	有	365元	8月19日	最重	700元
训导长	王克仁	农场	有	365元	5月29日、7月4日	较重	580元
秘书	汪德全	农场	有	316元	5月29日、7月4日	较重	500元
校警队长（兼）	华复	农场	有	95元	5月29日、7月4日	较重	400元
统专科主任	倪亮	教员院			7月4日	较重	260元
教授	周绍濂	饶家院	有	329元	7月4日	较重	400元
助教	范增澄	饶家院	有	104元	7月4日	较重	400元
助教	朱代侯	理学院	无	86元	7月4日	较重	250元
服务员	洪寿祖	农场	有	60元	5月29日、7月4日	较重	300元
雇员	韩先奎	农场	无	35元	5月29日	较重	140元
教授	林斯澄	教员院通远门张家花园64号	有	329元	7月4日、6月16日	较重	400元
训导员	程熹如	饶家院	有	140元	7月4日	较重	400元
教授	金锡如	饶家院	有	305元	7月4日	较重	450元
校工	朱仁山	开水房	有	24元	7月4日	较重	160元
校工	王有璋	西三街16号	无		8月20日	较重	100元
校工	唐敬川	同上	无		8月20日	次重	40元
书记	陈福皋	农场	有	68元	5月29日	次重	160元
教授	蒋梅笙	饶家院	无		7月4日	次重	100元
办事员	李昌惠	女生宿舍			7月4日	次重	130元
助理秘书	黄鼎彝	沙坪坝	有	113元	5月29日、7月4日	较重	500元
校工	文左臣	汪家岩	长子文华权28岁炸死,妻及二子三子受伤				160元
讲师	邓堪舜	饶家院	有		7月4日	次重	100元
电机系主任	冯简	教员院			7月4日	较重	60元
出纳组主任	洪润时	行字斋	无		7月4日	较重	160元
教授	张圣芙	饶家院	有		7月4日	较重	158元

51. 国立重庆大学抗战期间财产损失汇报表（1945年9月25日）

学校或机关名称：国立重庆大学　　（本表备各校各教育机关用）

时期别	共计(价值单位:国币元)	房屋 件数	房屋 价值(国币元)	器具 件数	器具 价值(国币元)	现款 (国币元)	服着物 件数	服着物 价值(国币元)	书籍 册数	书籍 价值(国币元)	古物 件数	古物 价值(国币元)	其他 数量	其他 价值(国币元)
总计	41691147	252	18744000	4513	4535500	12800	3217	12976733	12094	4543392	280	473000	382	405722
1937.6~12	17239224	26	1233000	2152	2925750	2000	1369	10139700	3496	2544152	51	359000	126	35622
1938	2804300	39	1246000	393	366200	5000	514	773800	844	380200	200	25000	115	8100
1939	21300			70	3800		167	130000	500	2500			1	2000
1940	998049	2	18000	249	257590		335	521159	869	191300	5	10000		
1941	987274	2	40000	11	7160	800	97	455074	657	443240	5	41000		
1942	18561000	162	15687000	1285	835000	5000	645	684000	5728	98200	18	8000	140	360000
1943	1080000	21	520000	353	140000		90	390000			1	30000		

填报日期：民国三十四年九月二十五日　　国立重庆大学　　汇报者：国立重庆大学校长张洪沅

说明：1. 本表由公私立各级学校、社会教育机关及各级教育行政机关、学术机关及社会教育机关内教职员工役所填财产损失报告单审核汇编；
2. 国立各级学校、私立专科以上学校及国立社会教育机关、学术机关，将所编汇报所编呈单报报教育部；
3. 省市立各级学校、私立中等学校省市立社会教育机关、学术机关，将所编汇报表连同原报告单呈报省、市教育厅、局；
4. 县市立各级学校、私立小学及县市立社会教育机关，将所编汇报表连同原报告单呈报县市政府。

52. 重庆大学教职人员财产损失汇报表(1943—1946年)

1)国立重庆大学华复财产损失汇报表(1943年12月)

学校或机关名称：国立重庆大学　　　　　　　　（本表备各校各教育机关用）

时期别	共计价值（国币元）	房屋	价值	器具	价值	现款	服着物	价值	书籍	价值	古物	其他
总计	560000											
1938												
1939												
1940	260000			76件	60000		75件	80000	658册	120000		
1941												
1942	300000	8间连家具	300000									

填报日期：民国三十二年十二月　　华复　　汇报者：国立重庆大学校长张洪沅

说明：1.本表由公私立各级学校、社会教育机关、学术机关及各级教育行政机关根据本机关学校内教职员工役所填财产损失报告单审核汇编；

　　2.国立各级学校、私立专科以上学校及国立社会教育机关、学术机关，将所编汇报连同原报告单呈报教育部；

　　3.省市立各级学校、私立中等学校及省市立社会教育机关、学术机关，将所编汇报表连同原报告单呈报省、市教育厅、局；

　　4.县市立各级学校、私立小学及县市立社会教育机关，将所编汇报表连同原报告单呈报县市政府。

2)国立重庆大学曾石虞财产损失汇报表(1943年12月29日)

学校或机关名称：国立重庆大学　　　　　　　　（本表备各校各教育机关用）

时期别	共计价值（国币元）	房屋	价值	器具	价值	现款	服着物	价值	书籍	价值	古物	其他
总计	49000											
1938	8000	1栋	8000									
1939												
1940	1000									1箱	1000		
1941												
1942												
1943	40000							20件	40000				

填报日期：民国三十二年十二月二十九日　　曾石虞　　汇报者：国立重庆大学校长张洪沅

说明：1.本表由公私立各级学校、社会教育机关、学术机关及各级教育行政机关根据本机关学校内教职员工役所填财产损失报告单审核汇编；

　　2.国立各级学校、私立专科以上学校及国立社会教育机关、学术机关，将所编汇报连同原报告单呈报教育部；

　　3.省市立各级学校、私立中等学校及省市立社会教育机关、学术机关，将所编汇报表连同原报告单呈报省、市教育厅、局；

　　4.县市立各级学校、私立小学及县市立社会教育机关，将所编汇报表连同原报告单呈报县市政府。

3) 国立重庆大学倪亮财产损失汇报表（1944年1月）

学校或机关名称：国立重庆大学　　　　　　　　　（本表备各校各教育机关用）

时期别	共计价值（国币元）	房屋	价值	器具	价值	现款	服着物	价值	书籍	价值	古物	其他
总计	1100											
1938												
1939												
1940	1100						20件	800	10册	300		
1941												
1942												
1943												

　　　　　　　　填报日期：民国三十三年一月　　倪亮　　汇报者：国立重庆大学校长张洪沅

说明：1.本表由公私立各级学校、社会教育机关、学术机关及各级教育行政机关根据本机关学校内教职员工役所填财产损失报告单审核汇编；

　　2.国立各级学校、私立专科以上学校及国立社会教育机关、学术机关，将所编汇报连同原报告单呈报教育部；

　　3.省市立各级学校、私立中等学校及省市立社会教育机关、学术机关，将所编汇报表连同原报告单呈报省、市教育厅、局；

　　4.县市立各级学校、私立小学及县市立社会教育机关，将所编汇报表连同原报告单呈报县市政府。

4)国立重庆大学段子燮财产损失汇报表(1944年1月15日)

学校或机关名称:国立重庆大学　　　　　　　　(本表备各校各教育机关用)

时期别	共计价值(国币元)	房屋	价值	器具	价值	现款	服着物	价值	书籍	价值	古物	其他
总计	1872											
1938												
1939												
1940	1872			23件	1590		5件	359				
1941												
1942												
1943												

填报日期:民国三十三年一月十五日　　段子燮　　汇报者:国立重庆大学校长张洪沅

说明:1.本表由公私立各级学校、社会教育机关、学术机关及各级教育行政机关根据本机关学校内教职员工役所填财产损失报告单审核汇编;

2.国立各级学校、私立专科以上学校及国立社会教育机关、学术机关,将所编汇报连同原报告单呈报教育部;

3.省市立各级学校、私立中等学校及省市立社会教育机关、学术机关,将所编汇报表连同原报告单呈报省、市教育厅、局;

4.县市立各级学校、私立小学及县市立社会教育机关,将所编汇报表连同原报告单呈报县市政府。

5)国立重庆大学华复财产损失报告单(1944年1月)

(本表系受损失之教育人员用)

损失项目	单位	数量	价值(国币元)	损失时间	地点	事项	被敌焚毁或没收或占用
被铺衣服书籍碑帖	四人之衣册	75件 658册	8000 12000	29年5月29日,30年8月22日	重庆大学宿舍	被炸	连住房被敌机炸毁
炊具用具	件	76件	60000	同上	同上	同上	同上
房屋、家具	间	8间	300000	31年6月10日	浙江衢县城外	被敌焚毁	沦陷被敌焚毁

填报日期:民国三十三年一月

受损失者:国立重庆大学　服务之学校(或机关)职务:文牍,姓名:华复

审核者:国立重庆大学　服务之学校(或机关)职务:校长,姓名:张洪沅

二、战时重庆各大学遭受轰炸损失情形

6）国立重庆大学查世桢财产损失汇报表（1945年5月11日）

学校或机关名称：国立重庆大学　　　　　　　　（本表备各校各教育机关用）

时期别	共计价值（国币元）	房屋 件数	房屋 价值	器具 件数	器具 价值	现款	服着物 件数	服着物 价值	书籍 册数	书籍 价值	古物 件数	古物 价值	其他 数量	其他 价值
总计	62800	2	战前币值	100			161		160		5			
1938														
1939	11800			20	800		67	11000						
1940	51000	2	18000	80	10000		94	8000	160	5000	5	10000		
1941														
1942														
1943														

填报日期：民国三十四年五月十一日　　查世桢　　汇报者：国立重庆大学校长张洪沅

说明：1. 本表由公私立各级学校、社会教育机关、学术机关及各级教育行政机关根据本机关学校内教职员工役所填财产损失报告单审核汇编；

　　　2. 国立各级学校、私立专科以上学校及国立社会教育机关、学术机关，将所编汇报连同原报告单呈报教育部；

　　　3. 省市立各级学校、私立中等学校及省市立社会教育机关、学术机关，将所编汇报表连同原报告单呈报省、市教育厅、局；

　　　4. 县市立各级学校、私立小学及县市立社会教育机关，将所编汇报表连同原报告单呈报县市政府。

7）国立重庆大学机械系教授曹国惠财产损失汇报表（1945年5月12日）

学校或机关名称：国立重庆大学　　　　　　　　（本表备各校各教育机关用）

时期别	共计价值（国币元）	房屋 件数	房屋 价值	器具 件数	器具 价值	现款	服着物 件数	服着物 价值	书籍 册数	书籍 价值	古物 件数	古物 价值	其他 数量	其他 价值
总计	530000													
1937.6~12	500000			50	100000		30	300000	50	100000				
1938														
1939														
1940	30000			10	20000		20	10000	5	10000				
1941														

填报日期：民国三十四年五月十二日　　机械系教授曹国惠　　汇报者：国立重庆大学校长张洪沅

说明：1. 本表由公私立各级学校、社会教育机关、学术机关及各级教育行政机关根据本机关学校内教职员工役所填财产损失报告单审核汇编；

　　2. 国立各级学校、私立专科以上学校及国立社会教育机关、学术机关，将所编汇报连同原报告单呈报教育部；

　　3. 省市立各级学校、私立中等学校及省市立社会教育机关、学术机关，将所编汇报表连同原报告单呈报省、市教育厅、局；

　　4. 县市立各级学校、私立小学及县市立社会教育机关，将所编汇报表连同原报告单呈报县市政府。

8) 国立重庆大学金锡如财产损失汇报表（1945年5月14日）

学校或机关名称：国立重庆大学　　　　　　（本表备各校各教育机关用）

时期别	共计价值（国币元）	房屋 件数	房屋 价值	器具 件数	器具 价值	现款	服着物 件数	服着物 价值	书籍 册数	书籍 价值	古物 件数	古物 价值	其他 数量	其他 价值
总计														
1938														
1939														
1940	5000			10	1000		20	3000	10	1000				
1941	15000			10	3000		25	9000	10	3000				2000
1942														

填报日期：民国三十四年五月十四日　　　金锡如　　汇报者：国立重庆大学校长张洪沅

说明：1. 本表由公私立各级学校、社会教育机关、学术机关及各级教育行政机关根据本机关学校内教职员工役所填财产损失报告单审核汇编；

　　2. 国立各级学校、私立专科以上学校及国立社会教育机关、学术机关，将所编汇报连同原报告单呈报教育部；

　　3. 省市立各级学校、私立中等学校及省市立社会教育机关、学术机关，将所编汇报表连同原报告单呈报省、市教育厅、局；

　　4. 县市立各级学校、私立小学及县市立社会教育机关，将所编汇报表连同原报告单呈报县市政府。

二、战时重庆各大学遭受轰炸损失情形　263

9) 国立重庆大学建筑系曾景闲财产损失汇报表(1945年5月14日)

学校或机关名称：国立重庆大学　　　　　　　　　　（本表备各校各教育机关用）

时期别	共计价值（国币元）	房屋 件数	房屋 价值	器具 件数	器具 价值	现款	服着物 件数	服着物 价值	书籍 册数	书籍 价值	古物 件数	古物 价值	其他 数量	其他 价值
总计	140000													
1938														
1939	140000	15	10000	80	15000		50	5000	3000	10000	200	100000		
1940														
1941														
1942														
1943														

（以上币值按民国二十六年原值计算）

填报日期：民国三十四年五月十四日　　建筑系曾景闲　　　汇报者：国立重庆大学校长张洪沅

说明：1. 本表由公私立各级学校、社会教育机关、学术机关及各级教育行政机关根据本机关学校内教职员工役所填财产损失报告单审核汇编；

2. 国立各级学校、私立专科以上学校及国立社会教育机关、学术机关，将所编汇报连同原报告单呈报教育部；

3. 省市立各级学校、私立中等学校及省市立社会教育机关、学术机关，将所编汇报表连同原报告单呈报省、市教育厅、局；

4. 县市立各级学校、私立小学及县市立社会教育机关，将所编汇报表连同原报告单呈报县市政府。

10) 国立重庆大学姚傅澄财产损失汇报表(1945年5月15日)

学校或机关名称：国立重庆大学　　　　　　　　　　（本表备各校各教育机关用）

时期别	共计价值（国币元）	房屋 件数	房屋 价值	器具 件数	器具 价值	现款	服着物 件数	服着物 价值	书籍 册数	书籍 价值	古物 件数	古物 价值	其他 数量	其他 价值
总计	300000						40	200000	45	100000				
1937.6~12	230000						30	150000	40	80000				
1938														
1939	70000						10	50000	5	20000				
1940														
1941														
1942														
1943														

填报日期：民国三十四年五月十五日　　姚傅澄　　　汇报者：国立重庆大学校长张洪沅

11) 国立重庆大学方福华财产损失汇报表(1945年5月19日)

学校或机关名称：国立重庆大学　　　　　　　　　（本表备各校各教育机关用）

时期别	共计价值（国币元）	房屋 件数	房屋 价值	器具 件数	器具 价值	现款	服着物 件数	服着物 价值	书籍 册数	书籍 价值	古物 件数	古物 价值	其他 数量	其他 价值
总计	95300													
1938														
1939	27500	1	10000	6	6000	500	10	5000	10	5000			5	1000
1940														
1941	67800	2	40000	5	4000	800	10	10000	6	3000			10	10000
1942														
1943														

填报日期：民国三十四年五月十九日　　　方福华　　　汇报者：国立重庆大学校长张洪沅

说明：1. 本表由公私立各级学校、社会教育机关、学术机关及各级教育行政机关根据本机关学校内教职员工役所填财产损失报告单审核汇编；

　　2. 国立各级学校、私立专科以上学校及国立社会教育机关、学术机关，将所编汇报连同原报告单呈报教育部；

　　3. 省市立各级学校、私立中等学校及省市立社会教育机关、学术机关，将所编汇报表连同原报告单呈报省、市教育厅、局；

　　4. 县市立各级学校、私立小学及县市立社会教育机关，将所编汇报表连同原报告单呈报县市政府。

12) 国立重庆大学张焕龙财产损失汇报表(1945年5月20日)

学校或机关名称：国立重庆大学　　　　　　　　　（本表备各校各教育机关用）

时期别	共计价值（国币元）	房屋 件数	房屋 价值	器具 件数	器具 价值	现款	服着物 件数	服着物 价值	书籍 册数	书籍 价值	古物 件数	古物 价值	其他 数量	其他 价值
总计	700000													
1937.6~12	700000						10	500000	200	200000			证件	无价
1938														
1939														
1940														
1941														
1942														
1943														

填报日期:民国三十四年五月二十日　　　张焕龙　　汇报者:国立重庆大学校长张洪沅

说明:1. 本表由公私立各级学校、社会教育机关、学术机关及各级教育行政机关根据本机关学校内教职员工役所填财产损失报告单审核汇编;

　　　2. 国立各级学校、私立专科以上学校及国立社会教育机关、学术机关,将所编汇报连同原报告单呈报教育部;

　　　3. 省市立各级学校、私立中等学校及省市立社会教育机关、学术机关,将所编汇报表连同原报告单呈报省、市教育厅、局;

　　　4. 县市立各级学校、私立小学及县市立社会教育机关,将所编汇报表连同原报告单呈报县市政府。

13)国立重庆大学陈峰仙财产损失汇报表(1945年5月21日)

学校或机关名称:国立重庆大学　　　　　　　　　(本表备各校各教育机关用)

时期别	共计价值(国币元)	房屋 件数	房屋 价值	器具 件数	器具 价值	现款	服着物 件数	服着物 价值	书籍 册数	书籍 价值	古物 件数	古物 价值	其他 数量	其他 价值
总计	7000000													
1937.6~12	7000000			20	500000		130	6500000						
1938														
1939														
1940														
1941														
1942														
1943														

填报日期:民国三十四年五月二十一日　　陈峰仙　　汇报者:国立重庆大学校长张洪沅

说明:1. 本表由公私立各级学校、社会教育机关、学术机关及各级教育行政机关根据本机关学校内教职员工役所填财产损失报告单审核汇编;

　　　2. 国立各级学校、私立专科以上学校及国立社会教育机关、学术机关,将所编汇报连同原报告单呈报教育部;

　　　3. 省市立各级学校、私立中等学校及省市立社会教育机关、学术机关,将所编汇报表连同原报告单呈报省、市教育厅、局;

　　　4. 县市立各级学校、私立小学及县市立社会教育机关,将所编汇报表连同原报告单呈报县市政府。

14)国立重庆大学汤寿昌财产损失汇报表(1945年5月23日)

学校或机关名称:国立重庆大学　　　　　　　　(本表备各校各教育机关用)

时期别	共计价值（国币元）	房屋 件数	房屋 价值	器具 件数	器具 价值	现款	服着物 件数	服着物 价值	书籍 册数	书籍 价值	古物 件数	古物 价值	其他 数量	其他 价值
总计	710000													
1937.6~12														
1938				25	200000		19	120000						
1939														
1940				18	150000		30	240000					证件	无价
1941														
1942														
1943														

填报日期:民国三十四年五月二十三日　　汤寿昌　　汇报者:国立重庆大学校长张洪沅

说明:1.本表由公私立各级学校、社会教育机关、学术机关及各级教育行政机关根据本机关学校内教职员工役所填财产损失报告单审核汇编;

2.国立各级学校、私立专科以上学校及国立社会教育机关、学术机关,将所编汇报连同原报告单呈报教育部;

3.省市立各级学校、私立中等学校及省市立社会教育机关、学术机关,将所编汇报表连同原报告单呈报省、市教育厅、局;

4.县市立各级学校、私立小学及县市立社会教育机关,将所编汇报表连同原报告单呈报县市政府。

15)国立重庆大学土木系副教授解士杰财产损失汇报表(1945年5月27日)

学校或机关名称:国立重庆大学　　　　　　　　(本表备各校各教育机关用)

时期别	共计价值（国币元）	房屋 件数	房屋 价值	器具 件数	器具 价值	现款	服着物 件数	服着物 价值	书籍 册数	书籍 价值	古物 件数	古物 价值	其他 数量	其他 价值
总计														
1937.6~12		6	300000	50	100000	500	60	180000	500	250000			5	100000
1938														
1939														
1940				5	50000		20	40000						
1941														
1942														
1943														

填报日期:民国三十四年五月二十七日　　土木系副教授解士杰　　汇报者:国立重庆大学校长张洪沅

二、战时重庆各大学遭受轰炸损失情形

说明：1. 本表由公私立各级学校、社会教育机关、学术机关及各级教育行政机关根据本机关学校内教职员工役所填财产损失报告单审核汇编；

2. 国立各级学校、私立专科以上学校及国立社会教育机关、学术机关，将所编汇报连同原报告单呈报教育部；

3. 省市立各级学校、私立中等学校及省市立社会教育机关、学术机关，将所编汇报表连同原报告单呈报省、市教育厅、局；

4. 县市立各级学校、私立小学及县市立社会教育机关，将所编汇报表连同原报告单呈报县市政府。

16）国立重庆大学化学系教授刘云浦财产损失汇报表（1945年5月30日）

学校或机关名称：国立重庆大学　　　　　　（本表备各校各教育机关用）

时期别	共计价值（国币元）	房屋 件数	房屋 价值	器具 件数	器具 价值	现款	服着物 件数	服着物 价值	书籍 册数	书籍 价值	古物 件数	古物 价值	其他 数量	其他 价值
总计	2450000													
1937.6~12	1600000			50	500000		60	600000	50	500000				
1938	200000			20	200000									
1939	300000			30	300000									
1940	300000			10	100000		20	200000						
1941														
1942	50000			5	50000									
1943														

填报日期：民国三十四年五月三十日　化学系教授刘云浦　汇报者：国立重庆大学校长张洪沅

说明：1. 本表由公私立各级学校、社会教育机关、学术机关及各级教育行政机关根据本机关学校内教职员工役所填财产损失报告单审核汇编；

2. 国立各级学校、私立专科以上学校及国立社会教育机关、学术机关，将所编汇报连同原报告单呈报教育部；

3. 省市立各级学校、私立中等学校及省市立社会教育机关、学术机关，将所编汇报表连同原报告单呈报省、市教育厅、局；

4. 县市立各级学校、私立小学及县市立社会教育机关，将所编汇报表连同原报告单呈报县市政府。

17)国立重庆大学李子健财产损失汇报表(1945年5月30日)

学校或机关名称:国立重庆大学　　　　　　　　(本表备各校各教育机关用)

时期别	共计价值(国币元)	房屋 件数	房屋 价值	器具 件数	器具 价值	现款	服着物 件数	服着物 价值	书籍 册数	书籍 价值	古物 件数	古物 价值	其他 数量	其他 价值
总计	10950													
1937.6~12	7250			17	1000		20	750	42	500	11	5000		
1938	3700	9	3000	3	200		9	500						
1939														
1940														
1941														
1942														
1943														

填报日期:民国三十四年五月三十日　　李子健　　汇报者:国立重庆大学校长张洪沅

备注:以上价值系战前币值。

说明:1. 本表由公私立各级学校、社会教育机关、学术机关及各级教育行政机关根据本机关学校内教职员工役所填财产损失报告单审核汇编;

　　2. 国立各级学校、私立专科以上学校及国立社会教育机关、学术机关,将所编汇报连同原报告单呈报教育部;

　　3. 省市立各级学校、私立中等学校及省市立社会教育机关、学术机关,将所编汇报表连同原报告单呈报省、市教育厅、局;

　　4. 县市立各级学校、私立小学及县市立社会教育机关,将所编汇报表连同原报告单呈报县市政府。

18)国立重庆大学曾石虞财产损失汇报表(1945年5月31日)

学校或机关名称:国立重庆大学　　　　　　　　(本表备各校各教育机关用)

时期别	共计价值(国币元)	房屋 件数	房屋 价值	器具 件数	器具 价值	现款	服着物 件数	服着物 价值	书籍 册数	书籍 价值	古物 件数	古物 价值	其他 数量	其他 价值
总计	11000	10	8000	20	1000		20	1000	100	1000				
1937.6~12		10	8000	20	1000									
1938							20	1000	100	1000				
1939														
1940														
1941														
1942														
1943														

二、战时重庆各大学遭受轰炸损失情形 269

填报日期:民国三十四年五月三十一日　　曾石虞　　汇报者:国立重庆大学校长张洪沅

说明:1.本表由公私立各级学校、社会教育机关、学术机关及各级教育行政机关根据本机关学校内教职员工役所填财产损失报告单审核汇编;

2.国立各级学校、私立专科以上学校及国立社会教育机关、学术机关,将所编汇报连同原报告单呈报教育部;

3.省市立各级学校、私立中等学校及省市立社会教育机关、学术机关,将所编汇报表连同原报告单呈报省、市教育厅、局;

4.县市立各级学校、私立小学及县市立社会教育机关,将所编汇报表连同原报告单呈报县市政府。

19)国立重庆大学郑阑华财产损失汇报表(1945年5月31日)

学校或机关名称:国立重庆大学　　　　　　　　　　(本表备各校各教育机关用)

时期别	共计价值（国币元）	房屋 件数	房屋 价值	器具 件数	器具 价值	现款	服着物 件数	服着物 价值	书籍 册数	书籍 价值	古物 件数	古物 价值	其他 数量	其他 价值
总计	9500													
1937.6~12	9500(当时价值)			30	1500		150	3000	200	2000	15	3000		
1938														
1939														
1940														
1941														
1942														
1943														

填报日期:民国三十四年五月三十一日　　郑阑华　　汇报者:国立重庆大学校长张洪沅

说明:1.本表由公私立各级学校、社会教育机关、学术机关及各级教育行政机关根据本机关学校内教职员工役所填财产损失报告单审核汇编;

2.国立各级学校、私立专科以上学校及国立社会教育机关、学术机关,将所编汇报连同原报告单呈报教育部;

3.省市立各级学校、私立中等学校及省市立社会教育机关、学术机关,将所编汇报表连同原报告单呈报省、市教育厅、局;

4.县市立各级学校、私立小学及县市立社会教育机关,将所编汇报表连同原报告单呈报县市政府。

20)国立重庆大学梁树权财产损失汇报表(1945年5月)

学校或机关名称:国立重庆大学　　　　　　　(本表备各校各教育机关用)

时期别	共计价值（国币元）	房屋 件数	房屋 价值	器具 件数	器具 价值	现款	服着物 件数	服着物 价值	书籍 册数	书籍 价值	古物 件数	古物 价值	其他 数量	其他 价值
总计	54000(战前币值)			39			122		660					
1937.6~12	14000			6	1000		40	4000	300	3000			100	6000
1938	21000			20	3000		50	5000	350	5000				8000
1939														
1940	12000			8	2000		20	8000	10	2000				
1941	7000			5	2000		12	5000						
1942														
1943														

填报日期:民国三十四年五月　　　梁树权　　　汇报者:国立重庆大学校长张洪沅

说明:1.本表由公私立各级学校、社会教育机关、学术机关及各级教育行政机关根据本机关学校内教职员工役所填财产损失报告单审核汇编;

　　2.国立各级学校、私立专科以上学校及国立社会教育机关、学术机关,将所编汇报连同原报告单呈报教育部;

　　3.省市立各级学校、私立中等学校及省市立社会教育机关、学术机关,将所编汇报表连同原报告单呈报省、市教育厅、局;

　　4.县市立各级学校、私立小学及县市立社会教育机关,将所编汇报表连同原报告单呈报县市政府。

21)国立重庆大学谢立惠财产损失汇报表(1945年6月1日)

学校或机关名称:国立重庆大学　　　　　　　(本表备各校各教育机关用)

时期别	共计价值（国币元）	房屋 件数	房屋 价值	器具 件数	器具 价值	现款	服着物 件数	服着物 价值	书籍 册数	书籍 价值	古物 件数	古物 价值	其他 数量	其他 价值
总计	11500			50	3000		180	4000	500	2500			无线电零件	2000
1937.6~12														
1938	2000						80	2000						
1939	9500			50	3000		100	2000	500	2500			无线电零件	2000
1940														
1941														
1942														
1943														

填报日期:民国三十四年六月一日　　　谢立惠　　　汇报者:国立重庆大学校长张洪沅

说明：1. 本表由公私立各级学校、社会教育机关、学术机关及各级教育行政机关根据本机关学校内教职员工役所填财产损失报告单审核汇编；

  2. 国立各级学校、私立专科以上学校及国立社会教育机关、学术机关，将所编汇报连同原报告单呈报教育部；

  3. 省市立各级学校、私立中等学校及省市立社会教育机关、学术机关，将所编汇报表连同原报告单呈报省、市教育厅、局；

  4. 县市立各级学校、私立小学及县市立社会教育机关，将所编汇报表连同原报告单呈报县市政府。

22）国立重庆大学周怀衡财产损失汇报表（1945年6月12日）

学校或机关名称：国立重庆大学　　　　　　　　　　（本表备各校各教育机关用）

时期别	共计价值（国币元）	房屋 件数	房屋 价值	器具 件数	器具 价值	现款	服着物 件数	服着物 价值	书籍 册数	书籍 价值	古物 件数	古物 价值	其他 数量	其他 价值
总计	1100						23	300	100	800				
1937.6~12	1100						23	300	100	800				
1938														
1939														
1940														
1941														
1942														
1943														

填报日期：民国三十四年六月十二日　　　周怀衡　　汇报者：国立重庆大学校长张洪沅

说明：1. 本表由公私立各级学校、社会教育机关、学术机关及各级教育行政机关根据本机关学校内教职员工役所填财产损失报告单审核汇编；

  2. 国立各级学校、私立专科以上学校及国立社会教育机关、学术机关，将所编汇报连同原报告单呈报教育部；

  3. 省市立各级学校、私立中等学校及省市立社会教育机关、学术机关，将所编汇报表连同原报告单呈报省、市教育厅、局；

  4. 县市立各级学校、私立小学及县市立社会教育机关，将所编汇报表连同原报告单呈报县市政府。

23) 国立重庆大学李蕃财产损失汇报表 (1945年6月12日)

学校或机关名称：国立重庆大学　　　　　　　　　　　（本表备各校各教育机关用）

时期别	共计价值（国币元）	房屋 件数	房屋 价值	器具 件数	器具 价值	现款	服着物 件数	服着物 价值	书籍 册数	书籍 价值	古物 件数	古物 价值	其他 数量	其他 价值
总计	1600（战前价值）								200	1600				
1937.6~12									200	1600（在青岛损失）				
1938														
1939														
1940														
1941														
1942														
1943														

填报日期：民国三十四年六月十二日　　李蕃　　汇报者：国立重庆大学校长张洪沅

说明：1. 本表由公私立各级学校、社会教育机关、学术机关及各级教育行政机关根据本机关学校内教职员工役所填财产损失报告单审核汇编；

　　　2. 国立各级学校、私立专科以上学校及国立社会教育机关、学术机关，将所编汇报连同原报告单呈报教育部；

　　　3. 省市立各级学校、私立中等学校及省市立社会教育机关、学术机关，将所编汇报表连同原报告单呈报省、市教育厅、局；

　　　4. 县市立各级学校、私立小学及县市立社会教育机关，将所编汇报表连同原报告单呈报县市政府。

24) 国立重庆大学矿冶系教授蒋道江财产损失汇报表 (1945年6月30日)

学校或机关名称：国立重庆大学　　　　　　　　　　　（本表备各校各教育机关用）

时期别	共计价值（国币元）	房屋 件数	房屋 价值	器具 件数	器具 价值	现款	服着物 件数	服着物 价值	书籍 册数	书籍 价值	古物 件数	古物 价值	其他 数量	其他 价值
总计	95600													
1937.6~12	23600	8	3000	500	2000	7600	180	3000	250	2000	10	5000	10	1000
1938														
1939														
1940														
1941														
1942	72000	120	42000	1000	3000	5000	400	6000	5000	4000	18	8000	100	4000
1943														

填报日期：民国三十四年六月三十日　　矿冶系教授蒋道江　　汇报者：国立重庆大学校长张洪沅

注意:所填价值均系战前国币之价值。
说明:1.本表由公私立各级学校、社会教育机关、学术机关及各级教育行政机关根据本机关学校内教职员工役所填财产损失报告单审核汇编;

  2.国立各级学校、私立专科以上学校及国立社会教育机关、学术机关,将所编汇报连同原报告单呈报教育部;

  3.省市立各级学校、私立中等学校及省市立社会教育机关、学术机关,将所编汇报表连同原报告单呈报省、市教育厅、局;

  4.县市立各级学校、私立小学及县市立社会教育机关,将所编汇报表连同原报告单呈报县市政府。

25)国立重庆大学郑衍芬财产损失汇报表(1945年6月)

学校或机关名称:国立重庆大学　　　　　　　　(本表备各校各教育机关用)

时期别	共计价值(国币元)	房屋 件数	房屋 价值	器具 件数	器具 价值	现款	服着物 件数	服着物 价值	书籍 册数	书籍 价值	古物 件数	古物 价值	其他 数量	其他 价值
总计	2600000													
1937.6~12	2600000			100	750000		150	1000000	200	600000	10	250000		
1938														
1939														
1940														
1941														
1942														
1943														

填报日期:民国三十四年六月　　郑衍芬　　汇报者:国立重庆大学校长张洪沅

说明:1.本表由公私立各级学校、社会教育机关、学术机关及各级教育行政机关根据本机关学校内教职员工役所填财产损失报告单审核汇编;

  2.国立各级学校、私立专科以上学校及国立社会教育机关、学术机关,将所编汇报连同原报告单呈报教育部;

  3.省市立各级学校、私立中等学校及省市立社会教育机关、学术机关,将所编汇报表连同原报告单呈报省、市教育厅、局;

  4.县市立各级学校、私立小学及县市立社会教育机关,将所编汇报表连同原报告单呈报县市政府。

26) 国立重庆大学教授汪德全财产损失汇报表（1945年8月）

学校或机关名称：国立重庆大学　　　　　　　　（本表备各校各教育机关用）

时期别	共计价值(国币元)	房屋 件数	房屋 价值	器具 件数	器具 价值	现款	服着物 件数	服着物 价值	书籍 册数	书籍 价值	古物 件数	古物 价值	其他 数量	其他 价值
总计	2942000													
1937.6~12														
1938	2455000	12	1200000	150	150000	5000	50	750000	70	350000				
1939	345000			20	20000		25	125000	20	200000				
1940	142000			12	12000		16	80000	5	50000				
1941														
1942														
1943														

填报日期：民国三十四年八月　　　教授汪德全　　　汇报者：国立重庆大学校长张洪沅

说明：1. 本表由公私立各级学校、社会教育机关、学术机关及各级教育行政机关根据本机关学校内教职员工役所填财产损失报告单审核汇编；

2. 国立各级学校、私立专科以上学校及国立社会教育机关、学术机关，将所编汇报连同原报告单呈报教育部；

3. 省市立各级学校、私立中等学校及省市立社会教育机关、学术机关，将所编汇报表连同原报告单呈报省、市教育厅、局；

4. 县市立各级学校、私立小学及县市立社会教育机关，将所编汇报表连同原报告单呈报县市政府。

27) 国立重庆大学黄鼎彝财产损失汇报表（1945年9月1日）

学校或机关名称：国立重庆大学　　　　　　　　（本表备各校各教育机关用）

时期别	共计价值(国币元)	房屋 件数	房屋 价值	器具 件数	器具 价值	现款	服着物 件数	服着物 价值	书籍 册数	书籍 价值	古物 件数	古物 价值	其他 数量	其他 价值
总计	500000						40余	200000	500余	300000				
1937.6~12														
1938														
1939														
1940														
1941	500000													
1942														
1943														

填报日期：民国三十四年九月一日　　　黄鼎彝　　　汇报者：国立重庆大学校长张洪沅

说明：1. 本表由公私立各级学校、社会教育机关、学术机关及各级教育行政机关根据本机关学校内教职员工役所填财产损失报告单审核汇编；

2. 国立各级学校、私立专科以上学校及国立社会教育机关、学术机关，将所编汇报连同原报告单呈报教育部；

3. 省市立各级学校、私立中等学校及省市立社会教育机关、学术机关，将所编汇报表连同原报告单呈报省、市教育厅、局；

4. 县市立各级学校、私立小学及县市立社会教育机关，将所编汇报表连同原报告单呈报县市政府。

28) 国立重庆大学李蕃财产损失汇报表（1945年9月7日）

学校或机关名称：国立重庆大学　　　　　　　（本表备各校各教育机关用）

时期别	共计价值（国币元）	房屋		器具		现款	服着物		书籍		古物		其他	
		件数	价值	件数	价值		件数	价值	册数	价值	件数	价值	数量	价值
总计	1600（战前价值）			15	250		30	350	100	1000				
1937.6~12	1600			15	250		30	350	100	1000				
1938														
1939														
1940														
1941														
1942														
1943														

填报日期：民国三十四年九月七日　　李蕃　　汇报者：国立重庆大学校长张洪沅

说明：1. 本表由公私立各级学校、社会教育机关、学术机关及各级教育行政机关根据本机关学校内教职员工役所填财产损失报告单审核汇编；

2. 国立各级学校、私立专科以上学校及国立社会教育机关、学术机关，将所编汇报连同原报告单呈报教育部；

3. 省市立各级学校、私立中等学校及省市立社会教育机关、学术机关，将所编汇报表连同原报告单呈报省、市教育厅、局；

4. 县市立各级学校、私立小学及县市立社会教育机关，将所编汇报表连同原报告单呈报县市政府。

29）国立重庆大学刘宝智财产损失汇报表（1945年9月9日）

学校或机关名称：国立重庆大学　　　　　　　　　（本表备各校各教育机关用）

时期别	共计价值（国币元）	房屋 件数	房屋 价值	器具 件数	器具 价值	现款	服着物 件数	服着物 价值	书籍 册数	书籍 价值	古物 件数	古物 价值	其他 数量	其他 价值
总计	445000													
1937.6~12	445000	6	30000	15	15000		40	100000	300	300000				
1938														
1939														
1940														
1941														
1942														
1943														

填报日期：民国三十四年九月九日　　刘宝智　　汇报者：国立重庆大学校长张洪沅

说明：1. 本表由公私立各级学校、社会教育机关、学术机关及各级教育行政机关根据本机关学校内教职员工役所填财产损失报告单审核汇编；

2. 国立各级学校、私立专科以上学校及国立社会教育机关、学术机关，将所编汇报连同原报告单呈报教育部；

3. 省市立各级学校、私立中等学校及省市立社会教育机关、学术机关，将所编汇报表连同原报告单呈报省、市教育厅、局；

4. 县市立各级学校、私立小学及县市立社会教育机关，将所编汇报表连同原报告单呈报县市政府。

30）国立重庆大学陈克元财产损失汇报表（1945年9月9日）

学校或机关名称：国立重庆大学　　　　　　　　　（本表备各校各教育机关用）

时期别	共计价值（国币元）	房屋 件数	房屋 价值	器具 件数	器具 价值	现款	服着物 件数	服着物 价值	书籍 册数	书籍 价值	古物 件数	古物 价值	其他 数量	其他 价值
总计	1500													
1937.6~12	100						20	500	40	200			行李1件	300
1938	500						15	300	15	200				
1939														
1940														
1941														
1942														
1943														

填报日期：民国三十四年九月九日　　陈克元　　汇报者：国立重庆大学校长张洪沅

二、战时重庆各大学遭受轰炸损失情形　277

说明：1. 本表由公私立各级学校、社会教育机关、学术机关及各级教育行政机关根据本机关学校内教职员工役所填财产损失报告单审核汇编；

　　2. 国立各级学校、私立专科以上学校及国立社会教育机关、学术机关，将所编汇报连同原报告单呈报教育部；

　　3. 省市立各级学校、私立中等学校及省市立社会教育机关、学术机关，将所编汇报表连同原报告单呈报省、市教育厅、局；

　　4. 县市立各级学校、私立小学及县市立社会教育机关，将所编汇报表连同原报告单呈报县市政府。

31) 国立重庆大学数理系教授胡清宇财产损失汇报表（1945年9月11日）

学校或机关名称：国立重庆大学　　　　　　（本表备各校各教育机关用）

时期别	共计价值（国币元）	房屋 件数	房屋 价值	器具 件数	器具 价值	现款	服着物 件数	服着物 价值	书籍 册数	书籍 价值	古物 件数	古物 价值	其他 数量	其他 价值
总计	51000													
1937.6~12														
1938	51000	1栋	30000	100	6000		10箱	10000	5箱	5000				
1939														
1940														
1941														
1942														
1943														

填报日期：民国三十四年九月十一日　重庆大学数理系教授胡清宇

汇报者：国立重庆大学校长张洪沅

说明：1. 本表由公私立各级学校、社会教育机关、学术机关及各级教育行政机关根据本机关学校内教职员工役所填财产损失报告单审核汇编；

　　2. 国立各级学校、私立专科以上学校及国立社会教育机关、学术机关，将所编汇报连同原报告单呈报教育部；

　　3. 省市立各级学校、私立中等学校及省市立社会教育机关、学术机关，将所编汇报表连同原报告单呈报省、市教育厅、局；

　　4. 县市立各级学校、私立小学及县市立社会教育机关，将所编汇报表连同原报告单呈报县市政府。

32)国立重庆大学副教授解士杰财产损失汇报表(1945年9月15日)

学校或机关名称:国立重庆大学　　　　　　　(本表备各校各教育机关用)

时期别	共计价值(国币元)	房屋 件数	房屋 价值	器具 件数	器具 价值	现款	服着物 件数	服着物 价值	书籍 册数	书籍 价值	古物 件数	古物 价值	其他 数量	其他 价值
总计	2042000													
1937.6~12	1952000	12	1200000	200	200000	2000	100	200000	500	250000	5	100000		
1938														
1939	90000			5	50000		20	40000						
1940														
1941														
1942														
1943														

填报日期:民国三十四年九月十五日　　副教授解士杰　　汇报者:国立重庆大学校长张洪沅

说明:1. 本表由公私立各级学校、社会教育机关、学术机关及各级教育行政机关根据本机关学校内教职员工役所填财产损失报告单审核汇编;

　　2. 国立各级学校、私立专科以上学校及国立社会教育机关、学术机关,将所编汇报连同原报告单呈报教育部;

　　3. 省市立各级学校、私立中等学校及省市立社会教育机关、学术机关,将所编汇报表连同原报告单呈报省、市教育厅、局;

　　4. 县市立各级学校、私立小学及县市立社会教育机关,将所编汇报表连同原报告单呈报县市政府。

33)国立重庆大学曾石虞财产损失报告单(1944年9月29日)

(本表系受损失之教育人员用)

损失项目	单位	数量	价值(国币元)	损失情形 损失时间	损失情形 地点	损失情形 事项	被敌焚毁或没收或占用
房屋	幢	10间	8000	1937.11	南京九华村7号		被敌毁平
家具			1000	同上	南京九华村7号		被敌迁去
书籍及服着物	间	8间	2000	1938	长沙		被火焚毁

填报日期:民国三十三年九月二十九日

受损失者:曾石虞

34) 国立重庆大学刘德超财产损失汇报表（1945年9月）

学校或机关名称：国立重庆大学　　　　　　　　　　（本表备各校各教育机关用）

时期别	共计价值（国币元）	房屋 件数	房屋 价值	器具 件数	器具 价值	现款	服着物 件数	服着物 价值	书籍 册数	书籍 价值	古物 件数	古物 价值	其他 数量	其他 价值
总计	1474			金表1	1160		西装1套	36	100	240	宋磁花瓶1个			
1937.6~12							白布西服1	15						
1938							夏布圆帐1	8						
1939							绸衬衫1	5						
1940							布衬衫3	10						
1941	1474													
1942														
1943														

填报日期：民国三十四年九月　　刘德超　　汇报者：国立重庆大学校长张洪沅

说明：1. 本表由公私立各级学校、社会教育机关、学术机关及各级教育行政机关根据本机关学校内教职员工役所填财产损失报告单审核汇编；

　　2. 国立各级学校、私立专科以上学校及国立社会教育机关、学术机关，将所编汇报连同原报告单呈报教育部；

　　3. 省市立各级学校、私立中等学校及省市立社会教育机关、学术机关，将所编汇报表连同原报告单呈报省、市教育厅、局；

　　4. 县市立各级学校、私立小学及县市立社会教育机关，将所编汇报表连同原报告单呈报县市政府。

35) 国立重庆大学金锡如财产损失汇报表（1945年9月）

学校或机关名称：国立重庆大学　　　　　　　　　　（本表备各校各教育机关用）

时期别	共计价值（国币元）	房屋 件数	房屋 价值	器具 件数	器具 价值	现款	服着物 件数	服着物 价值	书籍 册数	书籍 价值	古物 件数	古物 价值	其他 数量	其他 价值
总计	9000													
1937.6~12														
1938														
1939														
1940	9000			25	2000		45	4000	20	3000				
1941														
1942														
1943														

填报日期：民国三十四年九月　　金锡如　　汇报者：国立重庆大学校长张洪沅

说明：1. 本表由公私立各级学校、社会教育机关、学术机关及各级教育行政机关根据本机关学校内教职员工役所填财产损失报告单审核汇编；

　　2. 国立各级学校、私立专科以上学校及国立社会教育机关、学术机关,将所编汇报连同原报告单呈报教育部；

　　3. 省市立各级学校、私立中等学校及省市立社会教育机关、学术机关,将所编汇报表连同原报告单呈报省、市教育厅、局；

　　4. 县市立各级学校、私立小学及县市立社会教育机关,将所编汇报表连同原报告单呈报县市政府。

36) 国立重庆大学李广谦财产损失汇报表(1945年9月)

学校或机关名称：国立重庆大学　　　　　　　（本表备各校各教育机关用）

时期别	共计价值（国币元）	房屋 件数	房屋 价值	器具 件数	器具 价值	现款	服着物 件数	服着物 价值	书籍 册数	书籍 价值	古物 件数	古物 价值	其他 数量	其他 价值
总计	63500													
1937.6~12														
1938	63500	15	5000	100	7000		300	6000	8000	20000	200	25000	15	500
1939														
1940														
1941														
1942														
1943														

（以上币值系按民国二十七年原值计算）

　　填报日期：民国三十四年九月　　李广谦　　汇报者：国立重庆大学校长张洪沅

说明：1. 本表由公私立各级学校、社会教育机关、学术机关及各级教育行政机关根据本机关学校内教职员工役所填财产损失报告单审核汇编；

　　2. 国立各级学校、私立专科以上学校及国立社会教育机关、学术机关,将所编汇报连同原报告单呈报教育部；

　　3. 省市立各级学校、私立中等学校及省市立社会教育机关、学术机关,将所编汇报表连同原报告单呈报省、市教育厅、局；

　　4. 县市立各级学校、私立小学及县市立社会教育机关,将所编汇报表连同原报告单呈报县市政府。

37）国立重庆大学诸光照财产损失汇报表（1945年9月）

学校或机关名称：国立重庆大学　　　　　　　　（本表备各校各教育机关用）

时期别	共计价值（国币元）	房屋 件数	房屋 价值	器具 件数	器具 价值	现款	服着物 件数	服着物 价值	书籍 册数	书籍 价值	古物 件数	古物 价值	其他 数量	其他 价值
总计	2050000													
1937.6~12	2050000			60	600000		150	900000	600	550000				
1938														
1939														
1940														
1941														
1942														
1943														

填报日期：民国三十四年九月　　诸光照　　汇报者：国立重庆大学校长张洪沅

说明：1. 本表由公私立各级学校、社会教育机关、学术机关及各级教育行政机关根据本机关学校内教职员工役所填财产损失报告单审核汇编；

2. 国立各级学校、私立专科以上学校及国立社会教育机关、学术机关，将所编汇报连同原报告单呈报教育部；

3. 省市立各级学校、私立中等学校及省市立社会教育机关、学术机关，将所编汇报表连同原报告单呈报省、市教育厅、局；

4. 县市立各级学校、私立小学及县市立社会教育机关，将所编汇报表连同原报告单呈报县市政府。

38）国立重庆大学周绍濂财产损失汇报表（1945年）

学校或机关名称：国立重庆大学　　　　　　　　（本表备各校各教育机关用）

时期别	共计价值（国币元）	房屋 件数	房屋 价值	器具 件数	器具 价值	现款	服着物 件数	服着物 价值	书籍 册数	书籍 价值	古物 件数	古物 价值	其他 数量	其他 价值
总计	18251274	34	15345000	372	807500		661	705800	1300	1012658			55	380322
1937.6~12	112274			85	25500		236	27800	582	34658			15	24322
1938														
1939														
1940														
1941														
1942	18139000	34	15345000	287	782000		425	678000	728	978000			40	356000
1943														

填报日期：民国三十四年　　周绍濂　　汇报者：国立重庆大学校长张洪沅

说明：1.本表由公私立各级学校、社会教育机关、学术机关及各级教育行政机关根据本机关学校内教职员工役所填财产损失报告单审核汇编；

  2.国立各级学校、私立专科以上学校及国立社会教育机关、学术机关，将所编汇报连同原报告单呈报教育部；

  3.省市立各级学校、私立中等学校及省市立社会教育机关、学术机关，将所编汇报表连同原报告单呈报省、市教育厅、局；

  4.县市立各级学校、私立小学及县市立社会教育机关，将所编汇报表连同原报告单呈报县市政府。

39）国立重庆大学黄沛应财产损失汇报表（1945年）

学校或机关名称：国立重庆大学　　　　　　　（本表备各校各教育机关用）

时期别	共计价值（国币元）	房屋		器具		现款	服着物		书籍		古物		其他	
		件数	价值	件数	价值		件数	价值	册数	价值	件数	价值	数量	价值
总计	840000	15	300000	50	50000		84	470000	50	20000				
1937.6~12														
1938														
1939														
1940														
1941	140000						24	120000	50	20000				
1942														
1943	700000	15	300000	50	50000		70	350000						

填报日期：民国三十四年　　　黄沛应　　汇报者：国立重庆大学校长张洪沅

说明：1.本表由公私立各级学校、社会教育机关、学术机关及各级教育行政机关根据本机关学校内教职员工役所填财产损失报告单审核汇编；

  2.国立各级学校、私立专科以上学校及国立社会教育机关、学术机关，将所编汇报连同原报告单呈报教育部；

  3.省市立各级学校、私立中等学校及省市立社会教育机关、学术机关，将所编汇报表连同原报告单呈报省、市教育厅、局；

  4.县市立各级学校、私立小学及县市立社会教育机关，将所编汇报表连同原报告单呈报县市政府。

53. 国立重庆大学为抗战时期该校所受各项损失清册呈教育部文(1946年3月16日)

案奉钧部三十年十二月二十九日高字第66005号代电,略以迅将该校图书、仪器、房屋、用具等,因战时所受损失,开列报部。等因,奉此。查本校在抗战期间所受被炸损失及各教职员所受损失,曾于上年九月二十七日以重字第796号文依照规定表式分别呈报,请予核办救济在案。奉前因,谨再造具本校战时被敌炸毁房屋、器具、用具、仪器等项损失清册一份,备文赍呈,仰乞鉴核,赐予救济。再:查上年九月二十七日以重字第796号文呈报之本校及各教职员被炸损失,请予救济,迄今未奉令示,如何之处?乞一并示遵,以便转知各教职员,合并陈明。谨呈:

教育部部长朱[①]

附呈本校战时被炸损失清册一份

(全衔)张○○

附:

国立重庆大学抗战期间被敌炸毁房屋、器具、图书、仪器损失清册

名称	种类	数量	估价	备考
房屋	教室、宿舍	85间	50000000	1940年5月29日及7月4日、1941年8月10日及22日被敌炸毁。
器具	桌、椅、床、凳等	1950件	12000000	同上
图书	参考及教本	500册	6000000	此项购自美国,运到香港时,于1941年春该处沦陷,被敌劫去。
仪器	实习与研究	1000件	4000000	同上
合计			72000000	

---

① 即朱家骅。

（二）四川省立教育学院

1. 四川省立教育学院为 1940 年 5 月 29 日该校被炸死伤损失情形并请照章抚恤呈四川省政府文（1940 年 5 月 31 日）

查渝市自五月中旬以来，敌机肆虐近数日，更不断狂炸沙磁区工厂及文化机关。本月二十九日，职院不幸被炸，死学生黎属民等 7 名，重伤学生宋益 1 名，轻伤学生毛俊儒等 2 名及司号郭泽安 1 名，院产损失綦重。当时此间电报不通，曾于三十日晨代电郭厅长报告被炸情形。现以料理善后，暂行停课一周，事宜甚多，学生心情不安。按职院所在区域，因环境特殊，防空设备更应加强，故准学生请假，暂避一时。至于四年级学生毕业考试，正另觅妥处举行，以资结束。其余一切，仍照旧进行。惟此次被难学生、就医学生及司号，均属贫苦异常，情况至为惨痛，祈照章给予抚恤及医药费、津贴及安葬费等。理合检呈学生伤亡名册、工友受伤名册各一份，随文赍请钧府，指令只遵。至院产损失详情，正进行调查中，俟登记完竣，当另行呈报。谨呈：

四川省政府

附：被炸死伤学生名册、工友受伤名册各一份

全衔〇〇

附表一：

四川省立教育学院五月二十九日被炸死伤学生名册

姓名	性别	年龄	籍贯	年级系别	被炸情形
黎属民	男	23	四川涪陵	社会教育系二年级	死亡
朱明芬	女	21	四川綦江	社会教育系二年级	死亡
罗竹修	女	21	四川高县	社会教育系二年级	死亡
李恩荣	女	20	安徽芜湖	社会教育系二年级	死亡
林祖烈	男	22	四川资中	社会教育系四年级	死亡
刘景福	男	29	四川达县	社会教育系四年级	死亡
刘仲远	男	24	湖南澧县	社会教育系三年级	死亡
宋 益	男	22	四川犍为	农业教育系四年级	重伤
毛俊儒	男	26	四川仁寿	社会教育系三年级	轻伤
黄 宣	男	21	贵州都匀	农业教育系三年级	轻伤

附表二：

四川省立教育学院五月二十九日被炸受伤工友名册

姓名	性别	年龄	籍贯	工作部门	被炸情形
郭泽安	男	28	江北	司号	轻伤

2. 四川省立教育学院1940年5月29日被炸后全院大事记（1940年6月）

五月二十九日（五月三十日追记）

上午九时半空袭警报，约十一时紧急警报。紧急警报后不久，即有敌机在沙磁区投弹。斯时院中落弹数枚，一弹在作物组附近防空壕前约一尺处，数弹在凤凰山上，余落空地。凤凰山房屋几全部损失，幸未伤人；防空壕则因而崩溃，死学生7人，重伤1人，轻伤2人（名单另详）。敌机甫离，即派工人前往挖掘，院内防护团、救护队亦前往施救，结果宋益、黄宣两君得免于死亡。警报解除（三时左右）后，立即由院长召集紧急会议，出席者有颜院长、熊主任、詹主任、黄主任，由余任记录（记录另详）。会毕即根据决议案分头进行，兹将各组员进行之工作摘记于后：

（一）院长办公室——（A）电教厅报告本院被炸情形，电死难学生家属（电稿另存）。殊小龙坎电报局业已炸毁，电报无从发出，于是即漏夜工作，赶办信件，于今日（三十日）晨交快邮或航快寄出；（B）公函防空司令部区队部，押送本院捕获之汉奸嫌疑犯；（C）公函兵工专门学校及兵工署，派专门技术人员来院查看未爆炸弹，并设计处理，并派学生朱云部、刘勋泽二君前往接洽。

（二）总务处——（A）购置棺木及为死者裹身白布，于是日黄昏即办理完竣。死者遗体摄影后即行入殓封棺；（B）护送重伤学生宋益入歌乐山中央医院医治；（C）向药学专科学校借用救伤药品；（D）派人继续挖掘发现被难学生尸体。

（三）训导处——（A）通知学生代为清理死者衣物；（B）清查现有学生人数；（C）召集学生自治会代表谈话。

除上述工作由上列各处分担外，其余各处部同事即自行参加各项工作。

五月三十日

(A)牌告暂行停课一周;

(B)代电教育部,报告本院被炸情形;

(C)备公函,派学生杨昌大、刘其惠往江北寻觅民房及庙宇,备四年级学生毕业考试用;

(D)教部顾次长、吴司长来院慰问;

(E)便函宽仁医院,送受伤学生黄宣入院就医;

(F)中大罗校长来院慰问,适院长外出,特备函致谢;

(G)进行死难学生安葬事项;

(H)死难学生朱明芬、罗竹修等家属于昨今两[日]内来院洽商。

本日午前九时又发警报,午后一时始行解除,至今日有许多事件未能办理。

五月三十一日

(A)呈文教部,报告损失伤亡详情,请予死者、伤者以抚恤津贴;

(B)呈文省府,报告损失伤亡详情,请予死者、伤者以抚恤津贴;

(C)通报院内各处室场馆照常进行;

(D)公函重庆防空司令部释放本院院警张开良;

(E)专函王教授立夫,商议借用歌乐山防空洞事;

(F)专人往歌乐山电报局,拍发二十九日无法拍出各电报;

(G)函陈部长、顾次长、吴司长致谢;

(H)开始进行调查财产损失。

六月一日

(A)便函江北县政府,饬令所辖鸳鸯镇联保以本院四年级学生以方便,以便结束;

(B)致刘景福、黎属民、宋益三君家属电无法拍发,由歌乐山电报局退回电报稿;

(C)罗传宓君来院,取去罗竹修同学遗物;

(D)公函赈济委员请拨款 3 万元,扩大并充实本院防空洞,以利磁倍市民来院躲避空袭者。

六月二日

(A)学生家属李典训来院,领取李恩荣遗物;

(B)学生家属朱明伦来院,运回朱明芬遗物并运物护照。

六月三日

(A)中国文艺社专函慰问,复函致谢;

(B)呈文教部,请补助款项加建防空洞;

(C)呈省教厅,请拨款补助加建防空洞。

3. 四川省立教育学院抗战损失财产目录表(1941 年 9 月 1 日)

机关名称:四川省立教育学院　　　　编制日期:民国三十年九月一日

损失项目	单位	数量	损失价值（国币元）	损失原因	损失日期	损失地点	备考
木床	间	35	2275	震坏及炸毁	8月11、23、30日	男女生宿舍、教职员工友宿舍及嘉陵小学	炸毁21、震坏14
餐桌	张	7	1400	同上	同上	同上	炸毁5、震坏2
写字台	张	3	1560	震坏	同上	办公厅及教职员宿舍	炸毁1
条桌	张	8	200	同上	同上	同上	
讲桌	张	101	2020	震坏及炸毁	同上	办公厅下面地下室、女生盥洗室、随时储藏室	毁86、坏15
自修桌	张	29	870	同上	同上	男女生及教职员宿舍及办公厅、嘉陵小学	毁18、坏11
方桌	张	24	576	同上	同上	教职员宿舍及男女生食堂、嘉陵小学	毁11、坏13
阅书桌	张	12	2160	震坏	同上	图书馆	
文件柜	个	6	1680	炸毁	同上	办公厅	
小方柜	个	2	120	同上	同上	同上	

续表

损失项目	单位	数量	损失价值（国币元）	损失原因	损失日期	损失地点	备考
凳子	个	141	846	炸毁及震坏	同上	办公厅下面地下室及女生盥洗室（随时储藏室）	毁93、坏48
书架	个	9	270	同上	同上	教职员宿舍及图书馆、男女生宿舍	毁7、坏2
书撑	付	5	25	震坏	同上	图书馆	
衣架	个	5	100	炸毁及震坏	同上	办公厅及教职员宿舍	毁3、坏2
洗脸架	个	16	80	同上	同上	同上	毁9、坏7
藤椅	张	18	1080	炸毁	同上	办公厅及下面储藏室及教职员宿舍	全毁
条椅	张	27	1080	同上	同上	办公厅下面储藏室及男女生宿舍临时储藏室	全毁
书柜	个	4	100	同上	同上	办公厅	全毁
木椅	张	4	80	同上	同上	同上	全毁
书椅	个	4	80	同上	同上	图书馆	全毁
单人木椅	个	16	1120	同上	同上	办公厅及男生宿舍	全毁
油印机	部	1	200	同上	同上	教务处	全毁
电影机	部	1	5000	同上	同上	图书馆	全毁
铜茶壶	个	1	80	同上	同上	男生宿舍	全毁
锡茶壶	个	1	200	同上	同上	男女宿舍	全毁
小台钟	架	1	120	震坏	同上	传达室	震坏
整容镜	个	1	180	同上	同上	嘉陵小学	同上
黑板	块	2	200	同上	同上	教务处	同上
钢板	块	2	100	炸毁	同上	总办公厅	全毁
挂镜	架	4	200	炸毁及震坏	同上	办公厅、图书馆、教务处、嘉陵小学	
稻种碟	个	417	2381	炸毁	同上	农场作物组	全毁
浸种碟	个	51	255	同上	同上	同上	
大小玻瓶	个	1042	3126	震坏	同上	农化室、医药室、化学室	
量筒	个	11	132	同上	同上	生物化学室	
各种漏斗	个	24	187	同上	同上	生物化学室	
各种皿	个	47	940	同上	同上	生物化学室	

续表

损失项目	单位	数量	损失价值（国币元）	损失原因	损失日期	损失地点	备考
试管	支	493	986	同上	同上	生物化学室	
试管木架	个	71	355	同上	同上	生物化学室	
盘	个	83	664	同上	同上	农化室	
孵化机	部	2	360	炸毁	同上	畜牧组	
保母器	部	1	200	同上	同上	同上	
玻璃片	块	12	48	震坏	同上	生化室	
电影片镜头	个	1	150	同上	同上	社教系办公室	
烧杯	个	724	3720	同上	同上	生化室、农化室	
各种管	支	43	166	同上	同上	同上	
量筒	支	20	240	同上	同上	同上	
玻璃管	磅	$3\frac{1}{2}$	22	同上	同上	同上	
温度表	个	7	210	同上	同上	同上	
玻璃棒	磅	2	22	同上	同上	同上	
乳钵	个	11	275	同上	同上	同上	
□□	个	38	266	炸毁	同上	同上	
斗角匙	个	9	36	同上	同上	同上	
服装	套	3	180	同上	同上	办公厅	
风琴	架	2	600	同上	同上	办公厅及嘉陵小学	
铜鼓	个	1	70	同上	同上	临时储藏室	
□华棍	根	61	122	同上	同上	同上	
标枪	枚	4	160	同上	同上	同上	
跑鞋	双	5	300	同上	同上	同上	
锄头	把	42	840	同上	同上	农场、作物、园艺、森林组	
花橛	把	20	100	同上	同上	同上	
种子钻	个	99	99	同上	同上	作物组	
箩筐	张	81	810	同上	同上	农场、作物、园艺、森林组	
花盆	个	201	804	同上	同上	同上	
移填锹	把	13	65	同上	同上	同上	
木舟	支	1	2000	同上	同上	本院河边	

续表

损失项目	单位	数量	损失价值（国币元）	损失原因	损失日期	损失地点	备考
曲头锄	把	8	160	同上	同上	农场、作物、园艺、森林组	
铁镰子	把	12	300	同上	同上	同上	
月亮锄	把	5	100	同上	同上	同上	
手用耙	把	4	120	同上	同上	同上	
小剪刀	把	16	80	同上	同上	同上	
镰刀	把	7	28	同上	同上	同上	
石磨	个	1	80	同上	同上	作物组	
绘图板	块	12	300	同上	同上	办公厅	
培养皿	付	3	54	同上	同上	农化室	
保险柜	个	1	1800	同上	同上	会计室	
电灯盖连头	个	302	约2800	同上	同上	本院各处	
电灯泡	个	468	约7000	同上	同上	同上	
花线	码	360	约800	同上	同上	同上	
16#皮线	码	750	约2400	同上	同上	同上	
14#皮线	码	600	约2350	同上	同上	同上	
12#皮线	码	700	约5000	同上	同上	同上	
18#皮线	码	800	约1000	同上	同上	同上	
大小窗子玻片	块	3562	约15000	同上	同上	同上	
□□	架	1	15000	同上	同上	会计室	
□□□	架	1	4200	同上	同上	农化室	
938倍显微镜	架	1	15000	同上	同上	同上	
图书	册	233	约6600	同上	同上	图书馆	
杂志	册	581	约1200	同上	同上	同上	
乳羊	头	9	约6300	炸死	同上	畜牧组	
绵羊	头	4	约3000	同上	同上	同上	
公猪	头	1	约800	同上	同上	同上	
母猪	头	2	约700	同上	同上	同上	

续表

损失项目	单位	数量	损失价值（国币元）	损失原因	损失日期	损失地点	备考
北平母鸭	只	3	约150	同上	同上	同上	
北平仔鸡	只	4	约160	同上	同上	同上	
杭公鸡	只	1	约50	同上	同上	同上	
杂种母鸡	只	2	约50	同上	同上	同上	
仔鸡	只	10	约50	同上	同上	同上	
发电机	座	1	500	炸毁	同上	办公厅地下室	
〈后缺〉							

4. 四川省立教育学院抗战损失财产目录表（1941年9月）

机关名称：四川省立教育学院　　　　编制日期：民国三十年九月

损失项目	单位	数量	损失价值（国币元）	损失原因	损失日期	损失地点	备考
第二教职员宿舍	间	5	18748.80	炸毁及震毁	8月11、23、30日		
女生宿舍	间	13	38778.40	炸毁及震毁	8月11、23、30日		
女生宿舍食堂	间	5	4464	炸毁及震毁	8月11、23、30日		
女生宿舍厨房	间		11910	炸毁及震毁	8月11、23、30日		
女生盥洗室	间	5	15148	炸毁及震毁	8月11、23、30日		
总办公厅	间	7	86160	炸毁及震毁	8月11、23、30日		
合作社	间	4	5265	炸毁及震毁	8月11、23、30日		
游艺室	间	4	5265	炸毁及震毁	8月11、23、30日		
工人厨房	间	13	3388	炸毁及震毁	8月11、23、30日		
第一烧水房及教职员浴室	间	2	2128	炸毁及震毁	8月11、23、30日		
大礼堂	间	7	13944	炸毁及震毁	8月11、23、30日		
图书馆	座	1	41258	炸毁及震毁	8月11、23、30日		
图书馆厕所	间	7	3000	炸毁及震毁	8月11、23、30日		
第五教职员宿舍第二座	间	3	2969.60	炸毁及震毁	8月11、23、30日		
第五教职员宿舍厨房	座	1	897.60	炸毁及震毁	8月11、23、30日		

续表

损失项目	单位	数量	损失价值（国币元）	损失原因	损失日期	损失地点	备考
第四教职员宿舍	座	1	11062	炸毁及震毁	8月11、23、30日		
男生盥洗室	座	1		炸毁及震毁	8月11、23、30日		
男生宿舍食堂	座	1	9319.60	炸毁及震毁	8月11、23、30日		
第三教职员宿舍	间	10	10080	炸毁及震毁	8月11、23、30日		
男生宿舍	间	9	62643.20	炸毁及震毁	8月11、23、30日		
农场办公室	座	1	18892.20	炸毁及震毁	8月11、23、30日		
农场作业室	间	3	4170	炸毁及震毁	8月11、23、30日		
农具室	间	2	1880	炸毁及震毁	8月11、23、30日		
姜烟烘房	座	1	1250	炸毁及震毁	8月11、23、30日		
农产制造室	间	6	8235	炸毁及震毁	8月11、23、30日		
鸡房(第一座)	间	4	3774	炸毁及震毁	8月11、23、30日		
鸭房	间	2	2548.80	炸毁及震毁	8月11、23、30日		
作物组	间	1	35785.60	炸毁及震毁	8月11、23、30日		
猪房(第一座)	间	8	22680	炸毁及震毁	8月11、23、30日		
猪房(第二座)	间	3	3375	炸毁及震毁	8月11、23、30日		
猪房(第三座)	间	1	5125	炸毁及震毁	8月11、23、30日		
牛房	间	3	3203.20	炸毁及震毁	8月11、23、30日		
鸡房(第二座)	间	3	2720	炸毁及震毁	8月11、23、30日		
嘉陵小学高级部	座	1	20000	炸毁及震毁	8月11、23、30日		
嘉陵小学初级部	座	1	8000	炸毁及震毁	8月11、23、30日		
畜牧组办公室	座	1	14605	炸毁及震毁	8月11、23、30日		
畜牧组厨房	座	2	3369.60	炸毁及震毁	8月11、23、30日		
羊舍(第一座)	座	1	1584	炸毁及震毁	8月11、23、30日		
羊舍(第二座)	座	1	2217.60	炸毁及震毁	8月11、23、30日		
羊舍食料室	座	1	9406.80	炸毁及震毁	8月11、23、30日		
合计			526524.90[1]				

---

[1] 此处统计数字有误，实应为519251，原文如此。

5.四川省立教育学院员工被炸损失统计表(1941年)

编制日期:民国三十年

职别	姓名	损失额(国币元)	备考
教	魏曼若	3942	
	何忠殷	3670	
	杨德意	2829	
	颜学政	2088	
	徐定中	1810	
	冯晓堤	1700	
	薛建吾	1142.10	
	吴精秀	1093	
	吴精秀	1080	
	刘守雌	1070	
	张世英	978	
	杨子光	947	
职	李远谋	903.50	
	廖炽昌	862	
	卜肇琴	860	
	陈浩如	812	
	周蔚咸	772.40	
	程又明	760	所有损失,每人另填有详细调查表
	朱芝芳	371	
	钱崇高	696	
员	杨琇珍	631	
	赵世友	627	
	张秀俊	620	
	陈振明	407	
	萧代梁	320	
	秦素美	157	
	戚天国	145	
	合计	31653①	
工	吴秉忠	904	
	赵笃君	704	
	夏孝贤	559	
	于明新	110	
	易祺	100	
役	郝金贵	70	
	邹绪清	55	
	合计	2502	
总计		34155	

---

① 此处统计数字有误,实应为31293,原文如此。

6.四川省立教育学院教职员工役私物被炸损失一览表(1941年)

职 别	姓 名	住 所	眷属是否住院	被炸月日	损失数目（国币元）	备考
监管组主任	魏曼若	第一教职员宿舍	眷属住院	8月11日	3942	
体育讲师	何忠殷	同上	未	同上	3670	
会计室会计	杨德意	同上	未	同上	2829	
文书组主任	颜学政	第四教职员宿舍	眷属住院	8月30日	2088	
教授	徐定中	第三教职员宿舍	同上	8月11日	1810	
秘书	冯晓堤	第一教职员宿舍	未	同上	1700	
教授	薛建吾	第三教职员宿舍	眷属住院	同上	1142.10	
技士	吴精秀	第一教职员宿舍	未	同上	1093	
技士	吴精秀	凤凰山羊舍	未	8月30日	1080	
事务员	刘守雎	第一教职员宿舍	未	8月11日	1070	
会计佐理员	张世英	同上	住院	同上	978	
书记	杨子光	同上	未	同上	947	
组员	李远谋	同上	未	同上	903.50	
事务员	廖炽昌	同上	同上	同上	862	
会计佐理员	卞肇琴	同上	同上	同上	860	
图书馆馆员	陈浩如	同上	同上	同上	812	
文书组组员	周蔚咸	农场作物组职员室	眷属住院	同上	772	
军事教官	程又明	第四教职员宿舍	同上	同上	760	
事务员	朱芝芳	第一教职员宿舍	未	同上	371	
事务员	钱崇高	农场公室	未	8月30日	696	
助教	杨琇珍	第一教职员宿舍	未	8月11日	631	
书记	陈振明	农场作物组职员室	未	同上	407	
书记	赵世友	第一教职员宿舍	未	同上	627	
助教	张秀俊	同上	未	同上	620	
附小主任	萧代梁	嘉陵小学	住院	同上	320	
教授	秦素美	第二教职员宿舍	同上	同上	157	
技士	戚天国	第一教职员宿舍	未	同上	145	
工友	吴秉忠	凤凰山羊舍	未	8月30日	904	
工友	赵笃君	办公厅楼上	未	8月11日	704	
工友	夏孝贤	同上	未	同上	559	
工友	于明新	农场作物组	未	同上	110	
工友	郝金贵	同上	未	同上	100	
工友	邹绪清	同上	未	同上	55	

7. 四川省立教育学院教职员工役被炸损失汇总表(1941年)[①]

1)魏曼若损失调查表(1941年)

编制日期:民国三十年

损失项目	单位	数量	损失价值(国币元)	损失原因	损失时期	损失地点	备考
□□呢西服	套	1	600	炸毁	8月11日	办公厅下面	三件
□色呢西服	套	1	450	同上	同上	同上	
白布蚊帐	床	1	200	同上	同上	同上	
天蓝哔叽中山装	套	1	300	同上	同上	同上	
金丝绒女旗袍	件	1	180	同上	同上	同上	
印度绸女旗袍	件	1	30	同上	同上	同上	
□□女旗袍	件	2	140	同上	同上	同上	
青绒女夹衫	件	1	150	同上	同上	同上	
毛呢女夹衫	件	1	200	同上	同上	同上	
安安□女夹衫	件	3	60	同上	同上	同上	
被盖	床	2	240	同上	同上	同上	
白斜纹床毯	床	1	40	同上	同上	同上	
花布床毯	床	1	25	同上	同上	同上	
白市布枕子	个	4	40	同上	同上	同上	
玻砖柜	个	1	160	同上	同上	同上	
玻璃瓶	个	4	32	同上	同上	同上	
玻晶人像	个	1	20	同上	同上	同上	
温水瓶	个	1	40	同上	同上	同上	
瓷茶壶	个	2	16	同上	同上	同上	
瓷茶杯	个	8	24	同上	同上	同上	
相片架	块	4	80	同上	同上	同上	
玻璃鱼缸	个	1	15	同上	同上	同上	
毛线女外衣	件	1	80	同上	同上	同上	
小孩毛线布衣服	件	25	150	同上	同上	同上	
白瓷面盆	个	1	50	同上	同上	同上	
圆顶蚊帐	个	1	70	同上	同上	同上	
白丝哔叽下装	件	1	150	同上	同上	同上	
青呢大衣	件	1	400	同上	同上	同上	
合计			3942				

① 本汇总表未按时间先后排列,而是依据上列两表所列人物顺序排列,特此说明。

2）何忠殷损失调查表（1941年）

编制日期：民国三十年

损失项目	单位	数量	损失价值（国币元）	损失原因	损失时期	损失地点	备考
玻晶□□墨水瓶	套	1	250	炸毁	8月11日	一宿舍	
□皮短衣	件	1	400	同上	同上	同上	
灰绸呢西服	套	1	800	同上	同上	同上	连同背心共3件
□□表	只	1	200	同上	同上	同上	□□牌瑞士出品
玻砖写字板	块	1	260	同上	同上	同上	
□□毛毯	床	1	200	同上	同上	同上	
各种书籍	册		600	同上	同上	同上	
□□□□			60	同上	同上	同上	
□□照相器	架	1	300	同上	同上	同上	
□□□□			200	同上	同上	同上	
□□呢军服	套	1	400	同上	同上	同上	
白帆布中山服	套	1	80	同上	同上	同上	
合计			3750				

3）杨德意损失调查表（1941年）

编制日期：民国三十年

损失项目	单位	数量	损失价值（国币元）	损失原因	损失时期	损失地点	备考
藏青色呢大衣	件	1	485	被炸	8月11日	一舍一号	半新旧
藏青色毛哗叽中山服	套	1	450	同上	同上	同上	
原青哗叽雨服	套	1	450	同上	同上	同上	
丙种呢丈青色中山服	套	1	200	同上	同上	同上	
薄丝棉锦缎被盖	床	1	120	同上		同上	
印花白洋卧毡	床	1	40	同上	同上	同上	
洋瓷面盆	个	1	30	同上	同上	同上	
新纹皮皮鞋	双	1	180	同上	同上	同上	
蚊帐	笼	1	450	同上	同上	同上	
呢帽	顶	1	30	同上	同上	同上	
苔草帽	顶	1	34	同上	同上	同上	
温水瓶	个	1	35	同上	同上	同上	

二、战时重庆各大学遭受轰炸损失情形　　297

续表

损失项目	单位	数量	损失价值（国币元）	损失原因	损失时期	损失地点	备考
红蓝墨水池	座	1	30	同上	同上	同上	
皮箱（小）	个	2	100	同上	同上	同上	
蓝布长衫	件	2	120	同上	同上	同上	
丝棉袍子	件	1	120	同上	同上	同上	
白府绸衬衣	件	2	80	同上	同上	同上	
8寸玻砖面镜	口	1	20	同上	同上	同上	
皮箱（大）	个	1	85	同上	同上	同上	
毛毡	根	1	70	同上	同上	同上	
《官厅会计》（应用）	册	1	25	同上	同上	同上	
《政府会计》	册	1	30	同上	同上	同上	
《现行政府会计》	册	1	15	同上	同上	同上	
《审计学》	册	1	20	同上	同上	同上	
《主计法令汇编》	册	1	15	同上	同上	同上	
合计			2829[①]				

4）颜学政损失调查表（1941年9月）

编制日期：民国三十年九月

损失项目	单位	数量	损失价值（国币元）	损失原因	损失时期	损失地点	备考
被盖	床	2	300	敌机轰炸	8月30日	四宿舍	新旧各一
座钟	架	1	200	同上	同上	同上	
皮箱	口	2	70	同上	同上	同上	
皮衫	件	1	180	同上	同上	同上	旧
茶壶	个	1	120	同上	同上	同上	
玻镜	个	1	20	同上	同上	同上	
皮鞋	双	1	160	同上	同上	同上	新红皮
蚊帐	床	1	80	同上	同上	同上	新
竹箱	口	2	30	同上	同上	同上	旧
枕头	个	2	40	同上	同上	同上	新

① 此处统计数字有误，实应为3234，原文如此。

续表

损失项目	单位	数量	损失价值（国币元）	损失原因	损失时期	损失地点	备考
毛毯	床	1	100	同上	同上	同上	
汗衣	件	3	46	同上	同上	同上	
毛哔叽中山服	套	1	320	同上	同上	同上	半新
温水瓶	个	1	70	同上	同上	同上	半新
蓝洋布长衫	件	3	90	同上	同上	同上	旧
布小衣	件	3	40	同上	同上	同上	旧
毛线上下衣	套	1	180	同上	同上	同上	新
呢大衣	件	1	180	同上	同上	同上	新
合计			2088①				

5）冯晓堤损失调查表（1941年9月7日）

编制日期：民国三十年九月七日

损失项目	单位	数量	损失价值（国币元）	损失原因	损失时期	损失地点	备考
手表	只	1	200	被炸	8月11日	寝室	
冬季西服	套	1	400	同上	同上	同上	
夏季西服	套	2	500	同上	同上	同上	
春季大衣	件	1	300	同上	同上	同上	
杯盘零物	件	15	100	同上	同上	同上	
鞋帽等	件	4	200	同上	同上	同上	
合计			1700				

6）薛建吾损失调查表（1941年9月）

编制日期：民国三十年九月

损失项目	单位	数量	损失价值（国币元）	损失原因	损失时期	损失地点	备考
《中国教育史略》	部	1	3.60	焚毁	8月20日		
《中国学校制度》	部	1	1.80	同上	同上		
《西洋教育思想史》	部	1	7.20	同上	同上		

---

① 此处统计数字有误，实应为2226，原文如此。

续表

损失项目	单位	数量	损失价值（国币元）	损失原因	损失时期	损失地点	备考
《我们的教育》	部	1	2.25	同上	同上		
《中世教育史》	部	1	9	同上	同上		
《近世教育史》	部	1	13.50	同上	同上		
《中国现代教育》	部	1	2.25	同上	同上		
《中国近代教育制度》	部	1	2.93	同上	同上		
《新教育史》	部	1	9.80	同上	同上		
《西洋教育通史》	部	1	13.50	同上	同上		
《教育大辞书总本》	部	1	36	同上	同上		
《试验教育》三卷45期	册	1	0.90	同上	同上		
《小学教师》(半月刊)	册	3	0.53	同上	同上		
《教与学》三卷4期	册	1	0.68	同上	同上		
《中华教育界口号》	册	1	0.90	同上	同上		
《新政治》一卷4期	册	1	1.13	同上	同上		
《辅导月刊》一卷16期	册	2	0.68	同上	同上		
《教育杂志》五卷	册	1	1.35	同上	同上		
《民力》一卷6—8期	册	2	2.70	同上	同上		
《新文化辞书》	部	1	18	同上	同上		
《现代读物》	册	1	0.90	同上	同上		
《中国民间文学概论》	部	1	18	同上	同上		
《辞源》	部	1	54	同上	同上		
《中国韵文史》	部	1	4.50	同上	同上		
《元明小曲小史》	部	1	7.20	同上	同上		
生活稿纸	页	600	18	同上	同上		
自备信封	个	400	22.50	同上	同上		
自备信纸	页	70	14	同上	同上		
西式记事簿	册	2	5	同上	同上		
硬面中英抄	册	2	8	同上	同上		
红瓷痰盂	个	1	5	同上	同上		
梁山竹帘立轴	幅	2	450	同上	同上		
圆顶罗帐	顶	1	40	同上	同上		
白线毯子	床	1	64	同上	同上		

续表

损失项目	单位	数量	损失价值（国币元）	损失原因	损失时期	损失地点	备考
白布方顶帐	顶	1	68	同上	同上		
白夏布小褂	件	1	22	同上	同上		
羊绣被面	件	1	74	同上	同上		
白布窗帘	付	1	10	同上	同上		
旅行袋	只	2	10	同上	同上		
印热水瓶	个	2	72	同上	同上		
搪瓷面盆	只	1	48	同上	同上		
窗板	付	3	60	同上	同上		
国货三截电池	支	1	28	同上	同上		
砂缸	只	1	16	同上	同上		
白磁茶杯	只	3	7.50	同上	同上		
大号粗碗	只	4	4.80	同上	同上		
中号粗碗	只	2	1.20	同上	同上		
砂锅	只	1	2	同上	同上		
杯子	只	1	12	同上	同上		
牺扁	只	2	10	同上	同上		
利华药皂	块	2	10.80	同上	同上		
蚊烟	条	40	2.80	同上	同上		
籼米	斗	1	51	同上	同上		
糯米	斗	1	38	同上	同上		
南瓜	个	4	20	同上	同上		
洋葱	斤	2	1.60	同上	同上		
菜瓜	斤	7	4.20	同上	同上		
鸡	只	3	48	同上	同上		
鸭	只	5	60	同上	同上		
种兔	只	2	28	同上	同上		
小兔	只	4	16	同上	同上		
合计			1142.10[①]				

[①] 此处统计数字有误，实应为 1565.70，原文如此。

7)吴精秀损失调查表(1941年9月)

编制日期:民国三十年九月

损失项目	单位	数量	损失价值(国币元)	损失原因	损失时期	损失地点	备考
皮箱	口	1	90	被烧	8月30日	凤凰山	各物皆放于饲料仓内
大衣	件	1	350	同上	同上	同上	
棉衣	件	1	160	同上	同上	同上	
夹衣	件	1	120	同上	同上	同上	
□绒大衣	件	1	250	同上	同上	同上	
绒汗衣	件	2	40	同上	同上	同上	
中绒裤子	件	2	70	同上	同上	同上	
合计			1080				

8)刘守雌损失调查表(1941年9月)

编制日期:民国三十年九月

损失项目	单位	数量	损失价值(国币元)	损失原因	损失时期	损失地点	备考
帐子	笼	1	50	炸毁	8月11日	一舍一号	
呢帽	顶	1	60	同上	同上	同上	
被盖	床	1	200	同上	同上	同上	
毯子	根	1	32	同上	同上	同上	
皮鞋	双	2	120	同上	同上	同上	
呢衣	套	1	250	同上	同上	同上	
衬衣	件	2	28	同上	同上	同上	
磁盆	个	1	40	同上	同上	同上	
皮箱	口	1	60	同上	同上	同上	
私章	个	1	14	同上	同上	同上	
书籍	本	5	20	同上	同上	同上	
墨海	个	1	10	同上	同上	同上	
面巾	张	1	4	同上	同上	同上	
钢笔	支	1	40	同上	同上	同上	
袜子	双	3	10	同上	同上	同上	
漱口盅	个	1	6	同上	同上	同上	
布制服	套	2	120	同上	同上	同上	
肥皂盒	个	1	6	同上	同上	同上	
合计			1070				

9)张世英损失调查表(1941年9月)

编制日期:民国三十年九月

损失项目	单位	数量	损失价值(国币元)	损失原因	损失时期	损失地点	备考
小钟	个	1	300	震动落地打坏	8月11日	办公厅侧	
玻璃花瓶	个	2	20	同上	同上	同上	
玻璃茶杯	个	6	18	同上	同上	同上	
温水瓶	个	1	40	同上	同上	同上	
罗蚊帐	床	1	80	碎片打坏	同上	同上	
被盖	床	1	120	同上	同上	同上	
玻砖镜子	把	1	30	落地打坏	同上	同上	
书桌毯	床	1	40	碎片打坏	同上	同上	
方桌毯	床	1	20	同上	同上	同上	
磁盆	个	1	50	同上	同上	同上	
毛毯	床	1	260	同上	同上	同上	
合计			978				

10)杨子光损失调查表(1941年8月)

编制日期:民国三十年八月

损失项目	单位	数量	损失价值(国币元)	损失原因	损失时期	损失地点	备考
□□□旗袍	件	1	220	敌机轰炸	8月11日	办公厂一信	
□□毛毯	床	1	50	同上	同上	同上	
白布被盖	床	1	120	同上	同上	同上	
白斜纹卧单	床	1	60	同上	同上	同上	
白瓷洗面盆	个	1	50	同上	同上	同上	
黑皮鞋	双	1	110	同上	同上	同上	
白洋布汗衣	件	2	20	同上	同上	同上	
青哗叽夹裤	条	1	90	同上	同上	同上	
白瓷花茶壶	个	1	80	同上	同上	同上	
白瓷茶盅	个	2	20	同上	同上	同上	
光织质呢鞋	双	1	101	同上	同上	同上	
灰斜纹夹衫	件	1	140	同上	同上	同上	
合计			947①				

① 此处统计数字有误,实应为1061,原文如此。

11）李远谋损失调查表（1941年8月）

编制日期：民国三十年八月

损失项目	单位	数量	损失价值（国币元）	损失原因	损失时期	损失地点	备考
圆形蚊帐	床	1	26	敌机轰炸	8月11日	一宿舍	
磁盆	个	1	48	同上	同上	同上	
磁漱口盅	个	1	6.50	同上	同上	同上	
白绸衬衣	件	1	52	同上	同上	同上	
玻砖镜子	口	1	27	同上	同上	同上	
花府绸衬衣	件	2	62	同上	同上	同上	
蓝布长衫	件	1	40	同上	同上	同上	
袜子	双	3	10	同上	同上	同上	
背带	条	1	20	同上	同上	同上	
毛呢西装裤	条	1	180	同上	同上	同上	
麻色中山服	套	1	75	同上	同上	同上	
毛线背心	件	1	88	同上	同上	同上	
私章	个	1	18	同上	同上	同上	寿山石与印盒
电筒	支	1	26	同上	同上	同上	
书籍	本	16	63	同上	同上	同上	
短裤	条	2	12	同上	同上	同上	
白玉茶壶	把	1	24	同上	同上	同上	
黑色呢帽	顶	1	66	同上	同上	同上	
翻皮皮鞋	双	1	60	同上	同上	同上	
合计			903.50				

12）廖炽昌损失调查表（1941年8月）

编制日期：民国三十年八月

损失项目	单位	数量	损失价值（国币元）	损失原因	损失时期	损失地点	备考
水瓶	个	1	60	被炸	8月11日	一宿二号	
呢帽	顶	3	60	同上	同上	同上	新
被盖	床	1	180	同上	同上	同上	
毯子	根	1	40	同上	同上	同上	
皮鞋	双	2	140	同上	同上	同上	

续表

损失项目	单位	数量	损失价值（国币元）	损失原因	损失时期	损失地点	备考
呢衣	套	1	200	同上	同上	同上	
衬衫	件	3	45	同上	同上	同上	
书籍	本	7	15	同上	同上	同上	
面盆	个	1	40	同上	同上	同上	
袜子	双	2	7	同上	同上	同上	
漱口盅	个	1	5	同上	同上	同上	
布制服	套	1	70	同上	同上	同上	新
合计			862				

13）卞肇琴损失调查表（1941年8月29日）

编制日期：民国三十年八月二十九日

损失项目	单位	数量	损失价值（国币元）	损失原因	损失时期	损失地点	备考
青印度绸旗袍	件	1	90	破片穿毁	8月11日	1舍4号	挂在衣架上
蚊帐	床	1	50	同上	同上	同上	
皮鞋	双	1	100		同上	同上	震掉一只
8寸玻砖镜	架	1	35	震碎	同上	同上	
花瓶	个	1	10	同上	同上	同上	
近视眼镜	架	1	70	同上	同上	同上	
磁盆	个	1	40	压坏	同上	同上	
温水瓶	个	1	35	同上	同上	同上	
毛毯	床	1	150	破片穿毁	同上	同上	
座钟	架	1	20	震毁	同上	同上	
合计			860①				

---

① 此处统计数字有误，实应为600，原文如此。

14)陈浩如损失调查表(1941年)

编制日期:民国三十年

损失项目	单位	数量	损失价值（国币元）	损失原因	损失时期	损失地点	备考
温水瓶	个	1	50	炸弹震坏	8月11日	一宿舍	
茶杯	个	3	15	同上	同上	同上	
茶壶	把	1	20	同上	同上	同上	
面盆	个	1	35	同上	同上	同上	
锑锅	个	1	45	同上	同上	同上	
饭碗	个	4	10	同上	同上	同上	
面镜	个	1	40	同上	同上	同上	
洋面	袋	1	108	同上	同上	同上	灰面混合不能食用
长衫	件	3	152	同上	同上	同上	
西装上衣	件	1	260	同上	同上	同上	
眼镜	副	1	25	同上	同上	同上	
寒暑表	支	1	15	同上	同上	同上	
玻璃镜框	架	1	20	同上	同上	同上	
花瓶	只	1	17	同上	同上	同上	
合计			812				

15)周蔚咸损失调查表(1941年)

编制日期:民国三十年

损失项目	单位	数量	损失价值（国币元）	损失原因	损失时期	损失地点	备考
铁锅	口	1	21	炸	8月11日	农场作物组	
磁碗	个	6	约8	同上	同上	同上	
漱口玻盅	个	2	2.40	同上	同上	同上	
蚊帐	笼	1	约100	同上	同上	同上	半新
面盆	个	1	30	同上	同上	同上	半新
面巾	张	1	4	同上	同上	同上	新
衣箱	只	1	50	同上	同上	同上	
被条	床	1	200	同上	同上	同上	
毯子	床	1	36	同上	同上	同上	
皮鞋	双	1	70	同上	同上	同上	厂皮

续表

损失项目	单位	数量	损失价值（国币元）	损失原因	损失时期	损失地点	备考
枕头	对	1	30	同上	同上	同上	
大衣	件	1	15	同上	同上	同上	
茶卤	个	1	12	同上	同上	同上	
镜子	口	1	20	同上	同上	同上	
衬衫	件	1	25	同上	同上	同上	
短裤	条	1	14	同上	同上	同上	
合计			772.40[①]				

16）程又明损失调查表（1941年）

编制日期：民国三十年

损失项目	单位	数量	损失价值（国币元）	损失原因	损失时期	损失地点	备考
新毛线	磅	2	约100	空袭时炸弹震破门窗及被窃之损失	8月11日	四宿舍	
白线绒毯	床	1	约80		同上	同上	
钢笔	支	2	约60		同上	同上	
法币			约50		同上	同上	
手表	只	1	约70		同上	同上	
白衬衣	件	2	约50		同上	同上	
近视眼镜	副	1	约20		同上	同上	
女袍	件	1	约70		同上	同上	
夏布料	匹	1	约40		同上	同上	
白纺绸裤	件	1	约50	直接中弹损失	8月29日	同上	
单服	套	2	约60		同上	同上	
棉被	床	1	约30		同上	同上	
毛毯	床	1	约30		同上	同上	
厨房用具	套	1	约40		同上	同上	
木箱	只	1	约20		同上	同上	
合计			760				

[①] 此处统计数字有误，实应为637.40，原文如此。

17) 朱芝芳损失调查表(1941年)

编制日期:民国三十年

损失项目	单位	数量	损失价值(国币元)	损失原因	损失时期	损失地点	备考
面盆	个	1	48	震毁	8月11日	一宿舍	
茶杯	个	4	20	同上	同上	同上	
细化茶壶	把	4	28	同上	同上	同上	
温水瓶	个	4	50	同上	同上	同上	
花瓶	个	4	20	同上	同上	同上	
玻璃镜框	个	2	69	同上	同上	同上	
台钟	个	1	193	同上	同上	同上	
丝质旗袍	件	2	188	弹片穿过	同上	同上	
花布旗袍	件	1	25	同上	同上	同上	
单外套	件	1	90	同上	同上	同上	
合计			731				

18) 钱崇高损失调查表(1941年)

编制日期:民国三十年

损失项目	单位	数量	损失价值(国币元)	损失原因	损失时期	损失地点	备考
毛呢大衣	件	1	250	震毁	8月30日	农场	
府绸衬衣	件	2	88	同上	同上	同上	
芝麻呢中山服	套	2	80	同上	同上	同上	
被盖	床	1	200	同上	同上	同上	
皮鞋	双	1	60	同上	同上	同上	
面盆	个	1	18	同上	同上	同上	
合计			696				

19）杨琇珍损失调查表（1941年）

编制日期：民国三十年

损失项目	单位	数量	损失价值（国币元）	损失原因	损失时期	损失地点	备考
面镜	个	1	30	震毁	8月11日	一宿舍	
茶杯	个	4	10	同上	同上	同上	
面盆	个	1	50	同上	同上	同上	
花瓶	个	1	20	同上	同上	同上	
小皮箱	个	1	150	弹片穿过	同上	同上	
单长衫	件	4	150	同上	同上	同上	
热水瓶	个	1	40	震毁	同上	同上	
茶壶	个	1	25	同上	同上	同上	
玻璃镜框	个	2	60	同上	同上	同上	
单短外衣	件	1	70	弹片穿过	同上	同上	
合计			605				

20）赵世友损失调查表（1941年8月27日）

编制日期：民国三十年八月二十七日

损失项目	单位	数量	损失价值（国币元）	损失原因	损失时期	损失地点	备考
自来水钢笔	支	1	30	被炸	8月11日	第一宿舍	系新民牌
□□小座钟	只	1	80	同上	同上	同上	旧
胶质墨海	只	1	5	同上	同上	同上	旧
玻璃茶盅	只	2	4	同上	同上	同上	旧
白力士胶鞋	双	1	32	同上	同上	同上	旧
黄色皮鞋	双	1	84	同上	同上	同上	全新
府绸保花衬衣	件	1	24	同上	同上	同上	旧
白市布衬衣	件	2	30	同上	同上	同上	一旧一新
麻色制服上装	件	1	约30	同上	同上	同上	旧
青色哔叽下装	套	1	约140	同上	同上	同上	旧
绒毡	条	1	70	同上	同上	同上	旧
白短裤	条	1	16	同上	同上	同上	旧
修胡刀	把	1	约50	同上	同上	同上	全新
照相软片	卷	1	22	同上	同上	同上	全新
营养助	瓶	2	10	同上	同上	同上	系药品
合计			627				

21)张秀俊损失调查表(1941年9月)

编制日期:民国三十年九月

损失项目	单位	数量	损失价值(国币元)	损失原因	损失时期	损失地点	备考
书籍	册	23	300	弹片所损	8月11日	二宿舍	
毛线衣	件	1	30	同上	同上	二宿舍	
面盆	个	2	70	震塌	同上	二宿舍	
手表	只	1	100	同上	同上	二宿舍	
白皮鞋	双	1	80	弹片所毁	同上	二宿舍	
温水瓶	只	1	40	震毁	同上	二宿舍	
合计			620				

22)陈振明损失调查表(1941年9月)

编制日期:民国三十年九月

损失项目	单位	数量	损失价值(国币元)	损失原因	损失时期	损失地点	备考
被盖	床	1	100	炸	30年8月11日	作物组	
中山服	套	1	80	炸	同上	作物组	
衬衫	件	1	28	炸	同上	作物组	
面盆	只	1	32	炸	同上	作物组	
漱口盅	个	1	7	炸	同上	作物组	
革鞋	双	1	70	炸	同上	作物组	
蚊帐	顶	1	40	炸	同上	作物组	
衣箱	口	1	80	炸	同上		
合计			437				

23)萧代梁损失调查表(1941年9月1日)

编制日期:民国三十年九月一日

损失项目	单位	数量	损失价值(国币元)	损失原因	损失时期	损失地点	备考
大衣	件	1	200	被炸	8月11日	嘉陵小学	
英文字典	套	1	30	被炸	同上	同上	
曾文正公全集	部	1	80	被炸	同上	同上	
皮箱	只	2	40	被炸	同上	同上	
合计			350				

24）秦素美损失调查表（1941年8月）

编制日期：民国三十年八月

损失项目	单位	数量	损失价值（国币元）	损失原因	损失时期	损失地点	备考
热水瓶	个	1	50	被震落地	8月11日	三舍一号	
田瓷茶杯	个	1	16	同上	同上	三舍一号	
田瓷茶壶	个	1	15	同上	同上	三舍一号	
玻璃茶杯	个	2	6	同上	同上	三舍一号	
大镜子	个	1	45	同上	8月23日	三舍一号	
小镜子	个	1	15	同上	同上	三舍一号	
花瓶	个	1	10	同上	同上	三舍一号	
合计			157				

25）戚天国损失调查表（1941年8月20日）

编制日期：民国三十年八月二十日

损失项目	单位	数量	损失价值（国币元）	损失原因	损失时期	损失地点	备考
棉制服	套	1	100	被炸	8月11日	第一宿舍	
中学制图教本	册	5	5	同上	同上	第一宿舍	
新民自来水笔	支	1	25	同上	同上	第一宿舍	
白纱汗衫	件	1	15	同上	同上	第一宿舍	
合计			145				

26）吴秉忠损失调查表（1941年9月7日）

编制日期：民国三十年九月七日

损失项目	单位	数量	损失价值（国币元）	损失原因	损失时期	损失地点	备考
被盖	条	1	60	炸烧	8月30日	凤凰山羊舍	
帐子	笼	1	80	同上	同上	同上	
被单	条	1	40	同上	同上	同上	
大衣	件	1	40	同上	同上	同上	
面盆	个	1	60	同上	同上	同上	

续表

损失项目	单位	数量	损失价值（国币元）	损失原因	损失时期	损失地点	备考
洋刀	把	1	30	同上	同上	同上	
电棒	支	1	30	同上	同上	同上	
恒表	个	1	60	同上	同上	同上	
茶壶	个	1	10	同上	同上	同上	
鞋	双	1	50	同上	同上	同上	
衣服	套	6	360	同上	同上	同上	
墨盒	个	1	8	同上	同上	同上	
布袋	个	1	6	同上	同上	同上	
书籍	本	8	30	同上	同上	同上	
军毯	条	1	40	同上	同上	同上	
合计			904				

27）赵笃君损失调查表（1941年）

编制日期：民国三十年

损失项目	单位	数量	损失价值（国币元）	损失原因	损失时期	损失地点	备考
被盖	床	1	150	炸毁	8月11日	会计室侧	
线毯	床	1	60	同上	同上	同上	
灰哈叽中山服	套	1	50	同上	同上	同上	
青哈叽中山服	套	1	50	同上	同上	同上	
统绒汗衣	套	1	60	同上	同上	同上	
白市布汗衣	套	1	45	同上	同上	同上	
蓝洋布汗衣	套	1	40	同上	同上	同上	
蓝布长衫	件	1	50	同上	同上	同上	
袜子	双	3	9	同上	同上	同上	
青布棉紧身	件	1	30	同上	同上	同上	
青棉长裤	条	1	40	同上	同上	同上	
月蓝布汗小衣	套	1	60	同上	同上	同上	
毛蓝布	丈	2	60	同上	同上	同上	
合计			704				

28)夏孝贤损失调查表(1941年)

编制日期:民国三十年

损失项目	单位	数量	损失价值（国币元）	损失原因	损失时期	损失地点	备考
被盖	床	1	95	被炸	8月11日	办公室楼上	白色单锦缎被心
呢绒夹衫	件	1	136	同上	同上	同上	
毛呢下装	条	1	90	同上	同上	同上	
灰色长衫	件	1	30	同上	同上	同上	
蓝色长衫	件	1	30	同上	同上	同上	
下装	条	2	48	同上	同上	同上	
毯子	床	1	35	同上	同上	同上	
棉絮	床	1	30	同上	同上	同上	
汗衣	件	1	15	同上	同上	同上	
衬衣	件	2	30	同上	同上	同上	
短裤	条	2	10	同上	同上	同上	
鞋子	双	1	10	同上	同上	同上	
合计			559				

29)于明新损失调查表(1941年8月)

编制日期:民国三十年八月

损失项目	单位	数量	损失价值（国币元）	损失原因	损失时期	损失地点	备考
蚊帐	床	1	30	炸坏	8月11日	农场作物组	
洋磁盆	个	1	30	同上	同上	同上	
服装	套	1	50	同上	同上	同上	
合计			110				

30)易祺损失调查表(1941年)

编制日期:民国三十年

损失项目	单位	数量	损失价值（国币元）	损失原因	损失时期	损失地点	备考
单用蚊帐	床	1	20	炸坏	8月11日	农场作物组	
钟新洋磁盆	个	1	30	同上	同上	同上	
军服	套	1	50	同上	同上	同上	
合计			100				

31)郝金贵损失调查表(1941年)

编制日期:民国三十年

损失项目	单位	数量	损失价值(国币元)	损失原因	损失时期	损失地点	备考
蚊帐	床	1	30	炸坏	8月11日	农场作物组	
白衬衣	件	1	10	同上	同上	同上	
洋磁盆	个	1	30	同上	同上	同上	
合计			70				

32)邹绪清损失调查表(1941年8月)

编制日期:民国三十年八月

损失项目	单位	数量	损失价值(国币元)	损失原因	损失时期	损失地点	备考
蚊帐	床	1	40	炸坏	8月11日	农场作物组	
白衬衣	件	1	15	同上	同上	同上	
合计			55				

8. 陪都空袭救护委员会为四川省立教育学院1941年8月11日、30日两次被炸开具空袭损害证明书给该院的公函(1941年12月17日)

案准贵院三十年十一月十九日教37字第13号公函,为八月十一日、三十日两次被敌机投弹炸毁教职员工役私物,开具损失一览表,函嘱登记发给证明书,以凭转报。等由(附表一份),准此。正核办间,复准贵院本年十二月十三日教37字第14号函同前由到会,兹特填送证明书一纸,随函复请查照为荷!此致:

四川省立教育学院

附证明书1份

委员长 许世英

副委员长 谷正刚

附：
陪都空袭救护委员会证明书

秘二字第 2131 号

中华民国三十年十二月十七日

查重庆沙坪坝四川省立教育学院，确于三十年八月十一日及同月三十日两次被炸，该校总办公厂、第一、第二、第三、第四教职员宿舍、男生宿舍、女生食堂、女生澡堂、农场作物组及凤凰山羊舍房屋等处，均有损害；教职员魏曼若、何忠殷、杨德意、颜学政、徐定中、冯晓堤、薛建吾、吴精秀（该员十一日、三十日两次被炸）、刘守雌、张世英、杨子光、李远谋、廖炽昌、卞肇琴、陈浩如、周蔚咸、程又明、朱芝芳、钱崇高、杨琇珍、陈振明、赵世友、张秀俊、萧代梁、秦素美、戚天国、公役吴秉忠、赵笃君、夏孝贤、于明新、郝金贵、邹绪清等33人私物，亦均损失，合予证明。

委员长　许世英

副委员长　谷正刚

9. 四川省立教育学院为抗战时期该院直接财产损失、教育人员财产损失、教育人员伤亡调查表等呈教育部文（1945年9月16日）

案奉钧部本年九月统字第44916号代电，催报抗战期间财产损失表。等由，奉此。查本院关于院有财产直接损失汇报表、教育人员财产损失汇报表连同报告单及教育人员伤亡调查表，业于三十二年十二月以秘字第1032号呈报，并于三十三年二月一秘字112号补报教育人员财产损失汇报表并附报告单各一份在案。兹奉前因，特再检呈院有财产直接损失汇报表、教育人员财产损失汇报表、教育人员伤亡调查表，具文赍请钧部鉴核备查。谨呈：

教育部

计院有财产直接损失汇报表、教育人员财产损失汇报表、教育人员伤亡调查表各一份。

全衔名

附表一：

四川省立教育学院财产直接损失汇报表

事件：被敌机轰炸

日期：民国三十年八月十一日、八月二十三日、八月三十日

地点：重庆市磁器口

类别	价值（国币元）
共计	805802.40
房屋	590530.10
器具	184137.50
图书	1165
仪器	26593.80
牲畜	2476
服装	900

填报日期：民国三十四年九月　　四川省立教育学院院长颜〇[①]

附表二：

教育人员财产损失汇报表[②]

时期别	总计	1937.6~12	1938	1939	1940	1941
共计价值（国币元）	13623880	2900400	1048000	3879000	3091500	2904980
房屋	6362200	361200	311000	2660000	2030000	1000000
器具	2201221	454000	97500	617500	1000000	32221
现款	274000	152000	95000			
服着物	1676542	644000	113500	186000	38000	875042
书籍	2338420	669200	232500	415500	23500	997720
古物	857000	750000	97000			
其他	151500	50000	101500			

填报日期：民国三十四年九月　　四川省立教育学院院长颜〇

---

① 即颜韵，下同。
② 此处统计数字有误。

附表三：

教育人员伤亡调查表

姓名	性别	年龄	籍贯	教员学生	服务或读书之机关	职务	伤亡 受伤	伤亡 死亡	伤亡情形 时间	伤亡情形 地点	伤亡情形 事件	备考
黎属民	男	23	涪陵	学生	本院社教系二年级学生	学生		死亡	1940.5.29	本院第二防空洞	被敌机轰炸	
朱明芬	男	21	綦江	同上	同上	同上		同上	同上	同上	同上	
罗竹修	女	21	高县	同上	同上	同上		同上	同上	同上	同上	
李恩荣	女	20	芜湖	同上	同上	同上		同上	同上	同上	同上	
林祖烈	男	22	资中	同上	本院社教系四年级学生	同上		同上	同上	同上	同上	
刘景福	男	29	达县	同上	同上	同上		同上	同上	同上	同上	
刘仲远	男	24	澧县	同上	本院社教系三年级学生	同上		同上	同上	同上	同上	
宋益	男	22	犍为	同上	本院农教系四年级学生	同上	伤头部		同上	同上	同上	
毛俊儒	男	26	仁寿	同上	本院社教系四年级学生	同上	伤手部		同上	同上	同上	
黄寅	男	21	贵州	同上	本院农教系三年级学生	同上	受伤		同上	同上	同上	
郭泽安	男	28	江北	工役		司号	受伤		同上	同上	同上	

查报者：四川省立教育学院院长颜〇

（三）国立女子师范学院

1. 国立女子师范学院为补报抗战期间该校间接损失呈教育部部长陈立夫文（1942年7月28日）

案奉钧部三十一年六月十日统字第22486号训令，略以奉院令转饬补报抗战损失，以凭核转。等因。查本学院抗战损失，计有间接损失防空洞建筑费一项，截至本年六月底止，共支49879.46元，奉令前因，理合检同报告表备文呈复，仰乞鉴核汇转，实为公便。谨呈：

教育部部长陈

附呈报告表1份

（全衔）院长喻

附：

国立女子师范学院财产间接损失报告表

填送日期：民国三十一年七月

分类	数额（国币元）
共计	
迁移费	
防空设备费	49879.46元
疏散费	
救济费	
抚恤费	
报告者：喻○○	

2. 国立女子师范学院教职员工战时财产损失报告表（1942—1944年）

1）国立女子师范学院职员陆春华财产损失报告单（1942年1月5日）

（本表备受损失之教育人员用）

损失项目	单位	数量	价值（国币元）	损失情形			
				损失时间（年月日）	地点	事件	被敌损毁或没收或占用
总计	件	370	399000	1937.12、1939.5	浙江、四川	抗战	被敌没收、损毁
衣服	同上	200	45000	1939.5.3	重庆	轰炸	焚毁
用具	同上	70	4000	同上	同上	同上	同上
房产及器具书籍等项	间、件	100	750000	1937.12	杭州	杭州沦陷	被敌没收损毁

填报日期：民国三十一年一月五日　　受损失者：国立女子师范学院职员　陆春华

说明：

　　1. 本表系调查自民国二十六年七月至三十二年十二月公私立各级学校、社会教育机关、学术机关及各级教育行政机关教员、职员、工役之财产损失，以后续有损失，随时具报。所填损失应以确系因战事而受之损失，或遗留沦陷区内被敌人损毁、没收、占用为限。

　　2. 全家受损失者，可由一人填报。

　　3. 本表与行政院民国二十八年七月一日吕字第7434号训令所发抗战损失查报表内财产损失报告单内容相同，惟院表为一般人民之损失，本表为教育人员之损失，在呈送行政院或主计处表内，已报之教育人员损失及遗漏未报教育人员之损失，均应在本表内详细填报。

　　4. 本表损失项目，应按房屋、器具、现款、服着物、书籍、古物及其他七类，分别填写，每类各结一小计，然后再求全表之总计。

5. 单位一栏为损失物品之单位名称,如间、件、元、册等。

6. 价值按损失时之价值填报,一律用国币数字填写,元以下数目可不计。如有外币,能折合者即照损失时之币值折合国币,否则即将外币名称单独注明。

7. 损失情形为某年某月某日在某地敌机轰炸、敌军进攻、被敌人损毁或没收或占用,分别详细填写,如日期已无从查悉,可仅填年月。

8. 本表由受损失者据实填写,送交现在服务之机关或学校主管人员审核汇编。现任教育人员以前在非教育机关或学校服务时所受之损失不得填报。原系教育人员现已改业者,其充任教育人员时如有损失,仍可填报,由省市教育厅局及县市政府将填报办法公告之,受损失之教育人员将所填表件送原机关学校负责人或原主管教育行政机关审核转报。

2) 国立女子师范学院教授任培道财产损失报告单(1942年1月5日)

(本表备受损失之教育人员用)

损失项目	单位	数量	价值 (国币元)	损失情形			
					损失时间 (年月日)	地点	事件	被敌损毁或没收或占用
总计	件	1990	398000 美金9800元	1937.12、 1942	南京 湘北	抗战	被敌没收及损毁
中文书籍	册	760	28000	1937.12	南京	沦陷	被敌没收
西文书籍	同上	880	美金9800元	同上	同上	同上	同上
服着物	件	280	70000	1937.12、 1942	南京 湘北	同上	同上
房屋及器具	间、件	70	300000	1942	湘北	湘北会战	被敌焚毁

填报日期:民国三十一年一月五日　　受损失者:国立女子师范学院教授　任培道

说明:

1. 本表系调查自民国二十六年七月至三十二年十二月公私立各级学校、社会教育机关、学术机关及各级教育行政机关教员、职员、工役之财产损失,以后续有损失,随时具报。所填损失应以确系因战事而受之损失,或遗留沦陷区内被敌人损毁、没收、占用者为限。

2. 全家受损失者,可由一人填报。

3. 本表与行政院民国二十八年七月一日吕字第7434号训令所发抗战损失查报表内财产损失报告单内容相同,惟院表为一般人民之损失,本表为教育人员之损失,在呈送行政院或主计处表内,已报之教育人员损失及遗漏未报教育人员之损失,均应在本表内详细填报。

4. 本表损失项目,应按房屋、器具、现款、服着物、书籍、古物及其他七类,分别填写,每类各结一小计,然后再求全表之总计。

5. 单位一栏为损失物品之单位名称,如间、件、元、册等。

6. 价值按损失时之价值填报,一律用国币数字填写,元以下数目可不计。如有外币,能折合者即照损失时之币值折合国币,否则即将外币名称单独注明。

7. 损失情形为某年某月某日在某地敌机轰炸、敌军进攻、被敌人损毁或没收或占用,分别详细填写,如日期已无从查悉,可仅填年月。

8. 本表由受损失者据实填写，送交现在服务之机关或学校主管人员审核汇编。现任教育人员以前在非教育机关或学校服务时所受之损失不得填报。原系教育人员现已改业者，其充任教育人员时如有损失，仍可填报，由省市教育厅局及县市政府将填报办法公告之，受损失之教育人员将所填表件送原机关学校负责人或原主管教育行政机关审核转报。

3）国立女子师范学院副教授叶粟如财产损失报告单（1943年10月）

损失项目	单位	数量	价值（国币元）	损失情形 损失时间（年月日）	地点	事件	被敌损毁或没收或占用
藏书	册	15万	300万元	1937.12	镇江、上海	敌人占据	没收
甲骨	片	5000	20万元	同上	镇江	同上	同上
字画	件	2000	18万元	同上	镇江	同上	同上
古玩	件	200	10万元	同上	镇江	同上	同上
衣服	箱	30	10万元	同上	镇江、上海	同上	同上
器具	件	200	2万元	同上	镇江、上海	同上	同上
遗稿	册	100	30万元	同上	镇江、上海、扬州	同上	同上

*附注：先父玉森先生甲骨、诗词、文联、字画、印谱，凡百余册，仓皇逃脱，未能携出。

受损失者：国立女子师范学院副教授 叶粟如

4）国立女子师范学校史地系教授沈思璵财产损失报告单（1943年10月25日）

损失项目	单位	数量	价值（国币元）	损失情形 损失时间（年月日）	地点	事件	被敌损毁或没收或占用
图书	册	4000	20000	1937.8.19	南京双井巷文安里4号	敌人占据	被敌机炸毁
衣服	箱	5	10000	同上	同上		同上
器具	件	30	2000	同上	同上		同
菜园	处	1	10000	1937.11	南京城北龙仓东头		被敌占用
地图	册	5000	15000	1937.8.15	南京成贤街、钟山书局	中等世界地图集	被敌机炸毁
房屋	所	1	12000	1938.5	合肥小书院上首		被敌占用
房屋	所	1	15000	1938.5	合肥东厅同太祥东号		被敌炸毁
房屋	所	1	10000	同上	合肥古楼大街同太祥纸号		被敌炸毁
书籍	册	3000	10000	同上	合肥小书院上首住宅		被敌没收
古物	件	15	50000	同上	同上		被敌没收
总计			154000				

填报日期：民国三十二年十月二十五日　　受损失者：国立女子师范学校史地系教授 沈思璵

5)国立女子师范学院教授台静农财产损失报告单(1943年10月)

损失项目	单位	数量	价值（国币元）	损失情形 损失时间（年月日）	地点	事件	被敌损毁或没收或占用
书籍	册	4000	6000	1937.12	芜湖	敌人占据	没收
器具	件	20	1000	同上	同上	同上	同上
房地	亩	2	3000	同上	同上	同上	同上
房屋	间	20	5000	1938.10	安徽霍邱叶集	同上	损毁
服着物	件	40	3000	同上	同上	同上	同上
总计			18000				

受损失者：国立女子师范学院教授 台静农

6)国立女子师范学院副教授许澄远财产损失报告单(1943年10月24日)
（本表备受损失之教育人员用）

损失项目	单位	数量	价值（国币元）	损失情形 损失时间（年月日）	地点	事件	被敌损毁或没收或占用
总计			705500	1937.12	南京昇州路糯米巷11号	随南京沦陷	
书籍	册	5600	560000	同上	南京昇州路糯米巷11号住宅	同上	历代收藏之中西文书籍均被敌损毁或没收一空
附着物	件	580	58000	同上	同上	同上	被敌劫掠一空
器具	件	350	87500	同上	同上	同上	被敌损毁及劫掠一空

填报日期：民国三十二年十月二十四日　　受损失者：国立女子师范学院副教授 许澄远

说明：

1.本表系调查自民国二十六年七月至三十二年十二月公私立各级学校、社会教育机关、学术机关及各级教育行政机关教员、职员、工役之财产损失，以后续有损失，随时具报。所填损失应以确系因战事而受之损失，或遗留沦陷区内被敌人损毁、没收、占用者为限。

2.全家受损失者，可由一人填报。

3.本表与行政院民国二十八年七月一日吕字第7434号训令所发抗战损失查报表内财产损失报告单内容相同，惟院表为一般人民之损失，本表为教育人员之损失，在呈送行政院或主计处表内，已报之教育人员损失及遗漏未报教育人员之损失，均应在本表内详细填报。

4.本表损失项目，应按房屋、器具、现款、服着物、书籍、古物及其他七类，分别填写，每类各结一小计，然后再求全表之总计。

5.单位一栏为损失物品之单位名称，如间、件、元、册等。

6. 价值按损失时之价值填报,一律用国币数字填写,元以下数目可不计。如有外币,能折合者即照损失时之币值折合国币,否则即将外币名称单独注明。

7. 损失情形为某年某月某日在某地敌机轰炸、敌军进攻、被敌人损毁或没收或占用,分别详细填写,如日期已无从查悉,可仅填年月。

8. 本表由受损失者据实填写,送交现在服务之机关或学校主管人员审核汇编。现任教育人员以前在非教育机关或学校服务时所受之损失不得填报。原系教育人员现已改业者,其充任教育人员时如有损失,仍可填报,由省市教育厅局及县市政府将填报办法公告之,受损失之教育人员将所填表件送原机关学校负责人或原主管教育行政机关审核转报。

7)国立女子师范学院教授张安国财产损失报告单(1943年10月29日)

(本表备受损失之教育人员用)

损失项目	单位	数量	价值(国币元)	损失情形			
^	^	^	^	损失时间(年月日)	地点	事件	被敌损毁或没收或占用
房屋	所	1	3000	1938.10	武昌	武汉撤退	损毁
中文书籍	册	500	2000	同上	同上	同上	同上
英文书籍	同上	300	3000	同上	同上	同上	同上
日文书籍	同上	700	4000	同上	同上	同上	同上
家具		全部	500	同上	同上	同上	同上
衣服		大部分	1000	同上	同上	同上	同上
总计			13500				

填报日期:民国三十二年十月二十九日　　受损失者:国立女子师范学院教授　张安国

说明:

1. 本表系调查自民国二十六年七月至三十二年十二月公私立各级学校、社会教育机关、学术机关及各级教育行政机关教员、职员、工役之财产损失,以后续有损失,随时具报。所填损失应以确系因战事而受之损失,或遗留沦陷区内被敌人损毁、没收、占用者为限。

2. 全家受损失者,可由一人填报。

3. 本表与行政院民国二十八年七月一日吕字第7434号训令所发抗战损失查报表内财产损失报告单内容相同,惟院表为一般人民之损失,本表为教育人员之损失,在呈送行政院或主计处表内,已报之教育人员损失及遗漏未报教育人员之损失,均应在本表内详细填报。

4. 本表损失项目,应按房屋、器具、现款、服着物、书籍、古物及其他七类,分别填写,每类各结一小计,然后再求全表之总计。

5. 单位一栏为损失物品之单位名称,如间、件、元、册等。

6. 价值按损失时之价值填报,一律用国币数字填写,元以下数目可不计。如有外币,能折合者即照损失时之币值折合国币,否则即将外币名称单独注明。

7. 损失情形为某年某月某日在某地敌机轰炸、敌军进攻、被敌人损毁或没收或占用,分别详细填写,如日期已无从查悉,可仅填年月。

8. 本表由受损失者据实填写,送交现在服务之机关或学校主管人员审核汇编。现任教育人员以前在非教育机关或学校服务时所受之损失不得填报。原系教育人员现已改业者,其充任教育人员时如有损失,仍可填报,由省市教育厅局及县市政府将填报办法公告之,受损失之教育人员将所填表件送原机关学校负责人或原主管教育行政机关审核转报。

8)国立女子师范学院教授程延颐财产损失报告单(1943年11月11日)

(本表备受损失之教育人员用)

损失项目	单位	数量	价值（国币元）	损失情形 损失时间（年月日）	地点	事件	被敌损毁或没收或占用
外文书籍（大部分英文书）	册	400	美金1200元	1938.10	武昌武汉大学	武汉失守	被敌损毁或没收
中文书籍	同上	300	500	同上	同上	同上	同上
家具	件	30	500	同上	同上	同上	同上
衣服用品	箱	3	1500	同上	同上	同上	同上
中文书籍（历代家藏）	册	5000	200000	1939.3	南昌三眼井	南昌失守	同上
外文书籍	同上	1000	美金3000元	同上	同上	同上	同上
名字画	件	120	120000	同上	同上	同上	同上
家具	同上	100	1500	同上	同上	同上	同上
衣服用品	箱	10	5000	同上	同上	同上	同上
中文珍本书籍(有明版书数种)	册	200	200000	1942.6	南城县洪家巷	南城失守	被敌人损毁
古瓷器	件	10	500000	同上	同上	同上	同上
家具	同上	40	500	同上	同上	同上	同上
衣服用品	箱	10	10000	同上	同上	同上	同上
总计			美金4200元 1039500元				

填报日期:民国三十二年十一月十一日　　受损失者:国立女子师范学院教授　程延颐

说明:

1.本表系调查自民国二十六年七月至三十二年十二月公私立各级学校、社会教育机关、学术机关及各级教育行政机关教员、职员、工役之财产损失,以后续有损失,随时具报。所填损失应以确系因战事而受之损失,或遗留沦陷区内被敌人损毁、没收、占用者为限。

2.全家受损失者,可由一人填报。

3.本表与行政院民国二十八年七月一日吕字第7434号训令所发抗战损失查报表内财产损失报告单内容相同,惟院表为一般人民之损失,本表为教育人员之损失,在呈送行政院或主计处表内,已报之教育人员损失及遗漏未报教育人员之损失,均应在本表内详细填报。

4.本表损失项目,应按房屋、器具、现款、服着物、书籍、古物及其他七类,分别填写,每类各结一小计,然后再求全表之总计。

　　5.单位一栏为损失物品之单位名称,如间、件、元、册等。

　　6.价值按损失时之价值填报,一律用国币数字填写,元以下数目可不计。如有外币,能折合者即照损失时之币值折合国币,否则即将外币名称单独注明。

　　7.损失情形为某年某月某日在某地敌机轰炸、敌军进攻、被敌人损毁或没收或占用,分别详细填写,如日期已无从查悉,可仅填年月。

　　8.本表由受损失者据实填写,送交现在服务之机关或学校主管人员审核汇编。现任教育人员以前在非教育机关或学校服务时所受之损失不得填报。原系教育人员现已改业者,其充任教育人员时如有损失,仍可填报,由省市教育厅局及县市政府将填报办法公告之,受损失之教育人员将所填表件送原机关学校负责人或原主管教育行政机关审核转报。

9)国立女子师范学院副教授倪可权财产损失报告单(1943年12月30日)

（本表备受损失之教育人员用）

损失项目	单位	数量	价值（国币元）	损失情形			
				损失时间（年月日）	地点	事件	被敌损毁或没收或占用
书籍、古玩	件	5000	500000	1937.12	南京市	南京沦陷敌人抢劫	没收
衣服、傢俱〔家具〕	件	3000	100000		同上	同上	同上
总计							

填报日期:民国三十二年十二月三十日　　受损失者:国立女子师范学院副教授　倪可权

说明:

　　1.本表系调查自民国二十六年七月至三十二年十二月公私立各级学校、社会教育机关、学术机关及各级教育行政机关教员、职员、工役之财产损失,以后续有损失,随时具报。所填损失应以确系因战事而受之损失,或遗留沦陷区内被敌人损毁、没收、占用者为限。

　　2.全家受损失者,可由一人填报。

　　3.本表与行政院民国二十八年七月一日吕字第7434号训令所发抗战损失查报表内财产损失报告单内容相同,惟院表为一般人民之损失,本表为教育人员之损失,在呈送行政院或主计处表内,已报之教育人员损失及遗漏未报教育人员之损失,均应在本表内详细填报。

　　4.本表损失项目,应按房屋、器具、现款、服着物、书籍、古物及其他七类,分别填写,每类各结一小计,然后再求全表之总计。

　　5.单位一栏为损失物品之单位名称,如间、件、元、册等。

　　6.价值按损失时之价值填报,一律用国币数字填写,元以下数目可不计。如有外币,能折合者即照损失时之币值折合国币,否则即将外币名称单独注明。

　　7.损失情形为某年某月某日在某地敌机轰炸、敌军进攻、被敌人损毁或没收或占用,分别详细填写,如日期已无从查悉,可仅填年月。

　　8.本表由受损失者据实填写,送交现在服务之机关或学校主管人员审核汇编。现任教育人员以前在非教育机关或学校服务时所受之损失不得填报。原系教育人员现已改业者,其充任教育人员时如有损失,仍可填报,由省市教育厅局及县市政府将填报办法公告之,受损失之教育人员将所填表件送原机关学校负责人或原主管教育行政机关审核转报。

10）国立女子师范学院教授萧文灿财产损失报告单（1943年12月）

（本表备受损失之教育人员用）

损失项目	单位	数量	价值（国币元）	损失情形			
^	^	^	^	损失时间（年月日）	地点	事件	被敌损毁或没收或占用
房屋	间	16	20000	1938.10	武昌	武昌沦陷	被敌焚毁
器具	件	250	10000	同上	同上	同上	同上
服着物	件	350	3000	同上	同上	同上	同上
书籍	册	800	20000	同上	同上	同上	同上
服着物	件	50	300镑	1940.6	重庆	敌机轰炸	焚毁
书籍	册	560	500镑	同上	同上	同上	同上
绘图器	套	1	20镑	1940.1	柏林	出境	没收
照相机	架	1	15镑	同上	同上	同上	同上
总计			54000 835镑				

填报日期：民国三十二年十二月　　　受损失者：国立女子师范学院教授　萧文灿

说明：

1. 本表系调查自民国二十六年七月至三十二年十二月公私立各级学校、社会教育机关、学术机关及各级教育行政机关教员、职员、工役之财产损失,以后续有损失,随时具报。所填损失应以确系因战事而受之损失,或遗留沦陷区内被敌人损毁、没收、占用者为限。

2. 全家受损失者,可由一人填报。

3. 本表与行政院民国二十八年七月一日吕字第7434号训令所发抗战损失查报表内财产损失报告单内容相同,惟院表为一般人民之损失,本表为教育人员之损失,在呈送行政院或主计处表内,已报之教育人员损失及遗漏未报教育人员之损失,均应在本表内详细填报。

4. 本表损失项目,应按房屋、器具、现款、服着物、书籍、古物及其他七类,分别填写,每类各结一小计,然后再求全表之总计。

5. 单位一栏为损失物品之单位名称,如间、件、元、册等。

6. 价值按损失时之价值填报,一律用国币数字填写,元以下数目可不计。如有外币,能折合者即照损失时之币值折合国币,否则即将外币名称单独注明。

7. 损失情形为某年某月某日在某地敌机轰炸、敌军进攻、被敌人损毁或没收或占用,分别详细填写,如日期已无从查悉,可仅填年月。

8. 本表由受损失者据实填写,送交现在服务之机关或学校主管人员审核汇编。现任教育人员以前在非教育机关或学校服务时所受之损失不得填报。原系教育人员现已改业者,其充任教育人员时如有损失,仍可填报,由省市教育厅局及县市政府将填报办法公告之,受损失之教育人员将所填表件送原机关学校负责人或原主管教育行政机关审核转报。

11)白沙女师学院史地系讲师翟宗沛财产损失报告单(1943年12月29日)

（本表备受损失之教育人员用）

损失项目	单位	数量	价值（国币元）	损失情形 损失时间（年月日）	地点	事件	被敌损毁或没收或占用
服着物	件	5	3000	1942.2.6	南京金女大	英美与日开战后	被敌没收
书籍	册	1000					
服着物	件	4	1200	1937.12.25	杭州弘道女中	杭州沦陷	同上
书籍	册	200					
房屋	座	1(12间)	40000	1938.3~12	宣城西门外	宣城打进打出4次中全部被焚	炸毁、没收、占用
器具、附着物	件	20					
书籍	册	300					
总计							

填报日期：民国三十二年十二月二十九日　　受损失者：白沙女师学院史地系讲师　翟宗沛

说明：

1.本表系调查自民国二十六年七月至三十二年十二月公私立各级学校、社会教育机关、学术机关及各级教育行政机关教员、职员、工役之财产损失，以后续有损失，随时具报。所填损失应以确系因战事而受之损失，或遗留沦陷区内被敌人损毁、没收、占用者为限。

2.全家受损失者，可由一人填报。

3.本表与行政院民国二十八年七月一日吕字第7434号训令所发抗战损失查报表内财产损失报告单内容相同，惟院表为一般人民之损失，本表为教育人员之损失，在呈送行政院或主计处表内，已报之教育人员损失及遗漏未报教育人员之损失，均应在本表内详细填报。

4.本表损失项目，应按房屋、器具、现款、服着物、书籍、古物及其他七类，分别填写，每类各结一小计，然后再求全表之总计。

5.单位一栏为损失物品之单位名称，如间、件、元、册等。

6.价值按损失时之价值填报，一律用国币数字填写，元以下数目可不计。如有外币，能折合者即照损失时之币值折合国币，否则即将外币名称单独注明。

7.损失情形为某年某月某日在某地敌机轰炸、敌军进攻、被敌人损毁或没收或占用，分别详细填写，如日期已无从查悉，可仅填年月。

8.本表由受损失者据实填写，送交现在服务之机关或学校主管人员审核汇编。现任教育人员以前在非教育机关或学校服务时所受之损失不得填报。原系教育人员现已改业者，其充任教育人员时如有损失，仍可填报，由省市教育厅局及县市政府将填报办法公告之，受损失之教育人员将所填表件送原机关学校负责人或原主管教育行政机关审核转报。

12）国立女子师范学院曹兰禹财产损失报告单（1943年12月29日）

（本表备受损失之教育人员用）

损失项目	单位	数量	价值（国币元）	损失情形			
^	^	^	^	损失时间（年月日）	地点	事件	被敌损毁或没收或占用
总计			17420 美金1800元	1937~1938	南京、庐山	沦陷	被敌损毁、没收及占用
器具	件	26	1000	1937	南京	同上	被敌损毁
器具	同上	6	300	1938	庐山	同上	同上
现款	银币元	500	1000	同上	庐山	同上	被敌没收
服着物	件	150	3500	1937	南京	同上	被敌损毁机没收
服着物	同上	50	1600	1938	庐山	同上	同上
书籍（西）	册	500	美金1800元	1937	南京	同上	被敌损毁
书籍（中）	同上	120	560	同上	同上	同上	同上
古玩	件	10	2500	1938	庐山	同上	同上
首饰	同上	15	3000	同上	同上	同上	被敌没收
字画	同上	20	4000	1937	南京	同上	被敌损毁

填报日期：民国三十二年十二月二十九日　　　受损失者：国立女子师范学院　曹兰禹

说明：

  1. 本表系调查自民国二十六年七月至三十二年十二月公私立各级学校、社会教育机关、学术机关及各级教育行政机关教员、职员、工役之财产损失，以后续有损失，随时具报。所填损失应以确系因战事而受之损失，或遗留沦陷区内被敌人损毁、没收、占用者为限。

  2. 全家受损失者，可由一人填报。

  3. 本表与行政院民国二十八年七月一日吕字第7434号训令所发抗战损失查报表内财产损失报告单内容相同，惟院表为一般人民之损失，本表为教育人员之损失，在呈送行政院或主计处表内，已报之教育人员损失及遗漏未报教育人员之损失，均应在本表内详细填报。

  4. 本表损失项目，应按房屋、器具、现款、服着物、书籍、古物及其他七类，分别填写，每类各结一小计，然后再求全表之总计。

  5. 单位一栏为损失物品之单位名称，如间、件、元、册等。

  6. 价值按损失时之价值填报，一律用国币数字填写，元以下数目可不计。如有外币，能折合者即照损失时之币值折合国币，否则即将外币名称单独注明。

  7. 损失情形为某年某月某日在某地敌机轰炸、敌军进攻、被敌人损毁或没收或占用，分别详细填写，如日期已无从查悉，可仅填年月。

  8. 本表由受损失者据实填写，送交现在服务之机关或学校主管人员审核汇编。现任教育人员以前在非教育机关或学校服务时所受之损失不得填报。原系教育人员现已改业者，其充任教育人员时如有损失，仍可填报，由省市教育厅局及县市政府将填报办法公告之，受损失之教育人员将所填表件送原机关学校负责人或原主管教育行政机关审核转报。

13)国立女子师范学院讲师王元吉财产损失报告单(1943年12月)

(本表备受损失之教育人员用)

损失项目	单位	数量	价值(国币元)	损失情形			
				损失时间(年月日)	地点	事件	被敌损毁或没收或占用
房屋	间	10	20000	1938.10	汉口	武汉沦陷	被敌焚毁
器具	件	300	12000	同上	同上	同上	同上
服着物	同上	350	6500	同上	同上	同上	同上
书籍	册	500	20000	同上	同上	同上	同上
器具	件	150	10000	1940.6	永川	敌机轰炸	被敌炸毁
服着物	同上	300	23000	同上	同上	同上	同上
书籍	册	300	15000	同上	同上	同上	同上
古物	件	21	50000	同上	同上	同上	同上
现款			5000				
总计			161500				

填报日期:民国三十二年十二月　　受损失者:国立女子师范学院讲师　王元吉

说明:

　　1. 本表系调查自民国二十六年七月至三十二年十二月公私立各级学校、社会教育机关、学术机关及各级教育行政机关教员、职员、工役之财产损失,以后续有损失,随时具报。所填损失应以确系因战事而受之损失,或遗留沦陷区内被敌人损毁、没收、占用者为限。

　　2. 全家受损失者,可由一人填报。

　　3. 本表与行政院民国二十八年七月一日吕字第7434号训令所发抗战损失查报表内财产损失报告单内容相同,惟院表为一般人民之损失,本表为教育人员之损失,在呈送行政院或主计处表内,已报之教育人员损失及遗漏未报教育人员之损失,均应在本表内详细填报。

　　4. 本表损失项目,应按房屋、器具、现款、服着物、书籍、古物及其他七类,分别填写,每类各结一小计,然后再求全表之总计。

　　5. 单位一栏为损失物品之单位名称,如间、件、元、册等。

　　6. 价值按损失时之价值填报,一律用国币数字填写,元以下数目可不计。如有外币,能折合者即照损失时之币值折合国币,否则即将外币名称单独注明。

　　7. 损失情形为某年某月某日在某地敌机轰炸、敌军进攻、被敌人损毁或没收或占用,分别详细填写,如日期已无从查悉,可仅填年月。

　　8. 本表由受损失者据实填写,送交现在服务之机关或学校主管人员审核汇编。现任教育人员以前在非教育机关或学校服务时所受之损失不得填报。原系教育人员现已改业者,其充任教育人员时如有损失,仍可填报,由省市教育厅局及县市政府将填报办法公告之,受损失之教育人员将所填表件送原机关学校负责人或原主管教育行政机关审核转报。

14）国立女子师范学院教授陈令仪财产损失报告单（1943年12月28日）

（本表备受损失之教育人员用）

损失项目	单位	数量	价值（国币元）	损失情形			
^	^	^	^	损失时间（年月日）	地点	事件	被敌损毁或没收或占用
总计	件	2338	297500				
木器	同上	368	5500	1937.11	江苏六合	沦陷	被敌损毁、没收
衣服首饰	同上	650	155500	1940.9	兴化江苏临时省垣	同上	被敌没收
书籍字画古玩其他	件	1320	136500	1941.2	江苏泰县	同上	同上（总计损失十分之九于六合沦陷）

填报日期：民国三十二年十二月二十八日　　受损失者：国立女子师范学院教授　陈令仪

说明：

1. 本表系调查自民国二十六年七月至三十二年十二月公私立各级学校、社会教育机关、学术机关及各级教育行政机关教员、职员、工役之财产损失，以后续有损失，随时具报。所填损失应以确系因战事而受之损失，或遗留沦陷区内被敌人损毁、没收、占用者为限。

2. 全家受损失者，可由一人填报。

3. 本表与行政院民国二十八年七月一日吕字第7434号训令所发抗战损失查报表内财产损失报告单内容相同，惟院表为一般人民之损失，本表为教育人员之损失，在呈送行政院或主计处表内，已报之教育人员损失及遗漏未报教育人员之损失，均应在本表内详细填报。

4. 本表损失项目，应按房屋、器具、现款、服着物、书籍、古物及其他七类，分别填写，每类各结一小计，然后再求全表之总计。

5. 单位一栏为损失物品之单位名称，如间、件、元、册等。

6. 价值按损失时之价值填报，一律用国币数字填写，元以下数目可不计。如有外币，能折合者即照损失时之币值折合国币，否则即将外币名称单独注明。

7. 损失情形为某年某月某日在某地敌机轰炸、敌军进攻、被敌人损毁或没收或占用，分别详细填写，如日期已无从查悉，可仅填年月。

8. 本表由受损失者据实填写，送交现在服务之机关或学校主管人员审核汇编。现任教育人员以前在非教育机关或学校服务时所受之损失不得填报。原系教育人员现已改业者，其充任教育人员时如有损失，仍可填报，由省市教育厅局及县市政府将填报办法公告之，受损失之教育人员将所填表件送原机关学校负责人或原主管教育行政机关审核转报。

15）国立女子师范学院教授鲁世英财产损失报告单（1943年12月28日）

（本表备受损失之教育人员用）

损失项目	单位	数量	价值（国币元）	损失情形			
^	^	^	^	损失时间（年月日）	地点	事件	被敌损毁或没收或占用
家具	件	250	4600	1937.12	河北清丰	沦陷	被敌损毁及没收
衣着	同上	460	36600	同上	同上	同上	同上
书籍	册	2500	25000	同上	同上	同上	被敌损毁
总计							

填报日期：民国三十二年十二月二十八日　　受损失者：国立女子师范学院教授　鲁世英

说明：

1. 本表系调查自民国二十六年七月至三十二年十二月公私立各级学校、社会教育机关、学术机关及各级教育行政机关教员、职员、工役之财产损失，以后续有损失，随时具报。所填损失应以确系因战事而受之损失，或遗留沦陷区内被敌人损毁、没收、占用者为限。

2. 全家受损失者，可由一人填报。

3. 本表与行政院民国二十八年七月一日吕字第7434号训令所发抗战损失查报表内财产损失报告单内容相同，惟院表为一般人民之损失，本表为教育人员之损失，在呈送行政院或主计处表内，已报之教育人员损失及遗漏未报教育人员之损失，均应在本表内详细填报。

4. 本表损失项目，应按房屋、器具、现款、服着物、书籍、古物及其他七类，分别填写，每类各结一小计，然后再求全表之总计。

5. 单位一栏为损失物品之单位名称，如间、件、元、册等。

6. 价值按损失时之价值填报，一律用国币数字填写，元以下数目可不计。如有外币，能折合者即照损失时之币值折合国币，否则即将外币名称单独注明。

7. 损失情形为某年某月某日在某地敌机轰炸、敌军进攻、被敌人损毁或没收或占用，分别详细填写，如日期已无从查悉，可仅填年月。

8. 本表由受损失者据实填写，送交现在服务之机关或学校主管人员审核汇编。现任教育人员以前在非教育机关或学校服务时所受之损失不得填报。原系教育人员现已改业者，其充任教育人员时如有损失，仍可填报，由省市教育厅局及县市政府将填报办法公告之，受损失之教育人员将所填表件送原机关学校负责人或原主管教育行政机关审核转报。

16) 国立女子师范学院副教授王维群财产损失报告单（1943年12月30日）

（本表备受损失之教育人员用）

损失项目	单位	数量	价值（国币元）	损失情形			
				损失时间（年月日）	地点	事件	被敌损毁或没收或占用
房屋一部分	间	3	6000	26年11月	无锡中市桥		被敌烧去
器具	件	50	5000	26年11月、12月	无锡中市桥、江阴瑛塘		被敌烧去、劫去
现款			5000	同上	同上		被劫
衣服	箱	30	90000	同上	无锡中市桥、江阴瑛塘、宜兴和侨、松江		同上
中西书籍	册	2000	20000	同上	南京秦巷、无锡中市桥		同上
珠玉、金器、画	件	10	30000	26年11月	无锡中市桥		同上
书籍	册	300	15000	同上	同上		同上
古物	件	21	50000	同上	同上		同上
现款			5000				
总计			226000				

填报日期：民国三十二年十二月三十日　　受损失者：国立女子师范学院副教授　王维群

说明：

1. 本表系调查自民国二十六年七月至三十二年十二月公私立各级学校、社会教育机关、学术机关及各级教育行政机关教员、职员、工役之财产损失，以后续有损失，随时具报。所填损失应以确系因战事而受之损失，或遗留沦陷区内被敌人损毁、没收、占用者为限。

2. 全家受损失者，可由一人填报。

3. 本表与行政院民国二十八年七月一日吕字第7434号训令所发抗战损失查报表内财产损失报告单内容相同，惟院表为一般人民之损失，本表为教育人员之损失，在呈行政院或主计处表内，已报之教育人员损失及遗漏未报教育人员之损失，均应在本表内详细填报。

4. 本表损失项目，应按房屋、器具、现款、服着物、书籍、古物及其他七类，分别填写，每类各结一小计，然后再求全表之总计。

5. 单位一栏为损失物品之单位名称，如间、件、元、册等。

6. 价值按损失时之价值填报，一律用国币数字填写，元以下数目可不计。如有外币，能折合者即照损失时之币值折合国币，否则即将外币名称单独注明。

7. 损失情形为某年某月某日在某地敌机轰炸、敌军进攻、被敌人损毁或没收或占用，分别详细填写，如日期已无从查悉，可仅填年月。

8. 本表由受损失者据实填写，送交现在服务之机关或学校主管人员审核汇编。现任教育人员以前在非教育机关或学校服务时所受之损失不得填报。原系教育人员现已改业者，其充任教育人员时如有损失，仍可填报，由省市教育厅局及县市政府将填报办法公告之，受损失之教育人员将所填表件送原机关学校负责人或原主管教育行政机关审核转报。

17)国立女子师范学院陈佩兰财产损失报告单(1943年12月30日)

（本表备受损失之教育人员用）

损失项目	单位	数量	价值（国币元）	损失情形			
				损失时间（年月日）	地点	事件	被敌损毁或没收或占用
大铁箱		1	15万元	香港沦陷时	香港九龙柯士甸道111#2楼	香港沦陷，消息不准	被敌损毁
大木书箱		1	30万元
总计		2					

填报日期：民国三十二年十二月三十日　　　受损失者：国立女子师范学院　陈佩兰

说明：

　　1. 本表系调查自民国二十六年七月至三十二年十二月公私立各级学校、社会教育机关、学术机关及各级教育行政机关教员、职员、工役之财产损失，以后续有损失，随时具报。所填损失应以确系因战事而受之损失，或遗留沦陷区内被敌人损毁、没收、占用者为限。

　　2. 全家受损失者，可由一人填报。

　　3. 本表与行政院民国二十八年七月一日吕字第7434号训令所发抗战损失查报表内财产损失报告单内容相同，惟院表为一般人民之损失，本表为教育人员之损失，在呈送行政院或主计处表内，已报之教育人员损失及遗漏未报教育人员之损失，均应在本表内详细填报。

　　4. 本表损失项目，应按房屋、器具、现款、服着物、书籍、古物及其他七类，分别填写，每类各结一小计，然后再求全表之总计。

　　5. 单位一栏为损失物品之单位名称，如间、件、元、册等。

　　6. 价值按损失时之价值填写，一律用国币数字填写，元以下数目可不计。如有外币，能折合者即照损失时之币值折合国币，否则即将外币名称单独注明。

　　7. 损失情形为某年某月某日在某地敌机轰炸、敌军进攻、被敌人损毁或没收或占用，分别详细填写，如日期已无从查悉，可仅填年月。

　　8. 本表由受损失者据实填写，送交现在服务之机关或学校主管人员审核汇编。现任教育人员以前在非教育机关或学校服务时所受之损失不得填报。原系教育人员现已改业者，其充任教育人员时如有损失，仍可填报，由省市教育厅局及县市政府将填报办法公告之，受损失之教育人员将所填表件送原机关学校负责人或原主管教育行政机关审核转报。

18）国立女子师范学院注册组主任宋隆壬财产损失报告单（1943年12月31日）

（本表备受损失之教育人员用）

损失项目	单位	数量	价值（国币元）	损失情形			
^^^^	损失时间（年月日）	地点	事件	被敌损毁或没收或占用
房屋	间	20	10000	1938.5	安徽怀远观音阁	敌人占领后	损坏
书籍	册	1200	1800	1938.3	蚌埠华盛街	同上	没收
皮衣	件	15	3000	1937.11	津浦路雨下站	敌机轰炸	损失
单夹棉衣	同上	150	1500	同上	同上	同上	同上
金珠首饰	同上	22	2500	同上	同上	同上	同上
桌椅床等木器	同上	150	1500	1938.5	安徽怀远观音阁	敌人占领后	损坏
总计			20300				

填报日期：民国三十二年十二月三十一日　　受损失者：国立女子师范学院注册组主任　宋隆壬

说明：

1. 本表系调查自民国二十六年七月至三十二年十二月公私立各级学校、社会教育机关、学术机关及各级教育行政机关教员、职员、工役之财产损失，以后续有损失，随时具报。所填损失应以确系因战事而受之损失，或遗留沦陷区内被敌人损毁、没收、占用者为限。

2. 全家受损失者，可由一人填报。

3. 本表与行政院民国二十八年七月一日吕字第7434号训令所发抗战损失查报表内财产损失报告单内容相同，惟院表为一般人民之损失，本表为教育人员之损失，在呈送行政院或主计处表内，已报之教育人员损失及遗漏未报教育人员之损失，均应在本表内详细填报。

4. 本表损失项目，应按房屋、器具、现款、服着物、书籍、古物及其他七类，分别填写，每类各结一小计，然后再求全表之总计。

5. 单位一栏为损失物品之单位名称，如间、件、元、册等。

6. 价值按损失时之价值填报，一律用国币数字填写，元以下数目可不计。如有外币，能折合者即照损失时之币值折合国币，否则即将外币名称单独注明。

7. 损失情形为某年某月某日在某地敌机轰炸、敌军进攻、被敌人损毁或没收或占用，分别详细填写，如日期已无从查悉，可仅填年月。

8. 本表由受损失者据实填写，送交现在服务之机关或学校主管人员审核汇编。现任教育人员以前在非教育机关或学校服务时所受之损失不得填报。原系教育人员现已改业者，其充任教育人员时如有损失，仍可填报，由省市教育厅局及县市政府将填报办法公告之，受损失之教育人员将所填表件送原机关学校负责人或原主管教育行政机关审核转报。

19)国立女子师范学院讲师顾尔锁财产损失报告单(1944年1月5日)

(本表备受损失之教育人员用)

损失项目	单位	数量	价值（国币元）	损失情形			
^	^	^	^	损失时间（年月日）	地点	事件	被敌损毁或没收或占用
总计	件	430	294500		江苏	抗战	沦陷
衣服	同上	120	30000	1937.12	江苏武进蚕桑学校	逃难	武进沦陷
西书	本	50	2500	同上	江苏武进	同上	同上
^	^	200	12000	1938.3	江苏南通	^	南通沦陷
房产及用品	间或件	60	250000	同上	同上	同上	沦陷

填报日期：民国三十三年一月五日　　受损失者：国立女子师范学院讲师　顾尔锁

说明：

1. 本表系调查自民国二十六年七月至三十二年十二月公私立各级学校、社会教育机关、学术机关及各级教育行政机关教员、职员、工役之财产损失，以后续有损失，随时具报。所填损失应以确系因战事而受之损失，或遗留沦陷区内被敌人损毁、没收、占用者为限。

2. 全家受损失者，可由一人填报。

3. 本表与行政院民国二十八年七月一日吕字第7434号训令所发抗战损失查报表内财产损失报告单内容相同，惟院表为一般人民之损失，本表为教育人员之损失，在呈送行政院或主计处表内，已报之教育人员损失及遗漏未报教育人员之损失，均应在本表内详细填报。

4. 本表损失项目，应按房屋、器具、现款、服着物、书籍、古物及其他七类，分别填写，每类各结一小计，然后再求全表之总计。

5. 单位一栏为损失物品之单位名称，如间、件、元、册等。

6. 价值按损失时之价值填报，一律用国币数字填写，元以下数目可不计。如有外币，能折合者即照损失时之币值折合国币，否则即将外币名称单独注明。

7. 损失情形为某年某月某日在某地敌机轰炸、敌军进攻、被敌人损毁或没收或占用，分别详细填写，如日期已无从查悉，可仅填年月。

8. 本表由受损失者据实填写，送交现在服务之机关或学校主管人员审核汇编。现任教育人员以前在非教育机关或学校服务时所受之损失不得填报。原系教育人员现已改业者，其充任教育人员时如有损失，仍可填报，由省市教育厅局及县市政府将填报办法公告之，受损失之教育人员将所填表件送原机关学校负责人或原主管教育行政机关审核转报。

20）国立女子师范学院教员鄢宗镛财产损失报告单（1944年1月）

（本表备受损失之教育人员用）

损失项目	单位	数量	价值（国币元）	损失情形			
				损失时间（年月日）	地点	事件	被敌损毁或没收或占用
房屋	间	5	2000	1938.6.1	安庆	敌舰、机进攻	损毁
器具	件	80	1800	同上	同上	同上	损毁或没收
服着物	同上	150	5000	同上	同上	同上	损毁或没收或占用
书籍	册	1000余	2000	同上	同上	同上	同上
古物	件	60	2000	同上	同上	同上	同上
其他	同上	50	同上	同上	同上	同上	同上
总计							

填报日期：民国三十三年一月　　受损失者：国立女子师范学院教员　鄢宗镛

说明：

1. 本表系调查自民国二十六年七月至三十二年十二月公私立各级学校、社会教育机关、学术机关及各级教育行政机关教员、职员、工役之财产损失，以后续有损失，随时具报。所填损失应以确系因战事而受之损失，或遗留沦陷区内被敌人损毁、没收、占用者为限。

2. 全家受损失者，可由一人填报。

3. 本表与行政院民国二十八年七月一日吕字第7434号训令所发抗战损失查报表内财产损失报告单内容相同，惟院表为一般人民之损失，本表为教育人员之损失，在呈送行政院或主计处表内，已报之教育人员损失及遗漏未报教育人员之损失，均应在本表内详细填报。

4. 本表损失项目，应按房屋、器具、现款、服着物、书籍、古物及其他七类，分别填写，每类各结一小计，然后再求全表之总计。

5. 单位一栏为损失物品之单位名称，如间、件、元、册等。

6. 价值按损失时之价值填报，一律用国币数字填写，元以下数目可不计。如有外币，能折合者即照损失时之币值折合国币，否则即将外币名称单独注明。

7. 损失情形为某年某月某日在某地敌机轰炸、敌军进攻、被敌人损毁或没收或占用，分别详细填写，如日期已无从查悉，可仅填年月。

8. 本表由受损失者据实填写，送交现在服务之机关或学校主管人员审核汇编。现任教育人员以前在非教育机关或学校服务时所受之损失不得填报。原系教育人员现已改业者，其充任教育人员时如有损失，仍可填报，由省市教育厅局及县市政府将填报办法公告之，受损失之教育人员将所填表件送原机关学校负责人或原主管教育行政机关审核转报。

(四)国立中央工业职业学校

1. 国立中央工业职业学校为 1939 年 5 月 29 日该校被炸损毁情形呈教育部部长陈立夫文(1939 年 6 月 8 日)

查五月二十九日午,敌机分两批来袭,投弹于磁器口、沙坪坝、小龙坎一带。在本校运动场上端正在建筑之卫生疗养室前落下一弹,当炸毁该处石板路一段,并震碎建筑卫生疗养室瓦片 2 万余片,杉木椽子 200 余块。在该地上坡,原有佃户土房数间,现暂为教职员住所,亦被震塌瓦顶;新建之学生盥洗室,亦受震动,所幸员生均已先期躲入防空壕。其余重要房舍、厂屋俱未波及,尚无其他损失。足纾钧注,理合将五日二十九日敌机袭渝落弹本校震毁情形具文呈祈鉴核备查。谨呈:
教育部部长陈

(职衔)魏〇〇①

2. 国立中央工业职业学校为 1939 年 8 月 28 日该校被炸损失情形呈教育部部长陈立夫文(1939 年 8 月 31 日)

窃查八月二十八日夜敌机袭渝,本校于八时闻悉空袭警报后,所有教职员及学生,均分避于自建之掩护所及借用中大之防空壕。九时左右,敌机分三批飞抵沙坪坝,第一批、第三批所投炸弹距本校较远,防空壕内仅感觉微风动荡,所闻弹声亦小。惟第二批则爆声甚巨,壕内稍感空气压力,并有大风由壕口冲入,幸壕内躲避同人及学生等,尚能镇定,并无伤损。迨解除警报后,据防护人员报告,敌机第二批所投炸弹、燃烧弹,落于本校校址内者共 4 枚:计南山坡小沟爆炸弹 1 枚,该处石块震飞,弹片四散,已无一存,仅余土坑痕迹,宽约□□□□□;南山坡下本校掩护所附近,燃烧弹 1 枚,业已燃尽,弹壳未炸;西南高地爆炸弹 2 枚,亦均爆发,炸力与落于南山坡小沟者相同,其时飞

---
① 即国立中央工业职业学校校长魏元光。

沙走石,烟雾弥漫,幸各该处均无房屋及人口,未遭伤害。当即检查校内房屋,所有同人宿舍、讲室大楼等被震落□工,尚无损失外;至学生宿舍、膳厅、浴室、盥洗室等,因距落弹地址甚近,稍受震动,门窗倒落,玻璃破碎,屋瓦亦稍有飞飏;蓝〔篮〕球场石坎亦震倒一段,长约11丈。又南山沟新建之绑扎存物房房檩被震断数根,瓦亦脱落,均须修缮,所幸尚无重大损失,足纾廑系。唯敌人残暴成性,将来难免不继续来袭,除随时注意防护外,所有八月二十八夜敌机袭渝投弹本校校址内详细情形,理合具文呈报鉴核备查。谨呈:
教育部部长陈

(职衔)魏○○

3. 国立中央工业职业学校为修缮该校被炸建筑需款数额等呈教育部文(1939年9月9日)

案查八月二十八日夜,敌机轰炸沙坪坝,投弹本校校址情形,业经呈报在案。本月三日夜10时30分左右,又传空袭警报,本校即加戒备,至11时后,敌机陆续分批来袭,所投炸弹落于本校空地内者共5个,幸均未伤人。惟将学生浴室、盥洗室房顶檩木震断,瓦片及门窗震落,较之上次更剧。学生宿舍门窗顶瓦,亦均震毁;学生厨房、饭厅椽木折断数根,瓦亦坠落,门窗震毁;教室大楼房顶、走廊横水沟,均被飞石砸坏30余处;教职员宿舍亦击断房檩1根,瓦席震落。以上各项损坏,全部修竣为费不赀。值此敌机肆虐,不必要之修理自可暂行从缓,惟瓦顶门窗等,若不先行修葺,转瞬即届雨季,难免渗漏,所有修缮费用,经估计约需国币1500元,本校经费极感困难,无可挹注,拟请钧部体念事出非常,准予另行拨款。

又:查敌机数次轰炸沙坪坝,意在摧残文化机关,本校幸虽未遭大害,而难免不继续来犯。本校一切设备,粗具端倪,加以本学期新旧学生及教职员工匠等达600人,择地迁移,不特难觅适当地址,即房屋等亦非咄嗟之间所能立就,自以仍在沙坪坝为是。而教学方面,值此抗战建国双方迈进之际,培植技术人才又未便稍有停顿。为防备万一计,拟先购备应需材料,并于校内空旷地方先立席棚基础,倘有宿舍或教室工厂等受震不能利用时,即日可以搭盖棚房，照常进行，而免临事张皇。如续有炸毁，应行随时修补之处，亦须储款备用。此项临时预备费，估计亦需 2 万元。

至本校全体师生在敌机狂炸之下照常努力教学工作，艰险不避，设遇空袭频繁，万一发生不幸事件，遇有伤亡必需医药等费，自应由校酌量或发或垫，以示体恤。而本校并无此项临时费，应请并准拨款 5000 元，藉备不虞，将来实报实销，幸能不用，自当照数缴还，以重公币。现在本校常有战区学生患有传染性病症，因家乡沦陷，医药等费，无从筹措，迭请救济，以便住院治疗。本校既因无款可垫，无从调剂，而校内又未有疗养室等设备，致隔离等亦感困难；而袖手坐视，又心有所不忍。钧部爱护青年，无微不至，对此疾病学生，当尤仰蒙矜悯，不令因经济压迫，致病根日深，无法恢复健康，损失人才，可否指拨 3000 元，以一部分建筑疗养室，以一部分存校专作是项学生医疗贷金救济之用。自出鸿施，如承俞允，当再另具建筑草图及拟订救济医药费办法，呈候核示。

关于本校自建石防空壕一案，全部费用除指拨款项外，尚不敷 6601.72 元，暨因工料涨价及加铺石条以资保险等，应再增费用 5715 元。前经先后呈请核示，奉钧部普 12 辛字第 13427 号指令：准予拨助 5000 元；并续奉第 14356 号指令：饬将增加费用在撙节匀支。等因，各在案。查本校经常费各项分配，迭经一再撙节，实无余款可以匀支。本学期增添班次既多，物价又日益腾贵，应付更感困难，而敌机迭次肆虐，为策师生安全起见，此项防空壕既已进行过半，实未容因区区费用陷于停顿，致贻悔咎。所有本校拟建防空壕不敷款数及应增工料价等共为 12316.72 元，亦祈钧部体念事实需要，准予照数救助，以资赶造，而策安全。

本校办理无线电讯训练班，因其性质与其他各科训练班不同，需用实习材料：如 A 电池、B 电池等，为费较巨，前经拟具预算，全年共需 17650 元，呈报鉴核在案。兹奉钧令，各训练班经费一律定为每月 1040 元，即全年为 12480 元，与本校原拟相计，差 5170 元，不敷过巨，拟请对于该无线电讯训练班经费，仍照本校前呈预算数目发给，俾利进行。

本校本年添招新生，拟建筑宿舍及各科必须添置设备，前奉钧部普 12 庚字第17653号指令:准予垫发二十九年度建设费25000元,备仰钧部维护本校之至意。惟应行添建房屋及购置设备等,均因教学关系,事实需要,诸难延缓。前项垫发25000元,实在不敷分配,拟恳俯准再垫拨25000元,凑成50000元,藉供应用,而纾困难。

以上七项统计,共需国币66986.72元,均系目前必需之款。校长职责所在,未敢缄默,用特不辞冒渎,钧部高瞻远瞩,烛照无遗,当蒙洞鉴。如荷钧部普通救济费项下分别指拨,则本校困难,均可解决。区区下情,无任迫切翘致之至!

所有本校因敌机投弹损坏必须修缮情形,并应需各项费用,共66986.72元,拟请在普通救济费项下准予拨发,以纾困难各缘由,理合具文呈祈鉴核施行。谨呈:

教育部部长陈

(职衔)○○○

中华民国二十八年九月九日

附:

教育部为拨付有关款项给国立中央工业职业学校的指令(1939年10月17日)

二十八年九月九日呈一件,呈为因被敌机投弹,开列必需用费数目请拨款由。呈悉。该校所请因被空袭,亟须修缮暨今后预防应需经费,兹予分别核示于下:一、因被敌机轰炸,校舍毁损,应需修理费1500元,应予照发。二、购备材料,预防校舍震倒,随时搭盖棚房,暨防范空袭,救济伤亡,预储医药等费,所拟颇有见地,惟本部无款可拨,暂从缓议。三、建筑防空壕不敷经费,应准再拨3000元,其余仍遵前令在该校经常费内撙节匀支。四、疗养室应就现有校舍设法支配。五、无线电讯训练班教学设备费不敷之数,准由训练班经费项下加拨5000元,以资应用。至训练班经常费数额,业经本部核定,另令饬知。六、本部前拨该校建设费25000元,既系不敷,准再拨给10000元,俾照原计划大致完成。以上指饬各点,应即遵照办理,兹拨发修理费1500元,防空壕不敷经费3000元,训练班设备不敷经费5000元,建设费增拨10000元,共计19500元,仰分别填具印收派员来部具领。各款应单独列报。此令。部长陈立夫。

4. 国立中央工业职业学校为呈报该校自抗战起至1939年6月底止损失表呈教育部部长陈立夫文（1939年11月24日）

案奉钧部第26151号训令开："案奉行政院本年十月二日吕字第11964号训令内开：'查调查抗战公私损失云云，此令。'等因，奉此。云云。合行令仰迅遵前令办理具报，此令。"等因，奉此。自应遵照办理。兹经分别填具自抗战起迄本年六月底以前止各项损失表二份，理合具文呈报鉴核施行。再：本校直接损失汇报表中"仪器"一项，一部分系本校所购机器、仪器运存于南通及秦县两处，将来是否损失，须俟战事结束，交通便利，方能调查。兹特并计列报，合并声明。谨呈：

教育部部长陈

附呈表2份

(职衔)〇〇〇

中华民国二十八年十一月二十四日

附表一：

国立中央工业职业学校间接损失报告表

类别	数额（国币元）	备考
迁移费	21674.86	
防务设备	14300.75	
共计	35975.61	

附表二：

国立中央工业职业学校直接损失汇报表

类别	价值（国币元）	备考
建筑物	229850.03	
器具	2136.96	
现款	500	
图书	274.57	
仪器	21598.01	
共计	254359.57	

5. 国立中央工业职业学校为1940年6月27日该校被炸情形致教育部代电(1940年6月27日)

教育部钧鉴：

本月二十七日上午敌机来袭两次，投弹本校校址内者颇多，化学馆及电机实验室震塌半部，其内学生临时宿舍亦被震塌，有学生陈葆昌、严有成二名，因未入防空壕，受屋塌震压，陈生伤重即死，严生亦受重伤，现抬至沙坪坝重伤医院救治。在该厂室旁储藏化学药品及机电两科一部分仪器、工具之防空壕，因附近落弹，飞□弹片，壕内储存有化学药品当即焚烧，有化学馆工友陈得平在内被焚毙，电机科助理员李效白亦受重伤。其余教舍多受震损，幸尚不甚严重，学生教职员均平安。除立时扑灭火焰，分别抢救，并通告该两生家长，并以各科学生考试已毕，除训练班外，即日放假，令各回里。及详细损失另文查报外，合先电陈。中央工业职业学校校长魏元光。叩。沁。印。

6. 国立中央工业职业学校为1940年6月29日该校被炸情形致教育部代电(1940年6月30日)

教育部钧鉴：

本月二十九日敌机来袭，又投弹本校甚多，沿江边上至中大共约数十枚。本校除落空地外，计防空洞前江边落2弹，本年度新建学生第二盥洗室傍〔旁〕落1弹，新建第二宿舍落1弹；教职员眷属宿舍周围落弹甚多，一弹正中毛主任住所，学生储藏室落1弹，运动场落1弹，第二盥洗室全塌，正在建筑中之学生第二宿舍基础受震，第一宿舍亦受震动，教职员眷属宿舍、毛王两主任住所全塌，物品震飞，余亦受震损伤。学生储藏室存有前购余米，震飞一部分，其余房屋屋瓦亦多震飞。在教室大楼、学生饭厅、学生第一宿舍均落1弹，幸未爆炸，尤幸此次学校仪器等尚无重大损失，全体留校员生等均无受伤。现全体学生均令先行回籍，已疏散过半，训练班因事实上困难，为日无多，亦设法提前结束，足纾钧注。除即请工兵营检取未爆炸弹以免危险，详细损失情形，俟查后并案汇呈外，特先电陈。再：前日蒙派吴司长来校慰问，弥深感戴，敬以附陈。中央工业职业学校校长魏元光。叩。卅。印。

7. 国立中央工业职业学校机训班缪祖桐个人损失清册（1940年6月27日）

		空袭损失调查表		1940.6.27		机训班缪祖桐		
种类	品名	数量	单价	合价	储藏所	损失情况		备考
	被罩	2条	10元	20元	第二宿舍	1破烂,1尚于土中		
	枕	1个	2元	2元	第二宿舍	不见		
	衬衫	2件	6元	12元	同	不见		
	短裤	2件	2元	4元	同	均破坏		
	内衣	1身	5元	10元	同	均破坏		
	制服	上1件、下2件	7元	20元	同	上装尚好而下装均破坏		
	胶鞋	1双	5元	5元	同	尚于瓦中		
	布鞋	2双	2元	4元	同	尚于瓦中		
	零星物件	十数种	1元	10元	同	均不见		
	箱子	1双	10元	10元	同	已掘可修补		
	被单	1条	10元	10元	第二宿舍	已拿击		被硝酸毁了大部,已不能用
	衣服上	1件	3元	3元	第二宿舍	尚于瓦砾中		
	制服	1套	25元		第二宿舍	不见		
	蚊帐	1件	12元		第二宿舍	已破		
	枕头	1个	5元		第二宿舍	不见		
	布褥	1床	6元		第二宿舍	因被酸水侵蚀,不能用		
	胶雨鞋	1双	11元		第二宿舍	不见		
	厚帆布裤	1根	5元		第二宿舍	不见		
	银锁链	1根	10元			不见		

说明：1. 物品名称如用英文，务注明中文；

2. 单价（即估价）、合价务详填；

3. 损失情形，即是否全毁，抑尚可修理等，栏内未列情形可填于备考。

8. 国立中央工业职业学校王冠英个人损失清册（1940年6月29日）

种类	品名	数量	单价	合价	储藏所	损失情况	备考
\multicolumn{8}{c}{空袭损失调查表　1940.6.29}							
家具	写字台	1	30元	30元	书室	全毁	
同	椅子	4	5元	20元	同	同	
同	椅子	2	8元	16元	客厅	同	
同	凳子(楠木)	3	3元	9元	寝室	同	
同	茶几	2	10元	20元	客厅	同	
同	普通桌子	5	10元	50元	散放各室	同	
同	藤椅	2	11元	22元	客厅	同	
同	书架	1	6元	6元	客厅	同	
同	衣架	1	5元	5元	客厅	同	
同	床	1	15元	60元①	客厅	同	
同	纱窗纱门	18	12元	96元	寝室	破碎	
用具	茶壶	4	6元	12元	□□	全毁	
同	茶杯	18	1元	16元	同	同	
同	暖水瓶	2	12元	24元	寝室	同	
同	大碗	10	0.80元	8元	厨房	同	
同	小碗	20	0.60元	12元	同	同	
同	锅	3	7元	21元	同	破	
同	水缸	2	4元	8元	同	破	
同	盘	6	1元	28元	革	同	
共计				441			
书籍	原版西书	40余本	平均美金4元		书房	泥污遗失	现时无从购置
	电工稿件	1份	4□□		同	全毁	编未脱稿
	中文书籍	30本	2元	60元	同	残缺	
	笔记	20余种			同	残缺	损失重大无从估价
食品	米	15斗	4元	60元	厨房	混入泥土中	不能食用
	面粉	100斤	50元	50元	同	同	同
	油	10斤	1.30元	13元	同	同	同

---

① "合价"不吻合，原文如此，下同。

续表

种类	品名	数量	单价	合价	储藏所	损失情况	备考
	中大酱油	20瓶	0.90元	18元	同	同	同
文具	自来水笔	1	约120元	120元	书房	遗失	
	牛角三角（三角尺）	1付	20元	20元	同	同	
日用品	面盆	3	10元	30元	寝室	压坏	
	蚊帐	4	12元	48元	同	破烂	
	皮鞋	2双	20元	40元	同	遗失	尚未寻得
	闹钟	1只	60元	60元	同	全毁	
	镜子	2面	5元	10元	同	同	
	大衣	1	约100元	100元	同	破残	
	自动铅笔	1支	约30元	30元	同	遗失	
其他	零星证件	不胜枚举	约100元	100元	散放各室	全毁	一部遗失
共计				1220元		书籍稿件未计在内,价约3000元	

说明：1. 物品名称如用英文，务注明中文；
      2. 单价(即估价)、合价务详填；
      3. 损失情形，即是否全毁，抑尚可修理等，栏内未列情形可填于备考。

9. 国立中央工业职业学校电机工程科空袭损失物品清册（1940年7月1日）

空袭损失调查表　1940.7.1　电机工程科查填

种类	品名	数量	单价	合价	储藏所	损失情形	备考
电话及电报仪器	磁石式十门电话交换机	1部	2500	2500	电工科防空洞	全烧毁	西门子制
	无绳式十门电话交换机	1部	2300	2300	同	同	同
	共电式电话桌机	1部	500	500	同	同	同
	磁石式电话墙机	1部	1000	1000	同	同	同
	自动式电话桌机	1部	1000	1000	同	同	同
	皮盒军用电话机	1部	800	800	同	同	同
	轻便电阻表	1只	150	150	同	同	同

续表

种类	品名	数量	单价	合价	储藏所	损失情形	备考
	空袭损失调查表　1940.7.1　电机工程科查填							
电表	中国式电报机	2部	9000	18000	同	同	同
	直流安培表 3A	1只	500	500	同	同	同
	直流安培表 10A	1只	500	500	同	同	同
	成音周率电压表	1只	2500	2500	同	同	同
	真空管电压表	1只	3800	3800	同	同	同
	精确波长表	1只	20000	20000	同	同	同
	直流电压表 3000V	1只	2000	2000	同	同	同
	直流电压电流表	1只	3000	3000	同	同	同
	交直流电压表	1只	1300	1300	同	同	同
	交直流电压表	1只	1000	1000	同	同	同
	交直流电流表	1只	1300	1300	同	同	同
	直流电压电流表	1只	400	400	同	同	同
共计				62550			
	10 安培分流器	1只	100	100	同	同	同
	30 安培分流器	1只	500	500	同	同	同
	150V 电压表电阻	1只	100	100	同	同	同
	300V 电压表电阻	1只	100	100	同	同	同
	转式电压表电阻	1只	500	500	同	同	同
	标准电压表	1只	600	600	同	同	同
	标准电压表	1只	600	600	同	同	同
	标准电阻	1只	1100	1100	同	同	同
	标准电阻	1只	1100	1100	同	同	同
	惠士吞□□	1只	1600	1600	同	同	同
	电动□□	□□	500	500	同	同	同
	电桥	2只	3600	7200	同	同	同
	电桥用电表	2只	2500	5000	同	同	同
	小型电桥	2只	3300	6600	同	同	同
	电阻箱	1只	4000	4000	同	同	同
	双电阻电桥	1只	3400	3400	同	同	同
	精确电桥	1只	11000	11000	同	同	同

续表

种类	品名	数量	单价	合价	储藏所	损失情形	备考
	空袭损失调查表 1940.7.1 电机工程科查填							
	接地实验器	1只	6000	6000	同	同	同
	绝缘抵抗器	1只	2000	2000	同	同	同
	微流计	1只	7000	7000	同	同	同
	标准电云母蓄电器	1只	11000	11000	同	同	同
连上共				130450			
	指示检流计	1只	2300	2300	电工科防空洞	全烧毁	西门子制
	可变蓄电器	1只	1800	1800	同	同	同
	标准感应圈	1只	900	900	同	同	同
	标准感应圈	1只	1000	1000	同	同	同
无线电机	100瓦特发报机	全套	27500	27500	同	同	建设委员会
	两管收报机	5套	900	900	同	同	电机制造厂制
	三管收报机	1套	1200	1200	同	同	同
	40瓦特扩大器	全套	5000	5000	同	同	中国无线电业公司制
	成音周率振荡器	全套	2000	2000	同	同	同
	军用电话机及附件	全套	7000	7000	同	同	同
	电动喇叭	1只	500	500	同	同	同
	带式话筒	1只	1000	1000	同	同	同
	电动唱机	1只	1000	1000	同	同	同
	各种另〔零〕件	约百种		5000	同	同	同
	收音真空管各种	30只	30	900	同	同	中益公司购
	各种蓄电器	20只	50	1000	同	同	同
	各种电阻	20只	30	600	同	同	同
	16号沙包线	30磅	30	900	同	同	工矿调整处购
	低周率室圈	3只	100	300	同	同	同
连上共				194850			
	低周率变压器	4只	50	200	电工科防空洞	烧毁	中益购

续表

种类	品名	数量	单价	合价	储藏所	损失情形	备考
	空袭损失调查表 1940.7.1 电机工程科查填						
	各种铜螺丝	5罗〔箩〕	30	150	同	同	
电机	三相马达开关	1只	200	200	同	同	
	直流电压表	2只	500	1000	同	同	俄国制
	直流电流表	2只	500	1000	同	同	同
	交流电压表	2只	500	1000	同	同	
	交流电流表	2只	500	1000	同	同	
电料	40瓦电灯泡	10只	3	30	同	同	
	磁管	20只	2	40	同	同	
	白料等	100只	2	200	同	同	
	各式开关	20只	5	100	同	同	
	各式保险	20只	10	200	同	同	
其他	包括工具						
	书籍图样等	多件		5000	同	同	
连上共				204970			

说明：1. 物品名称如用英文，务注明中文；

2. 单价（即估价）、合价务详填；

3. 损失情形，即是否全毁，抑尚可修理等，栏内未列情形可填于备考。

10. 国立中央工业职业学校为该校1940年6月27日、29日被炸损失情形呈教育部部长陈立夫文（1940年7月9日）

查本校六月二十七、二十九两日迭受敌机轰炸情形，均经即日电陈在案。兹奉钧部渝第1842号陷日代电，饬将损失情形详细呈报，以备转请救济。等因，并蒙派吴司长俊升、唐视察志才先后来校视察慰问，当将详细情形分别报告，请为转陈，谅承洞察。查敌机此次两度投弹本校，损失极为严重，谨缕陈如次：

（一）各科设备损失 查本校各科机器、仪器，为预防空袭起见，曾经计划疏散，除机械工程科机工厂各重要机器已租委本校对岸印刷学校后山洼民地搭蓬〔篷〕存储,已迁往一部分,余正在办理外,其他工电机两科药品、仪器,因教学随时需要,未能远存,于该两科实验室附近山坡,凿成储物防空洞,该洞虽系砂石,厚度尚复相当,并经支以木柱,分存化工科各项药品、仪器及电机科各项仪器,机械科一部分工具并物理仪器等。至土木科仪器,则另存于讲室大楼附近之另一防空壕及石防空壕,以期安全。讵料敌弹适中洞门前,致化学试验室该室全部震塌,所有室内物品全毁。弹片飞入储物防空洞,触及化学药品,致肇焚。如综计该室及洞内物品损失,按现价估值,化工科为化工机械类2500元、仪器类63000元、药品类11000元、实验家具类13000元,总共约90000元;电机科为各项电话及电报、仪器、电表、无线电机、电机电料、工具、书籍、图样等,总共约205000元;机械科为各项工具等及机械局部损伤,总共约85000元;又:普通物理仪器损失一部,约5000元。

(二)校舍损失 查敌机投弹本校两次,约数十枚,除未炸者外,余或中房屋,或落空地,所有校舍俱受影响。计:(1)化学实验室、电机实验室正面右角中弹1枚,全楼计19间倒塌10间(即化学实验室,楼下暂为学生第二临时宿舍),其余9间(即电机实验室)因震动过巨,砖柱、屋架等均倾斜;(2)机工厂因附近落弹多枚,砖墙4段被震开裂,内8列屋架被弹片破屑炸断,屋面及门窗等全部破坏;(3)第一学生宿舍傍〔旁〕相距8尺许落1弹,内中4间外墙被震倾斜,屋架大部移动,屋面及门窗等亦均残破不齐;(4)学生盥洗室傍〔旁〕相距5尺许落1弹,该室全部震塌;(5)教室大楼四周落弹4枚,将屋面、屋檐、平顶、门窗等震毁大半;(6)本年正在兴建教室、第二学生宿舍、卫生室,因邻近均落弹多枚,致将木料、青瓦等打毁甚多;(7)学生饭厅、教职员宿舍、木工厂、锻工厂、木型厂、储物室等,亦受震动及弹片破屑等击坏;(8)教职员眷属宿舍平房三栋,右侧中弹炸倒,其余二栋亦震坏墙壁、瓦片、平顶等;(9)道路因中弹多处,以及附近建筑物倒塌,致路基毁坏。

(三)普通设备损失 体育课卫生室受震倒塌,计损失诊治家具及药品等约400余元;各室厂电灯、电线等估计约7000余元;普通家具约16000余元;二十九年度新置家具约3500余元;二十九年度新置电料约2900余元;存米约2000元,总共约为33000余元。

(四)员生工人之伤亡　查本校防空设备,有江边凿成之防空洞及石建防空壕,并与中大合用之中大第五防空壕一部分,除第五防空壕为工人及教职员眷属等躲避外,所有全体师生,均躲避于江边防空洞,而石建防空壕,则为存储物品及防护团员办公躲避之所。平日由师生合组防护团,分警备、纠察、救护、消防、捴〔总〕务五组,于空袭警报时分别出动,督促员生入洞,维持秩序,纠察奸宄。讵六月二十七日敌机来袭,有学生陈葆昌、敬有成等2名,在化学实验室学生临时第二宿舍,因未及躲入防空洞;又电机科助理员李效白、化学实验室工友陈得平,亦因正在实验室工作,存放器物,不及远躲,临时避入储物防空洞,而敌机适投弹化学实验室,致该楼之学生临时第二宿舍震塌,陈葆昌、敬有成两生被压倒,弹声过后,防护团救护、消防各组即往抢救。敬生经救出后即送往沙坪坝重伤红十字医院医治,翌晨复送歌乐山宽仁医院。陈生则因受伤较重,虽经用人工呼吸等手术救治,仍属无效,竟致毙命。而储物防空洞因中弹片,化学药品爆炸失火,致在内物品全付焚毁,而工友陈得平亦即焚毙,职员李效白见机较早,由洞内冒险窜出,头面手足均被灼伤甚重,即经抢救,同敬生一并送红十字医院,并同于翌日转送宽仁医院。此次陈、敬两生之死伤,实出意外,虽系该生不能切实遵守纪律,从早入洞,致临时赶躲不及,惨遭不幸,而校长防护未固,殊深疚心。至职员李效白、工友陈得平之伤亡,事属因公,情尤可悯。所有陈生尸体,即日通知其家长来校办理瘗埋。陈役因家在北平,亦由校代为葬殓。至二十九日被炸,幸人口尚无损伤。

(五)教职员、学生及兵工损失　查二十九日敌机投弹,中于教职员眷属宿舍,以机械工程科主任毛春圃损失最重,家具、衣被、仪器、书籍约近万元;电机工程科主任王冠英亦损失家具、衣服、书籍、稿件约4000元;化工科教员时钧损失约600元;物理教员王炳霄被炸衣箱1只,损失约500元;校警刘兆祺损失约300元;学生第二临时宿舍二十七日震塌,所有住宿该宿舍学生共损失衣被、杂物约1500元。

综上各项损失为数不赀,自不得不请求钧部转请救济,计:

(一)关于设备者　查化工、电机、机械各科所损失药品、仪器、工具等,均系教学必需,下学年度开学前,自应择要,先予补充,以宏造就。按,就所需各项物品市价估计,共约需385000元。

(二)关于校舍者　查各项震塌厂室均系必需,自应尽先修建。计化学、电机两试验室修理及重建约须28000元;机工厂修理约需18000元;学生第一宿舍修缮完整约需18000元;学生盥洗室重建约需4500元;教室大楼修理费约需7500元;正在兴建之教室、第二学生宿舍、卫生室等应须补充材料,约需29000元;学生饭厅、教职员宿舍、木工厂、锻工厂、木型厂储物室等修理,约需5200元;教职员眷属宿舍未倒二栋修理费,约需1400元;道路路基修理,约需600元;学生储藏室修理,约需2000元;警卫室、校工厨房、工友住室、储物室等修理,约需4000元;总共约需118200元。

(三)关于普通设备者　卫生室家具、药品、普通家具、电灯、电料等,共约需33000元。

以上三项总计约需536000元。所有损失数目及应需添置价格,均按现在市价估计,亦为本校暑假后授课所必需,仰祈钧部准予转陈,如数拨款,以便补充设备,修缮房屋,俾得如期开学。至陈生葆昌此次被难,据其家长陈幼甫声称,虽系该生自己不慎所致,但家境贫寒,个人服务所入微薄,不足赡养原□。该生学业有成,将早日服务,接济其弟妹多人教育费用,现遭此不幸,恳请优予抚恤,并于该生墓地立碑植树,以资纪念,及拨款3000元,作为该生殉难奖学金等语。又:工友陈得平,因公焚毙,其家极贫苦,情亦可悯,拟请钧部准予抚恤,以慰幽灵而纾其家属之困难。至陈生家长要求各项,应否准予照办之处,伏候钧裁。其敬有成及助理员李效白,身受重伤,医药所费甚巨。敬生曾施行手术,李助理员火焚之处日须浇以鱼肝油。敬生来自战区,自无力负担是项医药费,李助理员原系本校上届无线电讯训练班毕业留校服务学生,景况尤艰,薪俸亦薄,亦恳钧部俯赐体恤,并予发给医药费。又:本校因挖取未爆炸弹,函请沙坪坝监护队派兵挖取,讵派来士兵杨华三、张其生二人,于本月一日因挖取炸弹,跌入弹坑,俱受弹药毒气熏毙坑内。据该队队长函请抚恤,念其事属因公,惨遭不幸,不无可悯,并恳酌予抚恤。至机械科毛主任、电机科王主任、教员时钧、王炳霄及校警刘兆祺、刘胜、李□浜、赵永泰等,所受损失为数颇巨,现毛主任一家并洗换衣服俱无;而第二学生宿舍内学生损失衣被亦多,该生等家境贫寒,又多来自战区,拟请钧部俯赐救济,藉纾困难。至本校现正在暑假期中,所有学生,除三年级业经毕业考试完竣分别介绍就业外,其二年级学生因受军训影响,接洽实习稍迟,难以全部实习。其无实习场所各生,已连同一年级一并疏散,令暂回乡,俟秋初开学,再行来校。各训练班亦分别结业,介绍工作。所有机器、仪器等,除工厂部分继续迁往对岸印刷学校后租地搭蓬〔篷〕存置,并俟全部迁竣,再设法开工,完成应制各项机件,并进行生产计划外,其余化工、电机、土木三科仪器,因学生离校过半,各防空壕洞可以容纳,已分别暂存于本校石建防空壕及江边防空洞。惟暴敌肆虐,未知所屆,诚恐或将续受摧残。为防备万一,以便秋季开学计,业经派员赴嘉陵江上游寻觅较安全地址,搭建临时房舍,藉资调剂,设再轰炸,可以迁往授课,不致中断而副钧部重视工业教育之至意。奉电前因,除损失物品等另行造册容俟缮竣专案呈核外,所有本校六月二十七、二十九两日被炸损失情形,请予拨款补充设备、修缮房屋及员生兵工伤亡损失并恳救济暨迁存机器、仪器办法各缘由,是否有当?理合具文呈祈鉴核施行。谨呈:
教育部部长陈

(职衔)〇〇〇

二十九年七月九日

11. 国立中央工业职业学校为送达该校1940年6月27日、29日被炸机械科机工厂部分损失清册致中英庚款董事会公函（1940年7月30日）

迳启者。查本校于六月二十七、二十九两日迭遭敌机轰炸,每次落弹校内均约数十枚,先后中弹者有化学实验室、学生第二临时宿舍及教职员眷属宿舍之一部,并学生储藏室、化工、电机各科仪器储存洞等,其余如机工厂、木工厂、学生第一宿舍、教室大楼、学生膳厅、教职员宿舍并新建之学生盥洗室、卫生室等,亦因附近落弹,被震动及碎片打击,毁损颇多,综计全部损失,约五六十万元,除呈报教育部外,知承关注,特将本校机械工程科及机工厂部分损失

清单造册,函达查明,用备参考。此致:

受理中英庚款董事会

附册2份

校长

附表一:

国立中央工业职业学校普通设备空袭损失

空袭损失调查表　1940.7							
种类	品名	数量	单价（时价）	合价	储藏所	损失情况	备考
	课椅	60把	7	420	化学馆	全毁	
	课桌	60张	7	420	同	同	
	二斗桌	6张	8.20	49.20	同	同	
	藤椅	4把	10	40	同	同	
	双人床	57张	30	1710	同	同	
	书架	8只	7	56	同	同	
	痰盂	8只	1.50	12	同	同	
	茶壶	1把	2.20	2.20	同	同	
	挂钟	1口	40	40	同	同	
	实验桌	7张	80	560	同	同	
	瓶架	2座	30	60	同	同	
	剪刀	2把	3	6	同	同	
	□木钳	1把	6	6	同	同	
	钢丝钳	1把	10	10	同	同	
	试管架	30只	10	300	同	同	
	顶锅	10口	30	300	同	同	
	双眼打洞机	1只	20	20	同	同	
	沙炉子	10只	1.20	12	同	同	
	白铁茶桶	1只	9	9	同	同	
共计							

说明:1. 物品名称如用英文,务注明中文;

2. 单价(即估价)、合价务详填;

3. 储藏所即存放处所;

4. 损失情形,即是否全毁,抑尚可修理等,栏内未列情形可填为备考。

附表二：

国立中央工业职业学校空袭损失调查表

空袭损失调查表　1940.7							
种类	品名	数量	单价（时价）	合价	储藏所	损失情况	备考
	元锁	6把	2	12	化学馆	全毁	
	铜锁	3把	2	6	同	同	
	火剪	2把	3.50	7	同	同	
	汽油桶	2只	50	100	同	同	
	紫铜锅	10只	12	120	同	同	
	晒图镜框	10只	2	20	同	同	
	开水桶架	2只	2	4	同	同	
	课桌	42张	7	294	电机科	同	
	二斗桌	1张	8.20	8.20	同	同	
	藤椅	2把	10	20	同	同	
	书架	2只	7	14	同	同	
	痰盂	4只	1.50	6	同	同	
	茶壶	4把	2.20	8.80	同	同	
	台子锁	2把	4	8	同	同	
	白铁茶桶	1只	9	9	同	同	
	写字台	4张	40	160	同	同	
	中工椅	4把	8	32	同	同	
	面盆架	1只	3	3	同	同	
	茶杯	10只	0.20	2	同	同	
共计							

说明：1. 物品名称如用英文，务注明中文；

　　　2. 单价（即估价）、合价务详填；

　　　3. 储藏所即存放处所；

　　　4. 损失情形，即是否全毁，抑尚可修理等，栏内未列情形可填于备考。

附表三：

国立中央工业职业学校空袭损失调查表

种类	品名	数量	单价（时价）	合价	储藏所	损失情况	备考
\multicolumn{8}{|c|}{空袭损失调查表　1940.7}								
	写字台	2张	40	80	化学馆	全毁	
	中工椅	4把	8	32	同	同	
	茶杯	10只	0.20	2	同	同	
	方凳	10条	4	40	同	同	
	药架	6只	35	210	同	同	
	水缸	1口	6	6	同	同	
	黑斗桌	21张	6	126	同	同	
	黑板	2[①]	26	52	同	同	
	蒸笼	1	16	16	同	同	
	水瓢	6	1	6	同	同	
	代抽斗仪器架	6	12	72	同	同	
	缸钵	20	1	20	同	同	
	三用复印机	1	120	120	同	同	
	磁盆	20	10	200	同	同	
	顶黄锅	5	42	210	同	同	
	铁汤瓢	4	0.80	3.20	同	同	
	广耳锅	8	5.50	44	同	同	
	小耳锅	2	5	10	同	同	
	制皂盒	6	5	30	同	同	
共计							

说明：1. 物品名称如用英文，务注明中文；

2. 单价（即估价）、合价务详填；

3. 储藏所即存放处所；

4. 损失情形，即是否全毁，抑尚可修理等，栏内未列情形可填于备考。

[①] 原文无单位，下同。

附表四：

国立中央工业职业学校空袭损失调查表

空袭损失调查表　1940.7							
种类	品名	数量	单价（时价）	合价	储藏所	损失情况	备考
	面盆	1只	15	15	电机科	全毁	
	方凳	21条	4	84	同	同	
	大菜桌	1张	80	80	同	同	
	方桌	1张	8	8	同	同	
	公事橱	2	60	120	同	同	
	药架	3	9	27	同	同	
	多斗橱	1	42	42	同	同	
	玻具架	5	20	100	同	同	
	高脚圆凳	1	6	6	同	同	
	电话架	1	6	6	同	同	
	水缸	2	6	12	同	同	
	黑斗桌	10	6	60	同	同	
	黑板	2	26	52	同	同	
	五斗桌	2	16	32	同	同	
	讲义架	2	20	40	同	同	
	二斗桌	6	8.20	49.20	机械科	同	
	藤椅	6	10	60	同	同	
	公事箱	2	6	12	同	同	
	小水桶	1	1.50	1.50	同	同	
共计							

说明：1. 物品名称如用英文，务注明中文；

2. 单价（即估价）、合价务详填；

3. 储藏所即存放处所；

4. 损失情形，即是否全毁，抑尚可修理等，栏内未列情形可填于备考。

附表五：

国立中央工业职业学校空袭损失调查表

空袭损失调查表　1940.7							
种类	品名	数量	单价 (时价)	合价	储藏所	损失情况	备考
	书架	4只	7	28	机械科	全毁	
	痰盂	4只	1.50	6	同	同	
	茶壶	1把	2.20	2.20	同	同	
	挂钟	1只	40	40	同	同	
	算盘	2只	4	8	同	同	
	洗图盘	1只	14	14	同	同	
	枱子锁	5把	4	20	同	同	
	双斗工作台	6只	70	420	同	同	
	小工具箱	35只	4	140	同	同	
	单面工作台	1只	50	50	同	同	
	双门工具橱	3只	50	150	同	同	
	废物箱	2只	4	8	同	同	
	白铁茶桶	1只	9	9	同	同	
	写字台	1只	40	40	同	同	
	中工椅	6把	8	48	同	同	
	工具橱	1只	50	50	同	同	
	面盆架	2只	3	6	同	同	
	代斗制图桌	1只	9	9	同	同	
	无斗制图桌	1只	8	8	同	同	
共计							

说明：1. 物品名称如用英文,务注明中文；

2. 单价(即估价)、合价务详填；

3. 储藏所即存放处所；

4. 损失情形,即是否全毁,抑尚可修理等,栏内未列情形可填于备考。

附表六：

国立中央工业职业学校空袭损失调查表

种类	品名	数量	单价（时价）	合价	储藏所	损失情况	备考
	空袭损失调查表　1940.7						
	工具架	3	8	24	机械科	全毁	
	手电筒	1	6	6	同	同	
	茶杯	10	0.20	2	同	同	
	二斗桌	1	8.20	8.20	校警室	同	
	小水桶	1	1.50	1.50	同	同	
	中工椅	2	8	16	同	同	
	茶杯	6	0.20	1.20	同	同	
	木床	2	12	24	同	同	
	校警冬季制服	8套	36	288	同	同	
	棉大衣	8件	28	224	同	同	
	痰盂	2只	1.50	3	消费合作社	同	
	算盘	1面	4	4	同	同	
	货架	1	60	60	同	同	
	柜台	2	10	20	同	同	
	课桌	10	7	70	青年团	同	
	课椅	10	7	70	同	同	
	书架	5	7	35	同	同	
	痰盂	2	1.50	3	同	同	
	算盘	1	4	4	同	同	
共计							

说明：1. 物品名称如用英文，务注明中文；

2. 单价（即估价）、合价务详填；

3. 储藏所即存放处所；

4. 损失情形，即是否全毁，抑尚可修理等，栏内未列情形可填于备考。

附表七：

国立中央工业职业学校空袭损失调查表

空袭损失调查表　1940.7							
种类	品名	数量	单价（时价）	合价	储藏所	损失情况	备考
	条凳	4	4	16	青年团图馆	全毁	
	双人床	72	30	2160	学生第二宿舍	同	
	方凳	5	4	20	同	同	
	校船	1	400	400	船埠	同	
	篙杆	1	4	4	同	同	
	篙钻杆	1	6	6	同	同	
	篙杆钩	1	1	1	同	同	
	跳板	1	3	3	同	同	
	小水桶	2	1.50	3	校工厨房	同	
	痰盂	1	1.50	1.50	同	同	
	茶壶	1	2.20	2.20	同	同	
	菜刀	1	2	2	同	同	
	条凳	4	4	16	同	同	
	饭碗	36	0.15	5.40	同	同	
	菜碗	40	0.15	6	同	同	
	筷子	40	0.02	0.80	同	同	
	饭桶	1	6	6	同	同	
	提桶	10	1.80	18	同	同	
	大淘桶	2	19	38	同	同	
共计							

说明：1. 物品名称如用英文，务注明中文；

　　　2. 单价（即估价）、合价务详填；

　　　3. 储藏所即存放处所；

　　　4. 损失情形，即是否全毁，抑尚可修理等，栏内未列情形可填于备考。

附表八：

国立中央工业职业学校空袭损失调查表

种类	品名	数量	单价（时价）	合价	储藏所	损失情况	备考
\multicolumn{8}{c}{空袭损失调查表　1940.7}							
	木橱	1	15	15	校工厨房	全毁	
	铁锅	1	18	18	同	同	
	小钟	1	18	18	同	同	
	课椅	2	7	14	学生膳厅	同	
	小水桶	10	1.50	15	同	同	
	痰盂	10	1.50	15	同	同	
	挂钟	1	40	40	同	同	
	菜刀	2	2	4	同	同	
	条凳	40	4	160	同	同	
	方桌	30	8	240	同	同	
	水缸	2	6	12	同	同	
	饭碗	400	0.15	60	同	同	
	菜碗	400	0.15	60	同	同	
	蒸笼	1	16	16	同	同	
	铁锅	2	19	38	同	同	
	筷子	300	0.02	6	同	同	
	羹匙	300	0.05	15	同	同	
	水瓢	5	1	5	同	同	
	小碟	300	0.05	15	同	同	
共计							

说明：1. 物品名称如用英文，务注明中文；

2. 单价（即估价）、合价务详填；

3. 储藏所即存放处所；

4. 损失情形，即是否全毁，抑尚可修理等，栏内未列情形可填于备考。

附表九：

国立中央工业职业学校空袭损失调查表

空袭损失调查表 1940.7							
种类	品名	数量	单价（时价）	合价	储藏所	损失情况	备考
	饭勺	10	8	80	学生膳厅	全毁	
	饭桶	8	6	48	同	同	
	提桶	22	1.80	39.60	同	同	
	大淘桶	2	19	38	同	同	
	木橱	1	15	15	同	同	
	开水桶架	4	2	8	同	同	
	书架	1	7	7	体育课	同	
	痰盂	2	1.50	3	同	同	
	茶壶	1	2.20	2.20	同	同	
	钢丝钳	1	10	10	同	同	
	枱子锁	3	4	12	同	同	
	面盆架	1	3	3	同	同	
	手电筒	2	6	12	同	同	
	茶杯	4	0.20	0.80	同	同	
	面盆	1	15	15	同	同	
	柜台	1	10	10	同	同	
	圈网球	3	15	45	同	同	
	罗丝批	1	0.80	0.80	同	同	
	二斗桌	2	8.20	16.40	同	同	
共计							

说明：1. 物品名称如用英文，务注明中文；

2. 单价（即估价）、合价务详填；

3. 储藏所即存放处所；

4. 损失情形，即是否全毁，抑尚可修理等，栏内未列情形可填于备考。

附表十：

国立中央工业职业学校空袭损失调查表

种类	品名	数量	单价（时价）	合价	储藏所	损失情况	备考
空袭损失调查表 1940.7								
	藤椅	2	10	20	卫生室	全毁	
	痰盂	3	1.50	4.50	同	同	
	挂钟	1	40	40	同	同	
	台子锁	2	4	8	同	同	
	竹帘	1	2	2	同	同	
	4尺白被罩	1	6	6	同	同	
	风窝布枕头	1	3.60	3.60	体育课	同	
	毯子布	1	14	14	同	同	
	搪瓷耳盅	1	2	2	同	同	
	竹箱	2	10	20	同	同	
	课椅	2	7	14	同	同	
	小水桶	4	1.50	6	同	同	
	痰盂	2	1.50	3	同	同	
	茶壶	1	2.20	2.20	同	同	
	茶杯	2	0.20	0.40	同	同	
	高凳子	25	3	75	同	同	
	锄头	10	4	40	同	同	
	镐头	4	5	20	同	同	
	镰刀	5	3	15	同	同	
共计								

说明：1. 物品名称如用英文，务注明中文；

2. 单价（即估价）、合价务详填；

3. 储藏所即存放处所；

4. 损失情形，即是否全毁，抑尚可修理等，栏内未列情形可填于备考。

附表十一：

国立中央工业职业学校空袭损失调查表

空袭损失调查表　1940.7							
种类	品名	数量	单价（时价）	合价	储藏所	损失情况	备考
	课椅	60	7	42	教室楼	全毁	
	课桌	80	7	560	同	同	
	痰盂	4	1.50	6	同	同	
	挂钟	1	40	40	同	同	
	小水桶	2	40	80	同	同	
	开水桶	4	3	12	同	同	
	纸箱	10	0.50	5	同	同	
	开水桶架	4	2	8	同	同	
	课椅	2	7	14	教职住宅	同	
	课桌	6	7	42	同	同	
	二斗桌	1	8.20	8.20	同	同	
	藤椅	1	10	10	同	同	
	双人床	2	30	60	同	同	
	书架	2	7	14	同	同	
	痰盂	1	1.50	1.50	同	同	
	写字台	1	40	40	同	同	
	中工椅	7	8	56	同	同	
	面盆架	3	3	9	同	同	
	方凳	6	4	24	同	同	
共计							

说明：1. 物品名称如用英文，务注明中文；

2. 单价（即估价）、合价务详填；

3. 储藏所即存放处所；

4. 损失情形，即是否全毁，抑尚可修理等，栏内未列情形可填于备考。

附表十二：

国立中央工业职业学校空袭损失调查表

种类	品名	数量	单价（时价）	合价	储藏所	损失情况	备考
	空袭损失调查表 1940.7						
	条凳	2	4	8	教职住宅	全毁	
	方桌	5	8	40	同	同	
	木床	2	12	24	同	同	
	箱架	3	3	9	同	同	
	铁床	2	38	76	同	同	
	铺板	1	4	4	同	同	
	讲桌	1	25	25	同	同	
	书柜	1	16	16	同	同	
	课椅	4	7	28	主任住宅	同	
	课桌	4	7	28	同	同	
	二斗桌	7	8.20	57.40	同	同	
	双人床	4	30	120	同	同	
	书架	4	7	28	同	同	
	写字台	3	40	120	同	同	
	中工椅	6	8	48	同	同	
	面盆架	2	3	6	同	同	
	方凳	10	4	40	同	同	
	条凳	8	4	32	同	同	
	方桌	6	8	48	同	同	
共计							

说明：1. 物品名称如用英文，务注明中文；

2. 单价（即估价）、合价务详填；

3. 储藏所即存放处所；

4. 损失情形，即是否全毁，抑尚可修理等，栏内未列情形可填于备考。

附表十三：

国立中央工业职业学校空袭损失调查表

空袭损失调查表　1940.7

种类	品名	数量	单价(时价)	合价	储藏所	损失情况	备考
	木床	13	12	156	教职住宅	全毁	
	五斗桌	4	16	64	同	同	
	油布	1	9	9	同	同	
	圆桌	2	21	42	同	同	
	箱架	4	3	12	同	同	
	铁床	3	38	114	同	同	
	大淘桶	4	19	76	学生临时盥洗室	同	
	澡盆	10	8	80	同	同	
	广耳锅	3	5.50	60.50	校工厨房	同	
共计				15789.40			

说明：1. 物品名称如用英文，务注明中文；
　　　2. 单价(即估价)、合价务详填；
　　　3. 储藏所即存放处所；
　　　4. 损失情形，即是否全毁，抑尚可修理等，栏内未列情形可填于备考。

附表十四：

国立中央工业职业学校民国二十九年度新设备家具空袭损失表

空袭损失调查表　1940.7　　事务课查填

种类	品名	数量	单价(时价)	合价	储藏所	损失情况	备考
	双人床	50件	30	1500	第二木工厂	全毁	
	方桌	40张	8	320	同	同	
	藤椅	60把	10	600	山弯储藏室	同	
	课桌	50张	7	350	连合教室	同	
	课椅	100把	7	700	同	同	
	学生饮水大磁缸	10口	6	600	学生膳厅、教室大楼	同	
共计				3530			

说明：1. 物品名称如用英文，务注明中文；
　　　2. 单价(即估价)、合价务详填；
　　　3. 储藏所即存放处所；
　　　4. 损失情形，即是否全毁，抑尚可修理等，栏内未列情形可填于备考。

附表十五：

国立中央工业职业学校电灯设备空袭损失表

空袭损失调查表 1940.7 事务科查填							
种类	品名	数量	单价(时价)	合价	储藏所	损失情况	备考
	电灯	25盏	35	875		全毁	
	同	36盏	同	1260		同	
	同	12盏	同	420		同	
	同	6盏	同	210		同	
	同	2盏	同	70		同	
	同	8盏	同	280		同	
	同	6盏	同	210		同	
	同	12盏	同	420		同	
	同	12盏	同	420		同	
	同	6盏	同	210		同	
	同	6盏	同	210		同	
	同	2盏	同	70		同	
	同	3盏	同	105		同	
	同	2盏	同	70		同	
	同	4盏	同	140		同	
	同	4盏	同	140		同	
	同	3盏	同	105		同	
	同	2盏	同	70		同	
	同	1盏	同	35		同	
	同	1盏	同	35		同	
	同	2盏	同	70		同	
	同	16盏	同	560		同	
	同	4盏	同	140		同	
	同	6盏	同	210		同	
	同	6盏	同	210		同	
	同	6盏	同	210		同	
	同	8盏	同	280		同	
	电柱	3根	同	120			
共计				7155			

说明：1.物品名称如用英文,务注明中文；

2.单价(即估价)、合价务详填；

3.储藏所即存放处所；

4.损失情形,即是否全毁,抑尚可修理等,栏内未列情形可填于备考。

附表十六：

国立中央工业职业学校电料空袭损失表

空袭损失调查表　　1940.7　　事务科查填

种类	品名	数量	单价(时价)	合价	储藏所	损失情况	备考
	1/18 皮线	15 卷	54.60	819	山湾储藏室	全毁	
	西门子花线	10 卷	52	520	同	同	
	1/16 皮线	10 卷	106.60	1066	同	同	
	胶木灯头	50 只	1.30	65	同	同	
	胶木开关	30 只	1.30	39	同	同	
	开关灯头(下上)	40 只	2.60	104	同	同	
	元木	100 块	0.10	10	同	同	
	1/2 包布	2 卷	7.80	15.60	同	同	
	磁先令	50 只	0.91	45.50	同	同	
	$2\frac{1}{2}$ 木罗丝	2 箩	15.60	31.20	同	同	
	$1\frac{1}{2}$ 木罗丝	5 箩	10.92	54.60	同	同	
	5/8" 木罗丝	2 箩	4.55	9.10	同	同	
	1" 木罗丝	2 箩	5.46	10.93	同	同	
	磁夹板	500 付	0.07	35	同	同	
	元保险匣	20 只	1.04	20.80	同	同	
	荷叶罩	100 只	0.85	85	同	同	
共计				2930.74			

说明：1. 物品名称如用英文，务注明中文；
　　　2. 单价(即估价)、合价务详填；
　　　3. 储藏所即存放处所；
　　　4. 损失情形，即是否全毁，抑尚可修理等，栏内未列情形可填于备考。

附表十七：

国立中央工业职业学校粮米空袭损失表

空袭损失调查表　　1940.7　　事务科查填

种类	品名	数量	单价(时价)	合价	储藏所	损失情况	备考
	上新米	40.60 石	34	1380.80	山湾储藏室	全毁	
	老米	32 石	20.02	640.64	同	同	
共计				2021.44			

说明：1. 物品名称如用英文，务注明中文；
　　　2. 单价(即估价)、合价务详填；
　　　3. 储藏所即存放处所；
　　　4. 损失情形，即是否全毁，抑尚可修理等，栏内未列情形可填于备考。

附表十八：

国立工业职业学校体育科空袭损失物品清册

种类	品名	数量	单价（时价）	合价	储藏所	损失情况	备考
\multicolumn{8}{l}{空袭损失调查表　1940.6.20　体育科查填}
	磅秤	1只	80	80	办公室	砸坏	
	目力表	1张	1	1	壁上	裂坏	
	茶杯	4只	3.20	3.20	桌上	砸坏	
	红墨水	1瓶	1	1	桌上	砸坏	
	蓝墨水	1瓶	1	1	桌上	砸坏	
	紫印色水	1瓶	1	1	桌上	砸坏	
共计				87.20			

说明：1. 物品名称如用英文，务注明中文；
　　　2. 单价（即估价）、合价务详填；
　　　3. 储藏所即存放处所；
　　　4. 损失情形，即是否全毁，抑尚可修理等，栏内未列情形可填于备考。

附表十九：

国立工业职业学校卫生室空袭损失物品清册

种类	品名	数量	单价（时价）	合价	储藏所	损失情况	备考
\multicolumn{8}{l}{空袭损失调查表　1940.7.1}
	药膏板	1块	10	10	桌上	全坏	
	点眼架	1座	80	80	同	同	内装各种眼药
	检温器	2支	8	16	同	同	
	软膏罐	8个	5	40	同	同	
	量杯	2只	5	10	同	同	
	火酒灯	2只	5	10	同	同	
	洗眼壶	3只	4	12	同	同	
	大小各种玻璃瓶	30只	2	60	同	同	内装各种药水
	额镜	1只	20	20	同	同	
	压舌板	2只	1	2	同	同	玻璃质
	天平	1只	50	50	同	同	
	消毒器	1只	30	30	同	同	

续表

空袭损失调查表 1940.7.1							
种类	品名	数量	单价（时价）	合价	储藏所	损失情况	备考
	帆布担架	2张	30	60	第一防空洞	同	6月27日担架病人时压裂
	帆布红十字袋	1口	18	18	救护员携带	同	6月27日临时装物过重,致被破裂
共计				414			

说明:1. 物品名称如用英文,务注明中文；

2. 单价（即估价）、合价务详填；

3. 储藏所即存放处所；

4. 损失情形,即是否全毁,抑尚可修理等,栏内未列情形可填于备考。

附表二十:

国立中央工业职业学校机械工程科主任毛春圃空袭损失物品清册

空袭损失调查表 1940.7 事务科查填							
种类	品名	数量	单价（时价）	合价	储藏所	损失情况	备考
器具	钢丝床	2具	约30	60	卧房	炸成碎片	炸弹正落房
	木床	2具	约10	20	住宅	同	中屋内器
	木椅	3张			同	同	具〔俱〕炸成碎片
	卧椅	1件	20	20	同	同	
	藤椅	4张	5	20	同	同	
	茶几	大小共5个	5	25	同	同	
	书桌	1件	30	30	同	同	
	书架	1件	10	10	同	同	
	饭桌	2件	10	20	同	同	
共计				226			

说明:1. 物品名称如用英文,务注明中文；

2. 单价（即估价）、合价务详填；

3. 储藏所即存放处所；

4. 损失情形,即是否全毁,抑尚可修理等,栏内未列情形可填于备考。

附表二十一：

国立工业职业学校毛韵青空袭损失物品清册

空袭损失调查表　1940.6.30　　事务科查填

种类	品名	数量	单价(时价)	合价	储藏所	损失情况	备考
衣服与被褥	西服大衣	3套	400	1200	卧室	炸成碎片	
	西服	4套	200	800	同	同	
	袷外套	3件	200	600	同	同	
	皮鞋	大小8双、胶鞋8双	平均每双20元	320	同	同	
	被褥	6套	120	720	同	同	
	小孩衣服皮鞋等			180	同	同	
	男女皮衣	4套	300	1200	同	同	
	衬衣袜子等						不能计算
衣箱	皮箱	3件	150	450	住宅	炸成屑片	
木箱	樟木箱	3件	150	450	同	同	
书籍	中西书籍	20本	10	200	同	同	
磁电实验器		1套	1200	1200	同	同	
共计				8320			

说明：1. 物品名称如用英文，务注明中文；

　　　2. 单价(即估价)、合价务详填；

　　　3. 储藏所即存放处所；

　　　4. 损失情形，即是否全毁，抑尚可修理等，栏内未列情形可填于备考。

12. 国立中央工业职业学校造报1940年6月27日、29日该校被炸员役损失详表(1940年7月)

1)国立中央工业职业学校员役损失

姓名	被毁日期	被毁物名	数量	估价	地点	备考
沈行安	1940.6.27①	白帆布裤	1条	10	第二宿舍	
	同	麻制服	1套	26	同	
	同	棉被	1条	35	同	
	同	衬衫	1件	8	同	
	同	内衣	1套	10	同	

① 即"民国二十九年六月二十七日"，下同。

续表

姓名	被毁日期	被毁物名	数量	估价	地点	备考
	同	蚊帐	1个	15	同	
张仁俊	29.6.27	棉被	1条	35	第二宿舍	
	同	棉褥	1条	25	同	
	同	席子	1条	2	同	
	同	被单	1条	10	同	
	同	布鞋	1双	3	同	
	同	黄斜纹制服	1套	26	同	
	同	夏布衬衣	1件	5	同	
	同	夏布短裤	1件	5	同	
	同	绿衬衣	1件	9	同	
	同	蚊帐	1个	15	同	
贾国良	29.6.27	黄制服	1套	24	第二宿舍	
	同	草绿衬衣	1件	9	同	
	同	枕头	1对	5	同	
	同	圣经	1本		同	
	同	基督教纲要				图书馆书籍
秦应林	29.6.27	黑色皮鞋	1双			
张仲良	29.6.27	白布被盖包单	1床			
	同	衬衣（白咔叽及草绿咔叽）	2件			
	同	三色呢下装	1根			
薛顺祥	29.6.27	衬衣	2件			
	同	短裤	2条			
	同	黑制服褂	1件			
	同	灰长裤	1条			
陆福昌	29.6.27	被子	1床			化72
	同	褥子	1床			
	同	白被单	1条			
	同	棉衣（棉袄、棉裤各一件）	1套			
	同	毯衣	1件			
	同	衬衣	1件			
	同	黄制服	1套			
张树云		铺盖	1床			

续表

姓名	被毁日期	被毁物名	数量	估价	地点	备考
		书籍	6本			
史鸿广		衬衫	1件			
丁承元		帐子	1顶			
		衣服	2套			
杨庆鹏		铺盖	1床			
李寅宾		精装书籍	5本			
杜代成		皮箱	1口			
汪奎生		铁皮箱(全碎)	1只			机三41
		卫生衣裤(失踪)				
		书籍损失无算				
刘乃举		黄牛皮箱	1只			前电讯班
		铺盖				
		黄色制服	1套			
房宝铭	1940.6.27	红缎子被面	1个			化70
	同	花绸被面	2个			
	同	内缎褥面	1个			
	同	振华牌毛裤	1条			
	同	白纺绸大褂	1件			
	同	蓝纺绸大褂	1件			
	同	白+锦丝大褂	1件			
	同	白纺绸单衣	1件			
	同	白斜纹布衬衫	2件			
	同	振华牌毛衣	1件			
	同	古铜色丝袜	3双			
	同	草绿色麻纱袜头	4双			
	同	白斜纹布被单	3条			
	同	白洋布褥单	1条			
	同	黑制服	1套			
	同	米色大丝绸制服	1身			
	同	草绿色哗叽制服	1套			
	同	力士鞋	2双			
	同	黄呢子大氅	1件			

续表

姓名	被毁日期	被毁物名	数量	估价	地点	备考
	同	象眼纱蚊帐	1顶			
	同	红缎子棉被	1条			
	同	蓝爱国布夹衣	1身			
	同	包付皮	2个			
	同	防洞带	1个			
吴镇南	1940.6.27	黄色大衣	1件			化一61
	同	卫生衣裤	各1件			
	同	绒线衣服	1件			
	同	棉衣棉裤	各1件			
	同	蚊帐	1顶			
	同	童军衣裤	1套			
	同	衬衫	2件			
	同	棉袍	1件			
	同	黄色校服	1件			
	同	棉皮	2条			
蒋宏声	1940.6.27	纱蚊帐	1顶			
	同	衬衫	2件			
	同	黄色制服	1套			
	同	线毯	1条			
	同	棉袍	1件			
	同	绒衣衣服	1件			
	同	童军服	1套			
	同	棉裤	1条			
	同	黄色制服	1套			
	同	棉袍	1件			
	同	棉裤	1条			
	同	棉背心	1件			
邓铭祐		竹箱	1件	约400		化二
		包裹	1件			
邓铭祺		网篮	1件			土二
邓清勋		黄色皮箱	1口	约14		机训

续表

姓名	被毁日期	被毁物名	数量	估价	地点	备考
林秀泉		毯	1幅	约45		机一
		衬衫	2件			
		短裤	2条			
		内衣	1件			
		剪刀	1把			
		芦花枕头	1个			
洪世明		被单	1条	10	第二宿舍	机械训练班
		衣服	1件	3	第二宿舍	
□□□		制服	1套	25	第二宿舍	机械训练班
		蚊帐	1件	12	第二宿舍	
		枕头	1个	5	第二宿舍	
缪祖桐		被单	2条	20	第二宿舍	机械训练班
		枕头	1个	3	第二宿舍	
		衬衫	2件	12	第二宿舍	
		短裤	2件	4	第二宿舍	
		内衣	1身	10	第二宿舍	
		制服（上1件、下2件）		20	第二宿舍	
		胶鞋	1双	5	第二宿舍	
		零星物十数种		10	第二宿舍	
		布鞋	2双	4	第二宿舍	
		箱子	1只	10	第二宿舍	
路家玖		胶雨鞋	1双	12	第二宿舍	机械训练班
		厚帆布裤带	1根	5	第二宿舍	
		银锁链	1根	10	第二宿舍	
戴步明		罗纹蚊帐	1顶	20	第二宿舍	电讯班
		黑色皮鞋	1双	20	同	
		黑色力士鞋	1双	8	同	
		白色皮箱	1口	9	同	破碎
鲁世渝		麻纱蚊帐	1顶	15	第二宿舍	
		夹、军毯	各1	30	同	
		脸盆	1	9	同	
		洗具	1套	5	同	

续表

姓名	被毁日期	被毁物名	数量	估价	地点	备考
刘厚璞		衣服	5件	35	同	
		席子	1床	6	同	
		被盖	1	15	同	半毁
		蚊帐	1顶	15		电训班
		衬衣	2件	15		
李廷爵		布毯	1件	8	第二宿舍	
		皮鞋	1双	20	同	
王兆才		褥子	1床	15	第二宿舍	
		拉索衬衣	1件		同	
		力士鞋	1双	6	同	
		制服	2套	40	同	
		拉索衬衫衣	1件	11	同	
		西式衬衣	1件	12	同	
		袜子	1双	2	同	
任昉策		条子府绸衬衣	1件	15		电训班
		皮鞋	1双	25		
		背心	1件	2		
		短裤	1件	2		
武世勋		皮箱	1口	25		电讯班

2)国立中央工业职业学校化学馆工友赵永泰被炸损失调查表

空袭损失调查表　1940.7							
种类	品名	数量	单价(时价)	合价	储藏所	损失情况	备考
	蓝布褂	1件		12	化学馆	全毁	
	蓝布裤	1件		12			
	白布褂	1件		11			
	白布裤	1件		11			
	夏布褂	1件		10			
	斜纹布裤	1件		14			
	被单	1条		25			
	被子	1床		50			

续表

			空袭损失调查表	1940.7			
种类	品名	数量	单价(时价)	合价	储藏所	损失情况	备考
	枕头	1只		7			
	毛巾	3条		3			
共计				155.80			

说明：1. 物品名称如用英文，务注明中文；

2. 单价(即估价)、合价务详填；

3. 储藏所即存放处所；

4. 损失情形，即是否全毁，抑尚可修理等，栏内未列情形可填于备考。

3)国立中央工业职业学校校警衣服空袭损失调查表

			空袭损失调查表	1940.7			
种类	品名	数量	单价(时价)	合价	储藏所	损失情况	备考
	线哔叽夹制服	1套	40	40	山湾储藏室	全毁	刘兆祺
	黑斜纹布制服	1套	30	30	同	同	同
	斜纹绒衬衣	2套	30	60	同	同	同
	青线袜	3双	2.80	8.40	同	同	同
	棉絮	1床	10	10	同	同	同
	蚊帐	1床	15	15	同	同	刘明
	力士鞋	1双	9.50	9.50	同	同	同
	草绿制服	1套	30	30	同	同	同
	白土布衬衫	2件	8	16	同	同	同
	青制服	1套	30	30	同	同	同
	被盖	1床	30	30	同	同	刘治滨
	布毯子	1床	14	14	同	同	同
	芝麻布中山服	1套	30	30	同	同	同
	蓝布衬衫	1件	6	6	同	同	同
	白斜纹衬衫	1件	8	8	同	同	同
	白布短裤	2条	30	60	同	同	同
	青制服	1套	30	30	同	同	同
共计				372.90			

说明：1. 物品名称如用英文，务注明中文；

2. 单价(即估价)、合价务详填；

3. 储藏所即存放处所；

4. 损失情形，即是否全毁，抑尚可修理等，栏内未列情形可填于备考。

13. 国立中央工业职业学校化工科为该校 1940 年 6 月被炸公物、仪器等损失情形报告（1940 年 7 月 5 日）

本年六月二十七日，敌机轰炸本校时，化学馆全部炸塌，贮藏洞之一全楚〔焚〕，另一洞受震，所有公物、仪器、药品损毁綦重，并财产登记账簿等，亦遭焚去，兹将损毁情形，约略开列于后：

空袭损失调查表　1940.7.5　化工科查填

种类	品名	数量	单价（时价）	合价	储藏所	损失情况	备考
化工机械类	真空抽机（附马达）	1套	1500	1500	防空洞	全毁	
	真空蒸发锅	1套	1000	1000	防空洞	全毁	
共计				2500			

说明：1. 物品名称如用英文，务注明中文；
　　　2. 单价（即估价）、合价务详填；
　　　3. 储藏所即存放处所；
　　　4. 损失情形，即是否全毁，抑尚可修理等，栏内未列情形可填于备考。

空袭损失调查表　1940.7.5　化工科查填

种类	品名	数量	单价（时价）	合价	储藏所	损失情况	备考
仪器类	分析天平	1具	5000	5000	防空洞	全毁	借全华公司
	镀金分析砝码	1盒	1500	1500	同	同	同
	镀铬分析法〔砝〕码	1盒	450	450	同	同	同
	桌平	2具		1000	同	同	同
	桌平砝码	2盒		200	同	同	同
	钩秤	2杆		20	同	同	同
	大小量筒	250只	1.70	425	同	同	同
	大小量杯	90只	9	810	同	同	同
	滴定管	65只	28	1820	同	同	同
	移液管	30只	8.50	255	同	同	同
	量瓶	10只	17	170	同	同	同
	称量瓶	45只	10	450	同	同	同
	酒精灯	180只	5	900	同	同	同
	磁坩埚	300只	5	1500	同	同	同
	镍坩埚	4只	90	360	同	同	同
	蒸发皿	280只	25	7000	同	同	同

续表

空袭损失调查表　1940.7.5　化工科查填

种类	品名	数量	单价(时价)	合价	储藏所	损失情况	备考
	具柄蒸发皿	4只	80	320	防空洞	全毁	
	古奇坩埚	100只	14	1400	同	同	
	铜吹管	60只	2	120	同	同	
	酒精喷灯	2只	120	240	化学馆	同	
	石油喷灯	3只	100	300	同	同	
	坩埚夹	35把	6	210	同	同	
	石棉网	90张	2	180	同	同	
	铁丝网	200张	1	200	同	同	
	泥三角	120只	2	240	同	同	
	燃烧匙	120只	0.60	72	同	同	
	铜镊子	45只	0.50	22.50	同	同	
	顶黄锅	2口	75	150	同	同	
	两耳铜锅	10只	8	80	同	同	
	两耳铁锅	10只	6	60	同	同	
	1000cc 平底烧瓶	50只	10	500	防空洞	同	
	500cc 平底烧瓶	30只	8.50	255	同	同	
	300cc 平底烧瓶	20只	5.50	110	同	同	
	1000cc 园〔圆〕底烧瓶	50只	20	1000	同	同	
	500 园〔圆〕底烧瓶	30只	13	390	同	同	
	250 园〔圆〕底烧瓶	30只	9	270	同	同	
	100 园〔圆〕底烧瓶	15只	6	90	同	同	
	500 蒸馏烧瓶	45只	20	900	同	同	
	250cc 蒸馏烧瓶	5只	19	95	同	同	
	锥形瓶	30只	8	240	同	同	
	曲颈甑	25只	50	1250	同	同	
	铜曲颈甑	1具	90	90	同	同	
	烧杯(10只一组)	20组	100	2000	同	同	
	1000 广口瓶	15只	5	75	化学馆	同	
	500 广口瓶	450只	4	1800	同	同	
	250 广口瓶	300只	3	900	同	同	
	125 广口瓶	50只	2	100	同	同	

续表

空袭损失调查表 1940.7.5 化工科查填							
种类	品名	数量	单价(时价)	合价	储藏所	损失情况	备考
	1000 细口瓶	13 只	5	65	同	同	
	500 细品瓶	600 只	4.50	2700	同	同	
	250 细口瓶	120 只	3	360	同	同	
	125 细口瓶	150 只	2	300	同	同	
	滴瓶	4 只	8	32	同	同	
	加里球	2 只	68	136	防空洞	同	
	三口瓶	6 只	30	180	同	同	
	上下口瓶	2 只	50	100	同	同	
	冷凝器	9 只	120	1080	同	同	
	空气冷凝器	20 只	24	480	同	同	
	漏斗	90 只	10	900	同	同	
	吸滤瓶	10 只	30	300	同	同	
	玻璃水泵	12 只	30	360	同	同	
	铜水泵	2 只	80	160	同	同	
	长颈漏斗	60 只	4	240	同	同	
	安全漏斗	30 只	8	240	同	同	
	分液漏斗	25 只	60	1500	同	同	
	干燥器	10 只	187	1870	同	同	
	干燥管	60 只	6.80	408	同	同	
	U 形管	8 只	6.80	54.40	同	同	
	三通管	20 只	3.40	68	同	同	
	具塞二通管	10 只	30	300	同	同	
	表面皿	250 只	6	1500	同	同	
	结晶皿	2 只	5	10	同	同	
	启普氏气体发生器	2 只	200	400	同	同	
	玻璃研钵	45 只	12	540	同	同	
	磁研钵	45 只	25	1125	同	同	
	试管	840 只	0.50	420	同	同	
	玻管	90 磅	7.50	675	同	同	
	玻棒	30 磅	7.50	225	同	同	
	软木塞	10 磅	25	250	同	同	

续表

种类	品名	数量	单价(时价)	合价	储藏所	损失情况	备考
	空袭损失调查表　1940.7.5　化工科查填						
	橡皮塞	250只	0.50	125	同	同	
	橡皮管	10公尺	30	300	同	同	
	滤纸	50盒	15	750	同	同	
	100温度计	20只	33	660	同	同	
	200温度计	9只	48	432	同	同	
	250温度计	1只	50	50	同	同	
	300温度计	6只	60	360	同	同	借用
	600度温度计	1只	120	120	同	同	借用
	比重计	8只	42	336	同	同	
	室温表	4只	4	16	同	同	
	气压表	1只	40	40	同	同	
	蒸溜〔馏〕柱	3只	30	90	同	同	
	角勺	20只	2.50	50	同	同	
	试管刷	120只	0.60	72	同	同	
	28号铂丝	3.60尺	116.60	420	同	同	
	穿孔器	1套	30	30	同	同	
	三角锉	2打	80	160	同	同	
	园〔圆〕锉	4把	6	24	同	同	
	刮刀	8把	1.50	12	防空洞	同	
	磁药罐	30只	0.50	15	化学馆	同	
	沙锅	20只	4	80	同	同	
	花磁坛	10只	8	80	同	同	
	粗磁坛	10只	2	20	同	同	
	蒸钵	20只	0.50	10	同	同	
	花磁盆	20只	2	40	同	同	
	搪磁盆	10只	12	120	同	同	
	沙缸	5只	5	25	同	同	
	沙盆	8只	1.50	12	同	同	
	滴管	5只	0.80	4	同	同	
	滴定管架	60具	4	240	同	同	
	漏斗架	60具	2.50	150	同	同	

续表

空袭损失调查表 1940.7.5 化工科查填							
种类	品名	数量	单价(时价)	合价	储藏所	损失情况	备考
	花磁壶	15只	10	150	同	同	
	试管夹	60只	1.20	72	同	同	
	脚踏鼓风器	1具	50	50	同	同	
	铅坩埚	1具	5	5	同	同	
	试管架	60	2	120	同	同	
	铂电极	2	250	500	同	同	
合计				62562.90			

说明：1. 物品名称如用英文，务注明中文；

2. 单价(即估价)、合价务详填；

3. 储藏所即存放处所；

4. 损失情形，即是否全毁，抑尚可修理等，栏内未列情形可填于备考。

空袭损失调查表 1940.7.5 化工科查填							
种类	品名	数量	单价(时价)	合价	储藏所	损失情况	备考
药品类	丹宁酸	450克	90	90	防空洞	全毁	药品价值系按现时市价估计，下均仿此。
	酒精	2.5加仑		14	同	同	
	硫酸铝	400克	25	25	同	同	
	碳酸铵	250克	10	10	同	同	
	氯化铵	2磅	40	40	同	同	
	氢氧化铵	3磅	16	48	同	同	
	硝酸铵	1磅	20	20	同	同	
	硫酸铵	150市斤	6	900	同	同	
	三氧化二砷	2磅	90	180	同	同	
	氯化钡	1.5磅	60	90	同	同	
	苯	2磅	50	100	同	同	
	骨炭	250克	40	20	同	同	
	硼砂	4磅	40	160	同	同	
	硼酸	2磅	25	50	同	同	
	氯化镉	1磅	170	170	同	同	
	氯化钙	250克	24	12	同	同	
	二硫化碳	2磅	90	180	同	同	
	四氯化碳	2磅	120	240	同	同	

续表

			空袭损失调查表	1940.7.5	化工科查填		
种类	品名	数量	单价(时价)	合价	储藏所	损失情况	备考
	硝酸钴	1磅	300	300	同	同	
	氧化铜	2磅	12	12	防空洞	全毁	
	氧化亚铜	2磅	24	24	同	同	
	硫酸铜	2磅	8	12	同	同	
	硝酸铜	半磅	18	9	同	同	
	碘	2.5磅	160	400	同	同	
	氯化铁	半磅	90	45	同	同	
	硫酸铁	2磅	60	60	同	同	
	硫酸亚铁	20磅	0.80	16	同	同	
	柠檬酸铁铵	2磅	80	80	同	同	
	铁粉	2磅	30	30	同	同	
	醋酸铅	2磅	200	400	同	同	
	硝酸铅	1磅	70	70	同	同	
	硫酸铅	1磅	25	25	同	同	
	一氧化铅	1磅	240	240	同	同	
	铅丹	1磅	50	50	同	同	
	二氧化铅	1磅	90	90	同	同	
	铬酸铅	3磅	40	120	同	同	
	密陀僧	3斤	5	15	同	同	
	石蕊纸	半磅	170	85	同	同	
	硫酸镁	8磅	25	200	同	同	
	硫酸锰	半磅	300	150	同	同	
	硝酸锰	1磅	250	250	同	同	
	氯化锰	半磅	250	125	同	同	
	二氧化锰	2磅	5	10	同	同	
	氯化汞	半磅	60	30	同	同	
	汞	5磅	30	150	同	同	
	酚酞试药	125克	250	62.50	同	同	
	油酸	1磅	90	90	同	同	
	草酸	2磅	24	48	同	同	
	酒石酸钾	2磅	80	160	同	同	

续表

种类	品名	数量	单价(时价)	合价	储藏所	损失情况	备考
	空袭损失调查表		1940.7.5	化工科查填			
	酒石酸氯钾	1磅	80	80	同	同	
	酒石酸钾钠	1磅	90	90	同	同	
	硝酸钾	2磅	20	40	同	同	
	火硝	10磅	2	20	同	同	
	氯酸钾	1磅	64	64	同	同	
	碘酸钾	50克	2	100	同	同	
	铬酸钾	1磅	120	120	同	同	
	重铬酸钾	5磅	12	60	同	同	
	黄血盐	2磅	160	320	同	同	
	赤血盐	2磅	80	160	同	同	
	硫□化钾	半磅	30	15	同	同	
	氢氧化钾	2磅	80	160	同	同	
	碘化钾	1磅	150	150	同	同	
	高锰酸钾	1磅	45	45	同	同	
	碳酸钾	1磅	15	15	同	同	
	硫酸氢钾	15磅	2	30	同	同	
	硝酸银	1磅	320	320	同	同	
	碳酸钠	50斤	3	150	同	同	
	碳酸氢钠	2磅	20	40	同	同	
	氢氧化钠	2磅	75	150	同	同	
	烧碱	8磅	5	40	同	同	
	硝酸钠	1磅	10	10	同	同	
	硫化钠	500克	25	25	同	同	
	海波	3磅	5	15	同	同	
	硫酸钠	2磅	3	6	同	同	
	硝酸锶	半磅	240	120	同	同	
	锌粒	2磅	10	20	同	同	
	氯化锌	3磅	150	450	同	同	
	硫酸锌	1磅	120	120	同	同	
	醋酸锌	1磅	180	180	同	同	
	氧化锌	2磅	10	20	同	同	

续表

空袭损失调查表 1940.7.5 化工科查填								
种类	品名	数量	单价(时价)	合价	储藏所	损失情况	备考
	过氧化钠	1磅	400	400	同	同	
	安息酸	1磅	36	36	同	同	
	亚硫酸钠	1磅	160	160	同	同	
	酒石酸钠	1磅	90	90	同	同	
	酒石酸氢钠	1磅	80	80	同	同	
	酒石酸	1磅	80	80	同	同	
	柠檬酸	1磅	80	80	同	同	
	冰醋酸	半磅	320	160	同	同	
	丙酮	2磅	50	100	同	同	
	乙醚	1磅	25	25	同	同	
	石炭酸	1磅	48	48	同	同	
	阿拉伯胶	半磅	20	10	同	同	
	硫酸	20磅	2	40	同	同	
	盐酸	5磅	70	350	同	同	
	硝酸	2磅	4	8	同	同	
	磷酸	半磅	240	120	同	全毁	
合计				10678.50			

说明：1. 物品名称如用英文，务注明中文；

2. 单价(即估价)、合价务详填；

3. 储藏所即存放处所；

4. 损失情形，即是否全毁，抑尚可修理等，栏内未列情形可填于备考。

空袭损失调查表 1940.7.5 化工科查填								
种类	品名	数量	单价	合价	储藏所	损失情形	备考
实验家具类	实习台	45具	250	11250	化学馆	全毁	
	药品架	26具	40	1040	同	同	
	仪器橱	10具	60	600	同	同	
	木水桶	2只	8	16	同	同	
	锁	600把	1.50	900	同	同	
合计				13806			

14. 国立中央工业职业学校土木科工程部为该校1940年6月被炸建筑物损失情形报告（1940年7月）

敌机于六月二十七、二十八两日空袭渝市，本校惨遭轰炸。兹将建筑物损失情形及应修理之估价分别胪列于后：

一、教室——教室四周弹落4枚，致将屋面、屋檐、平顶、门窗等震毁大半，约需修理费7500元正。

二、第一学生宿舍——距该楼8尺许落弹1枚，内中四间外墙被震倾斜，屋架大部移动，屋面及门窗等亦均残破不齐，修缮完整约需款18000元正。

三、电机化学室——电机化学室正面右角中弹1枚，全楼计19间，倒塌10间，其余9间因震动过巨，砖柱屋架等均倾斜，修理及重建约须〔需〕费28000元。

四、机工厂——因附近落弹多枚，砖墙4段被震开裂，内8列屋架被弹片破屑炸断，屋面及门窗等全部破坏，约需修理费18000元正。

五、学生盥洗室——距盥洗室约5尺余，落弹1枚，全部被震倒塌，重建约需费4500元正。

六、新建教室、第二学生宿舍、卫生室，因邻近均落弹多枚，致将木料、青瓦等打毁甚多，经清理后，需补充之材料约计需款29000元正。

七、饭厅、教职员宿舍、木工厂、锻工厂、木型厂储物室等，因受震动及弹片破屑打坏，总计需修理费5200元。

八、道路——道路因被中弹多处，以及附近建筑物倒塌，致将路基毁坏，重修及清理需款600元正。

九、学生厕所——命中烧夷弹1枚，大部震毁，约需修理费2900元。

十、旧平〔房〕1栋，中弹全部震坏，损失4500元。

15. 国立中央工业职业学校造报该校图书馆 1940 年 6 月 27 日、29 日被炸图书损失清册（1940 年 7 月）

书号	书名	当时购价
西 188		3.16
西 422	Gzay: pzincirles a pzacticc of Eleclzical engineeima 2 本	7.16
西 301	Ghizazai: Modem radio sewicinq 1 本	12.60
西 279	Giazgow: pzmiciples of Radio engineewig 1 本	10.25
中 634	电气装置规则 1 本{以上 5 本电科借去或被炸毁（因一时找不到）}	0.65
中 1275	物理学实验 1 本（王□□先生借去，在 1 号防空洞烧毁）	3.78
中 588	中学作文模范读本 1 本（学生借去，在宿舍炸毁）	0.50
中 279	复兴高中代数学上册 1 本（学生借去，在宿舍炸毁）	0.45
中 1310	化学要录 1 本（学生借去，在宿舍炸毁）	0.24
中 706	基督教纲要 1 本（学生借去，在宿舍炸毁）	0.26
	三民主义世纪 1 本（王主任借去，炸毁）	0.54
	共 11 本	共价 40.03 元，现值约加 4 倍

16. 国立中央工业职业学校为 1940 年 6 月 27 日、29 日该校被炸损失并请求救济呈教育部部长陈立夫文（1940 年 10 月 21 日）

案查本校本年六月二十七、二十九两日，迭遭敌机轰炸，损失情形均经分别呈报在案。所有本校各科课损失仪器、药品、家具等，兹经分别造具清册，自应汇呈察核。惟两次空袭，本校机械工程科主任毛韶青、电机工程科主任王冠英、物理教员王炳霄等，损失最巨；电机工程科助理员李效白身受重伤，送歌乐山宽仁医院疗治，迄今尚未全〔痊〕愈，需费不赀。该员等在校服务，平日均卓著劳绩，不幸遭此意外损害，殊堪悯恻！而受伤学生敬有戌，医药之费为数甚巨。以上各员生，似应并予从优救济。又，焚毙工役陈得平，家境贫寒，自应优予抚恤，拟请钧部俯准转呈，分别从优抚恤！其工役学生等损失衣物，亦复不少。诸生多属家境清寒，遽尔毁失衣物，自均极感困难，迭据申请救济，恳祈并予转呈，酌量救济，以示体恤！至已死学生陈葆昌，经其家长陈维辛请求修建该生坟墓，并拨款 3000 元作为该生名下奖学金，用资纪念各节，前经呈请核示，是否可行，并祈令遵！

再：本校此次损失器具、房屋等，为数过巨，一切补充修缮，奉拨救济费 16 万元，挹彼注兹，左支右绌，前项应予救济各费，与本校损失性质不同，自不能在是项救济费内支给，应请钧部专案呈请行政院赐予核发，合并附陈。所有本校因空袭损失应造清册，暨员生等伤害情形，请予分别救济抚恤，并亡生陈葆昌家长请求各节，是否可行，理合一并具文，附同清册，呈祈鉴核施行。谨呈：
教育部部长陈
附清册 本

（职衔）魏〇〇

附表一：

国立中央工业职业学校教职员工役因空袭损失请求救济名册

职别	姓名	实支薪额	损失情形	损失数目	备考
机械工程科主任	毛春圃		住宅中弹，全部被炸	个人及家属共约损失 7500 余元	
电机工程科主任	王冠英		住宅傍〔旁〕中弹，全部震塌	个人及家属共约损失 4000 余元	
物理教员	王炳霄		全部物品储存防空洞，被弹焚毁	个人损失共约[①]	
工役	赵永泰			衣被等共约 155 元	

附表二：

国立中央工业职业学校学生因空袭损失请求救济清册

姓名	科别	损失数目	备考
洪世明	机械训练班	13	
贾汝铎	同上	42	
缪祖桐	侧〔测〕绘训练班	97	
邓清勋		20.06	
路家玖	机械训练班	26.06	
沈行安		104.06	

---

① 原缺，编者按。

续表

姓名	科别	损失数目	备考
张仁俊	化学工程科一年级	133	
贾国良		38.06	
戴步明	无线电讯训练班	57	
鲁世渝	同上	115	
刘厚璞	同上	30	
李廷爵	同上	28	
王兆才	同上	96	
任昉策	同上	44	
武世勋	同上	25	
陈体先		100	
秦应林		20	
张仲良		50	
薛顺祥		60	
张树云		100	
史鸿广		10	
丁承元		60	
杨庆鹏		40	
李寅宾		15	
杜代成		20	
汪奎生		100	
刘乃举		100	
房宝铭		500	
吴镇南		300	
蒋宏声		180	
陆福昌		140	
邓铭祐		400	
邓铭祺		20	
林秀泉		45	

17. 国立中央工业职业学校抗战以来被炸损失报告（1940年）

查抗战以来，敌机迭次来渝狂炸。上年八月间，本校校内即落弹数枚，但损失较轻。本年六月二十七日及二十九日，竟两度狂炸，每次投弹本校校内约数十枚，计二十七日弹中本校化学试验室，炸毁该室全部及楼下学生第二临时宿舍，所有室内仪器、物品全毁，并有学生陈葆昌、敬有成二名因未及躲入防空壕，致陈生压毙，敬生受重伤。在该室傍〔旁〕之储物防空洞储藏化工科化学药品、仪器及电机科仪器、机械科一部分工具等，因弹片飞入，化学药品炸焚，致全洞化为灰烬，洞内临时躲入之化工科工友陈得平焚毙，电机科助理员李效白受重伤，而学生储藏室、学生第二盥洗室，亦均中弹炸毁。至教室、学生第一宿舍、学生膳厅、教职员宿舍、机工厂、□□场等，亦均受震动及碎片飞打，毁损瓦梁、门窗等颇多。至二十九日敌机所投炸弹，1枚中本校教职员眷属宿舍，本校机械科毛主任住所全部炸毁，其傍〔旁〕电机科王主任住宅亦被震倒；本校新建之卫生室及水工实验室、教室、学生宿舍等，左右亦均落弹，皆被震动及弹片打伤，损失颇重。综计两次空袭，除死伤人口不计外，物质上所受损失数目，约计如次：

化工科药品、仪器等，约90000元；

机械科仪器及机器等，约85000元；

电机科仪器等，约204000元；

普通设备，约33000元；

校舍损失及修缮费，约120000元；

教职员私人损失（衣物、书籍、家具等），约20000元；

学生衣物损失，约3000元。

18. 国立中央工业职业学校抗战时期损失及战后复员所需费用统计表（1943年）

A. 自二十八年八月二十二、二十八、三十日三日至二十九年五月二十九日、六月二十七、二十九日，共计6次遭受敌人之轰炸，本校损失约表如下：

分类	公家损失	员生损失
建筑	648150	
器具	117203.40	12300
图书	50800	7947
仪器及化学用品	367840	
机器及机件	368840	
杂项	67070	
电料	186081	
药品	21711	
共计	1827695.40	20247

B. 本校原在南京之损失，约计如下表：

分类	损失数（约）
建筑	650000
家具	250000
仪器、药品	480000
机器	430000
图书	150000
杂项	300000
共计	2260000

C. 以上共计损失 4107942.40 元。

战后复员所需费用表

类别		备注
建筑	7000000	教室 42 间（以有级计）计 420 万元；教职住宅 5 家 1 栋，10 栋计 50 万元；单身教职住室 2 栋，计 50 万元；大礼堂 80 万元；教职员、学生厨房、食厅、办公室等，共计 100 万元；工厂、实验室共 100 万元。
器具	1200000	各种木器、校具，如实验台、柜、床、桌、椅等
图书	1000000	中西各种书籍
仪器及化学用品	1000000	
机器及机件	1500000	
杂项	500000	
电料	400000	
药品	300000	
杂项	200000	
共计	13100000	

19. 国立中央工业职业学校为造送该校抗战期间空袭损失调查表复重庆市政府统计室公函(1946年1月24日)

迳复者。接准贵处本年元月十日市统仁(35)字第8号函,以办理敌人罪行调查,检发敌人罪行调查表,嘱查照据实查填并见复。等由。奉此,自应照办。兹填送敌人罪行调查表1份,结文1份,相应函请查照为荷。此致:

重庆市政府统计处

附表2份

校长魏○○

敌人罪行调查表
调查者及填表人须先阅填表须知

罪行人	姓名			官职或职业		
	所属部队或机关	名称				
		官长姓名		官职或职业		
被害人	姓名	国立中央工业专科职业学校	性别	年龄		籍贯
	被害时职业			现在职业		
	被害时住所	沙坪坝		现在住所		沙坪坝
罪行事实	日期		地点			
	罪行种类	空袭				
	被害详情	1939.8.22敌机空袭沙坪坝,投弹于本校约五六枚,震坏学生浴室、盥洗室、宿舍、饭厅、厨房,计耗用炸坏建筑物等修理费及防设攻备费14508.86元;又1940.6.27~29,敌机两次空袭本校,炸坏实习工厂、宿舍、教室,本校职员李效白先生受伤,学生陈葆昌、工人陈得平等2人炸死,计损失建筑物、器具、图书、仪器、医药用品、食米、衣被等共531321.66元,及救济费、抚恤费等共计3240元,计3次空袭,当时损失约50余万元。					
证据	人证	甲处结文 乙种结文	(见附件)			
	物证					
备考						

调查者:_____　　调查日期:_____

　　　　　填表须知

　　(一)填表以确实为主,事实不明者,勿庸填写。

　　(二)罪行人姓名须详写,不可只填"松井"或"太田"等字有姓而无名;如系集团犯罪,可将罪行人填入备考栏。如罪行人姓名无法查考时,则填明"不知"二字,但须将罪行发生日期、地点及部队番号等尽量详填,以便另行设法调查。

　　(三)罪行事实栏,应先参照敌人罪行种类表(附件一),将罪行人所犯之罪填入罪行种类栏,再详细填明被害情形。

　　(四)证据栏

　　(甲)人证:包括本国人与外国人,须由被害人或目击者具结,详叙罪行事实,签名或盖章或按指印随表附送。见具结须知(附件二)及结文(甲)(乙)两种(附件三及四)。

　　(乙)物证:须注明(1)罪行人遗留物件,(2)有关敌国屠杀计划文件,(3)罪行照片,(4)其他证据等。

　　(五)本表各栏不够填写时,可另纸书明并送。

　　(六)调查者须签名盖章,如系机关,并须加盖印信。

　　结文稿:本校于二十八年八月二十二日及二十九年六月二十七及二十九两日,确属迭遭空袭,炸坏建筑物、学生浴室、盥洗室、宿舍、饭厅、厨房、实习工厂、教室等,及炸毁器具、图书、仪器、医药用品、食米衣服,炸伤职员李效白,炸死学生陈葆昌、工人陈得平2名,当时计损失约50余万元。

20.国立中央工业专科职业学校抗战时期损失表(1946年2月)

1)国立中央工业专科职业学校间接损失报告表

分类	数额	备注
共计	37475.71	
二十六年度迁移费	18812.87	由南京迁汉口及宜昌、万县所用各费
二十七年度迁移费	2861.99	由万县迁至重庆各费
防空设备	14300.85	南京原校址及在重庆防空壕建筑费
二十八年轰炸损失修理费	1500	

2)国立中央工业专科职业学校直接损失报告表

分类	价值(国币元)	备注
共计	254359.57	
建筑物	229850.03	
器具	2136.96	
现款	500	
图书	274.57	
仪器	21598.01	

说明：1. 以上金额数目均为当年法币时值；
      2. 上表报至民国二十八年六月底止。

3)国立中央工业专科职业学校财产直接损失汇报表

分类	价值(国币元)	备注
共计	532821.66[①]	
建筑物	125600	系1940.1.27及29日受敌机轰炸损失
器具	20492.32	同
图书	160	同
仪器	379533.90	同
医药用品	4114	同
食米	2021.44	同
衣被、书籍等	3100	同
建筑物	1500	系1939.8.22厂房受轰炸损失

4)国立中央工业专科职业学校财产间接损失报告表

分类	价值（国币元）	备注
共计	27778.81	
防空设备费	13008.81	
疏散费	11530	
救济费	3040	
抚恤费	200	

说明：1. 本表填报自民国二十八年八月至三十年止；
      2. 防空设备费系自民国二十八年秋季轰炸后建筑防空洞之费用；
      3. 救济费系补助员生损失救济；
      4. 以上金额数目，均以当时币值计算。

---

① 此处统计数字有误。

21. 国立中央工业专科职业学校重庆校舍暨财产损失情形报告表（1948年）

项目	损失情形	当时币值	折合美金数
建筑物	本校于1939、1940年两年两次遭受轰炸,计震损学生盥洗室、宿舍、厨、房厅等	127100	42400
机械、仪器等	于1939、1940年两年两次受轰炸,计机械化工仪器、电机仪器等	379533.90	126511.30
图书	图书馆受炸损失中西书籍一部分	434.57	144.86
器具	办公桌凳、木柜、木架等	20492.32	6830.80
医药用品	卫生室受震计损失药品	414	138
食米	员生食米受炸损失	2021	673.66
体育器材	体育器械受炸损失	87.20	29.66
打字机	轰毁	1000	333.33
衣服书籍	工作服及参考书籍	3100	1033
抚恤费	抚恤受损害人、安埋、医药等费	200	66.66
迁移费	由京迁万迁渝迁移费	21674.60	7224.66
防空设备费	建筑防空洞防空防药物	14300	4766.66
合计		570356.99①	190118.99②

说明：1. 以上金额以国币3元折合美金1元计算；
2. 以上金额概以当[时]币值计算。

22. 国立中央工业专科职业学校南京校舍战时损失表（1948年）

名称	座数	数量	单位	单价	总价	折合美金数	损失说明
学生宿舍	1	1154	英方	46000	46000	15333.20	楼房全部砖墙洋瓦屋面洋楼地板电灯卫生设备及铁床桌凳等设备
学生饭厅及厨房	1	585	同	32000	32000	10666	平房全部砖墙洋瓦屋面水泥地面卫生及桌凳用具等设备
学生浴室	1	546	同	6000	6000	2000	楼房及平房全部砖墙洋瓦屋面水泥地面铜骨水泥洗面台卫生及电灯设备
化学馆	1	133	同	20000	20000	6666.60	楼房及平房全部砖墙洋瓦屋面水泥地面洋松楼板水管及下水道电灯等设备

①② 此处统计数字有误。

续表

名称	座数	数量	单位	单价	总价	折合美金数	损失说明
健身房及礼堂	1	134	同	27000	27000	9000	平房及楼房全部砖墙洋瓦屋面上等洋松楼板及电灯等设备
工厂	3	32.55	同	60000	180000	60000	平房全部砖墙铅铁屋面及铜骨水泥梁电灯电力等设备
配电房	1	1.30	同	24000	24000	8000	平房砖墙洋瓦屋面及配电设备
教职员宿舍	1	134	同	32000	32000	10666.60	楼房全部砖墙洋瓦屋面洋松楼板卫生电灯铁床桌凳等设备
教职员饭厅及厨房	1	16	同	1200	1200	400	平房全部砖墙洋瓦屋面水泥地面桌凳电灯线等设备
竹围墙		120	同	22000	22000	7333.30	围竹墙
运动场		540	同	38000	38000	12666.60	平填土方
总计					428200	142732.30	

说明：1.以上金额以国币3元折合美金1元计算；

2.以上金额数目，均以民国二十七年币值计算。

23. 国立中央工业职业学校有关抗战时期财产损失报告单（1948年）

1)国立中央工业职业学校实验器材损失报告单

事件：1

日期：2

地点：3

损失数目	单位	数量	价值(国币元)
分析天平	架	3	3600
普通天平	同	4	3200
分光镜	同	1	1500
显微镜15000倍	同	1	2000
显微镜250倍	同	1	600
气压计	同	1	500
温度计500c	支	3	750
温度计300c	同	2	600

续表

损失数目	单位	数量	价值（国币元）
温度计 200c	同	4	480
温度计 100c	同	9	720
温度计 50c	同	8	320
高空抽气机	架	1	1200
合计			15470

2）国立中央工业职业学校医疗用品损失报告单

事件：1

日期：2

地点：3

损失数目	单位	数量	价值（国币元）
蒸馏器	具	9	13500
干燥器	同	6	900
温度计 500 度	同	1	400
温度计 300 度	同	10	1600
温度计 200 度	同	10	1200
滴定管 50cc	同	8	800
滴定管 100cc	同	10	2100
广口瓶 300cc	瓶	30	180
广口瓶 1000cc	同	10	80
细口瓶 1000cc	同	10	100
锥形瓶 125cc	同	50	350
锥形瓶 250cc	同	50	450
锥形瓶 300cc	同	60	600
锥形瓶 400cc	同	40	480
锥形瓶 500cc	同	10	140
直形冷凝管 500cc	具	10	700
酒精灯 150cc	灯	100	500
漏斗 60mm	具	40	160
漏斗 80mm	同	40	200
量筒 50cc	同	50	500

续表

损失数目	单位	数量	价值(国币元)
量筒 30cc	同	50	450
酒精喷灯	同	3	300
试管	同	500	700
烧杯 50cc	杯	40	180
烧杯 100cc	同	50	290
烧杯 200cc	同	50	420
烧杯 250cc	同	30	294
烧杯 300cc	同	30	330
烧杯 400cc	同	30	372
烧杯 500cc	同	30	402
烧杯 600cc	同	15	219
烧杯 800cc	同	15	252
烧杯 1000cc	同	10	244
平底烧瓶 250cc	瓶	50	620
平底烧瓶 500cc	同	50	800
园〔圆〕底烧瓶 250cc	同	50	700
园〔圆〕底烧瓶 500cc	同	50	800
细口瓶 125cc	同	100	500
广口瓶 500cc	同	100	700
广口瓶 125cc	同	30	90
广口瓶 250cc	同	30	120
合计			33723
硫酸铬	瓶	1	160
溴	同	1	180
苯氨	同	1	200
磷酸铵	同	1	400
硫酸镍	同	1	300
硝酸镍	同	1	300
砷酸	同	1	400
氧化镍	同	1	400
氢氧铂酸	同	1	300
硝酸银	同	1	300

续表

损失数目	单位	数量	价值（国币元）	
钼酸	同	1	500	
镍	同	1	400	
油酸	同	1	300	
酚酞	同	1	500	
碘片	同	1	250	
硝酸铬	同	2	840	
过氧化钠	同	1	280	
枸橼酸	同	2	360	
酒石酸	同	2	240	
硝酸汞	同	2	600	
铬酸	同	2	360	
镁粉	同	1	500	
桂皮酸	同	1	200	
甲酸	同	3	600	
钨酸	同	1	300	
琥珀酸	同	1	150	
丙酮	同	5	900	
锗酸	同	1	250	
马尿酸	同	1	180	
合计		医疗用品	11030[①]	

3）国立中央工业职业学校王文□、李清彦财产损失报告单

事件：1

日期：2

地点：3

损失数目	单位	数量	价值（国币元）
锑锅	个	1	65
铁釜	同	2	52
洋磁脸盆	同	2	70
水缸	同	1	20

---

① 此处统计数字有误。

续表

损失数目	单位	数量	价值(国币元)
磁茶壶	同	1	30
白铁茶壶	同	1	16
热水瓶	同	1	60
茶杯	同	14	20
碗	同	20	12
碟	同	10	30
汤匙	同	10	80
米缸	同	1	12
铁炉	同	1	20
痰盂	同	1	20
床	同	1	50
二匣桌	同	2	90
一匣桌	同	1	45
木箱	同	2	70
皮箱	同	3	180
镜子	同	1	20
女布伞	同	1	35
台钟	同	1	120
钢笔	同	1	90
$2\frac{1}{2}$ 磅奶粉	罐	2	240
奶瓶	个	1	18
奶嘴	同	2	16
绘图仪器	盒	1	350
计算尺	支	1	300
胶三角板	同	2	30
四折木尺	同	1	12
棉被带被单	条	1	90
蚊帐	同	2	160
绒西装	套	1	360
布西装	同	1	80
布中山服	同	1	70
衬衫	同	4	120

续表

损失数目	单位	数量	价值（国币元）
布唐服	件	2	80
女羊毛外套	同	1	120
女绒长衫	同	2	160
女布长衫	同	4	160
女皮鞋	双	1	40
小儿衣服	件	6	48
内衣	同	4	24
2P 甘油,泻油	瓶	2	180
2P 杏仁橙花糖	同	2	160
2P 司单司室坤水	同	1	110
2P 土桂里糖	瓶	1	100
鸦葛酒	磅	1	240
鸦葛流膏	同	半	280
宙佛奴耳	瓶	1	200
1/2 灰钠亚臭	同	3	210
鸦知罗	同	1	160
毛地黄	磅	半	60
2cc、5cc 注射器	枝	2	55
同	同	2	55
IP 双养水	瓶	1	40
IP 松节擦油	同	1	40
木床	只	1	70
竹床	同	1	20
写字桌	同	1	65
木凳	同	2	30
竹凳	同	4	20
木方桌	同	1	30
长竹桌	同	1	10
白石坐钟	同	1	400
小闹表	同	1	250
棉被	床	1	130
褥垫行李	套	1	270

续表

损失数目	单位	数量	价值(国币元)
蚊帐	具	1	120
单衣	件	7	175
帽子	顶	2	40
茶具	套	1	30
大皮箱	只	1	200
皮鞋	双	2	140
厨房用具及其他	件	18	250
合计		王文□先生 李清彦先生	13128

4)国立中央工业职业学校王良楣财产损失报告单

事件:1

日期:2

地点:3

损失数目	单位	数量	价值(国币元)
电机工程教科书等	本	20	1000
无线电参考书	同	12	600
夏季衣服	套	10	2000
秋季西装	同	2	1000
冬季西装	同	3	1800
冬季大衣	同	1	600
旗袍	件	2	800
毛衣	同	3	600
皮鞋	双	3	240
灰鼠皮袍	件	1	800
棉被	条	5	750
褥单	同	3	300
毛毯	同	2	500
方桌	张	1	30
方凳	只	4	20
洗脸架	同	1	30

续表

损失数目	单位	数量	价值(国币元)
大木床	同	1	50
茶壶茶杯	件	24	100
厨房用品	同	12	300
各种电科	同	8	700
合计		王良楣先生	12220

5)国立中央工业职业学校毛韶青财产损失报告单

事件:1

日期:2

地点:3

损失数目	单位	数量	价值(国币元)
制图仪器	盒	1	250
丁字尺	件	1	20
三角板	同	2	25
三角尺	同	1	20
计算尺	同	1	200
木材学	本	1	54
合计		毛韶青先生	569

6)国立中央工业职业学校吴球财产损失报告单

事件:1

日期:2

地点:3

损失数目	单位	数量	价值(国币元)
被盖	床	3	460
褥子	同	2	240
皮褥子	同	1	150
夏布罗蚊帐	顶	1	200
夏布蚊帐	同	1	120
红线毯	条	1	60

续表

损失数目	单位	数量	价值(国币元)
白线毯	同	1	50
毛巾毯	同	1	50
印花床毯	同	1	70
白布床毯	同	1	65
灰色毛质床毯	同	1	80
布质枕头	只	4	80
绸质枕头	同	2	60
灰色法兰绒西服	套	1	1200
人字呢西服	同	1	500
藏青哔叽西裤	条	1	200
白斜纹布西裤	同	2	60
黄斜纹布西裤	同	1	30
白府绸衬衣	件	2	40
白绸衬衣	同	2	70
柳条绸衬衣	同	1	30
白布衬衣	同	3	75
灰绒衬衣	同	1	30
白绒衬衣	件	1	30
青布中山服	同	1	30
斜纹布夹中山服	套	1	60
花绸夹女长旗袍	件	1	130
哔叽女夹旗袍	同	1	250
藏青哔叽西式背心	同	1	40
卫生汗衫	同	3	24
卫生背心	同	5	20
卫生汗短裤	条	2	10
白竹布中式裤	同	2	25
麻纱白男袜	双	2	16
麻纱灰男袜	同	1	7
白袜套	同	1	3

续表

损失数目	单位	数量	价值（国币元）
麻色男线袜	同	3	15
春季卫生长裤	条	1	35
灰色格子呢旗袍	件	1	45
灰色条子布旗袍	同	1	44
白竹布女长旗袍	同	2	70
篮〔蓝〕布女长旗袍	同	1	35
阴丹士林布旗袍	同	2	55
女绒裤	条	1	30
女汗衫	件	3	24
女布内衣	同	2	40
女布长裤	条	2	30
女布短裤	同	3	30
白绸女旗袍	件	2	220
女白丝袜	双	1	10
女麻纱袜	双	2	14
女线袜	双	1	6
毛线背心	件	2	80
线衣	同	1	30
草绿布小孩中山服	套	2	60
草绿布小孩工装	同	3	60
小孩毛线衣	件	2	140
小孩毛线裤	条	1	50
小孩白布衬衣	件	4	70
小孩夏布衣裤	套	2	50
小孩蓝布工服	件	2	40
小孩夹衣	同	2	24
小孩汗背心	同	2	4
男毛巾睡衣	同	1	35
女毛巾睡衣	同	1	35
黄纹皮男皮鞋	双	2	240

续表

损失数目	单位	数量	价值(国币元)
黄纹皮女皮鞋	同	2	180
女新布鞋	同	3	27
男新布鞋	同	1	10
小孩新里皮鞋	双	2	26
小孩布鞋	同	3	21
小孩线袜	同	4	6
女胶鞋	同	1	40
男胶鞋	同	1	40
白桌布	块	1	30
大竹床	张	2	30
小竹床	同	1	20
木睡椅	把	1	20
腾〔藤〕椅	同	2	60
方桌	张	1	20
方竹凳	同	4	16
洗澡盆	个	1	10
洗脚盆	同	1	7
洗脸洋磁盆	同	1	45
菜锅	同	1	40
饭锅	同	1	40
木碗橱	同	1	50
火钳	把	1	8
火勾〔钩〕	个	1	5
大小碗	同	8	4
沙锅	同	1	2
小锄头	把	1	8
草席	床	3	21
铁钳	把	1	40
油钵	个	3	6
盐钵	同	1	3

续表

损失数目	单位	数量	价值(国币元)
菜油	斤	8	25
食盐	同	5	10
纯猪油	同	2	20
木炭	同	60	36
木书架	只	1	30
铜墨盒	同	1	35
自来水笔	支	1	50
红蓝墨水	瓶	2	3
砚台	只	1	2
磁茶壶	同	2	8
玻璃茶杯	同	4	10
磁茶杯	同	5	7
磁花瓶	同	1	12
胶木茶盘	同	1	20
胶木香皂盒	同	1	5
磁刷口盅	同	2	4
牙刷	把	4	9
中西书籍	本	100	3000
呢帽	顶	1	90
蒸笼	只	1	8
菜蓝〔篮〕	同	2	5
皮箱	同	1	138
腾〔藤〕箱	同	1	20
番〔帆〕布	丈	3	60
阴丹士林布	尺	8	24
衣服领带	条	3	50
银袖扣	付	1	15
白竹布	丈	1	30
雨衣	件	1	90
雨伞	把	2	12

续表

损失数目	单位	数量	价值(国币元)
小孩书包	只	2	21
麻布袋	同	1	7
木米桶	同	1	10
古画	幅	1	60
碑帖	本	3	85
棉花	斤	3	27
痰盂	只	2	4
木箱	同	1	20
橡皮图章	同	1	30
大里〔理〕石画片	块	2	12
合计		吴球先生	11125

7)国立中央工业职业学校赵天仓财产损失报告单

　　事件:1

　　日期:2

　　地点:3

损失数目	单位	数量	价值(国币元)
脸盆	个	1	40
茶壶	同	1	15
茶杯	同	4	12
铁壶	同	1	15
镜子	同	2	20
痰筒	同	1	8
铁锅	同	2	40
饭盆	同	3	9
饭碗	同	20	20
蒸笼	套	1	13
凳子	个	2	30
合计		赵天仓先生	222

8)国立中央工业职业学校郭骏财产损失报告单

事件：1

日期：2

地点：3

损失数目	单位	数量	价值(国币元)
女皮袍	件	1	240
女驼绒袍	同	1	160
女夹绒袍	同	1	120
女夹袍	同	2	160
女棉裤	同	1	30
女夹裤	同	1	28
女小外套	同	2	200
女大衣	同	1	300
女小衣裤	同	15	150
男驼绒服	同	1	180
哔叽制服	套	2	240
男卫生衣	同	1	100
女棉袍	件	1	70
小孩衣裤	同	20	200
布棉被	同	1	60
行军毯	同	1	60
皮箱	只	2	160
衣包	件	1	30
锅碗坛罐	同	20	140
合计		郭骏先生	2628

9)国立中央工业职业学校谢奉先财产损失报告单

事件：1

日期：2

地点：3

损失数目	单位	数量	价值(国币元)
棉被	件	1	120
毯子	同	1	40

续表

损失数目	单位	数量	价值(国币元)
军服	同	1	70
衬衣	同	2	50
衬裤	同	1	12
穿衣镜	同	1	40
风景片	同	3	105
玻璃框	同	1	7
磁坛	个	1	25
磁钵	同	1	15
铁锅	同	1	20
合计		谢奉先先生	494[①]

10)国立中央工业职业学校器具损失报告单

事件:1

日期:2

地点:3

损失数目	单位	数量	价值(国币元)
铅笔	罗	1	34
凤笋牌蜡纸	筒	10	400
红墨水	瓶	60	90
铁圆丁	盒	20	100
复写纸	同	4	240
狼毫小字笔	枝	100	120
报纸	令	1	260
呈文纸	刀	2	15
皮线 14#	卷	2	1040
皮线 16#	同	4	1320
皮线 18#	同	10	1400
皮线 7/16#	同	2	2800
湾〔弯〕脚磁瓶	只	60	480

---

① 此处统计数字有误,实应为504,原文如此。

续表

损失数目	单位	数量	价值(国币元)
木螺丝 $2\frac{1}{2}$"	盒	2	84
木螺丝 2"	同	3	96
铅丝	斤	40	400
胶木灯头	打	2	144
胶木开关灯头	同	1	96
矮脚灯头	同	1	96
灯泡(40W)	只	40	720
三屉桌	张	54	3240
书架	同	27	1080
讲桌	同	3	450
十抽屉办公桌	同	12	2400
实验桌	同	10	350
仪器柜	同	17	1700
双人床	同	162	12960
立柜	同	4	600
单人床	同	35	1190
课桌椅	套	345	17250
合计		器具	51155

11)国立中央工业职业学校图书损失报告单

  事件:1

  日期:2

  地点:3

损失数目	单位	数量	价值(国币元)
无线电工程手册	本	2	200
无线电原理	同	1	90
无线电工程原理	同	1	80
电磁与电波	同	1	70
汽动工程	同	1	90
动力工程设计	同	1	90
短波无线电线	同	1	80

二、战时重庆各大学遭受轰炸损失情形　409

续表

损失数目	单位	数量	价值（国币元）
近世实用无线电学	同	1	15
人与医学	同	1	15
平面测量学	同	1	15
英文无线电杂志	同	12	96
水浒	同	4	20
高等算学分析	同	1	20
无机化学实习	同	1	18
农产制造学	同	1	15
食品微生物学	同	1	24
水之考验法	同	1	80
普通化学	同	1	50
定量分析	同	1	15
定性化学分析	同	1	15
无机化学实验	同	1	18
无线电工程原理	同	1	90
电工学	同	1	80
电动设计	同	1	80
三民主义	同	3	6
工程制图	同	1	50
新草集	同	1	10
建国高中化学	同	2	6
建国高中解几	同	1	2
曾文正公全集	同	4	20
出默诗话	同	1	15
建国高中物理	同	1	4
中国大学生日记	同	1	8
抗战与生产	同	1	3
中国的一日	同	1	15
三民主义宪法论	同	1	8
新宪法论	同	1	8
十年来中国政治	同	1	20
无线电家手册	同	1	60

续表

损失数目	单位	数量	价值（国币元）
电工原理	同	1	80
萍踪寄语	同	3	20
中华本国地理	同	3	24
中华外国地理	同	3	24
物理问题精解	同	1	15
物理学讲仪〔义〕	同	1	20
工厂实习	部	1	350
复兴外国地理	本	3	15
各种图书杂志	同	38	300
中华英语读本	同	3	36
韦氏大辞典	同	1	300
合计		图书	2832[①]

24. 国立中央工业专科职业学校机械工程科抗战时期被炸损失对照表（1948年）

尺寸	名称	单位	原来数量	轰炸损失数	职工损失数	现存数量	备注
美船牌	皮带机	具	1			1	
3吨	滑车起重机	同	1			1	
2吨	螺旋起重机	同	1			1	
500kg	磅称〔秤〕	同	1			1	
10kg	案称〔秤〕	同	1			1	
6"×9"	平板	块	3			3	
25cm×40cm	同	同	2			2	
50cm×81cm	同	同	2			2	
74cm×120cm	同	同	2			2	
80cm×120cm	同	同	2			2	
$2\frac{1}{2}$"	虎钳	只	1			1	

---

① 此处统计数字有误，原文如此。

续表

尺寸	名称	单位	原来数量	轰炸损失数	职工学损失数	现存数量	备注
3"	同	同	6			6	
4"	同	同	7			7	
5"	同	同	23			23	
6"	同	同	23			23	
$7\frac{1}{2}$"	同	同	1			1	
3"	长足虎钳	同	1			1	
4"	同	同	1			1	
10"No.53	木虎钳	同	1			1	
2"–5"	小砧子	同	4			4	
中号	砧子	同	33			33	
大号	同	同	3			3	
花方	同	同	2			2	
	通风机	具	4			4	
	手摇锻铁炉	同	2			2	
	风箱	同	5			5	
6"	起钉钳	把	45			44	
8"	同	同	44			44	
	喷灯	只	1			1	
	三用钢尺	套	1	1			No.9MDE
8"	管扳手	把	1			2	
10"	同	同	3			2	
11"	同	同	1			1	
12"	同	同	1			1	
8"	平口钳	同	46			46	
8"	虎口钳	同	48			48	
10"	同	同	44	42		2	
6"	元〔圆〕口钳	同	47			50	
12"	管子钳	同	50			50	
5"	手钳	同	40			39	
6"	同	同	58			59	
6"	克丝钳	同	5			5	

续表

尺寸	名称	单位	原来数量	轰炸损失数	职工学损失数	现存数量	备注
8"	同	同	53			51	
4"	油光扁锉	同	12			12	
5"	同	同	12			12	
6"	同	同	11			11	
8"	同	同	10			11	
10"	同	同	12	1		12	
4"	油光方锉	同	12			12	
5"	同	同	12			12	
6"	同	同	12			12	
8"	同	同	12			12	
10"	同	同	12			12	
4"	油光三角锉	同	10			10	
5"	同	同	12			12	
6"	同	同	12			12	
8"	同	同	12			12	
10"	同	同	12			12	
5"	油光方锉	同	12			12	
6"	同	同	12			12	
8"	同	同	12			12	
10"	同	同	12			12	
4"	油光半元〔圆〕锉	同	12			12	
5"	同	同	12			12	
6"	同	同	12			12	
8"	同	同	12			12	
10"	同	同	9			9	
4"	中刀锉	同	10			9	
4"	细刀锉	同	20	2		18	
6"	中刀锉	同	12			12	
8"	粗刀锉	同	10			10	
8"	中刀锉	同	12			12	
8"	细刀锉	同	12			12	

续表

尺寸	名称	单位	原来数量	轰炸损失数	职工学损失数	现存数量	备注
10"	粗刀锉	同	10			10	
10"	中刀锉	同				11	
10"	细刀锉	同	12			12	
4"	粗元〔圆〕锉	同	18	1		17	
6"	同	同	18	7		11	
6"	中元〔圆〕锉	同	2			0	
6"	细元〔圆〕锉	同				9	
8"	粗元〔圆〕锉	同	9	1		8	
8"	中元〔圆〕锉	同	5			9	
8"	细元〔圆〕锉	同				13	
10"	粗元〔圆〕锉	同	78			78	
10"	中元〔圆〕锉	同	12			12	
10"	细元〔圆〕锉	同	44			45	
12"	粗元〔圆〕锉	同	48			48	
12"	中元〔圆〕锉	同	48	1		47	
12"	细元〔圆〕锉	同	48			48	
14"	粗元〔圆〕锉	同	10	1		9	
14"	中元〔圆〕锉	同	14			14	
14"	细元〔圆〕锉	同	10	1		9	
4"	粗方锉	同	12	1		11	
4"	中方锉	同	3			3	
4"	细方锉	同	7			7	
6"	粗方锉	同	8			11	
6"	中方锉	同	12	4		8	
8"	粗方锉	同	36	4		32	
8"	中方锉	同	24	13		11	
8"	细方锉	同	16	3		13	
10"	粗方锉	同	48	8		40	内10把断
10"	中方锉	同	48	6		42	内5把断
10"	细方锉	同	33	5		28	内4把断
12"	粗方锉	同	24			24	

续表

尺寸	名称	单位	原来数量	轰炸损失数	职工学损失数	现存数量	备注
12"	中方锉	同	48	3		45	
12"	细方锉	同	48	1		47	
14"	粗方锉	同	12			12	
14"	中方锉	同	12	2		10	
14"	细方锉	同	12			12	
16"	细方锉	同	12			12	
16"	中方锉	同	11			11	
18"	粗方锉	同	23	1		22	
18"	细方锉	同	24			24	
4"	中扁锉	同	10	1		9	
4"	细扁锉	同	21	8		13	
5"	粗扁锉	同	20			19	
5"	细扁锉	同	18			18	
6"	粗扁锉	同	10			10	
6"	中扁锉	同	10			10	
6"	细扁锉	同	10			9	
8"	粗扁锉	同	12	4		8	
8"	中扁锉	同	14			14	
8"	细扁锉	同	6			6	
10"	粗扁锉	同	36	3		33	
10"	中扁锉	同	36			44	
10"	细扁锉	同	10	9		1	
12"	粗扁锉	同	110			107	
12"	细扁锉	同	30	13		16	
14"	粗扁锉	同	36	22		14	
14"	中扁锉	同	36	10		26	内2只弯
14"	细扁锉	同	17			49	
16"	粗扁锉	同	36			36	
16"	中扁锉	同	85			85	
16"	细扁锉	同	29			29	
4"	中三角锉	同	12			12	

续表

尺寸	名称	单位	原来数量	轰炸损失数	职工学损失数	现存数量	备注
4"	细三角锉	同	11			11	
5"	中三角锉	同	23			23	
6"	粗三角锉	同	6			6	
6"	中三角锉	同	24			25	
6"	细三角锉	同	10			9	
8"	粗三角锉	同	10			10	
8"	中三角锉	同				9	
8"	细三角锉	同	11			10	
10"	粗三角锉	同	48	1		47	
10"	中三角锉	同	49			49	
10"	细三角锉	同	47			47	
12"	粗三角锉	同	45	1		44	
12"	中三角锉	同	48	1		47	
12"	细三角锉	同	48	1		47	
14"	粗三角锉	同	15			15	
14"	中三角锉	同	12			12	
14"	细三角锉	同	8			9	
16"	粗三角锉	同	12			12	
16"	中三角锉	同	12			12	
16"	细三角锉	同	13	1		12	
4"	粗半元〔圆〕锉	同	12	2		9	
4"	中半元〔圆〕锉	同	6			7	
4"	细半元〔圆〕锉	同	10	1		9	
6"	粗半元〔圆〕锉	同	9	3		6	
6"	中半元〔圆〕锉	同	12			13	
6"	细半元〔圆〕锉	同	12			11	
8"	粗半元〔圆〕锉	同	12	2		10	
8"	中半元〔圆〕锉	同	12	2		10	
8"	细半元〔圆〕锉	同	18	7		11	
10"	粗半元〔圆〕锉	同	48		3	45	
10"	中半元〔圆〕锉	同	48	7		41	

续表

尺寸	名称	单位	原来数量	轰炸损失数	职工学损失数	现存数量	备注
10"	细半元〔圆〕锉	同	43	6		37	
12"	粗半元〔圆〕锉	同	54	5		49	内1把弯
12"	中半元〔圆〕锉	同	48			48	
12"	细半元〔圆〕锉	同	43	7	1	35	
14"	粗半元〔圆〕锉	同	12	1		11	
14"	中半元〔圆〕锉	同	12			12	
14"	细半元〔圆〕锉	同	12	1		11	内16把弯
16"	粗半元〔圆〕锉	同	12			12	
16"	中半元〔圆〕锉	同	12			12	
16"	细半元〔圆〕锉	同	12			11	
6"	粗五金半元〔圆〕锉	同	12			12	
8"	同	同	12			12	
10"	同	同	7	2		5	
14"	同	同	18			22	
14"	中五金半元〔圆〕锉	同	48			48	
16"	同	同	46	1		45	
16"	细五金半元〔圆〕锉	同	94			94	
	锉刀刮刀	同	1			1	
0.5.mm	麻花钻头	同	1			1	
1.0. mm	同	同	10			10	
1.5. mm	同	同	5			5	
2.0. mm	同	同	9	1		8	
2.5. mm	同	同	8			8	
3.0. mm	同	同	10			10	
3.5. mm	同	同	9			9	
4.0. mm	同	同	8			8	
4.5.mm	同	支	8	2		6	
5.0.mm	同	同	13			13	
5.5.mm	同	同	12			12	
6.0.mm	同	同	13			13	

续表

尺寸	名称	单位	原来数量	轰炸损失数	职工学损失数	现存数量	备注
6.5.mm	同	同	5	2		3	
7.0.mm	同	同	7	1		6	
7.5.mm	同	同	3			3	
8.0.mm	同	同	4			4	
8.5.mm	同	同	4			4	
9.0.mm	同	同	4			4	
9.5.mm	同	同	5			5	
10.0.mm	同	同	4			4	
10.5.mm	同	同	2	1		1	
14.0.mm	同	同	1			1	
16.0.mm	同	同	1			1	
18.0.mm	同	同	1			1	
18.5.mm	同	同	1			1	
19.5.mm	同	同	1			1	
21.0.mm	同	同	1			1	
21.5.mm	同	同	1			1	
22.0.mm	同	同	1			1	
24.0.mm	同	同	1			1	
25.0.mm	同	同	1			1	
30.0.mm	同	同	1			2	
35.0.mm	同	同	1			1	
1/64"	同	同	5			5	
1/32"	同	同	15	1		14	
1/16"	同	同	13			13	
3/32"	同	同	5			5	
1/8"	同	同	9	2		7	
5/34"	同	同	17	1		16	
3/16"	同	同	21		1	20	
7/32"	同	同	16			18	
1/4"	同	同	27			27	
9/32"	同	同	19		1	18	

续表

尺寸	名称	单位	原来数量	轰炸损失数	职工学损失数	现存数量	备注
5/16"	同	同	27	3	1	23	
11/32"	同	同	13			13	
3/8"	同	同	8			9	
13/32"	同	同	11			11	
7/16"	同	同	14		1	13	
15/32"	同	同	13			13	
1/2"	同	同	17			18	
17/32"	同	同	4			4	
9/16"	同	同	4			4	
19/32"	同	同	2			2	
5/8"	同	同	3			3	
21/32"	同	同	2			2	
11/16"	同	同	2			2	
23/32"	同	同	1			1	
3/4"	同	同	1			1	
25/32"	同	同	2			2	
13/16"	同	同	2			2	
27/32"	同	同	1			1	
7/8"	同	同	2			2	
29/32"	同	同	4	1		3	
15/16"	同	同	1			2	
31/32"	同	同	2			2	
1"	同	同	3			3	
$1\frac{1}{8}$"	同	同	2			2	
$1\frac{1}{4}$"	同	同	2			2	
$1\frac{5}{16}$"	同	同	1			1	
$1\frac{7}{16}$"	同	同	1			1	
$1\frac{1}{2}$"	同	同	1			1	
6"	钢皮尺	只	112	18	3	91	
12"	同	同	44	6	3	35	
6"	三角刮刀	把	3			4	内1锉刀改制

续表

尺寸	名称	单位	原来数量	轰炸损失数	职工学损失数	现存数量	备注
8"	同	同	5			5	
10"	同	同	5			5	
12"	同	同	5			5	
	滚花刀	同	1			1	
0–36S.W.G.	线规	只	1			1	No.281.
1–36S.W.G.	同	同	1			1	No.188.
	划线刀	同	1			1	
M.3$\frac{3}{4}$	锉刀	套	1			1	(1套=8只)
M.4$\frac{1}{4}$	同	"	1			1	同
4.D.P.	同	"	1			1	同
5.D.P.	同	"	1			1	同
7$\frac{1}{2}$.D.P.	同	"	1			1	同
8.D.P.	同	"	1			1	同
10.D.P.	同	"	1			1	同
12.D.P.	同	"	1			1	同
14.D.P.	同	"	1			1	同
16.D.P.	同	"	1			1	同
13.D.P.No.2	同	只	1			1	
30–30–13mm	同	同	1			1	
1/8"–1/3"	同	同	1			1	
3/8"–1$\frac{3}{4}$"	同	同	1			1	
5/8"	立锉刀	同	1			1	
3/8"–7/8"	同	同	10		1	9	
1/8"–7/8"	锉子	同	33			33	
9/16"	光头锉刀	同	1			1	
5/8"	同	同	1			1	
	三角铁	对	1			1	(元宝铁)
10呎	皮尺	盒	1			1	
	中心冲	只	7	1		6	

续表

尺寸	名称	单位	原来数量	轰炸损失数	职工学损失数	现存数量	备注
3/8"×3"	砂轮	只	1			1	
3/8"×4"	同	同	1			1	
1/2"×2"	同	同	1			1	
1/2"×3"	同	同	1			1	
3/4"×4"	同	同	1			1	
1"×2"	同	同	1			1	
1"×1/4"×8"	同	同	1			1	
$1\frac{1}{4}$"×$1\frac{1}{4}$"×2"	同	同	2			2	
60o×1/4"×4"	同	同	1			1	
1/2"×1/8"×$3\frac{1}{2}$×6"	同					1	
1/2"×3/4"×6"	元〔圆〕边砂轮	同	1			1	No.4154
1/2"×1/8"×6"	碟形砂轮	同	2			2	
$2\frac{1}{2}$"×5"	凹形砂轮	同	1			1	
$1\frac{1}{2}$"×3"	同	同	1			2	
	马力指示器	具	1			3	
3/8"×6"	三角油石	块	2			3	
1"×4"	同	同	1			10	内俄造1只
1"×2"×8"	扁油石	同	2			1	（已坏）
	钻头大套筒	只	3			2	
	钻头小套筒	同	3			1	
	钻卡头	同	10				
	线坠	同	1			1	
	同	同	2				
12"	铜水平	同	1				
15"	同	同	1		1	1	
12"	木水平	同	5		3	1	
14"	同	同	1		1		
16"	同	同	1		1		

续表

尺寸	名称	单位	原来数量	轰炸损失数	职工学损失数	现存数量	备注
20"	同	同	1		1		
22"	同	同	1		1		
24"	同	同	1				
1/2"–1"	套筒扳手	套	1				
5/16"–7/8"	搬手	套	2			2	
3/8"×6"	活扳手	只	5			5	内1只待修
1/2"×8"	同	同	10			11	内1只待修
5/8"×10"	同	同	1			2	
3/4"×12"	同	同	5			3	
1"×15"	同	同	4		1	3	
6"	死扳手	同	3			3	
8"	同	同	3			3	
5/8"×10"	同	同	1			1	
11"	同	同	1			1	
5/8"×3/4"×12"	同	同	2			2	
7/8"×13"	同	同	2			2	
1"×15"	同	同	1			1	
7/8"×1"×16"	同	同	1			1	
No.14.	同	同	1			1	
	划线盘	套	4			4	
1/16"、3/32"、1/8"、5/32"、3/16"、17/32"、1/4"	丝公板牙	盒	1			1	No.A1$\frac{1}{2}$内有坏丝公
1/8"、3/16"、1/4"、5/16" No.1.	同	同	2			2	内有1/8"、3/16"丝公已坏
1/4"、5/16"、3/8"、1/2" No.2.	同	同	1			1	
3/8"、7/16"、1/2"、5/8" No.3.	同	同	2			2	
3/8"、1/2"、5/8" 3/4" No.4.	同	同	2	1		1	
5/8"、3/4"、7/8"、1" No.5.	同	同	2			2	少一绞损

续表

尺寸	名称	单位	原来数量	轰炸损失数	职工学损失数	现存数量	备注
$1''$、$1\frac{1}{8}''$、$1\frac{1}{4}''$、$1\frac{1}{2}''$ No.6.	同	同	2	板牙 $1\frac{1}{8}''$、$1\frac{1}{4}''$、$1\frac{1}{2}''$		2	No.3105
1/4"、5/16"、3/8"、7/16"、1/2"、5/8"、3/4"	同	同	1	1			
1/4"、5/16"、3/8"、7/16"、1/2"、7/16"、5/8"、3/4"	同	同	1			1	No.3107 内 3/8"、7/16"、9/16" 丝公已失
3/8"、1/2"、5/8"	同	同	1	1			无绞损
1/8"	螺丝公	付	5	1		4	
3/16"	同	同	4			4	
1/4"	同	同	4		2	2	
5/16"	同	同	5		1	4	
3/8"	同	同	6	1		5	
1/2"	同	同	8		1	7	
5/8"	螺丝公	付	3			6	
3/4"	同	同	2			4	
0.02mm	卡尺	只	1			1	No.1902.待修
同	同	同	1			1	No.1996.待修
同	同	同	1			1	No.2199.待修
同	同	同	1			1	No.2215.待修
同	同	同	1			1	No.2249.待修
同	同	同	1			1	No.2331.待修
同	同	同	1			1	No.2333.待修
同	同	同	1			1	No.2337.待修
同	同	同	1	1			No.3805.待修
同	同	同	1			1	No.5347.待修
同	同	同	1			1	No.5515.待修
同	同	同	1			1	No.6885.待修

续表

尺寸	名称	单位	原来数量	轰炸损失数	职工学损失数	现存数量	备注
	大平錾子	同	1			1	(八角钢制)
1/8"A-Z	英文字模	盒	2			2	
1/8"0-8	钢数字	套	4			4	
1.5mm0-8	同	同	1			1	内缺"3"字1只
1/4"	英文字模	只	3			3	S.G.F.各1只
1/4"	字模	同	1			1	
1/4"	生钢车刀	把	1			1	
3/8"	同	同	4		1	4	
1/2"	同	同	2			2	
5/8"	同	同	1			1	
3/4"	锋钢车刀	同	17			17	
1/2"-3/4"	蓝钢车刀	同	12			12	
1/4"-5/8"	同	同	33			33	
3/8"-1/2"	锋钢刀头	只	30	2		28	
	中心刀杆	同	7			7	
	铣刀杆	同	18			18	
	车刀杆	同	15	2		13	
	方夹板	同	16	4	1	11	
	元〔圆〕夹板	只	5	1		4	(拐杆)
25-50mm	千分尺	同	2			2	20°.待修
同	同	同	1			1	No.2388.待修
同	同	同	1			1	No.4496.待修
50-75mm	同	同	1	1			No.2220.待修
同	同	同	1			1	NO.3855.待修
同	同	同	1	1			20°.
225-300mm	同	同	1			1	NO.224-M.待修

续表

尺寸	名称	单位	原来数量	轰炸损失数	职工学损失数	现存数量	备注
21"–12""	内径千分尺	套	1	1			（12件）
0.05–2.0mm	厚薄千分规	同	1			1	
0.50–5.0mm	同	同	1			1	
	同	同	1			1	No.172B
	螺丝齿规	同	4			4	No.6、155、156、178A
	转数表	只	2			2	Record No. 106
	喷漆器	套	1			1	
	盘状测微器	同	2	1		1	No.196A 烧711–F
	扁錾子	只	91		8	83	
	尖錾子	同	83		8	75	
	螺丝刀	同	37	7	2	28	
	钢锯子	同	39			39	
	钢錾子	同	4			4	
大号	手摇钻	同	1			1	
小号	同	同	4			4	
	手绕钻	同	3			3	
1"	管子钳	同	4			4	俄国造
$1\frac{1}{2}$"	同	同	4			4	同
3"	同	同	4			4	同
4"	同	同	4			4	同
No.8.	同	同	1			1	
No.10.	同	同	1			1	
No.14.	同	同	1			1	
No.18.	同	同	3			3	
1"	管子割刀	只	1			1	
2"	同	同	2			2	
3"	同	同	1			1	
4"	同	同	1			1	
No.4.	同	同	1			1	

续表

尺寸	名称	单位	原来数量	轰炸损失数	职工学损失数	现存数量	备注
1/4"–3/8"	管子铜板	付	1			1	
1/2"–3/4"	同	同	2			2	
1"–1$\frac{1}{4}$"	同	同	2			2	
1$\frac{1}{2}$"–2"	同	同	1			1	
2$\frac{1}{4}$"–3"	同	同	1			1	
2$\frac{1}{2}$"–3"	同	同	1			1	
3$\frac{1}{2}$"–4"	同	同	1			1	
No.33BE.	管子铜板架	只	1			1	
No.114.	同	同	1			1	
No.115$\frac{1}{2}$R.	同	同	1			1	
No.117$\frac{1}{2}$R.	同	同	1			1	
No.13$\frac{1}{2}$R.	练钳子	同	1			1	
No.33.	同	同	1			1	
No.33$\frac{1}{2}$.	同	同	1			1	
No.34.	同	同	1			1	
No.2.	抬练钳	同	1			1	
No.1.	管子台虎钳	具	2			2	
No.2.	同	同	2			2	
No.3.	同	同	2			2	
	皮带轮起子	同	1			1	
	紫铜烙铁头	只	6	3		3	
	同	同	18			18	
	螺丝卡头	同	1			1	
	双轮水滑车	同	4			4	
	铣刀砂轮工具	同	1			1	
小	千斤顶	同	2			2	内缺1顶帽

续表

尺寸	名称	单位	原来数量	轰炸损失数	职工学损失数	现存数量	备注
大	同	同	1			1	
	三节手电灯	只	1			1	
	白铁油壶	同	5			5	
	紫铜	同	4	1		3	
16"	搬钻	同	1			1	
18"	同	同	1			1	
	搬钻头	同	3	1		2	
1/16"、3/16"、3/8"、5/8"	皮带冲子	同	4	11/16		3	各1只
24"	四折木尺	同	34	22		12	
1.M.	六折木尺	同	39	6	1	32	
4'	八折木尺	同	4		3	1	
1.M.	三折木尺	同	1			1	
	平花钻	同	4	1		3	
203	绘圆仪器	盒	46		1（小画规）	46	
204	同	同	17			17	
	洋锁	把	201	119	33	47	
	铜锁	同	60	17	13	30	
6"	划规	同	86		9	77	
8"	同	同	62	3	2	57	
12"	同	同	1			1	
4"	直角尺	同	2		2		
5"	同	同	1			1	
6"	同	同	21		6	25	
7"	同	同	23			23	
8"	同	同	28			28	
10"	同	同	5			7	
12"	同	同	8		3	6	内有标准者1只
30"	同	同	1			1	

续表

尺寸	名称	单位	原来数量	轰炸损失数	职工学损失数	现存数量	备注
1/2#	手锤	同	27			27	
3/4#	同	同	20	2		18	
1#	同	同	59		7	56	
$1\frac{1}{2}$#	同	同	34	2	1	31	
2#	同	同	8			8	
5"	内卡钳	只	47			56	
6"	同	同	90	25	8	57	
10"	同	同	1			1	
5"	外卡钳	同	27			45	
6"	同	同	78	21	7	69	
10"	同	同	1			11	
16"	同	同	1			1	
13"	铁剪刀	同	2			3	（特优者）
15"	同	同	11			11	
13"	同	同	1			1	
10"	同	同	18			19	
	白铁锤	同	16			16	
	拐针	同	19			21	
	气眼针	同	83	3	6	74	
	大铜牌	同	108	1	4	103	
	小铜牌	同	77		3	79	
	大砂钩	同	91	2	1	88	
	小砂钩	同	76	5	4	67	
	大铜勺	同	76	7	3	66	
	中铜勺	同	74		6	68	
	小铜勺	同	85		1	93	
	法蓝	同	81	7	4	70	
	刮刀	同	105	4	1	100	内有21只无把
	捣砂锤	同	59	8		51	
	大皮老虎	同	10			10	内有4只待修

续表

尺寸	名称	单位	原来数量	轰炸损失数	职工学损失数	现存数量	备注
	小皮老虎	同	10			10	
	镜子	同	16	2	2	12	
	手灯架	同	2			2	
	铅粉罐	同	1			1	
	大化铜罐	同	22			22	
	小化铜罐	同	45			45	
	泥样	根	3		1	2	
	铁锹	同	7		3	4	
10.P.	大锤	同	1			1	
12.P.	同	同	1			1	
16.P.	同	同	4			3	内一把系20.P.故移下项
20.P.	同	同	3			4	
40.P.	同	同	1			1	
3.kg.	开锤	同	12		1	11	
4.kg.	同	同	9			9	
5.kg.	同	同	12			12	
6.kg.	同	同	2			2	
	煤扦	同	21			21	
	煤铲	同	21			21	
	锻卡钳	同	21	2	2	17	
12"	锻铁尺	同	18	1		17	
	锻铁钳	同	99		7	102	
	□子	同	26			26	
	平锤	同	38		1	39	
	葫芦锤	同	23			23	
	元〔圆〕口锤	同	32	32			
	元〔圆〕打子	同	13		3	32	
	下元〔圆〕打子	同	10			14	
	椿子	同	23			30	
25mm	元〔圆〕刮刃	块	38			38	

续表

尺寸	名称	单位	原来数量	轰炸损失数	职工学损失数	现存数量	备注
28mm	同	同	38			38	
30mm	同	同	39			39	
34mm	同	同	36			36	
45mm	同	同				20	
46mm	刨刃	同	37			37	
50mm	同	同	9			9	
56mm	同	同	48	1		47	
62mm	同	同	47			47	
11/2"	平□刃	同	25			31	
13/4"	平刨刃	块	154	64	2	88	
123mm	同	同				2	
129mm	同	同				1	
3"	同	同				2	
6mm	平錾子	把	45			45	
10mm	同	同	120	24		96	
12mm	同	同	51			77	
15mm	同	同	49	1		48	
20mm	同	同	48	1		47	
25mm	同	同	51	1		50	内有1把系36mm
50mm	同	同	71	1		70	
18mm	同	同	66			66	
1"	同	同	46			46	
22mm	内元〔圆〕铲	同	44			44	
25mm	同	同	48			48	
28mm	同	同	18			18	
30mm	同	同	19			19	
38mm	同	同	19			19	
1/2"	同	同	65	5		60	
1"	同	同	3		3		
1/4"	外元〔圆〕铲	同	49	3		46	

续表

尺寸	名称	单位	原来数量	轰炸损失数	职工学损失数	现存数量	备注
1/2"	同	同	81			82	
5/8"	同	同	2	2			
3/4"	同	同	45	4	11	40	
1/4"	平锤	同	51	3		48	
3/8"	同	同	50	3		47	
1/2"	同	同	80	9		71	
5/8"	同	同	13			13	
3/4"	同	同	146		1	149	
7/8"	同	同	18	1	1	16	
1"	同	同	101	5	2	94	
$1\frac{1}{8}$"	同	同	16			18	
$1\frac{1}{2}$"	平铲	把	20			20	
	捻钻	同	3			3	
	木车刀	同	34			36	
12"	木平尺	同	68	2	2	64	
24"	同	同	10		1	10	
90°	木角尺	同	69		2	68	
	活动尺	同	52		2	51	
	划线器	同	38	3		25	
	木锤	同	59	1		58	
18"	大刨	同	35	1	1	33	内缺件者3只
12"	中刨	同	63			63	内缺件者22只
6"	小刨	同	51	14		37	内缺件者1只
8"	铁刨	同	50	1	3	46	带刨刃40块
18"	手板锯	同	12		1	11	
20"	同	同	1			1	
24"	同	同	1			1	

续表

尺寸	名称	单位	原来数量	轰炸损失数	职工学损失数	现存数量	备注
16"	狭木锯	同	4			4	
24"	同	同	1			1	
28"	同	同	1			1	
16"	宽木锯	同	42	2	1	39	
24"	同	同	2			2	
5'-0"	开木锯	同	1			1	
3/8"×16"	木锯条	根	5			5	木开齿
1/4"×22"	同	同	3			3	
1/4"×24'"	同	同	6			6	
1/4"×30"	同	同	6			6	
$1\frac{1}{4}$"×24"	同	同	9			9	
$1\frac{3}{8}$"×22"	同	同	12			12	
$1\frac{5}{8}$"×24"	同	同	8			8	
$1\frac{1}{2}$"×22"	同	同	12			12	
	锥子	只	11		1	11	
	斧头	同	19		1	19	内有7只条斧坏
6"	木锉	把	23			29	
10"	同	同	32	2		30	
	钉锤	同	37	1	2	34	
	自制木钻头	只	15	15			
8mm	木钻头	同	3			3	
10mm	同	同	3			3	
7mm	长柄木钻	把	1			1	
3/8"	同	同	4			4	
1/2"	同	同	3			3	
5/8"	同	同	6			6	
3/4"	同	同	4			4	
7/8"	同	同	5			5	

续表

尺寸	名称	单位	原来数量	轰炸损失数	职工学损失数	现存数量	备注
1"	同	同	4			4	
	磨石	块	4			4	
	扁漆刷	把	29			29	（红水力刷子）
	钢刷子	同	8			8	
	马连开关	只	3			3	（交流三线）
60°	比重表	同	2			2	
	风镜	同	3			3	
5/8"	自来水表	具	1			1	
	自磨手电灯	同	1				电机科者该科现已收回
100#	压力表	只	1			1	
	白银片	盒	2			2	
	槽锤	把	2			2	
	高温表磁管	套	1			1	
	红灯泡	只	1			1	
	显微器	同	1			1	
1/2"×12"	钢锯条	打	10			5	
8"	胶把克丝钳	把	3			3	

25. 国立中央工业职业学校机械工程科抗战时期空袭损失物品清册（1948年）

名称	数量	单位	备注	名称	数量	单位	备注
No.3107、1/4"–1" 丝公板牙	1	盒	2000	50–75m/m 分厘尺	1	只	500
No.1071/2、1/4"–1" 丝公板牙[山]	1	同	2000	No.3855.50–75m/m 分厘尺	1	同	500
No.6.1"–1$\frac{1}{2}$" 丝公板牙	2	同	1500	No.331.0"–1" 分厘尺	1	同	500
No.4.3/8"–3/4" 丝公板牙	1	同	1500	No.224 宽深厚薄仪[山]	1	盒	900
No.3105.Q.K.1/4"–3/4" 丝公板牙	1	同	1800	No.4235 测面仪[山]	2	具	1000

续表

名称	数量	单位	备注	名称	数量	单位	备注
No.5.5/8"-1" 丝公板牙	2	同	2400	2"-12" 内径分厘尺	1	套	1200
3/8"-5/8" 丝公板牙	1	同	1200	No.236.6" 深线尺[山]	1	同	600
No.A-1/2,1/16"-1/4" 丝公板牙[山]	1	同	1500	No.196A 输盘式示微器[山]	2	同	200
No.1996.7" 千尺卡尺	1	只	400	钒质扳手[山]	7	只	760
No.6885.7" 千尺卡尺	1	同	400	No.C.V.S.18 套筒扳手[山]	1	盒	200
No.5515.5" 千尺卡尺	1	同	400	No.2061-4F 套筒扳手[山]	4	只	100
No.3805.5" 千尺卡尺	1	同	400	No.18365/64"-13/32" 起坏螺丝丝公钻头[山]	1	套	300
No.2249.5" 千尺卡尺	1	同	400	No.364.7" 分度规[山]	1	只	100
No.5347.7" 分度规	1	同	400	No.12812 速度表[山]	1	同	600
No.2245.5" 分度规	1	同	400	No.339 卡头扳手[山]	1	同	200
No.2197.7" 分度规	1	同	400	No.63.6" 钢角尺[山]	1	同	200
No.2333.12" 分度规	1	同	400	No.79.6" 外卡钳[山]	1	同	50
No.1902.12" 分度规	1	同	400	No.274.6" 内卡钳[山]	1	同	50
No.2331.12" 分度规	1	同	400	No.277.6" 圆规[山]	1	同	50
No.28.M.d.E.4" 分度规[山]	1	同	400	三用钢尺[山]	3	套	500
No.2388.25-50m/m 分厘尺	1	同	500	No.596 马力指示器[山]	1	具	1200
No.2242.225-300m/m 分厘尺	1	同	500	12" 木水平尺	3	只	180
No.4496.25-50m/m 分厘尺	1	同	500	14" 木水平尺	1	同	70
2o.C.25-50m/m 分厘尺	2	同	500	16" 木水平尺	1	同	80
No.2220.50-75m/m 分厘尺	1	同	500	20" 木水平尺	1	同	100
22" 木水平尺	1	只	120	16" 方锉	23	把	□
No.199 钢水平尺	1	同	1200	18" 方锉	39	同	□
No.608 高速率钻头[山]	60	同	480	10" 刀锉	32	同	□
No.441036 气体分析器[山]	1	套	100	1/8" 螺丝公	3	付	150
14" 五金锉	61	把	1220	3/16" 螺丝公	1	同	60
16" 五金锉	139	同	2780	1/4" 螺丝公	4	同	280
10" 半圆锉	116	同	1160	5/16" 螺丝公	1	同	80
12" 半圆锉	134	同	1340	1/2" 螺丝公	1	同	150
14" 半圆锉	33	同	696	3/4" 螺丝公	1	同	120
16" 半圆锉	34	同	748	60° 比重表	2	只	100

续表

名称	数量	单位	备注	名称	数量	单位	备注
10" 三角锉	135	同	2700	镜子	13	面	39
12" 三角锉	121	同	2420	15W 灯泡	20	只	60
14" 三角锉	35	同	700	25W 灯泡	6	同	30
16" 三角锉	27	同	540	40W 灯泡	12	同	72
10" 扁锉	53	同	1060	100W 灯泡	12	同	100
12" 扁锉	128	同	2560	$1\frac{1}{4}$" 洋钉	16	斤	□
14" 扁锉	49	同	980	$1\frac{1}{2}$" 洋钉	2	同	28
16" 扁锉	129	同	2580	2" 洋钉	2	同	36
10" 圆锉	110	同	2200	$2\frac{1}{2}$" 洋钉	16	同	48
12" 圆锉	138	同	2760	$3\frac{1}{2}$" 洋钉	25	同	75
14" 洋钉	27	同	540	5" 六折木尺	6	同	18
10" 方锉	88	同	1760	3/16" 方丝母	152	只	456
12" 方锉	113	同	2260	1/4" 方丝母	168	同	472
14" 方锉	29	同	580	3/8" 方丝母	130	同	65
3/4"×13" 锋钢车刀	14	把	560	5/8" 钻头	2	只	20
3/8"×3" 锋钢刀头	36	只	360	15/32" 钻头	3	同	24
3/8"×8" 生钢车刀	3	同	300	5/8" 平花钻	1	同	10
1/2"×10" 生钢车刀	4	同	400	7/8" 平花钻	1	同	14
3/8"×3" 蓝钢刀头	9	同	90	钻卡头	4	同	320
1/2"×8" 蓝钢车刀	11	把	110	$1\frac{1}{2}$# 榔头	5	把	75
1/2"×3" 蓝钢刀头	9	只	90	1# 榔头	6	同	72
车刀杆	12	同	120	1/2# 榔头	8	同	48
1/2"×8" 活扳手	8	同	160	12" 钢皮尺	19	同	95
3/4"×12" 活扳手	4	同	120	紫铜钳口	4	付	20
1"×15" 活扳手	2	同	80	6" 划规	10	只	150
3/8"×6" 活扳手	4	同	80	锉刮刀	4	把	40
5/8"×10" 活扳手	3	同	90	8" 油石	2	块	60
1" 死扳手	12	同	60	铣刀杆	6	只	180
5/8"×3/4" 死扳手	10	同	50	大套筒	3	同	60

续表

名称	数量	单位	备注	名称	数量	单位	备注
10" 钢角尺	3	同	150	绞□	3	根	□
6" 内卡钳	15	同	80	洋锁	166	同	498
6" 外卡钳	14	同	280	划线盘	4	只	400
钢锯	8	同	160	铜锁	30	把	90
1/8" 钻头	3	同	9	夹板	4	只	80
3/8" 钻头	4	同	12	平錾	23	同	92
9/16" 钻头	2	同	16	尖錾	33	同	138
1/16" 钻头	1	同	16	刮刀	5	把	50
5/8" 螺丝公	2	付	80				
划线针	16	只	8				
6" 钢尺	11	同	33				
1.5m/m 钢数字	1	盒	40				
六折木尺	8	同	64				
四折木尺	4	同	40				
八折木尺	3	同	30				
螺丝刀	5	把	20				
白铁油壶	5	同	50				
紫铜油壶	2	同	20				
6" 手钳	7	同	140				
1/4" 螺丝母	327	只	981				
棉纱	61	市斤	61				
AJ35 钢珠轴领	5	套	1500				
No.8828 钢珠轴领	2	同	600				
喷漆器	1	同	400				
No.204 绘图仪器	6	盒	240				
No.203 绘图仪器	7	同	280				
共计							77986.90

三、文化部分——重庆市立图书馆被炸损失[①]

1. 重庆市立图书馆造报 1939 年 5 月 25 日该馆被炸器具什物损失清册（1939 年 6 月 8 日）

物品	数量	备考	物品	数量	备考
长书条桌	5 张		椅子	5 把	
短书条桌	13 张		厂床	2 乘	
书架子	3 乘		茶几	2 个	
玻柜	2 乘		板凳	2 条	
长玻柜	1 乘		高独凳	1 个	
茶架子	2 个		杂志架	4 个	
报夹子	10 个		挂牌	1 块	
文柜	1 乘		玻盒	3 个	
窗帘布	8 幅		书柜	1 乘	以下系二书报社公物
土茶壶	2 个		报架	2 个	
金色印泥	1 盒		报夹子	12 个	
票签座子	2 个		木牌	4 块	
脚棕垫	2 个		社名挂牌	1 块	
瓦痰盂	2 个		美孚灯	1 盏	
门帘	1 幅		米达尺	1 个	

---

① "文化"一词，内涵丰富，外延广泛。抗战时期在重庆的文化机关、单位众多，也或多或少、不同程度地遭受了轰炸并有损失。但这些文化单位，抗战胜利后大多迁回原籍，故馆藏中有关文化的全宗较少，而文化机关中有空袭损害的，则只有重庆市立图书馆。故本书中文化部分有关遭受轰炸的档案，也只限于重庆市立图书馆，其他单位容日后查收集齐全后再补，特此说明。

续表

物品	数量	备考	物品	数量	备考
美孚灯	1盏		凳子	5个	
阅览证	5个		总理遗像	1幅	
笔架	1个	以上系总馆公物	砚池	1个	
书夹子	1个				
棕垫	2张				

2. 重庆市立图书馆造报 1939 年 5 月 25 日该馆被炸财产直接损失汇报表（1939 年 11 月 9 日）

事件：被敌机轰炸

日期：民国二十八年五月二十五日

地点：山王庙街二号

填送日期：民国二十八年十一月九日

分类	价值
共计	
建筑物	约计 500 元（本馆藏书、阅览、办公各室及一部分门窗墙壁多被炸倒,中央公园阅览室房屋全部炸毁）
器具	约计 240 元（附器具什物损失清具一份）
现款	
图书	约计 69 元（附图书损失清册一份）
仪器	
文卷	
医药用品	
其他	

3. 重庆市立图书馆造报该馆财产间接损失汇报表(1939年11月9日)

填送日期:民国二十八年十一月九日

分类	数额
共计	250元
迁移费	250元
防空设备费	
疏散费	
救济费	
抚恤费	

4. 重庆市立图书馆造报1939年5月25日该馆被炸财产损失报告单(1939年11月9日)

事件:被敌机轰炸

日期:民国二十八年五月二十五日

地点:山王庙街二号

填送日期:民国二十八年十一月九日

损失项目	单位	数量	价值
第一项建筑物	800元		800元
第一目建筑物	800元		800元
第二项器具			240元
第一目长书条桌	4元	5张	20元
第二目短书条桌	3元	13张	39元
第三目书架子	7元	3乘	21元
第四目玻柜	11元	2乘	22元
第五目长玻柜	13元	1乘	13元
第六目茶架子	3元	2个	6元
第七目报夹子	0.5元	22个	11元
第八目文柜	10元	2乘	20元
第九目椅子	2元	5把	10元
第十目厂床	6元	2乘	12元

续表

损失项目	单位	数量	价值
第十一目茶几	2元	2个	4元
第十二目板凳	□元	2条	□元
第十三目高独凳	□元	1个	□元
第十四目杂志架	3元	4个	12元
第十五目挂牌	3元	2块	6元
第十六目玻盒	2元	3个	6元
第十七目窗帘布	1元	8幅	8元
第十八目土茶壶	0.5元	2个	1元
第十九目金色印泥	1.50元	1盒	1.50元
第二十目票签座子	0.50元	2个	1元
第二十一目脚棕垫	2元	4张	8元
第二十二目瓦痰盂	0.50元	2个	1元
第二十三目门帘	3元	1幅	3元
第二十四目美孚灯	1元	2盏	2元
第二十五目铜阅览证	0.50元	5个	2.50元
第二十六目钢笔架			
第二十七目报架			
第二十八目木牌			
第二十九目社名挂牌			
第三十目凳子			
第三十一目米达尺			
第三十二目总理遗像			
第三十三目书夹子			
第三项图书			69元
第一目图书	1元	47册	47元
第二目儿童书籍	0.30元	10册	3元
第三目杂志	0.10元	80册	8元
第四目挂图	0.50元	20张	10元
第五目总理遗像	1元	1幅	1元

5. 重庆市立图书馆为报1939年5月25日该馆被炸图书损失情形呈重庆市社会局文（1939年11月13日）

查本馆于本年五月二十五日被炸，所有器具、什物及职员私人损失，业经先后造具清册呈报钧局，准予备查有案。兹将图书损失部分造具清册，备文呈送钧局鉴核备查。

附图书损失清册一份

全衔刘〇〇

民国二十八年十一月十三日

附：

重庆市图书馆二十八年五月二十五日被炸图书损失清册

书名	册数	备考	书名	册数	备考
代数学因素分解	1	3830	马克士威	1	
电机工程概论	1	4006	石头记	2	4606
以上系万有文库					
记帐〔账〕须知	1	4103	中国革命史	1	2425
商业算术	1	4190	近代中日关系略史	1	2634
金石素	1	4190	中国国民革命史	1	2639
古代社会	8	5111–180	苏联出兵问题	1	2823
印度短编小说集	1	6123	今古奇观	1	2841
匈牙利短编小说	1	6133	汉奸问题	1	2831
聊斋志异外集	1	6668	杂志	80	
中国与二次大战	1	6697			
诸葛孔明生活	1	2723			
耶稣生活	1	2747			
当代国际名将	1	2747			
世界名胜记	1	2682			
中国地理大纲	1	2674			
中国近七十年来教育记事	1	2471			
儿童书籍	10				
挂图	20				
左宗棠家书	1	062	通信概论	1	1068

续表

书名	册数	备考	书名	册数	备考
驭人政策	1	311	日本航空兵侦查及战斗原则	1	1117
抗战军事与新闻动员	1	375	近代物理学	1	1305
儿童与教育	1	526	电世界	1	1310
新地方教育行政	1	582	简明配药法	1	1492
劳动统计	1	715	医药须知	1	1493
主要社会主义	1	755	婚后卫生	1	1518
瑞士的政府和政治	1	816	少男少女	1	1855
〈后缺〉					

6. 重庆市立图书馆为1940年10月25日该馆被炸损失情形及处理善后经过等呈重庆市社会局文（1940年10月27日）

查本馆于本月二十五日下午敌机空袭时被炸，兹谨将被炸损失情形、处理善后经过及应行请示各点分别报告于左〈下〉：

甲、本馆被炸损失情形：（一）本馆左首二楼办公室暨馆长宿舍、楼下职员及工役宿舍均已炸毁；（二）左首高围墙炸倒四分之三，约宽二丈余；（三）二楼图书阅览室、楼下书报杂志阅览室，右首总务部办公室暨男职员宿舍、后楼女职员宿舍门窗均被震坏，玻璃全部破碎，墙壁石灰脱落，地平土破裂多处；（四）三楼藏书室因楼梯炸断，未敢冒险攀登，损失尚未查明。

乙、处理善后经过：（一）当警报解除后，立即召开临时馆务会议，决定各项处理步骤。此项会议记录，已另文呈报；（二）由馆长于会议举行后赴局报告，并请示各项原则；（三）本馆各部仍照常办公；（四）三挂楼梯炸断，藏书室存书无法搬下，已设法雇工将该楼屋上已震坏之瓦重行补盖，以免天雨淋湿；（五）书报杂志阅览室次日照常开放；（六）张贴启事，通告读者，图书阅览室因楼梯炸坏，暂停开放，书籍暂不出借，已借出书籍仍可送还阅览室，取回保证金；（七）所有公私损失，□另分别查明，列表呈报。

丙、应行请示各点：（一）馆长奉谕赴中央图书馆商洽合作事宜，适蒋馆长已赴白沙，由负责人徐觉先生接谈。据云，该馆房屋十一月初始能复工，如无空袭阻扰，十二月中旬可以完成一部分，先行开放，关于两馆人事、经费之分配及其他必要事件,拟请即由钧局拟定具体合作办法,先期函请中央图书馆洽定,俟房屋建成后,即可迁往,以免多延时日;(二)本馆被炸部分,□□□日修理,在未请准修理□□前,并□□□□□原供给市振济会之职员宿舍 3 间,准予暂作□□职员宿舍,俾可安置本馆职员,兼便拆除办公室旁另隔之小宿舍,而将原有办公室稍事扩充,以利工作;至市振济会原借民教馆之办公室,本馆拟不需用,以免妨碍该馆正在计划及进行中之各种事业;(三)本馆现存书籍,除拟大量移运小龙坎、沙坪坝、磁器口、南温泉各阅览场陈列外,拟即在钧局内成立第五图书阅览场,大体办法已与第一科徐克年同志商定,即可由徐同志签请设立。惟目前运费太贵,本馆原有办公费内无法开支,若临时请拨,未免缓不济急。查本馆八月份内购置费因补发经费具领时间过迟,尚有积余 200 余元,可以移用,拟请准予移作临时书籍搬运费,以免另外请款;(四)如本馆决定从缓修理,拟请准在未迁往中央图书馆前,暂将图书阅览室停止开放,至本馆原有杂志报纸阅览室及各阅览场、各书报流通处,自当仍予力谋充实改进。

除关于本馆改迁第一分馆,成立第一儿童图书馆,委托各□设立书报流通处及与三民主义青年团渝□□□□青年馆合设图书阅览场等项,经过□□□□□情形另文呈报外,理合将本馆被炸损失情形、处理善后经过及应行请示各点,备文呈请鉴核,指令示遵。谨呈:

局长包

重庆市立图书馆馆长　赵友培

7. 重庆市立图书馆为送该馆 1940 年 10 月 25 日被炸损失报告单呈重庆市社会局文(1940 年 10 月 27 日)

查本馆于本月二十五日下午被炸,馆长当即赴局报告,已沐派员莅馆察勘。所有公物损失情形,除三楼因楼梯炸断未敢冒险攀登,须俟另行设法查明补报外,理合先将已查明各项损失公物单,报请钧局鉴核备查。谨呈:

局长包

附呈本馆财产损失报告单

(全衔)赵○○

附：

重庆市立图书馆财产损失报告单

事件：日机轰炸

日期：民国二十九年十月二十五日

地点：三元庙重庆市立图书馆

填送日期：民国二十九年十月二十七日

损失项目	单位	数量	价值	备考
棕棚〔绷〕床	张	1	42元	新购
木床	张	1	10元	新购
椅子	张	9	27元	每张3元
衣架	个	1	5元	
短书桌	个	5	15元	每个3元
凳子	个	7	14元	每个2元
洗面架	个	1	10元	新购
洗面盆	个	1	14元	
水缸	口	1	5元	
手电筒	只	1	9.50元	新购
玻璃茶杯	个	4	4.40元	每个1.9元新购
瓷茶壶	个	1	4元	新购
土瓷茶壶	个	1	2元	新购
铜铃	个	1	5元	
铜锁	把	6	15元	每把2.5元新购
唊〔痰〕盂	个	2	4元	每个2元
电灯泡	个	6	18元	每个3元
公文竹箱	个	1	10元	新购
写字台	个	1	20元	尚可修理

报告者：重庆市立图书馆馆长赵友培

8. 重庆市立图书馆为报该馆员役 1940 年 10 月 25 日空袭私人损失呈重庆市社会局文（1940 年 10 月 27 日）

查本馆于本月二十五日下午被炸，除公物损失情形业已另文呈报外，所有员役私人损失，兹谨列表报请鉴核，伏乞即予派员调查，并准照章先由钧局拨发各该员役薪俸 1 月，以资救济。惟工役薪饷有限，业已暂由本馆预发本年十一、十二两月份米贴各 10 元，将来再行扣除，合并陈明。谨呈：

局长包

附呈本馆员役空袭损失私物报告表七份

(全衔)馆长赵〇〇

附表一：

重庆市立图书馆员役空袭损失私物报告表

物品名称	品质	数量	损失程度	原价	购买年月	备考
青线哔叽中山服	线	1 套	全损	34	1940.3	现购约 60 余元
白线布短衬衫	线	2 套	同	18	1939.12	现购约 40 余元
胶鞋	胶	1 双	同	12	1940.3	现购约 16 元
皮箱	皮	1 口	同	13	1939.4	现购约 50 余元
洗脸盆	瓷	1 个	同	1200	1940.6	现购约 18 元
府绸衬衣	府绸	1 件	同	9	1940.5	现购约 17 元
被灾日期	10 月 25 日		被灾地点	三元庙总馆		
房屋被炸或震塌	震塌		原支薪俸数目	85 元		
有无同居眷属	无					

右〈上〉开物品，确系因空袭被毁，谨报告馆长转呈市长吴。

填报人职务：阅览部主任刘武清

民国二十九年十月二十七日

附表二：

重庆市立图书馆员役空袭损失私物报告表

物品名称	品质	数量	损失程度	原价	购买年月	备考
被盖	棉	1床	全坏	30元	1939.8	现值约80元
垫褥	棉	1床	同	24元	1939.8	现值约50元
被单	布	1条	同	15元	1939.8	现值约25元
蚊帐	纱	1顶	同	17元	1940.5	
热水瓶		1个	同	16.50元	1940.2	
夹袍	绸	1件	同	32元	1938.3	现值约80元

填报人：常遗生

民国二十九年十月二十五日

9. 重庆市立图书馆沈连海、黄俊成、张作清等为1940年10月25日被炸自家私物损失情形给馆长赵友培的报告（1940年10月27日）

兹谨将工差等被炸损失开呈于左〈下〉：

（一）沈连海

重庆市立图书馆员役空袭损失私物报告表

物品名称	品质	数量	损失程度	原价	购买年月	备考
夹衣	布	1套	全坏	8元	1938.1	现值约25元
力士鞋	胶	1双	半坏	9.50元	1940.9	
被盖	棉	1床		12元	1937.10	现值约50元
共计洋29.50元						

（二）黄俊成

重庆市立图书馆员役空袭损失私物报告表

物品名称	品质	数量	损失程度	原价	购买年月	备考
被盖	棉	1床		12元	1938.5	现值约50元
被单	布	1条		5.50元	1939.10	现值约15元
军制服	布	1套		17元	1940.5	现值约25元
共计洋34.50元						

(三)张作清

重庆市立图书馆员役空袭损失私物报告表

物品名称	品质	数量	损失程度	原价	购买年月	备考
制服	布	1套		13元	1939.6	现值约2元
短衫裤	布	2套		14元	1939.10	现值约32元
鞋子	布	1双		5.40元	1940.10	
共计洋32.40元						

(四)唐治安

重庆市立图书馆员役空袭损失私物报告表

物品名称	品质	数量	损失程度	原价	购买年月	备考
被褥	棉	1床		10元	1939.12	现值约4元
袍子	棉	1件		15元	1939.10	现值约40元
箱子	藤	1口		8元	1940.4	现值约12元
共计洋33元						

谨呈：

主任张转呈

馆长赵

差沈连海、黄俊成、张作清、唐治安谨呈

10.重庆市立图书馆职员余德坤为造报该馆被炸图书损失清册给馆长赵友培的报告(1940年12月6日)

窃本馆自上次被炸后，图书稍有损失，现已整理完竣，造呈清册一份，敬乞鉴核。谨呈：

主任陈转呈

馆长赵

职余德坤

十二月六日于本馆

附：

重庆市立图书馆被炸图书损失清册

书名	著译者	出版处	备注
图书馆与成人教育	杜定友	商务	0.45
哲学与科学	汪奠基	商务	
哲学与科学的回顾	殷佩斯	商务	
迷信	费鸿年	商务	0.30
中山政治ABC	朱采真	世界	0.40
最近之日本	冷壁	生活	0.50
利用合作经营要论	秦亦文	乡村	0.65
农业合作	王世颖	世界	0.40
农村合作	王世颖	世界	0.70
王先生游记	萧抱坚	正中	0.30
资本主义之将来	张梁任	商务	1
工业政策纲要	黄通	中华	0.70
破产法之常识	李觉鸣	馀庆	0.35
怎叫宪法	周傅情	世界	0.25
教育心理学大纲	朱君毅	中华	2
英文报考指南	周郁年	大达	1.20
甘愿做炮灰	郭沫若	北新	0.45
鱼与天鹅	张晓天	中国	0.30
达夫全集(过去集)		北新	1.50
天空现象谈	丁锡华	中华	0.45
残阳	靳以	开明	0.30
脉法易知		文明	0.15
药性易知		文明	0.25
陶靖节集		商务	0.45
郑板桥杂记	陆隋庵	大达	0.45
梦一样的自由	欧阳山	天马	0.20
聊斋志异	留仙后人	大达	1.20
聊斋志异外集	留仙后人	大达	0.50
萍踪寄语	韬奋	生活	1.70

续表

书名	著译者	出版处	备注
英国中世妇女生活	王国秀	生活	1
提倡国货浅说	黄炎	中华	0.40
详注写信不求人		上海	0.25
国语教学法	马静光	儿童	0.50
战时中小学科学教育之改进	朱智贤	中山文化教育馆	0.70
近三世纪西洋大教育家	常导之	商务	1
教胎		中华	0.30
顾亭林生活		世界	0.45
黄麟朱生活		世界	0.45
陆放翁生活		世界	0.50
现代家庭会计法			0.70
儿童美术鉴赏指导			0.25
歌德纪念号			0.40
李后主词			0.35
口供			0.40
屈原			0.50
散文集			0.75
西洋文艺论集			1.20
中书集			0.70
铣轨上			0.55
儿女英雄续集		大达	0.40
红楼梦			0.45
老舍代表作			0.40
印度艳异记			0.80
外国史纲要			1.20
应用机械小学体育新教育			0.80
教育中心中国农村之改进			0.50
抗战教育理论与实践	陈思壁	全民出版社	0.55
近百年国际政治史要			1.20
社交礼节			0.50
德国现代史		商务	0.60
中国历史教程		生活	0.70

三、文化部分——重庆市立图书馆被炸损失　　449

续表

书名	著译者	出版处	备注
中国民族志	林思祥	商务	0.60
高级商业簿记			1.20
云南金不目略初稿			0.60
清毒			0.40
中山政治史讲话			0.65
殖民政策	刘光华	商务	0.70
日德意集团		中山文化教育馆	0.65
西洋哲学研究			1
西洋哲学研究法			0.75
苏联底现象			0.65
战时民众心理与新运工作		生活	0.40
苏联婚姻法		生活	0.40
战时军事警察行政	范杨	政治	1.20
陶渊明		商务	0.55
武则天		生活	0.70
平屋杂记		开明	0.45
生物学纲要			1
中国文字与书法			0.70
探案			0.60
史料所行			0.55
共计 81 册			50.70

附馆长赵友培批示：

呈局备查，并说明：(一)已有卡片可查者，均已注明著者及出版书局等；(二)无卡片可查者，谨能注明书名及册数。友培，十二月六日。

11. 重庆市立图书馆为补具该馆员役空袭损失私物报告表呈重庆市社会局文(1940年12月17日)

案奉钧局本年十一月一日社元秘字第5239号指令，内开："呈表均悉。该馆员役空袭损失业经本局派员查明属实，并转呈市府请示，仰俟核示后再行令遵。又损失表须补具7份来局备查,合并令遵。"等因,奉此。自应遵办,兹谨补具本馆员役空袭损失私物报告表7份,伏乞鉴核备查。谨呈:

局长包

附呈本馆员役空袭损失私物报告表7份

全衔赵〇〇

附表一:

重庆市立图书馆员役空袭损失私物报告表

职别	姓名	被炸日期	被炸地点	房屋被炸或震塌	原支薪俸数目	有无眷属同居	财产损失数目(元)	拟定救济费(元)	备注
馆长	赵友培	10月25日	三元庙	被炸	180	无	527	360	每月薪俸180元,应发给两个月,合计如上数
采编部主任	常遗生	同	同		100	无	268.50	268.50	系照实际损失数目支领,如上数
阅览部主任	刘武清	同	同		85	无	201	85	该员11月底已离职,应请发给一个月如上数
公役	沈连海				18	无	84.50	54	月工资18元,应发给三个月,合计如上数
	张作清				18	无	65.40	54	同上
	唐治安				18	无	97	54	同上
	黄俊成				18	无	90	54	同上

附表二:

重庆市立图书馆造呈各员役请领空袭救济费清册

职别	姓名	被炸日期	被炸地点	房屋被炸或震塌	原支薪俸数目	有无眷属同居	财产损失数目	拟定救济费	备注
总务主任	刘福堂	5月25日	中央公园	被炸	35	无	120		该员现已离职,拟不发给
馆员	胡晓林	同上	同上	被炸	30		155	90	每月30元,三个月薪俸合计如上数
公役	黄俊成	同上	同上	被炸	10		42.60	30	每月工资10元,三个月合计如上数

12. 重庆市立通俗图书馆总务主任刘福堂空袭损失私物报告表
（1940年12月）

姓名	刘福堂	职别	总务主任	
物品名称	数量	损失情形	估计价值	备考
青毛哔呢中山服	1套	全损	40元	
灰华达呢长夹袍	1件	全损	30元	
脸盆	1个	全损	4元	
府绸衬衣	2件	全损	16元	
白洋布短裤褂	1套	全损	8元	
力士鞋	1双	全损	5元	
被盖	1床	全损	20元	
		共计洋123元		

13. 重庆市立通俗图书馆馆丁黄俊成空袭损失私物报告表
（1940年12月）

姓名	黄俊成	职别	馆丁	
物品名称	数量	估计价值	损失情形	备考
被盖	1床	18元	全损	
工人服	1套	10元	全损	
力士鞋	1双	8元	全损	
毛巾	1条	0.60元	全损	
袜子	2双	2元	全损	
藤篮	1个	3.80元	全损	
		共计42.60元[①]		

14. 重庆市立通俗图书馆馆员胡晓林空袭损失私物报告表
（1940年12月）

姓名	胡晓林	职别	馆员	
物品名称	数量	估计价值	损失情形	备考
青呢大衣	1件	60元	全损	

---

① 此处统计数字有误，原文如此。

续表

姓名	胡晓林	职别	馆员	
物品名称	数量	估计价值	损失情形	备考
草绿毛哔叽中山服	1套	30元	全损	
三文社线毯	1根	7元	全损	
毛线汗衣	1件	9元	全损	
毛线下装	1件	7元	全损	
面盆	1个	3元	全损	
皮箱	1口	10元	全损	
军毯	1条	4元	全损	
锦缎被盖	1床	25元	全损	
共计洋155元				

15. 重庆市立图书馆为垫发本馆员役空袭损失救济费造具清册呈重庆市社会局文(1941年1月3日)

查本馆员役前、昨两年被敌机空袭,两次损害均经分别照规定列表呈准钧长核转市府,请予救济各在案。惟闻救济费须候汇案统筹拨发,尚无确期,而事实上先后遭受空袭损失之员役,又有缓不济急之苦。谨查各局处遭受空袭损失员役,均已由其本机关先行垫发1个月生活费,以资救济。本馆员役俸薪素薄,迭据恳请援例先行垫发前来,复经馆长先后向市府及钧局主办人员查案,确经核准,故于情于法,均可照发。兹已分别由本馆在二十九年度经费内先行垫发。理合造具本馆垫发员役空袭损失救济费清册2份,备文呈请鉴核备案。至二十八年空袭损失,案内已离职之员役,则未予垫发,合并陈明。谨呈:

局长包

附呈本馆垫发员役空袭损失救济费清册二份

全衔赵〇〇

附：

重庆市立图书馆垫发员役空袭损失救济费清册

职别	姓名	被炸日期	被炸地点	房屋被炸或震塌	原支薪资数目	财产损失数目	垫发救济费1个月数目	备考
馆员	胡晓林	1939.5.25	中央公园	被炸	30	155	30	
公役	黄俊成	同	同	同	10	42.60	10	
馆长	赵友培	1940.5.25	三元庙	同	180	527	180	
采编部主任	常遗生	同	同	同	100	268.50	100	
阅览部主任	刘武清	同	同	同	85	201	85	
公役	沈连海	同	同	同	18	84	18	
同	张作清	同	同	同	18	65	18	
同	唐治安	同	同	同	18	97	18	
同	黄俊成	同	同	同	18	90	18	
合计					477	1530.10	477	

16. 重庆市立图书馆为该馆职员张启宇被炸损失请派员调查事给重庆市警察局的通知书(1941年8月16日)

兹查本市市立图书馆职员张启宇,于本年七月三十日、八月十二日在本市中二路(9)街遭受空袭损害,将房屋震塌一部分,连同该员所报私物损失报告表,函请贵局派员调查为荷!此致:

本市警察局

附检送张启宇私物损失报告表乙份

(秘书处)启
三十年八月十六日

附：

重庆市立图书馆职员空袭损失私物报告表

物品名称	品质	数量	损失程度	原价	购置年月	备考
竹床	竹	1	全毁	12	1940.10	
椅子	木	2	全毁	28	1940.4	
棉被	布	1	半毁	60	1940.3	
棉褥	布	1	半毁	50	1940.3	
席子	竹	1	全毁	12	1940.7	
钟（台钟）	玻璃	1	全毁	90	1941.4	
油画玻璃镜框	玻璃	6	全毁	48	1940.5	
茶壶茶杯	磁	5	全毁	34.80	1940	
碗盏钵缸	同	10	全毁	54.80	1940	
			合计	389.60		
被焚日期	1941.8.12		被焚地点	中二路九号		
房屋被炸或震塌	震塌		原支薪俸数目	150元		
有无同居眷属	有女4口					

右〈上〉开物品，确系因空袭被毁，谨呈请鉴核转请救济。谨呈馆长赵鉴核。

填报人职务：总务部主任张启宇

三十年八月

四、卫生部分

1. 重庆市卫生局局长梅贻琳为报该市第一诊疗所1939年5月3日被炸情形呈重庆市市长蒋志澄文（1939年5月6日）

案据本市第一诊疗所主任廖本焯本年五月三日呈，以本日13时许敌机闯入市区投弹，本所附近中弹起火，当时主任即率同全体职员出发救护。旋闻本所左近中弹起火，随驰返查勘，本所亦被波及，燃烧正烈，所有本所各月份单据、账目、财产、医疗器械、药品及各员工私人铺盖、书籍、衣物等件，均遭焚毁，幸人员尚无死伤。理合先行报请备案。再：本所前租房屋时，支付押金300元，只以每月经费不敷开支，暂由主任先行垫付，前经呈请备案在案。现因主任所有衣物均付一炬，拟请准予拨还归垫，以维现状，合并陈明。等情，据此。当经职亲自前往复查，所报属实。该所人员现已分派至重伤医院协助办理医疗工作，俟该所另行觅得新屋开诊后，再回本职。该所人员多系住宿所内，因敌机投弹后，全体出发救护，以致私人衣履、行囊，一律焚烧罄尽，情殊可悯！应如何予以救济之处，容再另案呈请核夺。再：该所租赁房屋时，因经费不足，由其私人垫付押租300元，呈报本局备案在案，惟该所房屋被焚，所付押租，事实上无法向房东索还。应付押租，除饬由经常费项下拨还归垫外，所有该所被焚情形，理合先行据情呈报鉴核备案，至为公便！谨呈：

市长蒋[①]

　　　　　　　　　　　　　　　　　　　　　　　卫生局局长　梅贻琳

---

① 即蒋志澄。

2. 重庆市卫生局局长梅贻琳为转报市民医院被炸情形呈重庆市市长蒋志澄文(1939年5月9日)

案据市民医院院长骆传荣呈称："查敌机日昨狂炸渝市,本院药局、食堂均被炸毁,三楼病室震塌一部,门诊处及各病室亦均遭波及;实习医师曹筠、护士胡伯珍、院警李方谷、院工赵详明、刘海明、杨俊,均受轻伤,病人幸均无恙。时火势蔓延,逼近本院。当由传荣督率各部员役,帮同抬运住院病人至院外,并转送一部分至仁爱堂医院暂住,以防万一。惟医疗器械、普通器械、药品、棉织品等,除被炸毁、震坏或由自动出院病人携去无法追回外,大部分重要器械均尚存在。现各部分均已督促迅为整理,一面并将可以迁至分院之器械陆续派人运往,以便即日成立分院。惟在此清理期间,门诊工作无法进行,拟暂停数日,住院病人亦拟暂不新收。除通告并函知各有关处所暨将所有损失另案呈报外,理合呈报钧局鉴核备案。"等情,据此。当经职复查属实,除饬令赶将南岸分院克日充实就绪,以便收容重伤市民;城内原址仍应继续门诊,并办理空袭救护,临时收容伤民,以便转送外,理合先行据情呈报,仰祈鉴核备案。谨呈:
市长蒋

卫生局局长 梅贻琳

3. 重庆市卫生局局长梅贻琳为报第五诊疗所被炸情形呈重庆市市长吴国桢文(1940年6月11日)

据本局第五诊疗所主任孟庆池本年六月十一日呈,以本日15时敌机闯入市区投弹,中三路本所附近中弹多枚,所屋全部震倒,幸人员尚无死伤,损失情形容俟挖掘清理后再行详报。等情。当经职亲自前往复查,所报属实。除损失情形俟清理完毕再行呈报,并发给应用医疗药品、器械,饬就该所曾家岩宿舍匀出房屋继续开诊外,所有该所被灾情形,理合先行据情呈报鉴核备案。谨呈:
市长吴[①]

卫生局局长 梅贻琳

---

① 即吴国桢。

4. 重庆市市立第六诊疗所1940年5月29日被炸财产直接损失汇报表（1940年6月11日）

市立第六诊疗所财产直接损失汇报表

事件：被炸波及

日期：民国二十九年五月二十九日

地点：沙坪坝

填送日期：民国二十九年六月十一日

序号	分类	价值（时值）
	共计	549.40
1	建筑物	468.10
2	器具	40.50
3	现款	
4	图书	
5	仪器	
6	文卷	
7	医药用品	37.80
8	其他	

5. 重庆市卫生局局长梅贻琳为报江北第四诊疗所被炸情形呈重庆市市长吴国桢文（1940年6月12日）

据本局第四诊疗所主任姜树阴本年六月十二日呈，以本日13时许敌机闯入江北投弹，本所中弹被炸，房屋全毁，幸员工无恙，所有公私损失容后详报。等情。当经职亲自前往复查，所报属实。除该所损失情形容再呈报，并饬知该主任率同全体工作人员留在江北担任救护，并积极寻觅房屋准备开诊外，所有该所被灾情形，理合先行据情呈报鉴核备案。谨呈：

市长吴

卫生局局长　梅贻琳

6. 重庆市卫生局局长梅贻琳为报第五诊疗所职员宿舍被炸情形呈重庆市市长吴国桢文（1940年6月12日）

据本局第五诊疗所主任孟庆池本年六月十二日呈，以本日13时许敌机闯入市空投弹，曾家岩20号门牌本所职员宿舍落一巨型炸弹，全部房屋、器具及职员衣物等均炸毁。除率同员工积极清理外，理合报请鉴核备查，等情。据报后，当由本局科长郭培青前往查勘属实。所有损失详情另案呈报外，理合先行据情呈报鉴核备案。谨呈：

市长吴

卫生局局长　梅贻琳

7. 重庆市卫生局局长梅贻琳为报第五诊疗所1940年6月11日、12日被炸药品器械财产损失表呈重庆市市长吴国桢文（1940年7月12日）

案查本局第五诊疗所所屋及宿舍于六月十一、十二两日先后被炸，业经呈奉钧府本年六月十八日市秘四字第2804及2805号指令"准予备查"各在案。兹复据该所主任呈送被炸药品、器械及财产损失表等请鉴核前来，经核尚属相符。理合抄同原表3份，具文呈送，仰祈鉴核备案。谨呈：

市长吴

附抄呈第五诊疗所被炸药品、器械及财产损失表各3份

卫生局局长　梅贻琳

附表一：

重庆市卫生局第五诊疗所药品、器械损失表

药名	单位	数量	备考
Acid hy dilut	Le.	0.40	
A lcoho	Le.	$10\frac{1}{2}$	
Acid acetute	Oz.	1	
Acid bengo	Lb.	0.40	
Acid jalocyl	Lb.	1	

续表

药名	单位	数量	备考
Acid boric poridec	Lb.	1	
Amylum pridir	Lb.	0.30	
Acgyrol	Oz.	1	
Acid at.	Lb.	0.30	
Amp orletir	盒	1	
Amp cnyyin sod bengo	盒	1	
Amp adnerolin	盒	1	
Ammonia water	Lb.	1	
Aopyrin powda	Lb.	1	
Amon chloide	Lb.	0.10	
Bandege	斤	1	
Caetoiail	Lb.	1/2	
Calx chcorinala	Lb.	12	
Caeoncl	Lb.	$1\frac{1}{4}$	
Cotton	Lb.	10	
Clrolea waccire	瓶	6	
Cuotum powda	OE	0.30	
Comcplob oil	OE	0.30	
Digitalin amp	盒	1	
Dieivypextant flud	Lb.	2	
Ext exgatin	Lb.	0.80	
Glyceivnpwle	OE	2	
Gmage	Lb.	6	
Amdvaia biche	OE	0.70	
H.O.F	Gm	0.10	
Gehthyal	Lb.	0.50	
Mag cavlonate	Lb.	0.80	
Nlvecuinnm	OE	0.05	
Pat celovate	Lb.	0.3	
Qvinm oivsdr	OE	4	
Qvinm	TL	100	

续表

药名	单位	数量	备考
SP.anmn avonat	Lb.	0.60	
Sod bicilo	Eb	2	
Sod solayl	Eb	0.60	
H.O.F	Gm	0.10	
Gehthyal	Lb.	0.50	
Mag cavlonate	Lb.	0.80	
nlvecuinnm	OE	0.05	
Pat celovate	Lb.	0.30	
qvinm oivsdr	OE	4	
qvinm	Tl	100	
SP.anmn avonat	Lb.	0.60	
Sod bicilo	Lb.	2	
Sod solayl	Lb.	0.60	
Samntonin	Gm	0.70	
Sad svepl	Lb.	4	
Tr. Digvtatio	Lb.	0.50	
Tr. Eonveplor. Co	Lb.	0.90	
Tr. Stryclivive	Lb.	1	
Tr. Gention.eo	Lb.	0.70	
Tr. Orin	Lb.	0.10	
Tr. Gpccac	Lb.	0.20	
Tr.eipcacinn	Lb.	0.40	
Ter tin th ail	Lb.	0.30	
Vnotvopim	Lb.	0.10	
Eine oxydc	Lb.	3	
十滴水	瓶	50	
骨炭末	Lb.	1	
煅制镁	Lb.	1	

附表二：

重庆市卫生局第五诊疗所器械被炸损失表

名称	数目	备考
酒精灯	1只	
血管钳	2把	
洗手刷	1只	卫局借用
弯缝针	2个	同上
长夹子	2把	同上
换药夹子	8把	卫局借用(有齿3把无齿2把)
滴管	4只	内有卫局借用2只
阴道灌洗器	1只	
玻璃漏斗	1只	
软膏水	10个	
1磅投药瓶	15个	
4两投药瓶	9个	
1两投药瓶	26个	
2c.c.注射器	1个	卫局借用
外科刀	4把	内有卫局借用2把
脓盘	1只	
20瓦量杯	2只	
半磅投药瓶	12个	
百瓦量杯	1只	卫局借用
温度表	2支	卫局借用
探针	3支	卫局借用2支
通尿管	3支	
直剪刀	2把	卫局借用1把
试管	2支	卫局借用
玻棒	1支	
软骨刀	1把	
10c.c.注射器	1具	
中式剪刀	1把	
玻璃板	1方	
擦手毛巾	1条	

续表

名称	数目	备考
铜煮锅	1只	
小玻璃缸	7只	
小号面盆	2只	
换药碗	4只	
木方盘	3只	
压舌板	16支	
大号玻璃缸	1只	
接产箱	1只	
拜访箱	2只	
剃刀	1把	
5c.c.注射器	1只	
天秤	1具	法〔砝〕码遗失
10c.c.针头	2只	卫局借用
2c.c.针头	7只	卫局借用2支〔只〕
耳镜	1组	卫局借用
洗眼壶	1个	同上
2c.c.量杯	1只	同上
试管刷	1支	同上
2c.c.空针管	1只	同上
拜访箱	1只	同上
2c.c.空针管	1只	同上
200c.c.空针管	1具	同上

附表三：

重庆市卫生局第五诊疗所被炸财产损失表

名称	数目	备考
市尺	1只	
蓝墨水缸	1个	
墨水盂	1个	
印盒	1只	
竹床	8张	

续表

名称	数目	备考
铁锅	1口	
藤椅	1把	
竹条桌	2张	
竹方桌	1张	
茶几	3个	
办公桌	2个	
方桌	2张	
三抽桌	5张	
椅子	2把	
长凳	4条	
茶壶	1把	
水壶	1把	
茶盅	4个	
小面盆	3个	
铜锅	1口	
长条台	3张	
书架	1个	
手术衣	4件	
接生箱	1个	
拜访箱	2个	
小黑板	1块	
壁报牌	1块	
钟表	1只	
圆桌面	1个	
方凳	16个	
小箱	1个	
总理遗像	1张	
竹帘	7张	
玻璃杯	4只	
大剪刀	1把	
小剪刀	1把	
家庭访视袋	1个	

续表

名称	数目	备考
乡村卫生	1本	
水缸	1口	
木盖	1只	
产科床单	2条	
玻璃砖	1块	
铃记	1颗	文曰"重庆市卫生局第五诊疗所铃记"
砚瓦	2方	
二十公开度证章	15枚	
高竹凳	5个	
小竹凳	15个	
小水桶	1个	
炉底	3个	
火钳	1把	
火钩	1把	
菜碗	14个	
饭碗	10个	
汤匙	10个	
圆碟	20个	
瓷钵	6个	
洋铁壶	3把	
粗瓷茶杯	35个	
痰盂	5个	
小竹箩	2个	
撮箕	2个	
小坛子	2个	
洋锁	3把	
棕刷	3个	
竹杆〔竿〕	8根	
枕头	1个	
马桶	2只	
市区图	1张	

8. 重庆市卫生局局长梅贻琳为报第三诊疗所空袭损失公物清单呈重庆市市长吴国桢文(1940年9月21日)

案据第三诊疗所主任楼道中,二十九年九月十八日呈送该所八月十九日敌机空袭受损公物清单1份,请鉴核转呈备案,等情。经本局派员查核,均属相符。除指令知照并另案填送抗战损失财产报告单外,理合抄附清单2份,呈请鉴核备案。谨呈:

市长吴

附第三诊疗所被损公物清单2份

卫生局局长　梅贻琳

附:

重庆市卫生局第三诊疗所被损公物清单

名称	数量	备注
诊疗床	1张	系竹条编制而成,受震后均已分裂
木靠椅	2张	
玻璃	30块	6月18日空袭曾震碎24块,呈报在案
电灯	8盏	
痰盂	3只	
饭碗	15只	
饭甑	1个	被震坠落于地
沙瓦锅	1个	
白木写字台	1张	
凉板床	4张	尚可应用
沙碗柜	1架	门损坏一面
大小印盒	2个	
砚池	1个	
水缸	2个	
瓦钵	2只	
瓦汤匙	20根	
玻璃杯	3只	
大磁碟	4只	
100c.c.量杯	2个	

续表

名称	数量	备注
带塞扁瓶	2个	
玻璃漏斗	1个	
大口玻璃缸	2只	
粗茶杯	13个	
小磁碟	3只	
洋锁	2把	
带塞大口瓶	3个	
存药瓶	8个	
洗眼壶	1把	
油膏罐	2个	
茶壶	2把	

9. 重庆市卫生局局长梅贻琳为报第五诊疗所抗战财产损失报告单呈重庆市市长吴国桢文(1940年10月9日)

案据本局第五诊疗所主任孟庆池呈,以该所于九月十三、十五两日迭遭敌机轰炸,所内器具、药品均有损失,造具清册及财产损失报告单暨汇报表,请鉴核赐转等情前来。经查明属实。理合检同该所财产损失报告单6份、汇报表4份、清册3份一并具文呈送,仰祈鉴核分别存转。谨呈:

市长吴

附呈损失报告单6份、汇报表4份、清册3份

卫生局局长　梅贻琳

附表一:

重庆市卫生局第五诊疗所直接损失汇报表

　　　　事件:被炸

　　　　日期:民国二十九年九月十五日

　　　　地点:上清寺本所

分类	价值(单位:国币元)
共计	138.08
建筑物	

续表

分类	价值(单位:国币元)
器具	51.08
现款	
图书	
仪器	
文卷	
医药用品	87
其他	
报告者:孟庆池	

附表二：

重庆市卫生局第五诊疗所直接损失汇报表

事件：被炸

日期：民国二十九年九月十三日

地点：上清寺本所

分类	价值(单位:国币元)
共计	15.10
建筑物	
器具	15.10
现款	
图书	
仪器	
文卷	
医药用品	
其他	
报告者:孟庆池	

附表三：

重庆市卫生局第五诊疗所财产损失报告单

事件：被炸

日期：民国二十九年九月十三日

地点：上清寺本所

填报日期：民国二十九年九月

损失项目	单位	数量	价值（国币元）
三抽桌	张	1	8
砂炉	只	1	1.20
印色盒	只	1	1
磅瓶	只	2	0.90
水壶	个	1	4
合计			15.10

附表四：

重庆市卫生局第五诊疗所被炸药品损失报告清册

品名	单位	损失数量	损失原因	损失状况	损失地点	备考
漂白粉	磅	2	被炸	瓶破损失	上清寺本所	
溴化钠	两	4	同上	同上	同上	
阿司匹林	磅	半	同上	同上	同上	
重曹	磅	1	同上	同上	同上	
硼砂	磅	半	同上	同上	同上	
酒精	磅	2	同上	同上	同上	
硼酸	磅	半	同上	同上	同上	
漏斗	个	1	同上	同上	同上	
量杯	只	1	同上	破坏	同上	
滴管	支	2	同上	破裂	同上	
磅瓶	个	8	同上	破坏	同上	
2c.c.注射针	具	1	同上	破坏	同上	
碘酒	磅	半	同上	瓶破损失	同上	

附表五：

重庆市卫生局第五诊疗所被炸器具损失报告清册

品名	单位	损失数量	损失原因	损失状况	损失地点	备考
三抽桌	张	1	被炸损坏	桌面破坏	上清寺本所	
砂炉	只	1	同上	破坏	同上	
印色盒	只	1	同上	破坏	同上	
磅瓶	只	2	同上	破坏	同上	
水壶	个	1	同上	破裂	同上	尚可修理

附表六：

重庆市卫生局第五诊疗所被炸器具损失报告清册

品名	单位	损失数量	损失原因	损失状况	损失地点	备考
接生箱	个	1	被炸	箱盖破裂	上清寺本所	
证章	枚	1	被炸遗失	遗失	同上	6207号炸后门破随衣遗失[①]
方牌额	块	1	被炸	破裂	同上	文曰："重庆市政府第五诊疗所"
长凳	条	2	被炸	凳脚折断	同上	
竹凳	个	2	同上	破坏	同上	
水缸	口	1	同上	破坏	同上	
公文箱	只	1	同上	破坏	同上	
脚架	个	1	同上	破坏	同上	
木水瓢	把	1	同上	破裂	同上	
茶壶	把	1	同上	破裂	同上	
茶盅	个	4	同上	破裂	同上	
围屏	付	1	同上	破裂	同上	
木靠椅	把	1	同上	破坏	同上	

---

① 此处文句不通，原文如此。

附表七：

重庆市卫生局第五诊疗所药品损失报告单

事件：被炸

日期：民国二十九年九月十五日

地点：上清寺本所

填报日期：民国二十九年九月十五日

损失项目	单 位	数 量	价 值（国币元）
阿司匹林	磅	1/2	13
漂白粉	磅	2	20
溴化钠	两	4	8.80
重曹	磅	1	3.50
硼砂	磅	1/2	4.50
酒精	磅	2	4.80
硼酸	磅	1/2	4
漏斗	个	1	3
量杯	只	1	2.20
滴管	支	2	1.60
磅瓶	个	8	3.60
5c.c.注射器	个	1	15
碘酒	磅	1/2	3
合计			87

附表八：

重庆市卫生局第五诊疗所财产损失报告单

事件：被炸

日期：民国二十九年九月十五日

地点：上清寺本所

填报日期：民国二十九年九月十五日

损失项目	单位	数量	价值（国币元）
接生箱	个	1	9
证章	枚	1	0.38
方牌额	块	1	6

续表

损失项目	单位	数量	价值(国币元)
长橙〔凳〕	条	2	5
竹橙〔凳〕	个	2	1.20
水缸	口	1	5
公文箱	只	1	6
脚架	个	1	1.50
木水瓢	把	1	1.20
茶壶	把	1	2.40
茶盅	个	4	2.40
围屏	付	1	6.50
木靠椅	把	1	4.50
合计			51.08

10. 重庆市卫生局局长梅贻琳为1941年6月2日市民医院被炸情形给重庆市市长吴国桢的报告(1941年6月2日)

六月二日午前10时30分,金汤街市民医院被炸。谨将损失情形简单报告如下：

(一)院内中弹5枚

a.大门中1弹,炸坏铁门1面,门前炸一大坑,直径约15尺,深约10尺。

b.医院大楼中间中一弹,由四楼至底,楼梯全毁,全部大楼损失约四分之一。

c.后面小楼大小计10间(即医护委员会办公室及职员宿舍)中烧夷弹2枚,房屋全部焚毁,幸消防队及院内员工扑救迅速,未延及大楼。

d.院内防空洞顶中1弹,未爆炸,已报请挖掘队设法挖掘。

(二)医院病人以及卫生局医护委员会等机关员役及眷属全未受伤。

(三)卫生局及医护组仍在原地办公,市民医院救伤救护门诊照常,并火速修理房屋,以便收容病人。

(四)物质损失无特殊重大,仅一般办公用物品、家具等,俟清查后再行分别呈报。

右〈上〉报告：

市长吴

卫生局局长　梅贻琳

11. 重庆市卫生局局长梅贻琳为1941年6月7日市民医院被炸给重庆市市长吴国桢的报告（1941年6月7日）

六月七日13时许，金汤街市民医院被炸。谨将损失情形简单报告如下：

（一）院内大楼后面中重量爆炸弹1枚，炸一大坑，直径约一丈八尺，深约一丈四尺。

1. 震损厨房3间，大楼各房间门窗、屋瓦震坏甚多。

2. 院内防空洞第一、二两洞口被封，旋即清除完竣。

3. 医院门诊部医疗器械颇多震坏。

（二）卫生局及医院员工有少数人晕倒，随时抬出救生。

（三）物质无重大损失，谨〔仅〕一般办公用物品、家具等受震损坏，俟清查后，再行分别呈报。右〈上〉报告：

市长吴

卫生局局长　梅贻琳

12. 重庆市卫生局局长梅贻琳为1941年6月7日市民医院被炸药房、药库及食堂等处被震塌损毁情形呈重庆市市长吴国桢文（1941年6月12日）

案据市民医院代理院长庞富绶本年六月八日呈称："窃本院六月二日被炸，业经呈报在案。讵料昨（七）日重遭轰炸，被投重量爆炸弹1枚，落于本院防空洞第一洞口附近，当将洞门封闭，少数坐在该洞口之员工一时窒息晕倒，幸经抢救得力，未几均全数生还。是时震力极大，本院药库、药房统被震毁，食堂震塌。较诸日前被炸损失更为惨重。除一面督促积极清理并仍照常办理门诊外，理合先行呈报鉴核。"等情前来。除饬将被震损失公物、药品等迅予清查，列册报局核转外，据报前情，理合备文先行呈报钧府鉴核备查。谨呈：

市长吴

卫生局局长　梅贻琳

13. 重庆市卫生局局长梅贻琳为报1941年6月30日第五诊疗所及江北卫生所被炸各情呈重庆市市长吴国桢文(1941年7月2日)

查六月三十日敌机袭渝,市立第五诊疗所及江北卫生所均被震损失。兹据各该所先后呈报前来,计(一)市立第五诊疗所(地点上清寺):诊所屋瓦震坏颇多,墙壁一部分受损。(二)市立江北卫生所(地点江北火神庙):新屋有2间天花板震塌,屋瓦洞穿5处,门窗玻璃震毁约二分之一,窗扇震脱。各等情。除各该所损失详情另案呈报外,理合先行报请鉴核备查。谨呈:

市长吴

卫生局局长　梅贻琳

14. 重庆市卫生局局长梅贻琳为1941年7月7日该局及市民医院被炸情形呈重庆市市长吴国桢文(1941年7月7日)

窃查本月七日晚敌机袭渝,金汤街本局及市民医院附近中弹多枚。中弹及大概损失情形如下:

(甲)中弹情形:

　　1. 院内防空洞顶中1弹,爆发。

　　2. 医院大门前面广场及保〔堡〕坎中弹2枚,爆发。

　　3. 医院对门王眉白医师住宅后面中1重量爆炸弹,爆发。

(乙)损失情形,因附近中弹太多,损失较重,计:

　　1. 本局门窗、玻璃、屋瓦、灰顶、电线五分之三以上被震毁,办公室用具亦有损坏。

　　2. 医院:门诊部、药房、开刀房,受震损失。

所有损失详情,除俟查明后另案呈报外,理合先行报请钧长鉴核备查。谨呈:

市长吴

卫生局局长　梅贻琳

15. 重庆市卫生局局长梅贻琳为报1941年7月7日第五诊疗所被炸损毁情形呈重庆市市长吴国桢文（1941年7月8日）

案据市立第五诊疗所本年七月七日报称："查本月七日上午敌机袭渝,被炸地点计聚兴村、上清寺街均被投弹。本所房屋全部被震,屋顶瓦面大半炸坏,墙壁及公物器具被炸坏颇多,刻已正清理中。除受损公物器具另案呈报外,特先备文呈报鉴核。"等情,据此。理合先行呈报,仰祈钧长鉴核备查。谨呈：

市长吴

卫生局局长　梅贻琳

16. 重庆市警察局为1941年6月7日该局医务所房屋被炸并请拨款修复事呈重庆市市长吴国桢文（1941年6月21日）

案据本局医务所所长蒋耀初签呈称："查本月七日空袭,职所左右均被投弹,全栋房屋致遭震坏。理合造具损失报告表,签请钧座鉴核汇转。"等情。附损失报告表3份。据此,经查属实。理合检同原表2份,具文呈请钧府鉴核拨款修复,以利工作。谨呈：

市长吴

附呈本局医务所房屋损失报告表2份

重庆市警察局局长　唐毅

附：

重庆市警察局医务所空袭损失房屋报告表

民国三十年六月七日，所长蒋耀初呈

部分	损失物品			被炸日期	损失情形	备放
	名称	数量	价值			
全所房屋	瓦	10000块	500	6月7日	震破	
全所房屋	明瓦	16块	16	同上	震破	
全所房屋门窗板壁	门窗板壁		90	同上	震破,需木工10个修理	
外科室、待诊室	芦席	40张	80	同上	炸破	
全所粉壁	粉壁		90	同上	震破,需泥工10个修理	
药房	墙		90	同上	震歪,需泥工10个修理	

后　记

《重庆大轰炸档案文献》系《中国抗战大后方历史文化丛书》的重要组成部分。该档案文献初步计划编辑出版10册500万字，并根据其内容分为"重庆大轰炸之轰炸经过与损失概况"（内又分"人员伤亡"与"财产损失"两大部分）、"重庆大轰炸下重庆人民之反空袭措施"、"重庆大轰炸之附录（区县部分）"三编，每编又根据其档案数量的多少分卷成册，并根据其内容确定书名。在编辑《重庆大轰炸档案文献》的过程中，我们对馆藏40余万卷抗战历史档案进行了全面查阅，重点查阅收集了馆藏有关"重庆大轰炸"的档案4000余卷30000余页；除此之外，我们还到有关档案馆查阅补充了部分档案，收集了现重庆市行政区域内各区县档案馆馆藏的"日机轰炸"档案，其总字数多达1500余万字，现正加紧编辑校对，渐次出版。

《重庆大轰炸档案文献》，是在中共重庆市委抗战工程办公室的指导下，由重庆市档案馆负责编辑，重庆市档案馆档案编研处具体实施。在编辑过程中，重庆市档案局、馆原任局、馆长陆大钺，现任局、馆长况由志及各位副局、馆长，对此项工作给予了高度重视和支持；局、馆相关处室也给予了大力协助。唐润明负责全书总体规划及编辑方案的拟定、分类的确立和最后的统稿工作，并与编研处全体同仁一道，共同完成了该档案文献的收集与编辑、校核工作。在此，谨向所有关心、支持此项工作并为之付出辛勤劳动的单位和个人，表示诚挚的谢意！

编　者

2012年2月